JIANSHI YEARBOOK 2020

建始年鉴

（2020）

建始年鉴编纂委员会　编

方志出版社
Publishing House of Local Records

图书在版编目（CIP）数据

建始年鉴．2020 / 建始年鉴编纂委员会编．-- 北京：方志出版社，2020.12

ISBN 978-7-5144-4658-6

Ⅰ.①建… Ⅱ.①建… Ⅲ.①建始县—2020—年鉴
Ⅳ.①Z526.34

中国版本图书馆 CIP 数据核字（2021）第 189533 号

建始年鉴（2020）

编　　者：	建始年鉴编纂委员会
责任编辑：	李　静
出 版 者：	方志出版社 地址　北京市朝阳区潘家园东里 9 号（国家方志馆 4 层） 邮编　100021 网址　http://www.zgfzcb.cn
发　　行：	方志出版社图书经销中心 电话　（010）67110500
经　　销：	各地新华书店
排　　版：	北京纺印图文设计制作有限公司
印　　刷：	北京中科印刷有限公司
开　　本：	889mm × 1194mm　　1/16
印　　张：	16.125
字　　数：	642 千字
版　　次：	2020 年 12 月第 1 版　　2020 年 12 月第 1 次印刷

ISBN 978-7-5144-4658-6　　**定价：**120.00 元

序

贫困问题一直是困扰人类社会发展的重大问题。中国作为世界上最大的发展中国家，为解决贫困问题进行了长期不懈的努力。改革开放以来，特别是党的十八大以来，以习近平同志为核心的党中央把脱贫攻坚作为全面建成小康社会的底线任务和标志性指标，纳入“五位一体”总体布局和“四个全面”战略布局，以前所未有的力度推进精准扶贫、精准脱贫，扶贫开发成就举世瞩目，显著改善了贫困地区和贫困群众生产生活条件，具有重大的现实意义和深远的历史意义。身处中华民族几千年发展历史上将首次整体消除绝对贫困现象的伟大时代，如何更好地发挥地方志的存史、育人、资政的作用，是新时代全国地方志系统必须深入研究和着力解决的重大课题。

党的十八大以来，在党中央国务院的正确领导下，全国地方志系统深入学习贯彻习近平新时代中国特色社会主义思想，紧紧围绕党和国家事业发展需要，深入推进地方志改革创新发展，凝心聚力，稳扎稳打，勇于担当，主动作为，全国地方志形势和地方志工作者的精神面貌发生了深刻变化，取得了优异成绩。其中，为贯彻落实《全国地方志事业发展规划纲要（2015—2020 年）》，经中国地方志指导小组领导批准，中国地方志指导小组办公室于 2015 年、2017 年先后启动民族地区与贫困地区志书、年鉴出版资助工程（以下简称“志鉴出版资助工程”），对国家级贫困县（区、旗、县级市），中西部地区、少数民族边疆地区面临出版经费困难的志书和综合年鉴给予出版资助。实施志鉴出版资助工程是紧扣时代脉搏、坚持创新发展、传承弘扬中华优秀传统文化的一项创举，不仅有力推动了“两全目标”的实现，而且数十部资助出版的志书、年鉴及时记述了民族地区与贫困地区在全面建成小康社会伟大征程中取得的新成绩和新经验、出现的新情况和新问题、涌现的优秀人物和典型事迹，留住地方文化的“根”和“魂”，为这些地区的经济社会发展、地域文化传播、爱国主义教育、精神文明建设等提供了历史借鉴和智力支持，对全面提升民族地区与贫困地区文化建设水平、确保民族地区与贫困地区和全国其他地区同步全面建成小康社会具有重要意义。

尤为可喜的是，志鉴出版资助工程促成了一批扶贫志书的编纂出版，在文化脱贫攻坚中发挥了独特的作用。例如，《贵州省减贫志》全面系统客观记述了从 1978

年至2015年贵州省扶贫、减贫工作的历程及取得的经验，为贵州省实施大扶贫战略提供了有力的资政辅治参考，集中体现了地方志工作因时而动、顺势而为的新作为。前不久，由福建省地方志编委会和人民网共同编纂的《闽宁扶贫协作图志》，是全国首部扶贫协作图志，图文并茂、直观立体、全方位地展现闽宁扶贫协作波澜壮阔的历程，弘扬“闽宁一家亲”“携手奔小康”的深厚情谊和滴水穿石、久久为功的精神，是贯彻落实习近平总书记扶贫工作重要论述精神，服务国家精准扶贫、精准脱贫战略的有力举措。希望各地以此为鉴，编纂出版更多、更好的扶贫志书、年鉴，助力国家精准扶贫、精准脱贫战略的实施，充分展现地方志的独特价值和作用。

当前，我国脱贫攻坚已进入全面决战决胜的关键时期，尚未脱贫的贫困地区集中分布在中西部深山区、极端干旱山区、高寒阴湿地区等，文化建设还比较薄弱，文化产品还不够丰富，文化精品更是少之甚少。同时，这些地区往往是民族文化、历史文化、红色文化、生态文化富集区，具有发展文化旅游、推进文化扶贫的巨大潜在优势，也是繁荣发展地方志事业的巨大文化宝库。要发挥好文化扶贫凝聚人心的优势，善于利用方志文化优势为贫困地区“赋能”，在脱贫攻坚中做出方志人应有的贡献。要发挥好中国名镇志文化工程、中国名村志文化工程的引领作用，大力加强乡镇村志编纂，让百姓记得起乡情、记得住乡愁，凝聚贫困乡镇村庄的强大民心，补齐贫困乡镇村庄的文化短板，以“扶智”的方式“扶志”，践行习近平总书记强调的“扶贫先扶志，扶贫必扶智”的重要理念。

求木之长者，必固其根本；欲流之远者，必浚其泉源。扶贫扶起的是志气骨气，传承的是家国情怀，守护的是绿水青山。扶贫既要富口袋，也要富脑袋。必须坚持文化脱贫和物质脱贫两手抓，筑牢贫困地区文化之基，补足信仰精神之钙，引领脱贫发展之舵。全国地方志系统要围绕中心、服务大局，坚决投入脱贫攻坚这场必须打赢的硬仗，积极参与脱贫攻坚战，发挥优势和特长，深入挖掘文化资源，着力补齐文化短板，努力帮助民族地区与贫困地区的文化建设实现较大的发展提升，在全面建成小康社会、实现中华民族伟大复兴中国梦的征程中贡献方志人的力量。

是为序。

中国社会科学院院长
中国地方志指导小组组长　谢伏瞻

民族地区与贫困地区年鉴出版资助工程领导小组

组　　　长：高　翔

常务副组长：冀祥德

副　组　长：高京斋　邱新立

民族地区与贫困地区年鉴出版资助工程领导小组办公室

主　　　任：冀祥德

副　主　任：邱新立

成　　　员：于伟平　刘永强　冷晓玲　李　静

《建始年鉴（2020）》编纂委员会

《建始年鉴（2020）》编辑部

主　　编：黄光举

副 主 编：刘开坤　黄信燕　姜云华　汪德君

成　　员：付一中　朱　玲　杨金碧

编辑说明

一、《建始年鉴》以马克思列宁主义、毛泽东思想、邓小平理论、“三个代表”重要思想、科学发展观、习近平新时代中国特色社会主义思想为指导，坚持辩证唯物主义和历史唯物主义的立场、观点和方法。

二、《建始年鉴》2020年卷主要记载2019年建始县各地、各部门的基本情况，取得的主要工作成就和发生的新变化、新特点、新问题，力求全面、系统、真实地反映自然、经济、政治、文化、社会各方面的历史发展进程，旨在为建始经济建设和社会事业发展服务，为社会各界了解和研究建始提供信息。

三、本卷年鉴采用分类编辑法，由类目、分目、条目三级结构组成，条目为收录信息的基本单元。

四、本卷年鉴基本内容分为综合信息、分类信息和辅助资料三类，共设置30个类目，依次为特载、大事记、建始概况、农业、工业、金融、邮政 通信、交通、城建 环保、商贸、经济开发、经济管理、中共建始委员会、建始县人民代表大会、建始县人民政府、纪检监察、群众团体、法治、军事、文化 旅游 传媒、教育、卫生、社会生活、乡镇、人物、附录。

五、本卷年鉴所用资料以各乡镇、县直各单位撰写、审核、提供为主，兼用史志研究中心采集的资料，没有提供资料的单位未收录。统计数据由于来源、口径、方式、时间的不同可能有差异，以统计局提供的统计资料为准。

六、本卷年鉴资料除部分概况资料、图片外，时间断限均为2019年。各乡镇、县直各单位负责人以2019年底在职为准。

七、本卷年鉴中州均指恩施土家族苗族自治州。

八、本卷年鉴原则上使用法定计量单位，考虑到实际工作需要和方便读者实际使用，部分记叙中仍保留少量市制。

建始县行政区划图

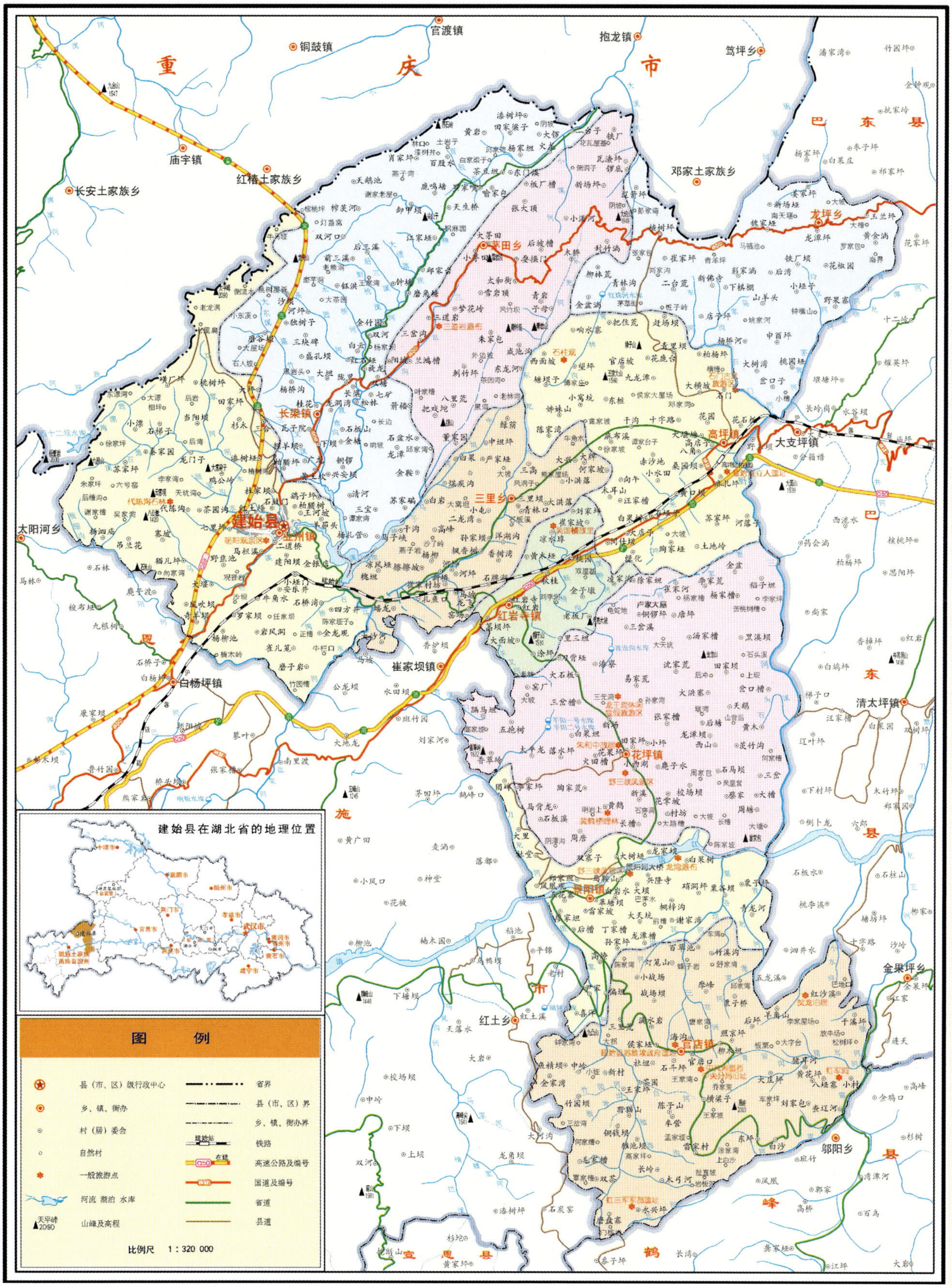

审图号：建始县S（2019）001号　　中国地图出版社编制

2019 年 10 月 15 日，州委书记柯俊（左三）到高坪司法所调研安置帮教工作　　朱 璇 摄

2019 年 3 月 17 日，湖北省民政厅党组书记、厅长柳望春（前排右三）调研县社会福利综合服务中心项目进展情况　　王 周 摄

2019年5月23日，湖北省慈善总会会长陈天会（前排右二）一行到业州镇金龙观村调研“幸福家园”村社互助项目　　王　周　摄

2019年11月13日，省住建厅建管局党委书记、局长李晶杰（前排右三）一行到建始县调研污水处理建设、小城镇建设相关工作　　谭　晶　摄

2019 年 1 月 18 日，省扶贫办副主任蔡党明（左二）到建始调研　　　　　申万平　摄

2019 年 1 月 10 日，湖北省民政厅党组成员、副厅长赵显富（右三）在业州镇罗家坝村看望贫困群众　　　　　王　周　摄

2019 年 7 月 5 日，省妇联副主席高勤（左一）一行到茅田乡调研基层妇联工作

谭　晶　摄

2019 年 7 月 5 日，杭州高新区区委书记詹敏（前排右二）一行到建始县茅田乡太和街村就东西部协作项目实地考察调研

谭　晶　摄

2019 年 7 月 29 日，建始县人社局与杭州市滨江区人社局举办东西部扶贫协作劳务输出就业基地授牌仪式　　齐小玲　摄

2019 年 8 月 8 日，北京卷烟厂副厂长王志韬（左三）到建始调研白肋烟生产工作　　文　涛　摄

2019 年 8 月 10—14 日，县委副书记、县长张渊平（右三）带队赴广州招商　　李明峰　摄

2019 年 4 月 1 日，县人民政府与阿里巴巴电商签署战略合作协议　　李明峰　摄

2019 年 11 月 26 日，建始县“亚洲野人参种植加工”项目签约　　李明峰　摄

2019 年 12 月 17—19 日，建始县第十八届人民代表大会第四次会议召开　　建始网

2019 年 5 月 31 日，“中华民族一家亲 · 走进湖北金建始”中央民族歌舞团慰问演出　　县文旅局　供图

2019 年 4 月 5 日，湖北省文联荆楚“红色文艺轻骑兵”惠民演出暨 2019 建始县文化旅游采风活动启动仪式举行

县文旅局　供图

2019 年 6 月 17 日，建始县文旅局组织旅游企业在西安开展旅游推介会　　县文旅局　供图

2019 年 3 月 28 日，建始县供销社深化改革推进会召开　　黄光维　摄

2019 年 6 月 4 日，建始县水利局走进恩施州人民广播电台直播室，上线《党风政风热线》节目

向 裕 摄

2019 年 3 月 1 日，建始县与全国同步启用新版营业执照

雷仕成 摄

2019年12月23日，建始县代表（左一、左二）在北京参加信息技术与教育教学深度融合示范培育推广计划项目总结交流会　　县教育局　供图

2019年9月11日，无人机飞越峡谷放线施工，解决地处偏远的官店镇双茶村五组8户村民用电质量问题　　县供电公司　供图

2019 年，建始文庙被省政府公布为省级文物保护单位　　　　县政府办公室　供图

红土坪新城区　　　　县住建局　供图

建始县第三医院　　县卫健局　供图

2019 年 10 月 18 日，松坝大道及新城五路征地拆迁工作启动会召开　　县工业园区管委会　供图

良宇万羽标准化蛋鸡场　　县畜牧服务中心　供图

民族文化走进长梁民族小学　　翁　畅　摄

2019 数字建始

全年完成生产总值 120.48 亿元，比上年增长 6.8%

第一产业增加值 23.18 亿元，增长 3.3%

第二产业增加值 24.72 亿元，增长 4.6%

第三产业增加值 72.58 亿元，增长 8.8%

粮食总产 20.64 万吨，下降 0.1%

规模以上工业增加值比上年增长 5.7%

旅游综合收入 35 亿元，增长 23%

地方财政总收入 12.63 亿元，增长 5.3%

地方一般预算收入完成 6.88 亿元，增长 10%

全社会固定资产投资增长 2.6%

社会消费品零售总额 76.95 亿元，增长 11.4%

商品房销售面积 23.31 万平方米，下降 4.7%

外贸出口总额 201 万美元，下降 64.6%

实际利用外商投资 298 万美元，下降 68.9%

金融机构存款余额 141.13 亿元，增长 0.4%

城乡居民存款（住户存款）余额 107 亿元，增长 15.7%

金融机构贷款余额 89 亿元，增长 11.6%

自然保护区 7 个，总面积 5166 公顷

全县年末总人口 50.96 万人，人口自然增长率为 1.43‰

城镇登记失业率 2.3%

城镇居民人均可支配收入 29680 元，增长 9.02%

农村居民人均可支配收入 11560 元，增长 10.76%

目　录

特　载

大事记

建始概况

农　业

巡察工作

县委党校、建始县行政学校

信访工作

机构编制

建始县人民代表大会

重要会议

人大工作

决定和人事任免

建始县人民政府

综　述

县政府办公室

机关事务

法 院

司法行政

军 事

人民武装

武警建始县中队

文化 旅游 传媒

文 化

档 案

旅 游

融媒体

教 育

综 述

建始县第一中学

中等职业技术学校

建始县民族高级中学

卫 生

卫生综述

人民医院

中医院

民族医院

妇幼保健院

社会生活

民　政

人力资源和社会保障

医疗保障

公积金管理

民族宗教

移　民

乡　镇

业州镇

长梁镇

茅田乡

龙坪乡

高坪镇

三里乡

特　载

中共建始县委十五届七次全会工作报告

（2019 年 12 月 15 日）

县委书记　向红林

今年以来，县委常委会高举习近平新时代中国特色社会主义思想伟大旗帜，深入学习贯彻党的十九大和十九届二中、三中、四中全会精神，全面落实习近平总书记视察湖北重要讲话精神，坚决贯彻党中央决策部署和省委、州委工作要求，认真践行新发展理念，坚持稳中求进总基调，落实高质量发展总要求，紧扣脱贫摘帽总目标，以“不忘初心、牢记使命”主题教育为动力，团结带领全县广大党员干部群众迎难而上、扎实苦干，全力以赴加固党建底板、补齐脱贫短板、做强发展主板，统筹推进稳增长、促改革、调结构、惠民生、防风险、保稳定等各项工作，县域经济持续健康发展，三大攻坚战取得关键进展，改革开放取得优异成绩，全面从严治党纵深推进，群众获得感、幸福感、安全感显著增强，为全面建成小康社会、推动乡村振兴打下了坚实基础。

一、高举伟大旗帜，共同思想政治基础更加牢固

县委常委会始终坚持用习近平新时代中国特色社会主义思想凝心聚力、成风化人，把准政治方向，强化政治引领，汇聚各方共识，不断夯实全县上下团结奋斗的共同思想政治基础。

（一）推动学习贯彻新思想走深走实。坚持把学懂弄通做实习近平新时代中国特色社会主义思想作为首要政治任务，充分发挥各级党委（党组）理论学习中心组的示范引领作用，依托“两中心一平台”、支部主题党日、“三会一课”、县委党校（县行政学校）、县档案馆、湖北店子坪红色教育基地、照京坪红军村等重要载体，扎实开展第二批“不忘初心、牢记使命”主题教育，促使全县党员干部在常学常新中加强理论修养，在真学真信中坚定理想信念，在学思践悟中牢记初心使命，在细照笃行中不断修炼自我，在知行合一中主动担当作为，切实增强“四个意识”、坚定“四个自信”、做到“两个维护”。全年共组织县委理论学习中心组学习 16 次，集中研讨 6 次。

（二）推动意识形态责任制落实落细。坚持和加强党对意识形态工作的全面领导，牢牢掌握意识形态工作的领导权、主导权、话语权。全面落实“五纳入三报告”、意识形态联席会议、重大问题研判通报等制度，依法依规管理各类意识形态阵地，扎实开展网络生态综合治理、网络安全检查等专项行动，切实做好报告会、培训班等重点领域意识形态风险防控，编印党委（党组）理论学习中心组学习指导手册和网络舆情法律法规读本，坚决做到举旗亮剑、正本清源、指正纠偏。全年共主持召开意识形态联席会议4次，提前介入、有效化解舆情事件16起。

（三）推动社会文明新风尚入心入行。坚持以培育和践行社会主义核心价值观为引领，进一步推动乡风文明建设走深走实，培育文明乡风、良好家风、淳朴民风，让全县人民在理想信念、价值理念、道德观念上紧紧团结在一起。加快推进新时代文明实践中心建设，聚焦理论讲政策、聚焦德治树乡风、聚焦生态美环境、聚焦活动兴文化、聚焦榜样明导向，推动创新理论飞入寻常百姓家。重点围绕庆祝新中国成立70周年这一主线，积极开展“壮丽70年·奋进新时代”“我和我的祖国”“精准扶贫话变化·自强不息感党恩”等主题活动，弘扬主旋律，传播正能量。袁金芝当选2019年度“中国好人”，万其珍入围第七届全国道德模范候选人，王光国获最美奋斗者提名。

二、突出脱贫统揽，人民群众幸福指数大幅提升

县委常委会始终把脱贫攻坚作为最大政治任务和第一民生工程，以精准扶贫精准脱贫统领经济社会发展各项工作，全力保障和改善民生，不断满足人民群众对美好生活的向往。

（一）“两不愁三保障”目标稳定实现。牢牢把握现行脱贫标准，对标对表“三率一度”和“两不愁三保障”，进一步压紧压实层级责任、细化量化责任清单，严格落实“八个到村到户”“六个清零”“六个全覆盖”工作要求，尽锐出战、攻坚拔寨，全年实现25个贫困村脱贫出列、12345户35963人稳定脱贫，义务教育阶段的入学率、巩固率均达100%；贫困人口参保率达100%，县域内就医报销比例达95%；易地扶贫搬迁和危房改造竣工率、入住率均达100%。2019年11月，顺利通过了州级初审验收，认定全县92个贫困村脱贫出列，累计40569户136615人实现稳定脱贫，所有已脱贫贫困人口均可达到“两不愁三保障”国家脱贫标准，综合贫困发生率下降到0.35%，漏评率、错退率均为0，群众认可度达99.25%。

（二）城乡基础设施短板逐步补齐。按照资金全面统筹、项目全面安排、程序简便化、决策靠前化的原则，在去年一次性下达三年可统筹资金计划基础上，今年再次下达乡镇资金8492万元，全面补齐基础设施短板。整合资金3130万元，建成295处集中供水工程和120个行政村的分散供水工程。投资2亿元提档升级农村电网，新增和更换配变515台，新建和改造配电网路1002千米，供电可靠率、综合电压合格率分别提升到99.88%、97.9%。建成20户以上农村公路通畅工程454千米、全域旅游公路生命防护工程（第二期）595千米，完成公路养护约1922千米，花坪镇被评为省级“四好农村路”示范乡镇；先后完成460省道高坪至三里改扩建工程、465省道天竹坝至云桂桥段改扩建工程、339省道红岩寺至官店段改扩建工程、青里坝至店子坪公路黑色化工程等，建恩高速12月底可正式通车运行；金建大道稳步推进，预计2021年可全面建成通车。累计投入9700万元用于信息基础设施建设，完成4G基站398个，农村家庭宽带普及率达62.17%，通光纤宽带规模自然村达382个。

（三）各项民生事业水平全面进步。牢固树立以人民为中心的发展思想，切实解决群众最急最忧最盼的民生问题。着力办好人民满意的教育，深化教育信息化改革和城乡义务教育均衡化发展改革，推动学前教育深化改革规范发展，巩固义务教育均衡化发展，促进高中中职教育协调发展，全县各类学校办学条件和教育质量明显提升，区域教育信息化入围全国2019年度基础教育信息化应用典型案例；大力推进教育扶贫，投入3185万元启动“薄改”项目28个，发放2641万元资助建档立卡贫困学生37296人次，免除普通高中、中职贫困学生学费940.52万元，办理贫困学生生源地助学贷款459万元，发放贫困家庭子女职业教育“雨露计划”补助共2008.5万元。着力建设健康建始，加快县医疗共同体建设改革，县人民医院医技大楼启动建设，县中医医院、县妇幼保健计划生育服务中心（儿童医院）、县优抚医院、县疾控中心业务综合楼完成建设，县第三医院（业州镇卫生院）建成并投入使用；县人民医院被评为省级“法治建设示范医院”，茅田乡“全国卫生乡镇”通过初审；健康扶贫政策全面落实，家庭医生签约服务覆盖率稳定达到30%以上，重点人群签约服务覆盖率达60%以上，精准扶贫对象签约服务应签尽签，全年结算健康扶贫资金15781万元，惠及贫困人口35571人次。着力加强社会保障，城镇新增就业5970人，城镇登记失业率为2.34%，社会保障卡持卡人数达48.5万人，基本养老、工伤、失业保险参保率逐年增加；盘活公租房3238套，分配使用率达90%；按照“租补分离”原则发放住房租赁补贴303户21.87万元；按照应保尽保、按标施保原则，发放低保、特困、临时救助等各类民政救助资金1.8亿元。落实全县退役军人及其优抚对象经费保障2400.4万元。大力实施文化惠民工程，全民健身活动中心、县文化体育活动中心项目有序建设，“村村响”、“户户通”、广播电视无线数字化覆盖稳步推进，公共文化服务体系不断完善。

三、聚焦转型发展，县域综合竞争实力明显增强

紧扣全州建成“鄂西绿色发展示范区”的发展定位，全力推动县域经济高质量发展，全年预计实现地区生产总值108.5亿元、一般公共预算收入6.88亿元、社会消费品零售总额76.7亿元，同比分别增长6.5%、10%、11%；固定资产投资增长3%；城镇、农村常住居民人均可支配收入分别达到29674元、11481元，同比分别增长9%、10%。

（一）产业融合质效不断提升。坚持以现代农业为基础、新型工业为支撑、现代服务业为主导，大力推进三次产业融合发展。坚持质量兴农、品牌强农，持续推进特色产业品牌化、标准化、规模化建设，全年完成高标准农田建设1800公顷，各类特色产业基地累计达2.19万公顷，培养农民专业合作社1409家、家庭农场393家，“三品一标”19个，省、州级农业龙头企业分别达到3家、18家。坚持实体兴工、平台强工，主动对接全州“1+8”高新区建设，不断提升县工业园区服务平台品位，县扶贫产业园园区标准化厂房完成前期工作，园区已引进企业13个，落地并启动建设4个，预计全年规模以上工业增加值增速达6%左右，工业投资增长达18%左右，新增规模以上工业企业5家。坚持全域旅游、全民旅游，全力创建全域旅游示范县，石门河、野三峡联合创建国家AAAAA级景区取得阶段性成果，店子坪红色旅游基地创建国家AAA级景区、小西湖创建省级旅游度假区工作稳步推进；乡村旅游蓬勃发展，“旅游＋产业”“旅游＋文化”“旅游＋康养”等产品体系不断丰富；全年接待游客近500万人次，实现旅游综合收入35亿元，同比分别增长19%、23%。

（二）经济发展动能不断汇聚。坚持把新旧动能转换为推动经济高质量发展的重要抓手，充分激发发展潜能。坚持投资拉动，突出抓好招商引资、招才引智、招“亲”引贤三大行动，持续优化营商环境，制定《建始县招商引资六项政策清单》《建始县招商引资工业项目入驻优惠政策十二条（试行）》，统筹发挥珠三角、长三角、福建省三个招商联络处前沿阵地作用，招商引资综合优势和总体效益明显提升。全年签约招商项目15个，概算总投资25亿元，新开工亿元以上项目14个，省外到位资金23.6亿元。坚持项目带动，切实建好项目谋划库、储备库、建设库，今年计划实施5000万元以上重点项目112个，已开工83个，完成投资56亿元，开工率达74.1%。国家和省级预算内投资项目25个已全部开工建设。谋划2020年重点建设项目106个，概算总投资205亿元，年度计划投资76.2亿元。坚持改革促动、创新驱动、开放带动，以供给侧结构性改革为主线，整体推进各项改革，着力破解制约县域经济社会高质量发展的难点、痛点和堵点，探索形成了农村集体经济发展改革基层首创经验。巩固深化知识产权强县工程试点建设成果，申请专利130件，花坪镇林苑家庭农场“关口葡萄”被打造为湖北101张地标名片之一，县科技馆被省科协评定为“湖北省科普教育基地”，培育省级“星创天地”2家。

（三）美丽建始建设不断深化。牢固树立绿水青山就是金山银山的发展理念，扎实做好生态修复、环境保护、绿色发展三篇文章。坚持“党政同责、一岗双责”，严格落实生态环境保护责任制，严守生态保护红线、环境质量底线、资源利用上线三条红线，持续巩固河（库）长制、山长制成果，加快环境监测监察执法机构垂直管理制度改革，大力推进以“四个三”重大生态工程和长江大保护十大标志性战役为重点的污染防治攻坚战，生态文明建设示范县创建和省级森林城市创建工作通过省级考核验收。有序推进美丽乡村建设，全州乡村振兴示范点青里坝村已完成农业产业建设、田园景观工程、游客接待中心大楼、迎宾大道的路面硬化及绿化带施工；红岩寺镇凉水埠村被命名为2019年度湖北“绿色乡村”；全县10座污水处理厂全部进入通水调试阶段，年底可试运营；累计建改农村无害化厕所29106座、沼气池厕所1599座和各类公厕461座。坚持景城一体、景镇一体、景村一体，以棚户区改造和易地扶贫搬迁为契机，以“六城同创”为抓手，全面加强城乡规划建设管理工作，加紧实施县城老城区“瘦身”行动和新城区“强体”行动，“五大战区”棚户区改造工程共兑现安置补偿资金6.04亿元、拆除面积10.86万平方米，新建、续建市政建设项目13个、完成投资5.52亿元，广润河亲水走廊已建成投用，茨泉广场及地下停车场、人民医院地下停车场及人防地下室等一批配套基础设施正加快建设。特色集镇建设步伐加快，花坪葡萄小镇有序推进，龙坪乡、三里乡集镇综合改造全面完成，茅田乡集镇文旅综合体基本建成。

四、坚持民主法治，共建共治共享格局日趋成熟

坚持系统治理、依法治理、综合治理、源头治理，以民主法治建设为重点，着力提升基层治理效能。

（一）党政机构运行更加高效。认真贯彻党中央关于机构改革的决策部署和省委、州委工作要求，顺利完成党政机构改革任务，科学规范、运行高效的机构职能体系基本建立。加强党委全面领导，组建县监察委及全面依法治县、网络安全和信息化、财经、外事等9个县委议事协调机构，强化县委职能部门的统一归口协调管理职能，县委对重大工作的领导体制机制初步建立，总揽全局、协调各方的作用得以更好发挥。调整县政府组织结构，优化政府职责体系，政府机构设置更加科学、职能更加优化、权责更加协同；深化行政执法体制改革，整合组建市场监管、生态环境保护、文化市场、交通运输、农业等领域综合执法队伍。事业单位分类改革稳步推进。

（二）民主政治建设持续深化。始终坚持中国特色社会主义民主政治制度，积极支持人大、政府、政协和监察委、法院、检察院依法按章程履行职能、开展工作、发挥作用。巩固发展爱国统一战线，共建大统战工作格局，切实发挥好群团组织的桥梁纽带作用，持续巩固全国民族团结进步创建示范县成果，全面加强与各人民团体、工商联和无党派人士的团结合作，重点做好党外

知识分子和新社会阶层人士工作，积极促进非公经济人士健康成长，高坪镇青里坝村党支部书记唐瑛被评为省级民族团结进步先进个人，县教育局被评为省级民族团结进步先进集体，县总工会荣获“全省推动非公有制企业工会建设先进单位”。始终坚持党管武装原则，大力支持国防动员和后备力量建设。不断扩大基层民主，引导人民有序政治参与，保障人民民主权利。

（三）平安法治水平明显提升。始终把维护一方平安作为重要政治责任，深入推进自治、法治、德治“三治融合”，加快实现治理体系和治理能力现代化。坚持依法治县、依法执政、依法行政共同推进，坚持法治建始、法治政府、法治社会一体建设，进一步完善公共法律服务体系，严格落实行政执法“三项制度”，加快政府法律顾问工作规范化建设，加大行政复议应诉工作力度，推动重大行政决策合法性审查机制常态化，广泛开展宪法日暨法制宣传月活动和法治创建活动，全社会法治意识明显增强、法治环境明显好转。今年以来，已建成公共法律服务中心 1 个、乡镇公共法律服务工作站 10 个、村（社区）公共法律服务工作室 200 个；茅田乡三道岩村被评为全国基层治理示范村，长梁镇白云村通过全国民主法治示范村复核，茅田乡人民调解委员会、长梁镇火龙村何显电分别被省司法厅通报表扬为模范人民调解委员会、模范人民调解员。坚持责任信访、阳光信访、法治信访，严格落实信访责任制，按照“三到位一处理”原则，抓实抓细领导接访、下访、约访工作，全面落实积案包干责任制，积极开展信访积案攻坚行动。今年以来，上级部门交办的 155 件案件已全部办结销号，完成“3·14 永恒太阳能涉嫌传销案”、“迎大庆、保军运”、全国两会、党的十九届四中全会等重要时间节点的安保维稳工作，全年实现“五个不发生”的工作目标。牢固树立安全生产红线意识和底线思维，进一步建立健全应急处理机制，重点抓好煤矿、非煤矿山、危险化学品、烟花爆竹、道路交通、建筑施工、学校等重点行业领域的安全监管工作，有效防范应对防汛抗旱、地质灾害、森林防火、食品药品安全等应急事件，全年未发生较大及以上安全事故。进一步加大违法犯罪行为打击力度，深入开展扫黄打赌“断链行动”和“飓风扫毒”专项打击行动，纵深掘进扫黑除恶专项斗争，扎实开展线索查结清零、案件攻坚清零行动，社会治安环境持续优化，人民群众安全感大幅提升。

五、注重严实相济，全面从严管党治党纵深推进

始终把抓好党建作为最大政绩，层层压实主体责任，着力推动全面从严治党向纵深发展，为县域经济社会发展提供了坚强保障、凝聚了强大力量。

（一）基层组织全面过硬。认真贯彻新时代党的组织路线，以破解基层党组织弱化、虚化、边缘化问题为突破口，把提升组织力、突出政治功能作为重中之重来抓，着力把基层党组织建成坚强战斗堡垒。统筹抓好党建工作责任制、基层党建述职评议考核、县级党员领导干部“五个一”党建工作联系点，全面落实基层党建工作双员派驻、双月调度和三色预警管理、经费投入保障等制度。2019 年以来，县财政预算 4956 万元用于村干部待遇保障和村级组织日常运行，同比增长 82%。按照“巩固一批先进、提升一批中间、整顿一批后进”思路，持续实施“整乡提升、整县推进”计划，促进支部规范化标准化建设，持续整治软弱涣散党组织，分类评定表扬 120 个五星党支部和 49 个红旗党支部，新建立非公企业和社会组织党建示范点 5 个。坚持党管人才，健全县级领导联系服务优秀专家人才制度，继续推进“创业硒都汇”人才超市、恩施州园艺产业人才培训基地等县级重点人才工作项目建设，大力开展专家和优秀人才走访慰问、休假疗养、健康

体检活动，成功举办建始县第二届人才创新创业大赛。茨泉宾馆厨师李军武当选为第三届“荆楚工匠”，县人民医院刘孜团队被省总工会评为省级劳模创新工作室，高坪镇望坪初中鲍春喜被教育部表彰为“全国优秀教师”，县中医医院张健、向大安荣获“恩施州中医大师”称号。同时，借助东西部扶贫协作和华中农业大学定点扶贫，累计引进11名高精专人才支持我县精准扶贫工作。

（二）干部队伍活力迸发。严格落实县委十五届六次全会《关于进一步激励干部担当作为干事创业的实施意见》，旗帜鲜明地保护担当者、支持干事者、宽容失误者，对干事创业者切实做到在政治上重用、思想上关心、待遇上保障，干部队伍干事创业激情高涨。坚持基层一线导向，从脱贫攻坚、项目建设、招商引资、信访等“四个一线”选拔重用干部93人，交流16名企事业单位领导干部到行政单位任职。深入推进“年轻干部成长工程”，提拔35岁以下年轻干部42人，女干部39人，非党干部19人；完成各类干部培训达4910人次；深入推进公务员职务与职级并行改革，完成公务员职级套转1025人。坚持严管厚爱并重，严格落实“三个区分开来”要求，对14人从轻、减轻或免予处分，为受诬告陷害的干部澄清正名34人；运用“四种形态”处理599人次，“第一种形态”471人次，占比78.6%；回访教育164人，对符合政策的7名受处分干部影响期满后重新重用。

（三）政治生态持续优化。坚持有腐必反、有贪必肃，始终保持管党治党高压态势。一体纠治“四风”，查处违反中央八项规定精神问题47个，处理51人；查处形式主义官僚主义问题87个，处理141人；开展“不忘初心、牢记使命”主题教育专项整治，发现问题212个，监督整改193个，排查民生领域信访突出问题54个，清退资金9.61万元。深化拓展整治群众身边腐败和作风问题，凡件必查、深挖细查扶贫领域腐败和作风问题260件，通报19起，督促整改问题258个；办结中央、省环保督查交办信访件2件，查处环保领域问题5个，处理10人。巩固发展反腐败斗争压倒性胜利，处置问题线索600件，同比增长3.8%；立案250件，同比增长0.4%。留置7人；党纪政务处分208人。深入推进扫黑除恶、惩腐毁“伞”，查处涉黑涉恶腐败和“保护伞”问题，处理34人。坚持巡改结合，提升巡察质效。常规巡察12个单位10个乡镇295个村，反馈面上问题2080个，移交问题线索19件，组织处理41人，党纪政务处分17人。省委巡视反馈面上问题全部整改落实到位，州委巡察反馈意见综合整改率达98%，移交的问题线索和信访件全部办结。

六、强化带头示范，班子自身建设水平不断提高

坚持以上率下、以身作则，带头担当作为、带头干事创业，着力打造信念过硬、政治过硬、责任过硬、能力过硬、作风过硬的县委常委班子。

（一）强化政治引领。不断提升县委把方向、谋大局、定政策、促改革的能力和定力，充分发挥县委总揽全局、协调各方的作用。县委十五届五次全会围绕加固党建底板、补齐脱贫短板、做强经济主板主题，县委十五届六次全会围绕激励干部担当作为、干事创业主题进行了专题研究部署，为全县党员干部指明了工作方向、聚焦了工作重点、凝聚了工作合力。2019年以来，累计召开县委常委会会议22次，聚焦脱贫攻坚、生态环保、综治维稳、招商引资、产业发展、管党治党等162个议题，作出了系列重大决策部署。

（二）严肃政治生活。始终把民主团结作为县委常委班子建设的生命线，坚持民主集中制，用好批评和自我批评这个法宝，落实“三会一课”制度、交心谈心制度、请示报告制度、民主生活会和组织生活会制度，切实增强党内政治生活的政治性、时代性、原则性、战斗性，着力提升县委常委班子自我净化、自我完善、自我革新、自

我提高的能力，营造既严肃认真、又生动活泼的政治生态。围绕州委第三巡察组专项巡察“回头看”“不忘初心、牢记使命”主题教育召开2次专题民主生活会，对标整改、细照笃行，进一步增强了县委常委班子的凝聚力、向心力、战斗力。

（三）树好政治形象。县委常委班子成员以身作则、率先垂范，始终以高标准、严要求执行“六大纪律”和中央八项规定及其实施细则精神，力戒形式主义和官僚主义新表现，带头转作风、敢担当、善作为、抓落实，带头挑最重的担子，带头啃最硬的骨头，带头学习纪律、遵守纪律、维护纪律，带头接受各方监督，努力维护好忠诚干净担当的班子形象。

回顾一年的工作，成绩来之不易，短板依然突出：经济转型面临的压力较大，产业结构不优，动能转换不快，县级财源建设和民生需求矛盾较为突出；机构改革融合度、承接度还不够，改革创新能力还不强；教育、医疗、住房、养老、社保等民生领域结构性矛盾还存在不少难题；综治维稳、安全生产、行政执法等领域的新矛盾新问题层出不穷，维护社会平安稳定的压力依然较大；部分干部的思想观念、工作能力离新形势新任务的要求还有差距，形式主义、官僚主义新表现未根治。对于这些问题，我们必须高度重视，采取有效措施，认真解决。下一步，县委常委会将坚持以习近平新时代中国特色社会主义思想为指导，认真学习贯彻党的十九大和十九届二中、三中、四中全会精神，全面落实党中央的决策部署和省委、州委的工作要求，持续巩固脱贫攻坚成果，抢抓乡村振兴建设机遇，团结带领全县广大干部群众攻坚克难、开拓进取，为打赢“四大战役”、建成“四个建始”奠定坚实基础，为加快建设鄂西绿色发展示范区和全国先进自治州作出建始贡献。

政府工作报告

——在建始县第十八届人民代表大会第四次会议上

（2019年12月17日）

县长 张渊平

一、2019年工作回顾

2019年，我们坚持以习近平新时代中国特色社会主义思想为指导，深入贯彻党中央、国务院的重大战略决策，全面落实省委、省政府的总体部署，聚焦州委、州政府转作风、敢担当、善作为、抓落实的工作要求和“六大重点任务”[1]，在县委的坚强领导下，在县人大、县政协的监督和支持下，凝心聚力、克难攻坚，较好地完成了县十八届人大三次会议确定的主要目标任务。

——这一年，是我们固本培元、提质奋进的一年。面对经济持续下行的大环境，全县上下狠抓县域经济发展，实现地区生产总值108.5亿元（预计数，下同），同比增长6.5%，三次产业结构比调整为19.9∶30.6∶49.5；实现财政总收入12.07亿元，其中地方一般公共预算收入6.76亿元，增长8%；规模以上工业增加值增速6%；实现社会消费品零售总额77亿元，增长11%；金融机构存款余额145亿元，贷款余额90亿元，存贷比62%。

——这一年，是我们沉着应战、力拔穷根的一年。围绕贫困县摘帽总目标，以攻坚拔寨的决心和滚石上山的韧劲，坚决打好脱贫攻坚战。全年25个贫困村、12345户35963人如期脱贫出列，通过州级初审，贫困发生率降低到0.35%，群众认可度达99.25%，达到贫困县退出标准，为全面推进乡村振兴打下了坚实基础。

——这一年，是我们勇于担当、乘势而上的一年。聚焦人民群众关注的难点和热点，办成了一批多年来想办而没有办成的大事。累计投入棚户区改造资金20亿元，实施配套项目58个，城市功能进一步完善；统筹整合三年财政资金18.3亿元，实施农村公路、水利及公共服务项目1305个，基础设施进一步改善；狠抓乡风文明建设，大力推进人居环境综合整治，城乡面貌和人居环境发生了根本性变化。

——这一年，是我们久久为功、擦亮底色的一年。牢固树立"绿水青山就是金山银山"的理念，全面加强环境保护、污染防治、生态治理体系建设。荣获"省级森林城市"称号；省级生态文明建设示范县通过验收；省级卫生县城通过复评；县域空气质量稳居全省前十，城区空气质量优良天数达335天，优良率91.8%。

——这一年，是我们聚力民生、奋发有为的一年。始终坚持以人民为中心，累计投入40.2亿元着力改善民生，医疗卫生、文化体育、社会救助等保障能力全面加强；教育教学质量明显提升，普通高中一本上线397人，比去年净增100多人，清华大学录取2人，中考会考综合成绩位列全州第三；城镇和农村常住居民可支配收入分别达到29674元、11481元，增长9%、10%。

一年来，我们对标高质量发展要求，主要做了以下工作。

（一）以脱贫为统揽，小康步伐明显加快

——脱贫责任进一步压实。完善脱贫攻坚作战指挥体系，36名县领导下沉乡镇靠前指挥，做到政策第一时间落实、问题第一时间解决；县、乡、村三级书记遍访贫困户行动走深走实；东西部扶贫协作、华农中直定点扶贫、省"616"[2]对口帮扶力度进一步加大；26个省州驻村扶贫单位、360名"第一书记"、2596名驻村干部岗位在村、工作在村、吃住在村，帮扶责任人与贫困户实行无缝对接。

——脱贫政策进一步落实。围绕"两业"[3]，统筹资金3557万元新发展村级主导产业1200公顷，"企业＋专业合作社＋农户"产业模式有效带动1万余贫困户持续增收；建成160个产业项目，配套28个就业扶贫车间，提供413个公益性岗位，带动5000余贫困人口就业；237个易迁集中安置小区全部建成，14237户48901人搬迁入住；投入资金4216万元实施农村危房改造2626户；累计兑现学生资助金4232.7万元，惠及贫困学生48005人次；贫困人口住院报销医疗费用1.7亿元；聘请1030名贫困人口担任生态护林员，兑现管护费412万元。

——脱贫成效进一步夯实。围绕"两基"[4]，累计投入3.7亿元新建和改造农村公路491千米，实施安防工程2500余千米；交通扶贫经验受到人民日报、中央电视台等多家主流媒体关注，花坪镇被授予省"四好农村路"示范乡镇；投入3130万元建成集中供水工程295处、实施120个村的分散供水工程；投入3.07亿元实施农村电网升级改造；累计建设4G基站398个，宽带用户达13.5万户；组建滨建农业发展公司，贫困村集体经济取得突破；围绕"两度"[5]大力实施乡风文明建设，广泛开展先进典型评选、群众文化等活动，群众参与度、认可度显著提高。

（二）以项目为引擎，投资支撑明显发力

——项目投资稳中向好。实施5000万元以上重点项目83个，完成投资56亿元，其中15个州级重点项目完成投资20.7亿元，完成州定目标的161%。省级重点项目青花田园综合体完成年度计划的223%；安来高速[6]建恩段即将通车；金建大道、宜万铁路高坪站、新城区供水PPP项目、4.2万立方米油库、花坪特色小镇等项目加快推

进；县人民医院门诊医技大楼及停车场、松坝大道等项目有序推进。

——招商引资稳中提质。出台招商引资工业项目入驻优惠政策，全年新签约项目15个，到位省外资金22亿元。明康汇业州蛋鸡加工、哈格旦鞋服等项目全面建成；景阳清江生态文化旅游区、中药饮片加工、龙潭集镇“恩龙小镇”微商业综合体等14个亿元以上项目开工建设；红土坪九年一贯制学校、龙坪别院、长梁中溢达水泥构件等项目前期工作加快推进。

——向上争资稳中有增。加大向上争取资金力度，到位中央和省补助资金33.46亿元，其中交通、水利、教育、农业等领域到位资金10.46亿元，增长9.2%。同时，紧扣国家投资导向，围绕保障性安居工程、生态环保、卫生健康、教育现代化、社会保障等领域申报2020年中央和省预算内投资项目25个，申报资金4.55亿元。

（三）以产业为依托，发展根基明显筑牢

——特色农业质量不断提升。实现农业增加值13.8亿元，粮食总产量21.2万吨，出栏生猪55万头；新建高标准农田1800公顷；新发展茶叶、小水果、药材等特色基地2066.7公顷；花坪镇入选“全国农业产业强镇”；新增绿色食品7个；特色猕猴桃优势区项目通过省验收，“建香”猕猴桃获得首届全国优质猕猴桃品鉴会金奖；富硒土豆、高山蔬菜、特色水果俏销省外。

——工业经济增量不断扩大。县城易迁产业园建设有序推进，标准化厂房启动建设；红岩寺、业州金竹园、三里河水坪等扶贫小微产业园基本建成，福恩鞋业、佳鹏塑业等企业成功入驻；智泰科技、固特给排水建成投产；新型建材、阀门制造等项目相继落地。工业投资增长16%，技改投资增长30%；圆通生物、民森木业等5家企业成功进规；新登记各类市场主体4732户。

——第三产业变量不断增加。全域旅游示范区创建及野三峡、地心谷联创国家AAAAA级景区积极推进；高坪青花、长梁双河口、业州猫儿坪等5个田园综合体加快推进；红岩寺、景阳集镇游客集散中心，官店照京坪红色教育基地建成投运；业州罗家坝、当阳坝、茅田雪岩顶、三里石牌湖、龙坪楂树坪等乡村旅游蓬勃发展；继续开展“CALL响全世界，畅游金建始”旅游推介活动；采摘节、赏花节、钓鱼大赛等活动精彩纷呈；全年接待游客500万人次，实现旅游综合收入35亿元，分别增长18.8%、23%。新增限上商贸企业6家、规上服务业企业4家。

（四）以建管为手段，城乡面貌明显改善

——城镇功能景区化水平得到提高。按照开放式景区标准加快完善城市功能，“五大战区”棚户区改造工程完成征收1207户；广润河滨河走廊建成投用；北环南路、玉峰路建成通车；广润路、龙七路、沿河北路完成升级改造；广润河风雨廊桥基本建成；茨泉城市中心广场、气象公园、全民健身活动中心等项目加快推进；县城4个老旧小区改造启动建设；县城“12345”[7]和乡镇集镇“五有”[8]工程基本完成；龙坪、三里、花坪集镇综合改造全面开展。

——基础设施全域化建设得到提速。465省道云天公路建始段、460省道高三公路全面建成；业州镇苏家坪至四十二坝等5条省际断头路打通；462省道景阳高燎至恩施红土、339省道官店至鹤峰邬阳、209国道长梁镇至城区段、建巫线改扩建工程加快建设；318国道红岩寺绕镇线、209国道长梁绕镇线前期工作有序开展。木桥河水库，茅田封竹淌、刺竹坪水源性工程建成供水；吕家坪、黄连沟2号主体完工；金滩坪、蛇皮洞水库前期工作基本完成；城区污水处理厂提标扩容项目有序推进；乡镇污水处理厂、垃圾中转站建成投运。

——城镇管理精细化经营得到提效。持续开展“六城”同创[9]，城市“六乱”[10]得到有效整治；严格规划管控，保持“两违”治理高压态势，立案查处涉嫌“两违”建设案件96起；“智慧城管”数字化平台建设取得新进展，首个智慧平安小区在京桥华府建成，江屿华庭等6个智慧平安小区启动建设；县直机关事业单位、学校、城区社区以及4个行政村垃圾分类试点工作全面完成，“户分类、组保洁、村收集、镇转运、县处理”工作体系基本形成。

（五）以生态为先导，环境质量明显优化

——全方位保护扎实推进。严守生态和基本农田红线，狠抓生态环境保护。全面落实河（库）长制、山长制，6条县级河流划界确权工作积极推进，79条乡镇级河流“一河一策”方案通过评审；完成新一轮退耕还林340公顷、天然林扩面2.67万公顷；扎实开展饮用水源地保护工作，闸木水水库及乡镇集中式饮用水水质抽检达标率100%。

——全领域治理扎实推进。集中力量打好污染防治攻坚战和长江大保护十大标志性战役，狠抓中央、省环保督察反馈问题整改工作，突出环境问题得到有效整治；切实抓好铁路沿线、公路干线环境综合治理；建成农村公厕386座，农村无害化厕所改造29106户；马水河、榨茨河双河口段河道治理基本完成；完成水土保持综合治理15平方千米、土壤酸化治理3466.67公顷；畜禽养殖废弃物资源化利用整县推进项目加快实施；全面完成第二次全国污染源普查和第三次土地普查。

——全体系监管扎实推进。严格执行生态环保“党政同责、一岗双责”，全面压实县环委会、各专业委员会及乡镇政府责任，监管体系进一步健全；严格落实环保“一票否决”制；全面落实领导干部自然资源资产审计；严格执行建设项目“环境影响评价”和“三同时”[11]制度；严厉打击各类破坏生态环境违法行为，责令整改43家，立案处罚环境违法案件12起。

（六）以改革为主线，发展红利明显释放

——深化改革原动力更强。供给侧结构性改革成果进一步巩固；党政机构改革顺利完成；全国第四次经济普查工作全面完成；国资国企改革取得阶段性成果；企事业单位公车制度改革有序推进；区域教育信息化工作入选全国2019年度基础教育信息化典型案例；高考综合改革稳妥推进；农村集体产权制度改革清产核资、清人分类工作全面完成。

——科技创新驱动力更强。大力实施科技企业创业与培育工程，培育省级“星创天地”2家、州级“众创空间”2个，申报州级工程技术研究中心1个；成功举办第二届创新创业大赛；县城5G网络正式开通；积极开展科技人才引进和培养工作；推广运用国家知识产权试点县成果，申请专利130件，授权专利70件；完成科技成果转化2个。

——营商环境吸引力更强。市民之家和“12345”热线平台[12]基本建成；“一门一网”[13]建设强力推进；“四多合一”[14]全面启动；出台工程建设项目审批改革实施方案和工业项目“先建后验”实施细则，深入推进“3550+100”[15]改革，行政许可和审批时限进一步压缩；组建县重点项目办，加大项目审批帮办代办和协调服务力度；减税降费政策全面落实，累计减免税费7304万元；金融环境持续改善，连续9年获评全省“金融信用县（市）”。

（七）以民生为根本，社会保障明显增强

——人民群众获得感持续提升。新增城镇就业5664人，城镇登记失业率2.7%；发放低保、特困救助金1.46亿元，临时救助金981万元，残疾人“两项补贴”[16]1288万元，高龄津贴960万元；发放基本养老金8.7亿元；城镇职工住院补偿7206万元，城乡居民住院补偿3.88亿元；村医养老保险政策全面实施；退役军人三级服务体系建设基本完成。

——人民群众幸福感持续提升。累计投入3185万元改善办学条件，义务教育薄弱学校改造提升行动加快推进；长梁镇民族小学荣获“全国特色学校”称号。民族团结进步工作内涵不断丰富，中央民族歌舞团走进建始。58个村开展新时代文明实践站试点建设，茅田乡“全国卫生乡镇”通过初评，三道岩村入选“全国乡村治理示范村”；三里乡三里坝社区获评全省“综合减灾示范社区”。持续推动医药卫生体制改革，县域医共体启动建设；县社会福利综合服务中心、第三医院（业州卫生院）建成投用；县中医医院、优抚医院、疾控中心业务综合大楼、妇幼保健院（儿童医院）基本建成。

——人民群众安全感持续提升。纵深掘进“扫黑除恶”专项斗争，破获涉黑涉恶案件66起；持续推进多元化纠纷调解机制，有效化解矛盾纠纷2300余件；依法打击违法信访行为，信访总量持续下降；化解重大风险97个，依法处置永恒太阳能集团涉嫌组织领导传销案；清江水布垭库区景阳地质灾害区紧急避让基本完成；“雪亮工程”[17]稳步推进；投入资金2300余万元加强校园安全工作，达到“三个100%”[18]的要求；重大动植物疫情防控有力；统筹推进煤矿、非煤矿山、道路交通、食品药品、特种设备、森林防火、工程建设、消防等重点领域安全工作，全县社会大局平安稳定。

（八）以政治为核心，行政效能明显提高

为政之要贵在担当，重在立行。我们始终坚持讲政治、重法治、转作风、守底线，政府行政效能和执行力、公信力明显提高。

——永葆忠诚之心。牢固树立“四个意识”，坚定“四个自信”，做到“两个维护”；认真落实意识形态工作责任制，牢牢把握意识形态工作主动权；扎实开展“不忘初心、牢记使命”主题教育；以庆祝新中国成立70周年为主线，开展“精准扶贫话变化，自强不息感党恩”活动，深入推进爱国主义教育；全力支持服务国防军队建设，推进军政军民团结、融合发展。

——永葆担当之心。强化政府目标责任管理和过程监管，坚决向不作为、慢作为、乱作为开刀，以实干推动发展；办理人大代表建议63件、政协提案52件，见面率、回复率、满意率均达100%；完成重大决策合法性审查103件，法治政府建设深入推进；完成公共资源交易项目114个，成交金额4.66亿元，节约资金2525万元；“双随机、一公开”[19]监管基本实现全覆盖，行政执法监督检查持续强化。

——永葆敬畏之心。始终把纪律和规矩挺在前面，党风廉政建设主体责任和领导干部“一岗双责”进一步落实；定期向县委常委会汇报工作，认真执行县人大及其常委会决定，适时向县政协通报工作情况，自觉接受监督；财政管理和审计监督全面加强；持续开展“四风”整治，查处问题92个、处理149人、通报典型案例8起12人。

与此同时，统计、物价、保密、史志档案、人防、通信、气象、团委、老年、妇幼、残联、供销、工会、工商联、行政学校、融媒体、机关事务等工作取得新成绩。

二、2020年工作安排

2020年，是“十三五”规划的收官之年，更是全面建成小康社会的决胜之年。全县经济社会发展总体思路是：以习近平新时代中国特色社会主义思想为指导，坚决贯彻落实党的十九大和十九届二中、三中、四中全会精神，紧紧围绕省委、省政府“一芯两带三区”[20]战略部署，州委、州政府“六大重点任务”总体部署和县委总体要求，始终坚持以人民为中心的发展思想，始终践行新发展理念，始终落实高质量发展要求，以深化改革为主线，以乡村振兴为抓手，以实体经济为支撑，切实保障和改善民生，奋力谱写县域经济社会高质量发展新篇章。

主要预期目标是：地区生产总值增长7%；全社会固定资产投资增长10%；社会消费品零售

总额增长11%；地方一般公共预算收入增长3.5%；规模以上工业增加值增长6%；旅游综合收入增长12%；城镇、农村常住居民人均可支配收入分别增长8%、9%；生态环保、安全生产、节能减排等指标完成州定目标任务。

围绕上述目标，我们将重点抓好以下七个方面的工作。

（一）坚定不移抓乡村振兴，在巩固脱贫成效上取得新突破

——聚焦脱贫成效，强化后续扶持。按照“摘帽不摘责任、摘帽不摘政策、摘帽不摘帮扶、摘帽不摘监管”的要求，大力实施脱贫攻坚后续扶持巩固提升行动。积极培育市场主体，拓展产业和就业增收路径，拧紧脱贫群众利益链；深入实施“三乡工程”[21]，带动培育一批农民经理人、乡村工匠、种养大户等创业致富带头人，提升乡村人才专业水平；健全农村公共服务设施管护机制，积极推动农民协会自主管理，不断增强群众主人翁意识。同时，持续做好定点扶贫、东西部扶贫协作、省“616”对口帮扶和驻村帮扶工作，不断巩固提升脱贫成效。

——聚焦乡村建设，强化示范带动。大力实施乡村振兴战略，加快编制全县乡村振兴总体规划和村庄规划，分类推进、有序实施。加快青里坝州级乡村振兴试点村及16个示范村、64个整治村建设。巩固产粮产油大县和生猪调出大县地位；因地制宜壮大茶叶、魔芋、干鲜果、畜禽、蔬菜等富硒特色农产品基地，努力创建国家农村产业融合发展示范区。积极培育农业市场主体，提高农业组织化程度，加大“三品一标”[22]认证和国家地理标志产品保护，新增3个绿色食品、2个有机食品，争创1个地理标志产品、1个荆楚优品，加快创建农产品质量安全示范县。借助农村土地“三权分置”[23]改革，通过资源开发、股份合作、土地经营等方式壮大村集体经济。

——聚焦乡风文明，强化基层治理。深入推进“一统三治”[24]，增强基层组织政治功能和组织能力。加快新时代文明实践中心（站、所）建设，实现县、乡、村三级全覆盖，积极开展文明实践活动；高标准、高质量建设县级融媒体，争创全州示范、全省一流；围绕“和美建始”主题，持续深入开展乡风文明建设，整治陈规陋习，倡导优良家风，大力挖掘“道德模范”“最美家庭”“建始好人”等先进典型，倡导健康文明新风尚。

（二）坚定不移抓工业经济，在壮大实体经济上取得新突破

——积极推进园区平台建设。紧紧围绕州委“四大产业集群”[25]建设总体部署和坚持“四量”[26]理念振兴实体经济的总体要求。全力加快工业园区建设，坚持企业集中布局、产业集群发展；充分运用县国投公司投融资能力，加快完成水、电、路、网、气及污水处理等基础设施建设，加快建成标准化厂房10万平方米以上，满足10—15家企业入驻条件，为招商引资落地打下坚实基础；加大业州、长梁、红岩寺、高坪等乡镇小微产业园基础设施和标准化厂房建设力度，大力招引带动农民就近就业致富好的企业。积极推进老城区工业企业退城入园，有效盘活企业资产，促进产业集聚集约发展，加快形成“园区引企业、园区聚产业、园区促就业、园区带城乡”的工业发展格局。

——积极推进招商引资工作。坚持县级领导带头招商，对重要招商信息及时研究、特事特办，对重大项目对接洽谈有邀必到，对招商具体问题有求必应，主要领导每两月至少开展一次带队专题招商；坚持小分队驻点招商，增派小分队力量，不断拓展长三角、珠三角、福建等地招商联络范围，依托各地恩施商会，适时研判招商信息，有针对性地开展一对一、点对点洽谈；坚持全域全员招商，以“三乡工程”为抓手，动用同乡、同学等一切可以动用的资源，通过情感招

商，促进企业回归，对有意向投资的全国500强企业和有利于形成产业链的项目，实行“一企一策、一事一议、跟踪服务”；坚持企业以商招商，依托县域内发展前景好的企业，招引一批上下游关联企业，降低物流成本，形成连接紧密、相互补充、合作共赢的产业链。

——积极推进企业落地见效。狠抓招商引资扩增量，加快推进新型建材、中药饮片、阀门制造、鞋服加工、化妆品等招商项目建成投产，全年力争新开工亿元以上项目15个，投产亿元以上项目8个，引进省外资金25亿元；狠抓技改扩规提质量，加大对企业技术改造、产品研发的支持力度，积极引导泰丰水泥、红土地新型建材、民森木业、协力食品等企业加大技改投入，提高企业自主创新和研发能力；狠抓联合重组活存量，积极鼓励企业转型重组，招引一批能够提供资金支持、技术支撑、营销支援的企业，引导天天佳、硒之泉矿泉水、枸杞珍酒业、容华食品等企业实行股份制经营，或对其资产资源、核心技术直接收购兼并；狠抓企业上市，推进智泰科技、圆通生物等具备上市潜力的企业在境内外上市，支持企业在“新三板”“新四板”、武汉股权托管交易中心挂牌。

（三）坚定不移抓项目投资，在夯实发展底盘上取得新突破

——高起点谋划重大项目。结合“十四五”规划编制，精准对接国家产业政策和投资导向，加大沿江高铁、通用机场、旅游观光救援直升机场、官店至巴张高速连接线、红岩寺至县城一级公路、页岩气开发、风力发电、王家湾水库、黑沟水库等项目谋划力度，力争更多重大项目进入国家和省重大项目库；建立“一把手”争项目、争资金、争资源的工作机制，出台考核奖惩办法，提高项目争取成功率。

——高标准管理重大项目。继续推行县领导联系重大项目责任制和县重点项目办协调督办工作机制，强化要素保障，加强重大项目建设土地供给力度，优化配置水、电、路、网等要素资源，力促重大项目早落地、早开工；强化过程监管，严格落实重大项目全过程监管机制，严格按照项目合同加强建设现场管理；强化资金保障，多渠道筹措项目建设资金，加强项目资金绩效管理，积极推进建筑工程保证保险工作，切实缓解施工企业资金压力。

——高效率建设重大项目。全年计划实施5000万元以上重大项目106个，概算总投资205亿元，年度计划投资76亿元，其中州级重点项目21个，概算总投资77亿元，年度计划投资18.4亿元。全面建成宜万铁路高坪站、青花田园综合体、4.2万立方米油库、花坪绕镇大道、209国道茅田至龙坪、奇阳坝至陇里大修工程、339省道官店至鹤峰邬阳、462省道景阳高燎至恩施红土、高坪集镇黑色化、乡镇天然气利用工程等项目；加快推进金建大道、建巫线、209国道长梁绕镇线、金滩坪水库、蛇皮洞水库及天生红岩河治理等项目建设；有序推进悦融湾、朝阳城等房地产及龙坪、三里、红岩寺商业综合体开发；启动安来高速鄂渝界至建始段、318国道红岩寺绕镇线建设。

（四）坚定不移抓城乡建管，在城镇协调发展上取得新突破

——抓改造完善城市功能。强力推进老旧小区和棚户区改造配套工程建设，建成茨泉城市中心广场及商业综合体、全民健身活动中心和气象公园；加快推进松坝大道、红土北路（建始大道指阳广场至红土坪）、兴城路、广润河滨河走廊延长线、龙七路延长线（七里坪公交站至七里坪中学）等项目建设；启动水洞湾康养综合体项目建设；规划建设县城人行天桥、二手车交易市场、电商物流专业市场等项目；依托铁路、高速公路、长江巫山清河港，在县城、红岩寺、天生规划建设集餐饮住宿、交通运输、信息服务为一体的物流集散中心。

——抓经营建设乡镇集镇。把市场机制引入乡镇集镇建设中，按照投资主体多元化的方式进行资本运作，加大乡镇土地指标储备、出让交易力度，广泛吸纳社会资本推动乡镇集镇建设；积极探索有利于乡镇经营建设的配套政策和措施，在建设用地、盘活国有资产等方面，积极支持乡镇集镇建设。启动长梁、三里、官店集镇综合改造；打造花坪、龙坪、茅田休闲度假小镇；围绕318国道红岩寺绕镇线提升红岩寺集镇承载力；积极推动高坪高铁小镇、景阳江钓小镇等特色小镇建设。

——抓管控加强城镇管理。严格规划管控，加大执法力度；持续开展“六城”同创，加快推进城乡生活垃圾收转运一体化处理，提高城乡生活垃圾回收利用率。加快建设集应急指挥、公共服务、社区管理、人防安防为一体的综合调度平台；加快推进智能化停车、智慧平安小区、智慧化垃圾分类处理等系统建设；加快推进“雪亮工程”、立体化治安防控体系建设。加快推进县城开放式国家AAAA级景区和乡镇集镇开放式国家AAA级景区规划编制。

（五）坚定不移抓环境保护，在生态文明建设上取得新突破

——着力构建长效机制，健全责任体系。严格落实生态环保属地管理和领导干部终身责任制，压实生态环保责任；全面落实生态补偿政策，持续加大生态环保投入，逐步建立政府长效投入、企业持续投入、社会多元投入机制；完善公众监督、有奖举报、守信奖励、失信惩戒等机制，形成群防群治、齐抓共管局面。

——着力治理城乡环境，细化工作举措。持续打好长江大保护十大标志性战役，严格落实河（库）长制、山长制，启动乡镇河流岸线划定确权工作，加大天然林保护力度；完成畜禽养殖废弃物资源化利用整县推进项目建设；实施土壤污染防治行动，严控农业面源污染；完成国土空间规划编制工作，深入开展地质灾害隐患排查治理，加快推进矿山地质生态环境恢复治理；全面完成“厕所革命”三年建设任务；认真抓好中央、省、州环保督察交办问题整改工作。

——着力弘扬生态文化，增强创建成效。深入贯彻习近平生态文明思想，让生态优势变为产业优势，让旅游文化融入生态文化。加快野三峡、地心谷联创国家AAAAA级景区步伐；融合景区观光、运动体验、乡村休闲、文化研学等多种业态，加大文旅品牌推介力度；规范文旅市场行为，提升文旅产品品位；积极引导和支持星级酒店、精品民宿建设。加大文化遗产、重点文物保护单位、革命遗址遗迹保护力度；大力开展生态文明宣传，完善生态文明教育体系；加快创建国家生态文明建设示范县，进一步集聚生态文明创建效应。

（六）坚定不移抓改革创新，在优化营商环境上取得新突破

——围绕营商环境抓改革。紧紧围绕政务、法治、金融、信用环境建设，研究出台具体措施，服务实体经济发展。进一步深化“放管服”改革，持续推行“3550+100”“四多合一”“先建后验”等改革措施；深化行政审批中介服务改革；完善国有企业经营考核评价机制；积极推行重大民生项目人大代表票决制；加强预算监督平台建设；加快推进碳汇交易项目；持续推动财税共治共享，探索建立税收贡献奖励机制，加强财源建设；积极做好第七次全国人口普查和脱贫攻坚成效普查。

——围绕营商环境抓服务。积极推动审批服务向基层延伸；深化商事制度改革，降低企业准入门槛；搭建银企对接平台，引导金融业更好的服务实体经济发展；改革和完善招标代理制度，推行招投标数字化、远程化管理。加大企业服务力度，探索建立企业产品“担保仓”、法务财务代理、出台物流补贴办法、加大产业工人队伍建设力度，做实中小企业服务中心，强化对非公经济人士的引导，提高金融业支持实体经济融资贷款比重，切实解决企业融资难、物流难、用工难、管理难的问题。

——围绕营商环境抓开放。持续推动官店“四县市五乡镇”[27]高山片区综合开发；着力打造长梁天生、龙坪楂树坪边贸口子镇，拓展发展空间；加大企业与高校、科研院所的产学研合作力度，选派“三区人才”[28]、科技特派员服务企业；加强与各地恩施商会对接合作；积极招引落地外资企业，高效利用外资；加强与恩施海关的沟通衔接，加大自营出口市场主体培育力度；借力东西部扶贫协作、省直定点单位消费扶贫和阿里巴巴、网易严选等大型电子商务平台，推进县电子商务公共服务中心提档升级，培育一批电子商务骨干企业。积极支持金融保险、健康养老、房地产等现代服务业发展。力争新培育自营出口、限上商贸、规上服务业企业各3家。

（七）坚定不移抓民生福祉，在提升保障水平上取得新突破

——更高标准狠抓公共服务。推动全县教育事业协调发展，启动红土坪九年一贯制民办学校建设，积极推进建始大道九年一贯制公办学校建设。完成县域医共体建设，加大“健康建始”建设力度；完成县中医医院、妇幼保健院（儿童医院）、疾控中心整体搬迁，加快县人民医院门诊医技大楼建设。加大公共文化服务体系建设力度，完成武陵山（鄂西南）国家级文化生态保护实验区创建工作。加大5G网络和农网改造建设力度；大力实施在外人员返乡创业三年行动计划，积极打造返乡创业示范园和示范乡镇；新增城镇就业4500人，城镇登记失业率控制在4.1%以内。全面落实社会救助政策；实现建档立卡城镇困难职工解困、脱困全覆盖；落实全面医疗保险制度，不断完善医疗、医保、医药联动保障新机制；加快推进县残疾人康复中心、景阳福利院养护楼项目建设；做好退役军人服务保障工作。

——更大力度狠抓风险防范。认真落实习近平总书记关于防范化解重大风险的指示精神，坚持底线思维，增强忧患意识，提高防控能力，牢牢守住不发生重大风险特别是金融风险的底线。压实防范监管责任，综合运用市场、行政和司法手段，加强政策监管和风险处置的协调配合，形成工作合力；对党的建设、政治与社会、意识形态、经济、生态环境、安全六大领域风险实施专项治理；对各类苗头性风险进行重点处置，防止单体风险和个案风险蔓延扩散、交叉感染；加强与社会公众的信息沟通，稳妥施策，严防重大风险处置不当可能产生的次生风险。

——更严要求狠抓社会治理。加强和创新社会治理，建设人人有责、人人尽责、人人享有的社会治理共同体，确保人民安居乐业、社会安定有序。推动“扫黑除恶”专项斗争向纵深掘进；加大公共安全投入，全面提高防范能力；持续抓好信访矛盾攻坚、重信重访治理、强化重点信访人员管控，依法打击违法信访行为；持续加强“一村一警”建设，规范社区安置帮教工作，确保重点人员稳控；加大重大动植物疫病防控力度；全面提升应急管理能力，加强煤矿、非煤矿山、道路交通、食品药品、特种设备、消防、校园、工程建设等重点领域专项治理，确保人民群众生命财产安全；加强和完善国防教育、国防动员体系建设；统筹做好民宗、统计、物价、保密、史志档案、人防、通信、气象、老年、供销、行政学校、机关事务等工作。支持工会、共青团、妇联、工商联、科协、残联等组织开展工作。

三、加强政府自身建设

深刻把握坚持和完善中国特色社会主义制度、国家治理体系和治理能力现代化的总体要求，把党的领导贯穿到政府工作的全过程，加快构建职责明确、依法行政、务实高效的政府治理制度，不断提高治理水平。

（一）始终把政治意识作为政府工作第一品格。牢固树立“四个意识”，坚定“四个自信”，做到“两个维护”，毫不动摇坚守意识形态主阵地，严守政治纪律和政治规矩，始终对党绝对忠诚。深学笃用习近平新时代中国特色社会主义思想，全面贯彻习近平总书记对湖北工作的重要指示批示精神，认真落实中央、省委、州委决策部署，确保政令畅通、令行禁止。

（二）始终把依法行政作为政府工作第一准则。加快完善公共法律服务体系，坚持用法治思维推动政府工作；认真执行重大行政决策事项专家论证、风险评估、合法性审查等规定；自觉接受县人大法律监督、政协民主监督，主动接受社会公众和新闻媒体监督；落实重大事项向县人大及其常委会报告、向政协通报制度，认真办理人大代表建议和政协委员提案；始终把人民拥护不拥护、赞成不赞成、高兴不高兴、答应不答应作为衡量一切工作得失的根本标准。

（三）始终把务实落实作为政府工作第一要求。持续整治官僚主义、形式主义突出问题，始终做到工作面前敢负责、问题面前敢较真、困难面前敢担当，以上率下，发挥好政府领导班子“领头雁”作用。努力提升各级干部的专业素养和群众工作方法，提高重大风险的发现、研判和处置能力。强化正向激励，坚持严管与厚爱相结合，给予敢干事、会干事、能干事的干部更多机会和平台，充分调动广大干部的积极性、主动性和创造性。

（四）始终把清正廉洁作为政府工作第一保障。严格落实全面从严治党主体责任，层层传导管党治党压力。深入贯彻落实中央八项规定精神，持之以恒正风肃纪。紧盯重大工程、重点领域、重要岗位，加大财政、审计和统计监督力度。树立过“紧日子”的思想，严格预算执行，严控“三公”经费支出。全力支持纪委监委工作，深化标本兼治，坚决整治群众反映强烈的各类问题，以清正廉洁的良好形象推动工作、促进发展、取信于民。

名词解释

［1］**“六大重点任务”**：三大攻坚战、四大产业集群、项目建设、发展平台、营商环境、民生福祉。

［2］**省“616”**：由1位省委、省政府领导牵头，省直6个单位（4个省直厅局、1所高校或科研院所、1家大型企业）参与，对口支援1个民族县（市），每年至少办成6件实事。

［3］**“两业”**：产业、就业。

［4］**“两基”**：基础设施、基本公共服务。

［5］**“两度”**：人民群众参与度、人民群众认可度。

［6］**安来高速**：原银百高速（建恩高速）今年交通运输部修订后的国家公路网编号为G6911，简称“安来高速”。

［7］**县城“12345”**：建设1个城市中心广场、2条生态文化走廊、30个以上标准化公厕、建成区文化广场达到40个以上、力争新增停车位5000个。

［8］**乡镇集镇“五有”**：每个乡镇有1个集贸市场、有3个以上公厕、有3个以上文化广场、有200个以上停车位、有污水和垃圾处理设施。

［9］**“六城”同创**：创建中国优秀旅游城市、国家园林城市、国家卫生城市、国家环保模范城市、全国文明城市、国家森林城市。

［10］**城市“六乱”**：乱搭乱建、乱堆乱放、乱设摊点、乱拉乱挂、乱贴乱写乱画、乱扔乱吐。

［11］**“三同时”**：同时设计、同时施工、同时投入使用。

［12］**“12345”热线平台**：即“非紧急救助服务系统”，用来帮助诉求人解决生活、生产中所遇困难和问题，是县委和县政府关注民生、倾

听民意的平台。

[13]**“一门一网”**：群众和企业必须到现场办理的事项只进一扇门，政务服务事项“一网通办”。

[14]**“四多合一”**：多规合一、多审合一、多评合一、多验合一。

[15]**“3550+100”**：企业开办3个工作日办结、不动产登记5个工作日办结、工业建设项目50个工作日取得施工许可证、工程建设项目审批时间缩短至100个工作日以内。

[16]**残疾人“两项补贴”**：困难残疾人生活补贴和重度残疾人护理补贴。

[17]**“雪亮工程”**：以县、乡、村三级综治中心为指挥平台、以综治信息化为支撑、以网格化管理为基础、以公共安全视频监控联网应用为重点的“群众性治安防控工程”。

[18]**“三个100%”**：校园封闭达到100%，保安配备合格率达到100%，校（园）视频监控、一键报警装置安装率达到100%。

[19]**“双随机、一公开”**：在监管过程中随机抽取检查对象，随机选派执法检查人员，抽查情况及查处结果及时向社会公开。

[20]**“一芯两带三区”**：“一芯驱动”：大力发展以集成电路为代表的高新技术产业、战略性新兴产业和高端成长型产业，培育国之重器的“芯”产业集群，将武汉、襄阳、宜昌等地打造成为综合性国家产业创新中心、“芯”产业智能创造中心、制造业高质量发展国家级示范区，加快形成中心带动、多极支撑的“心”引擎，加快形成高质量发展的“新”动能体系。“两带支撑”：以长江经济带、汉江生态经济带为依托，以沿线重要城镇为节点，打造长江绿色经济和创新驱动发展带、汉随襄十制造业高质量发展带。“三区协同”：按照区域统筹、产业集聚的思路，推动鄂西绿色发展示范区、江汉平原振兴发展示范区、鄂东转型发展示范区竞相发展，形成全省东、中、西三大片区高质量发展的战略纵深。

[21]**“三乡工程”**：市民下乡、能人回乡、企业兴乡。

[22]**“三品一标”**：无公害农产品、绿色食品、有机农产品和农产品地理标志。

[23]**“三权分置”**：农村土地所有权、承包权、经营权分置。

[24]**“一统三治”**：以党建工作为统领，推进自治、法治、德治深度融合的基层治理模式。

[25]**“四大产业集群”**：生态文化旅游、硒食品精深加工、生物医药、清洁能源。

[26]**“四量”**：招商引资扩增量、技改扩规提质量、联合重组活存量、企业上市增变量。

[27]**“四县市五乡镇”**：恩施红土、新塘，鹤峰中营，宣恩椿木营，建始官店。

[28]**“三区人才”**：边远贫困地区、边疆民族地区和革命老区每年引导优秀教师、医生、科技人员、社会工作者、文化工作者到三区工作或提供服务。

大事记

1月

2日　汪家寨隧道安装高科技——道路智能防控预警系统，提醒驾驶人员及时采取控制措施。

3日　建始县撤销军供站点，并积极配合恩施市军供站点一行完成军供转交工作。

10日　省民政厅副厅长赵显富一行到建始，就落实省委、省政府关于民生民政工作的决策部署以及全国全省民政工作会议精神进行调研。

15日　县工商局、县食药局、县质监局、县卫计局等部门组建联合整治专班，开展全县健市场乱象百日行动集中整治“保卫战”。

21日　县就业局、县总工会、县残联、县卫计局联合开展“2019年‘就业援助月’暨‘春风行动’专项服务行动”，将创业政策、就业岗位、维权服务等相关就业信息送给返乡农民工。

22日　建始文庙被湖北省政府核定公布为第七批省级文物保护单位。

24日　省红十字会巡视员邓红一行到建始县雀儿笼村开展“红十字会博爱送万家”爱心捐赠活动。

30日　建始县顺利通过省级卫生县城复审。县人民医院、县中医医院获“湖北省卫生先进单位”。

2月

2日　州委常委、州纪委书记、州监委主任陈江龙到建始县官店镇双茶村调研脱贫攻坚工作，看望慰问一线干部。

同日　建始直立人遗址被纳入湖北省文化遗址公园建设计划，预计2023年前完成并对外开放。

12日　州委副书记、州政法委书记柯东海到建始县高坪镇调研，督查节后“尖刀班”到岗情况，看望慰问奋战在脱贫攻坚一线的基层干部。

13日　中国共产党建始县第十五届委员会第六次全体会议召开。全会听取县委副书记、县长张渊平关于经济工作的报告和副县长田真明关于脱贫攻坚工作的报告，审议通过《中共建始县委关于进一步激励干部担当作为、干事创业的实施意见》，安排部署2019年经济工作和脱贫攻坚工作。

14日　建始县小漂村、榨茨河村、茨竹坪村、花椒园村、小水田村、大沙河村、凌家沟村、蔡家村、大坝村、照京坪村等65个村被县环境保护委员会授予“建始县2018年度暨第二批县级生态村”称号。

15日　建始易地搬迁第二批进县城安置户电脑摇号选房仪式举行，为230户搬迁安置户公开摇号选定新房。

16日　县第二批“立讯”新员工共计300余人赴江西吉安立讯公司进行岗前培训。

18日 恩施州2月重大项目集中开工活动（建始县分会场）在长梁镇黄土坎村举行，北苑路、兴广路和发展路三条道路工程开工，总投资2.2亿元。

22日 副县长孙玉斌到重庆固特（恩施）给排水设备有限公司调研，详细了解企业生产经营状态及存在的困难和问题。

26日 县检察院依法向县法院提出一起强制医疗申请，这是强制医疗作为刑事诉讼特别程序引入刑事诉讼法后，该院办理的首例强制医疗案件。

同日 县农业局正式启动历时一个月的农资打假保春耕专项整治行动，重点检查假冒伪劣种子、农药及禁用限用农药的备案、销售情况。

27日 全县机构改革动员大会召开。县政协主席、县委常委、组织部长曾凡忠宣读全县机构改革实施意见，全面安排部署各项工作任务。

27—28日 省人大常委会副主任胡志强一行到建始红岩寺镇、景阳镇，实地调研清江流域水环境保护情况，《湖北省清江流域水环境保护条例（草案）》立法调研座谈会召开。

28日 中国共产党建始县第十五届纪律检查委员会第四次全体会议召开，传达学习中央、省、州纪委全会精神，总结2018年全县党风廉政建设和反腐败工作，部署2019年工作任务。县委常委、县纪委书记、县监委主任蔡倞代表县纪委常委会做题为《服务中心，狠抓落实，努力取得全面从严治党更大战略性成果》的工作报告。

3月

1日 州委常委、副州长吴槐庆，杭州市对口支援合作局副局长惠秀琴一行到业州镇、红岩寺镇调研东西部扶贫协作工作。

同日 建始与全国同步启用新版营业执照。

5日 建始县举行为烈属、军属和退役军人等家庭悬挂光荣牌启动仪式，全县11000余户家庭将挂“光荣之家”荣誉牌。

同日 建始县高坪镇财政所副所长、高坪镇妇联主席、高坪镇旅游办主任、高坪镇女子民兵连连长黄美清荣获第五批“湖北省岗位学雷锋标兵”称号。

9日 省住建厅督查组一行对建始县生活垃圾填埋场渗滤液处理、填埋作业、安全防护措施等进行专题调研。

同日 县科技馆、建始石门河景区被湖北省科协命名为“湖北省科普教育基地（2019—2023）”。

12日 县融媒体中心、县机关事务服务中心等17家新成立或重新组建机构正式挂牌。

15日 县公安局发布关于湖北永恒太阳能集团公司丁某云等人涉嫌组织、领导传销犯罪的通告。

同日 建始县开展第37个国际消费者权益保护日活动，对全县2018年度“文明诚信个体工商户”“文明诚信私营企业”“消费者满意单位”“消费维权示范单位”进行表彰。

16日 县文物管理局和县消防大队组织专班，为五阳书院、建始文庙、石柱观、石垭子老街等古建筑类重点文物保护单位配置微型消防站。

17日 省级重点文物保护单位石柱观修缮工程正式启动。

18日 省农业农村厅果茶办赵昆松一行到建始长梁、高坪等地调研春耕生产工作。

19日 建始县举行全民健身活动中心建设项目开工仪式。全民健身活动中心包含室外体育场、室内体育馆和地下车库三大功能版块，项目总用地面积约2.4万平方米，总建筑面积约4.71万平方米，总投资约1.81亿元。

20日 杭州市滨江区2019年第1期远程医学教室开课，来自全县各级医疗机构的120名护理人员在建始分会场聆听浙江专家授课。

22日 县委书记向红林到景阳镇，对清江流域建始景阳段进行巡河。

23日 以“桃花朵朵开·好运年年来”为主

题的建始县第二届桃花节在业州镇罗家坝村举行。

25日　水布垭清江库区滑坡地质灾害紧急避让搬迁项目启动。该项目总投资3904万元，计划对受滑坡地质灾害威胁的640人进行避让搬迁，预计2020年上半年全面完成。

26日　州委副书记、州长刘芳震到火车站调研4.2万立方米油库建设情况，到圆通生物工程有限公司调研外贸出口型企业生产经营情况。

27日　省慈善总会调研组到建始县调研“幸福家园”村社互助项目落实情况。

28日　县供销社深化改革推进会在长梁镇举行，对2018年度工作突出的高坪供销社等31个先进单位进行通报表扬。

同日　建始县2019年首期创业培训班开班，58名创业者参加为期7天的免费培训。

29日　州委书记柯俊到官店镇干溪坪村调研红色旅游项目并检查指导精准扶贫工作。

同日　县政协九届十二次常委会议召开。协商通过《政协建始县委员会常委会2019年工作要点》，协商通过有关人事任免事项，部署县政协委员参与精准扶贫“三大工程”相关工作。

29—31日　由交通运输部主办的2019年交通扶贫重大主题宣传活动在建始县启动。新华社、人民日报、中央电视台等30家媒体参与。

4月

4日　州生态环境局建始县分局正式挂牌成立。

5日　己亥年（2019）清明人类始祖拜谒大典在建始县高坪镇石门河景区“建始直立人”遗址广场举行。

同日　以“唱响金建始·讴歌新时代”为主题的湖北省文联荆楚“红色文艺轻骑兵”惠民演出暨2019建始县文化旅游采风活动启动仪式在高坪镇举行。

7日　金建始2019乡村旅游推介活动启动仪式在业州镇当阳坝村举办。此次系列活动以“春满金建始·情醉桃花园”为主题，包括“开展建始母亲河保护行动”“醉美金建始·抖动当阳坝——当阳坝首届抖音大赛及摄影比赛”“建始县电商扶贫论坛”“发展乡村旅游·助力脱贫攻坚——当阳坝贫困户苹果桃认购”系列活动。

7—10日　建始县组织8家企业参展首届世界大健康博览会，20多种产品参加生物医药板块、旅游板块和硒产品板块的展示。展会期间，企业现场销售近30万元，达成意向性协议近5000万元。

10日　建始县命名首届“建始工匠”，卢发成等10人荣膺“建始工匠”称号，田明应等8人获“建始工匠”提名奖。

15日　省商务厅委托第三方公司及相关专家组到建始县考核评价国家电子商务进农村综合示范县项目建设情况。

同日　县市场监管局发布《关于整治零售药店执业药师“挂证”行为的通告》，规范药品经营市场秩序，严打执业药师“挂证”行为。

15—21日　中央电视台新闻评论部《焦点访谈》“爱国情·奋斗者”五一特别节目摄制组对建始县“义渡艄公”万其珍一家几代人义务摆渡的事迹进行拍摄采访。

16日　州委组织部、州人力资源和社会保障局、州科技局组成工作专班，到建始对人才创新创业平台和人才创新创业超市建设进行考核验收。

17—18日　省人力资源和社会保障厅党组书记、厅长刘艳红，州人力资源和社会保障局党组书记、局长郑开廷一行到建始县调研村级卫生室信息网络运行情况。

18日　省人大常委会委员、监察和司法委员会主任委员张绍明率调研组一行到建始县就监察体制改革试点工作和《中华人民共和国监察法》实施情况进行专题调研。

19日　县人民检察院依法以涉嫌组织、领导传销活动罪，对湖北永恒太阳能集团公司丁某某、刘某某等26名犯罪嫌疑人批准逮捕。

24日　县安顺公共汽车有限公司荣获湖北五一劳动奖章。

同日　中国地震局地质研究所、法国自然博物馆专家到建始直立人遗址进行古人类、旧石器遗址考古研究。

29日　巾帼脱贫带头人秦娥荣获全国妇女联合会授予的“全国巾帼建功标兵”荣誉称号。

同月　建始县高坪镇青花田园综合体建设项目和银川至北海高速公路湖北段建始（陇里）至恩施（罗针田）项目入选“湖北省2019年省级重点建设计划”。

5月

9日　华中农业大学文法学院青花田园综合体新闻传播实践基地在建始高坪镇青里坝村委会挂牌成立。

10日　全国人大常委会副委员长曹建明一行到建始县调研精准扶贫“两不愁三保障”相关情况，先后到青里坝村、高店子小学、石门河景区、土岭村等实地调研。

11日　“创青春”2019湖北省青年创新创业大赛农村电商组决赛在武汉举行，由建始县青创会选送的“熹妃藤茶”“硒多稀少新农业”“飞思欣优选”3个项目分别获得金牌、铜牌和优胜奖。

13日　湖北省第七届全国道德模范候选人公示，建始县万其珍和段丙英上榜。万其珍入选诚实守信模范候选人，段丙英入选孝老爱亲模范候选人。

15日　中央音乐学院音乐学系教授、博士生导师杨红一行到长梁镇旋龙村，就“丝弦锣鼓”原生态民间文化艺术表演形式进行采风。

17日　“616”工程对口支援建始工作会议在武汉召开。会议敲定2019年的帮扶事项，涉及资金、政策、智力等方面共计30个对口支援项目，涉及资金1.2亿多元。

20日　建始县2019年科技活动周启动仪式举行。

21日　县科技经信局协拍《土家女泡出酸甜财富》专题节目在中央七台播出。

22日　州委常委、宣传部部长尹达一行到花坪调研特色小镇等重点项目建设情况。

26日　建始马铃薯企业恩施泰康生态农业有限公司与北京硒博汇健康科技有限公司成功签约建始县官店马铃薯种植及深加工项目，项目总投资1.2亿元。

28日　县委常委、统战部部长胡永康，县委常委、副县长汪栾带领县扶贫办等部门负责人，赴杭州市滨江区对接2019年东西部扶贫协作工作，并召开“建始县和滨江区对口帮扶工作座谈会”，共商东西部扶贫协作工作。

31日　水利部、生态环境部评估小组到红岩寺镇开展河湖长制工作总结评估。

同日　在建始县店子坪取景拍摄，以王光国为原型的全国首部“四好农村路”题材电影《村路弯弯》，在首届湖北电影金鹤奖颁奖典礼上荣获最佳农村题材片奖。

同日　中央民族歌舞团《旋歌逐梦》丝路之旅音乐会在建始县职业技术学校操场上演。

6月

4日　建始2019年环保世纪行、同步创建国家级省级生态文明建设示范县宣传教育月启动仪式暨“世界环境日”活动举行。

同日　花坪镇石马小学被州生态环境局、州教育局命名为第五批州级“绿色学校”。

5日　中国宝武武钢集团党委副书记、纪委书记张先贵一行到建始对接湖北省“616”工程对口扶贫援助工作，签订2019年扶贫援助协议。

6日　宜万铁路高坪站站前广场及通站道路

工程项目在高坪镇举行开工仪式。该项目总投资1.12亿元，计划工期9个月。

10—14日 建始县污染防治攻坚战指挥部办公室组建督察工作专班，先后到县住建局、县水利局、县城管局等长江大保护十大标志性战役8个牵头单位进行工作对接和督办。

11日 县总工会举行第二批恩施州工会会员特惠协议商户集中签约授牌仪式，24家建始优质商户代表与县总工会分别签订合作协议并授牌，加入特惠商户行列。

12日 县政府与湖北省土地生物肥料有限公司就年产8万吨生物有机肥建设项目签订投资协议，项目投资1.2亿元。

16—17日 湖北电视台记者到景阳镇拍摄清江沿岸的风土地貌、人文景观，为大型联合直播节目《长江之恋》取景拍摄。

18日 建始县花坪镇被省交通运输厅授予2018年度“四好农村公路”示范乡镇，花坪镇获省级200万元农村公路建设和养护资金奖励。

19日 建始县供销社小水果联合社成立大会在高坪镇举行。

20日 省文化和旅游厅荆楚“红色文艺轻骑兵”在建始县船儿岛进行扶贫慰问演出。

24日 建始县官店镇陈子山村入选第五批中国传统村落。

24—27日 以“Call响全世界 · 畅游金建始”为主题的建始文旅推介活动在陕西省西安市、河南省郑州市及天津市举行。

25日 建始召开“县树、县花”评审工作会。通过专家推荐、微信评选、专家评审，确定评选樟树为县树、紫薇为县花。

26日 建始县举行“6 · 26”国际禁毒日大型广场活动，宣传“爱生命，不吸毒”主题。

同日 由州委宣传部、州委直属机关工委、州教育局、州委老干部局联合举办的恩施州老干部讲好中国故事活动在建始县举行。

27日 州委常委、宣传部部长尹达率州督查考评办、州纪委监委党风政风监督室、州生态环境局、州市场监督管理局组成督导专班，到建始县调研督导生态环保问题整改工作。

28日 建始县获全国、全省青少年科技创新大赛多个奖项，其中1件作品获得全国三等奖，4件作品获得省二、三等奖。

同日 安徽省阜阳市政协副主席葛阳一行7人到建始县考察文化旅游融合工作。

同日 建始茅田乡梦花岭村村民袁金芝上榜中央文明办2019年6月“中国好人榜”。

同日 建始县召开中国共产党成立98周年庆祝大会暨三大攻坚战半年推进会。

29日 宜万铁路新开高坪站站内工程开工仪式在高坪镇举行。

本月 省政府办公厅发布《关于2018年度全省服务业发展评估情况的通报》，建始县被评为全省服务业发展突出贡献单位。

7月

1日 官店红色革命历史陈列馆开馆。

2—15日 建始县在全县范围内对普通国、省干线公路路域环境开展综合治理。

4—9日 县委副书记、县长张渊平赴浙江温州，福建晋江、泉州、厦门等地开展招商引资工作。

5日 东西部扶贫协作（建始—滨江）联席会在建始县召开。

10日 全国铁路调图，建始站新增动车组24列（其中新增日常线23列，新增高锋线1列）。这次调图，建始站共开行动车59列。

12日 建始青创会代表项目“食达好”入围湖北青年创新创业大赛”农业农村组决赛，“食达好 酱萝卜”项目获得大赛第二名。

15日 建始县推进中央和省环保督察反馈

问题整改工作指挥部办公室、污染防治攻坚战指挥部启动2019年第一次生态环境突出问题督查专项行动。

16日 省农业农村厅公示2018年度“村级集体经济发展进步村”名单，全省有100个行政村入选。建始县业州镇杉木村，长梁镇鹿鸣塘村名列其中。

17日 建始县龙坪乡新场埡村3组一处山体出现岩崩，崩塌量约30000余立方米。滑坡未造成人员伤亡。

18日 建始县创建“省级森林城市”办公室人员到长梁镇杨桥河村红豆杉自然保护小区，开展红豆杉专题普查。发现罕见红豆杉古树群。

19日 省委常委、统战部部长梁惠玲，省政协副主席肖旭明一行深入建始抗洪抢险一线，看望慰问干部群众，检查指导防汛救灾工作。

20日 建始两位非遗传承人田剑红、向勇在2019年全国非遗传承人联展中获奖。

同日 农业农村部办公厅、财政部办公厅联合印发《关于批准开展2019年农业产业强镇建设的通知》，批准全国298个镇（乡）开展农业产业强镇建设。建始县花坪镇入选。

23日 省公安厅交管局局长姚俊一行，到高坪派出所就交通管理、交通事故处理、案件处理、“车、驾、管”等业务方面进行调研。

22—24日 中国能源建设集团东北电力第三工程有限公司、和大实业集团湖北分公司赛里廊桥投资（湖北）有限公司及恩施饿了么食品有限公司到建始县考察城镇垃圾处理项目和官店红色田园综合体项目。

23日 县人民政府正式印发《建始县乡村医生养老保障实施方案》，方案明确了养老保险补助和养老生活补助相结合的乡村医生养老政策。

同日 全县易地扶贫搬迁工作现场推进会召开。县委书记向红林要求坚持问题导向，坚决打赢易地扶贫搬迁攻坚战。

23—24日 建始县通过省验收组对建始县创建省级生态文明建设示范县的现场验收。

24日 广州市花都湖北企业联合会会长张科峰率联合会众多爱心企业家到建始县高坪镇干沟片明德小学，为该校捐赠基础设施类建设资金20万元。

26日晚 建始县“庆祝新中国成立70周年·讲好建始故事”演讲比赛决赛举行。县人民医院选手郭靖，凭借《一颗红心暖乡村》摘得桂冠。

30日 建始县第十八届人大常委会第二十二次会议召开。曾玉平被任命为副县长。

本月 在全省“四个100”法治建设示范创建活动中，县人民医院、景阳镇清江初级中学、茅田乡三道岩村分别荣获湖北省省级“法治建设示范医院”“法治建设示范学校”“法治建设示范村（社区）”称号。

8月

4日晚 中央电视台《焦点访谈》节目播出四集系列报道《爱国情·奋斗者》第一集:《〈百年义渡〉：大沙河上4代人，用141年的坚守感动了所有人》。

7日 省住建厅副厅长黄祥国一行到建始就城市规划建设、乡镇污水治理、农村危房改造、美丽乡村建设、特色产业发展、人居环境整治等工作进行督导调研。

同日 建始县召开半年经济形势分析暨第十八届人民政府第三次全会、廉政建设工作、优化营商环境推进会，总结成绩、查摆问题，安排部署下半年经济工作，全力推动县域经济社会高质量发展。

8日 建始开展打击非法捕捞专项整治行动，对清江主航道及支流两侧的非法捕鱼设施进行拆除，同时检查江面其他涉嫌非法捕鱼船只。

同日 由中央网信办移动网络管理局指导，

新华社新媒体中心联合斗鱼直播等平台承办的“看美丽乡村　庆70华诞”大型主题直播活动走进建始县店子坪村，对外展示店子坪村美丽乡村建设成果。

15日　万其珍一家四代“百年义渡”的诚信故事编入《中国梦·365个故事》，在北京电视台《北京新闻》插播。

同日　建始县将小微水体纳入河（库）长制管理体系。经过前期摸排，近900个小微水体纳入河（库）长制管理范围。

16日　县政府与湖北德林沃药业有限公司就“年加工生产5000吨中药饮片”项目签订投资协议，项目投资1.2亿元。

19日　建始县大洪寨村生态农业园、城门水寨休闲观光园、德溢民生态休闲农园3家企业入围2019年湖北省休闲农业示范点名单。

21日　湖北中医药大学教学医院挂牌仪式在县中医医院举行。

同日　省人大调研组赴建始县开展《清江流域水生态环境保护条例》立法调研。

22日　建始县自来水缴费开通网上支付业务。

26日　恩施州优秀人才表彰暨爱国奋斗先进事迹报告会举行，建始县7人被授予“恩施州优秀人才奖”。

27日　建始在2018年度全州综合目标考核中被评为先进县市。

同日　《建始县工程建设项目审批制度改革工作方案》正式对外发布，标志着建始正式开展工程建设项目审批制度改革，全流程审批时间大幅缩短。

31日　县委副书记、县长张渊平带领县工业园区管委会、自然资源和规划局、发改局、招商局、住建局等单位负责人到黄土坎易地扶贫搬迁配套产业园，就产业园新招商的酒厂、食品加工厂、中药饮品加工厂的选址情况现场办公，全面推进项目落地。

本月　由安捷出租车公司筹建的建始县首家经营性集中新能源纯电动车充电站在业州镇红土坪投入运营，该充电站有12台充电桩可同时为24辆车提供充电服务。

同月　县市场监管局在全县范围内开展村卫生室、个体诊所药品及医疗器械质量安全专项整治活动。

9月

3日　河南省信阳市政协副主席陈豫一行9人到建始县考察长江经济带规划发展工作。

5日　建始县三里乡大沙河村民万其珍荣获第七届全国道德模范提名奖。

6日　建始县东西部劳务协作就业扶贫金秋专场招聘会现场，3600余人到场挑选就业岗位，664人达成就业意向。

8日　建始县召开全县教育工作会，表扬为全县教育事业做出卓越贡献的先进集体和个人。

8—16日　建始县民宗局组织编排的表演项目《闪溜嘎儿》，在全国第十一届民运会上获得全国二等奖。

12日　建始军人向肖飞参加国际军事比武获佳绩，荣获二等功。

12—18日　建始县举办2019年黄四姐文化旅游宣传推广活动周系列活动。

12日　建始县人民政府与湖北旺泰实业集团有限公司就建始县年产70万立方米新型墙体材料项目签订投资协议，项目投资2.5亿元。

13—15日　州委书记柯俊到建始县调研平安稳定、环境治理、脱贫攻坚等工作。

16—17日　省文化和旅游厅荆楚大遗址保护调研组何凌一行对建始直立人遗址开展专题调研工作。

17日　州环保第三督导组重点围绕生态环境保护领域重点问题整改落实情况、污染防治攻坚战推进情况、长江大保护十大标志性战役推进情况及中央、省环保督察反馈问题整改情况开始对建始县开展第三轮督导工作。

18—20日 中国青年报社一行到建始县三里乡大沙河村，花坪镇葡萄长廊、飞拉达攀岩基地、田家老屋、龙坪乡店子坪村等地实景拍摄录制公益节目。

20日 建始县城重要交通次干道北环大道改造工程顺利完工，恢复通行。

同日 长江航务管理局党委书记、局长唐冠军一行到建始县茅田乡雪岩顶村，调研定点扶贫工作并召开2019年扶贫工作现场推进会。

21日 建始枸杞珍酒业获“第十六届中国林产品交易会金奖”。

22—24日 省森林城市考核验收组到建始，就建始创建省级森林城市工作进行考核验收。

24日 县政府与观澜网络（杭州）有限公司（品牌简称“丁香园”）战略合作签约仪式举行，丁香园向建始县捐赠价值290万元的课程产品和平台服务。

25日 建始县茨泉宾馆餐饮部厨师长李军武获第三届“荆楚工匠”荣誉称号。

30日 建始县文化旅游形象宣传片亮相武汉三镇主要交通要道和商圈、大学等地段的大型LED屏。

本月 高坪镇望坪初级中学教师鲍春喜（名鲍春喜）获教育部公布的全国优秀教师。

10月

9日 新华网以《湖北建始党员群众红歌联唱表白祖国》为题播发国庆前夕我县组织拍摄的短视频，各界党员群众红歌联唱，向新中国成立70周年表达祝福。

14日 由建始县文化和旅游局组织拍摄的《我们和国旗在一起·56个民族祝福伟大祖国——土家族》宣传片在中国民族网展播。

17日 省市场监管局二级巡视员王道佑一行到建始县，对营造法治化营商环境、保护民营企业发展情况开展实地督查。

18日 建始县松坝大道和兴城五路项目正式启动。

21日 县公安局将涉嫌抢劫的犯罪嫌疑人李某权刑事拘留，发生在三里乡的一起持刀入室抢劫案在案发后8个多小时、接到报警后5个多小时快速侦破。

22日 蛇皮洞水库被纳入全省6座新建小型水库计划，将获得中央补助资金6600万元。

24日 省文旅厅副厅长徐勇等在高坪镇地心谷景区开展安全检查工作。

25日 “庆祝新中国成立70周年·讲好恩施故事”大赛决赛在州电视台举行，建始县选手张晓玥荣获一等奖，县委宣传部获组织奖。

11月

1日 广东省政协副主席张少康一行13人到建始考察生态环境保护建设情况。

同日 湖北福恩鞋业有限公司在建始县红岩寺镇投产，标志着总投资近7000万元的东西部协作（滨江·建始）产业园正式开园。

6日 省退役军人事务厅二级巡视员曹传铎一行就解决部分退役士兵社会保险接续工作到建始县进行专题调研。

7日 省委统战部第七宣讲调研组彭涛一行到建始县调研指导统战工作。

同日 由武汉市农业农村局、武汉市农业科学院、武汉市财政局联合组成考察团到建始县考察猕猴桃产业发展情况。

8日 副省长杨云彦到建始县就中药材发展情况进行调研。

9—10日 全国各地80支参赛队、160名运动员齐聚清江河畔，参加中国·建始第三届“景阳杯”清江江钓大赛。中央电视台体育频道、湖北卫视等多家媒体对赛事进行全方位报道。

11日 业州镇罗家坝村入选湖北省2020年度美丽乡村建设试点村。

12日 2019年“长鑫杯”建筑行业技能大赛举办，来自16家建筑企业的120名选手参赛，9名获胜选手被授予建始县“五一劳动奖章”荣誉称号。

12—13日 省住建厅建管局党委书记、局长李晶杰一行到建始县，开展2020年全省住建工作思路谋划专题调研。

15日 恩施州文物调查勘探工作队和建始县文物管理局启动建始县黄土坎工业园区文物保护统一评价工作。

16日 由建始县建香果业、亲乡缘合作社、硒谷果品、硒益多4家单位选送的7个猕猴桃（“金桃”和“金魁”）样品在湖北省猕猴桃品种鉴评及产业交流大会上获得5个金奖。

18日 县委书记向红林赴杭州市滨江区对接东西部扶贫协作工作。

19日 省民政厅副厅长毕道丽一行到建始县调研“深化低保专项治理”工作，并召开座谈会。

20日 在荆州举行的第六届湖北生态文化论坛上，建始县获“湖北省森林城市”称号。

21日 杭州市政协党组书记、主席潘家玮带领市有关部门、余杭区政协和市政协港澳委员、工商界人士赴建始县就东西部扶贫协作、特色产业发展和政协工作进行考察调研。

23—26日 建始县15家农业企业组团亮相由农业农村部、省政府主办的第十六届中国武汉农业博览会。在同步举办的湖北美食大赛暨生态农业品牌创新推介会上，建始县食达好富硒食品获“湖北生态农业创新示范品牌”、官店“原岭原”马铃薯获“湖北特色好食材”、枸杞珍酒获“农博会金奖”。

29日 建始县文化馆辅导的小品《争婆婆》在恩施州第二届社会文艺团队展演中获“小戏小品”类一等奖。

30日至12月1日 县人民医院志愿服务项目在湖北省优秀医务志愿服务项目大赛中获首届优秀医务志愿服务项目大赛基层医疗机构医务志愿服务优秀团队奖。

12月

1日 建始县5G网络开通仪式在京桥国际广场隆重举行，标志着建始县开始进入5G时代，这对于加快建设智慧城市，促进县域经济高质量发展具有重大意义。

2日 建始县召开2019年度污染防治攻坚战、长江大保护十大标志性战役、推进中央和省环保督察反馈问题整改及生态文明示范区创建工作督办交账会。

4日 恩施州首台消化内镜AI人工智能监测系统“内镜精灵”在县人民医院安装使用。

同日 县政协九届十四次常委会议召开。

5日 农业农村部副部长张桃林一行到建始县红岩寺天之力优质黑猪育种基地（恩施黑猪“硒都黑”保护与开发和利用基地）调研。

7日 县委组织部协调召开龙坪乡店子坪村产业发展对接会，敲定辣椒种植作为村农业主打产业发展，并以店子坪为核心区域带动周边村连片发展，形成133公顷以上的规模，助力龙坪乡产业廊道建设。

10日 花坪镇小西湖诗联社被湖北省中华诗词学会授予“先进农民诗社”荣誉称号。

15日 中国共产党建始县第十五届委员会第七次全体会议召开。

16日 中国人民政治协商会议建始县第九届委员会第四次全体会议第一次会议举行。

17—19日 建始县第十八届人民代表大会第四次会议召开。

17日 党的十九届四中全会精神州委宣讲团建始报告会举行。

18日 县政协九届十五次常委会议召开。

25日 花坪镇被评为2019年湖北旅游名镇。

同日 建始县首个基层商会“景阳镇商会”在景阳镇成立。

26日 建始县县域医共体正式启动，成立了以县人民医院、中医医院为牵头单位，乡镇卫生院及辖区内的村卫生室为成员单位的两个医共体，其中县人民医院与长梁、茅田、三里、花坪、景阳、官店联合，县中医医院与业州、红岩、高坪、龙坪联合；中医院与县域内各医疗机构组建中医专科联盟。

同日 县人民医院麻醉科被定为2019年湖北省临床重点建设专科。

同日 县人民法院被最高人民法院、人力资源和社会保障部授予全国法院“基本解决执行难”工作先进单位称号。

同日 建始县11人在恩施州2019年劳动模范表彰大会上获“恩施州劳动模范”称号。

27日 建始县出台《建始县激励干部奋发有为十二条措施》，围绕选拔任用、考评考核、教育培养、容错纠错、福利待遇、关心关爱等12个方面，明确细化激励措施。

建始概况

地理环境与自然资源

【地理位置】 建始县位于鄂西南山区北部，跨北纬 30°06′—30°54′，东经 109°32′—110° 12′，东连巴东县，以野三河为界；西接恩施市，以太阳河为界；南邻鹤峰县，以长河、茶辽河为界；北与重庆市奉节、巫山两县接壤。县城业州镇距省政府所在地 615 千米，距州政府所在地 59 千米。

建始县版图整体状似蘑菇云，南北长 89 千米，东西最宽 64.5 千米，最窄处 12.5 千米，总面积 2665 平方千米。

【历史沿革】 建始县域古属巴子国地。《建始县志》考证，建始县为三国吴景帝孙休永安三年（260 年）定名。其命名源于西汉时期的皇帝年号，寓吉祥美好、兴旺发达之意。

晋武帝咸宁元年（275 年），改建平都尉为郡，建始隶晋改建的建平郡。

东晋时期，建始属东晋领土。泰宁五年（323 年），曾被成汉政权攻占，旋即撤走。永和三年（347 年），东晋灭成汉小王国，自此，建始由东晋的边境县变为内地县。

刘宋元嘉后期至大明前期（441—461 年），建始县被废置，其地属巫、秭归原辖县。此次废置达 100 余年。

北周建德三年（574 年），在建始地方同时设立业州、军屯郡、建始县三级政权机构。业州隶属于益州（今成都）总管府；业州领一郡，即军屯郡；军屯郡下辖一县，即建始县。三级政区同地，治所同城，在三里乡槐坦村州基山下的棉花坝。

隋开皇三年（583 年）十一月，撤销军屯郡及建始县，保留业州，以州治民。开皇五年（585 年），恢复建始县建制。大业三年（607 年），废除业州，所属建始县划归清江郡管辖。

唐武德元年（618 年）复置业州。建始县自清江郡划出，以业州辖建始县。唐贞观八年（634 年），再次撤销业州。自此，业州再未复置。建始县归属于黔中道施州清化郡。

宋代，建始属夔州路总管府。北宋时期（960—1127 年），将治所从棉花坝迁至今县城业州镇。

元至元十三年（1276 年），蒙古占领施州及所辖建始县。建始县仍属夔州路。元至正二十二年至明洪武四年（1362—1371 年），明玉珍及其子明升以四川为主建立农民政权，自称皇帝，国号大夏，改施州为施南万户府，建始属之。北邻四川行省夔州路的巫山县和奉节县；东和北同湖北行省的巴东县接壤；东南为容美土司；西南为施州直属地。

明洪武四年（1371 年），朱明王朝平夏，复立施州，领建始县，属夔州府。洪武二十三年

（1390 年），裁撤施州，原清江县地并入施州卫军民指挥使司，建始改隶夔州府直辖，并将施州卫军民指挥使司改隶湖广都指挥使司。明代正德年间（1506—1521 年），清江南岸的革塘、永福二里全部被容美土司占据。

清初，建始县属夔州府。康熙十二年（1673 年），吴三桂在云南发动叛乱，康熙十七年（1678 年）在衡州（今湖南衡阳）称帝，国号大周，建始县属吴氏大周辖地 7 年多。康熙二十年（1681 年），吴氏败亡，建始县重归于清廷夔州府。乾隆元年（1736 年），建始县由夔州府割隶施南府。

民国元年（1912 年）实行新政，废府存县，建始县直属湖北省。民国 22 年（1933 年），红军在官店口成立县苏维埃政权，县境内两种政权并存分治，仅数月。民国 21 年（1932 年），建始县属国民政府湖北省第十行政督察区，民国 25 年至 38 年（1936—1949 年）属第七行政督察区。

1949 年 11 月 5 日建始解放，至 1983 年 8 月 18 日，属湖北省恩施地区辖。1983 年 8 月 19 日后，建始县属湖北省鄂西土家族苗族自治州（1993 年 4 月更名为湖北省恩施土家族苗族自治州）辖。

【行政建置】 2019 年，全县设 3 个乡（茅田乡、龙坪乡、三里乡）、7 个镇（业州镇、长梁镇、红岩寺镇、高坪镇、花坪镇、景阳镇、官店镇）、367 个行政村、43 个社区。

【地质地貌】 县境地貌形态大体呈“八（分）山半（分）水一分半田”的特征。县境地处新华夏系第三隆起带，大巴山脉南缘分支末端与武陵山脉分支余脉的结合部，经受地壳运动次数较多，地壳断陷和抬升显著。地层出露较齐全，总厚度近 7000 米，从古生界奥陶系、志留系、泥盆系、石炭系、二叠系、中生界三叠系、白垩系到新生界的东湖砂岩、冰川泥砾、冲积物等均有分布。地貌形态以褶皱为主，属构造、侵蚀、熔融等多种体系的结合。山体走向以清江为界，江北为北东—南东向，江南为南东—北东向，地质主体构造及展布方向与构造线走向基本一致。县境南北两端以构造作用为主，有强烈的侵蚀切割作用，有古老的高原和平缓起伏的岗峦。基岩为碳酸盐类的山峦，峰顶浑圆，山脊轮廓缓和，山坡以阶梯状坡形出露较多；基岩为砂页类岩的山峦，山峰尖棱，山脊陡峭。县境中部山地地表切割深度达 200—500 米，以流水侵蚀作用为主，化学风化作用旺盛，峰顶浑圆，冲槽、溶洞、盲谷、伏流、岩溶洼地随处可见。西南部马水河流域石英砂岩与页岩地段为红层构造盆地。县境最高点为北部太平峰，海拔 2090.1 米，最低点原为南部野三口，海拔 213 米，水布垭水库蓄水后被淹没。野三口淹没后的最低海拔为长梁乡细沙村水井槽，海拔 287 米。野三口被淹没前平均海拔 1152 米，淹没后平均海拔 1188.5 米。

【气候状况】 2019 年降水量偏少，较常年均值偏少 4 成，为 965.4 毫米，历史排名倒数第二；降水时空分布不均，3 月较常年降水偏多 1 倍，7—9 月降水较常年偏少 2 倍（其中 7 月降水偏少 1 倍、8 月降水偏少 3 倍、9 月降水偏少 3 倍），其余月与同期持平。由于降水偏少且分布不均，导致建始县出现了大范围干旱灾害。2019 年平均温度为 16.0℃，比历年同期平均高 0.6℃；7—8 月，建始县出现了大范围高温少雨天气，多 35℃及以上晴热高温天气，7 月 20 日以后，高温大面积发展加强，主要出现在我县海拔 800 米以下低山地区，城区≥ 35℃的平均高温天气共 24 天，高温日数最多的是花坪镇（31 天）、长梁乡（29 天），高温日数自有气象记录以来，排名第一。在 7 月 20 日至 8 月 5 日、8 月 10—26 日出现两段持续高温天气过程，景阳镇和长梁镇高温极值分别是 39.9℃和 39.7℃；日照时数比历年同期略少，为 1091 小时。

2019 年各月平均气温情况表

表 1

单位：℃

项目 \ 月	1	2	3	4	5	6	7	8	9	10	11	12	年平均
2019 年	4.6	5.6	10.9	17.8	19.0	23.0	25.8	27.0	22.8	16.9	11.5	7.1	16.0
多年平均	4.4	6.3	10.1	15.5	19.8	23.1	25.6	25.5	21.6	16.1	11.1	6.0	15.4
距平	0.2	–0.7	0.8	2.3	–0.8	–0.1	0.2	1.5	1.1	–0.8	0.4	1.1	0.6

2019 年各月降雨量情况表

表 2

单位：毫米

项目 \ 月	1	2	3	4	5	6	7	8	9	10	11	12	年合计
2019 年	15.8	13.7	116.3	102.2	84.0	214.0	136.7	67.7	29.6	119.6	46.5	17.6	963.7
多年平均	28.2	41.4	55.3	116.4	171.5	201.9	290.7	193.4	139.1	112.5	56.2	23.5	1421.5

2019 年各月≥ 0.1 毫米雨日情况表

表 3

单位：毫米

项目 \ 月	1	2	3	4	5	6	7	8	9	10	11	12	合计
2019 年	12	12	14	13	15	18	13	12	10	15	10	8	152
多年平均	10	10	13	15	16	15	16	13	10	13	16	9	156
距平	2	2	1	–3	–1	3	–3	–1	0	2	–6	–1	–4

【气象灾害】 8 月 11 日发生风雹灾害，大风暴雨造成 9 个乡镇 31558 人受灾，紧急转移安置 7 人；农作物受灾面积 1901 公顷，绝收 538 公顷（其中玉米等农作物受损较为严重，辣椒、烟叶等经济作物受损较轻）；房屋倒塌 4 户 7 间，严重损坏 43 户 98 间，一般损坏 108 户 170 间。

7—8 月，全县遭受历史罕见的干旱灾害，持续的高温无雨天气致使全县 7 个乡镇 92156 人受灾，因旱需生活救助人口 36073 人（其中因旱饮水困难需救助人口 23560 人）；饮水困难大牲畜 78 头；农作物受灾面积 4754 公顷，成灾面积 2541 公顷，绝收面积 1487 公顷（其中损失最为严重的粮食作物有玉米、红薯等，占受灾总面积的 62%，经济作物有烟叶、辣椒和果树等，占受灾总面积的 38%）。此次灾害造成直接经济损失 1696 万元。

2019 年与 2018 年自然灾害主要指标对比情况表

表 4

年度	受灾人口（万人）	死亡人口（人）	紧急转移安置（人）	农作物受灾（公顷）	农作物绝收（公顷）	倒损房屋（户）	倒损房屋（间）	直接经济损失（万元）
2018	5.83	1	132	3458.1	285	195	430	4437.7
2019	14.26	0	60	7879.2	2302	351	665	4249.2

2019 年与近 3 年自然灾害主要指标平均值对比表

表 5

年度	受灾人口（万人）	紧急转移安置（人）	农作物受灾（公顷）	农作物绝收（公顷）	倒损房屋（户）	倒损房屋（间）	直接经济损失（万元）
2016 年度	36.06	13870	22352	6120.9	2888	6444	123405.3
2017 年度	10.06	1120	6179.8	1531.1	1346	2807	26286.1
2018 年度	5.83	132	3458.1	285	195	430	4437.7
3 年平均值	17.32	5041	10663.3	2645.7	1476	3227	51376.4
2019 年度	14.26	60	7879.2	2302	351	665	4249.2

【环境状况】 2019年，城区空气质量优质天数达到352天，优良率达到97.6%，比2018年增长3%；建始县城区可吸入颗粒物PM_{10}浓度均值为45微克/立方米，细颗粒物$PM_{2.5}$浓度均值为27微克/立方米，臭氧最大8小时第90百分位平均浓度为127微克/立方米，高坪镇望坪村、三里乡窑场村、业州镇苗儿坪村3个动态村的空气质量均优于环境空气质量标准二级。全县18个重点集中式饮用水水源地水质达标率为100%；州控地表水清江景阳段和广润河城区段上游七里坪水质稳定在《地表水环境质量标准》Ⅱ类标准，广润河城区段下游小溪口水质达到或优于《地表水环境质量标准》Ⅲ类标准。

【交通状况】 截至2019年底，全县高速公路2条（50.3千米）、国道2条（135.1千米）、省道4条（237.5千米）、县道11条（336.2千米）、乡道127条（1345.9千米）、村道（2834.3千米），总通车里程达4939.3千米，基本形成以县城为中心，以高速公路、国省道为主骨架，县道、乡道为网的“五纵四横”（五纵：银百高速、209国道、465省道、339省道、高邓公路，四横：宜万铁路、沪渝高速、318国道、清江航道）交通运输网络。

【矿产资源】 建始县有丰富众多的矿产资源。有国内连片面积最大、平均硒水平含量最高的富硒生物圈，境内硒资源出露面积近480平方千米，土壤平均硒水平含量17.7ppm，有“富硒王国”之称。已发现具有开采价值的矿产资源有煤、硫、铁、石灰石、石煤、陶瓷土、硅石、耐火土、紫色砂岩、大理石、东湖砂岩、石英砂岩、五花岩、铝土、石膏、磷石等20多种，占全县已发现矿产109种的19%，占全州60种的31%。建始县是全国141个重点产煤县之一，优质无烟煤储量1.98亿吨，占湖北总储量的32%；全县保留煤矿9家，年生产规模150万吨；全县非煤矿山在有效期内的共15家，其中还在生产经营的共13家，包括11家建筑石料用灰岩矿，2家饰面石材用灰岩矿。

【生物资源】 县境属亚热带山地温润季风气候区，因海拔高差所形成的垂直气候带相当于三个热量带的气候分异，动植物资源十分丰富。据县林业局专业调查队近年调查，县内仅存野生动物资源106种，其中兽类29种、鸟类54种、爬行类13种、两栖类10种。野生哺乳动物有林麝、斑羚、黑熊、猴、狐、野猪、豪猪、獾、山羊、野兔、麂、豹猫、松鼠、鼯鼠、蝙蝠等。黑熊、狐狸等正濒临灭绝，野猪数量有所增加。野生鸟类有白颈长尾雉、红腹锦鸡、画眉、猫头鹰、鹞鹰、喜鹊、灰喜鹊、八哥、杜鹃、苦鹊、啄木鸟、斑鸠等。两栖类有龟、鳖、大鲵、蛙等。爬行动物有蛇类、蜥蜴等。鱼类有鲤、鲫、鲢、鲇、鲩、鳜、鲱、鳙、鳝、鳅，虾、蟹等。天敌动物资源有40余种，除益兽、益鸟、益菌、蛇类和青蛙外，主要有蜂、蛛两类。

县境内主要用材林、经济林树种52科115属231种。稀有树种有鹅掌楸、金钱槭、连香、银杏、川黔紫薇；一般用材林种有马尾松、杉木、日本落叶松、柳杉、柏、油松、黑松、华北落叶松、湿地松、巴山松、黄山松、云杉、油杉、椿树、栎类、桦、泡桐、樟、楠、梓、枫、槐、梧桐等。是中国南方最大的日本落叶松基地县。野生经济林木有栗、柿、油茶、五倍子、桂、辛夷、漆、刺梨、酸枣、枇杷、樱桃、海棠、杜鹃等。竹类有荆竹、楠竹、水竹、斑竹、慈竹、箬竹、紫竹、苦竹、罗汉竹等。民间用作药材的药类植物已达1000余种，主要有金银花、鱼腥草、车前草、葛根、仙茅、贯仲、野菊花、绞股蓝、板蓝根、麦冬、益母草、白芨、首乌等。牧草优良品种有54个，分属10科：禾本科、豆科、莎草科、菊科、蔷薇科、毛茨科、藤茨科、报春科、三百草科、忍冬科等。野生花卉植物有木、藤、草3类计200多种。木类有梅、杜鹃、栀子、海棠、油茶、芙蓉、迎春花、木槿、桃、李、杏、樱桃、泡桐花等；草类有建兰、百合、菊、半枝莲、玉簪花等；藤类有金银花、牵牛花、木通、金缨子花等。蜜源植物有48科121属193种，面积大，花期长，四季常有，主要有油菜花、玉米花、乌桕花、柑橘花等。野生菌类有50余种，无毒可食用的主要有香菌、竹菌、平菇、松蘑、茅草菌、黄丝菌、鸡冠菌、蛋黄菌、奶浆菌、木耳等。农作物有水稻、玉米、小麦、红苕、洋芋、高粱、油菜等。

【旅游资源】 建始县位于湖北南边陲、武陵山腹地，地处北纬30度，生态优良，旅游资源富集，素有“金建始”美誉。建始县自古就是“楚蜀门户”“川鄂咽喉”，宜万铁路、沪渝高速、银北高速、318国道和209国道、清江黄金水道等交通大动脉贯穿南北、畅达东西。境内山水风光秀美，南方喀斯特地形和丹霞地貌明显，地形多样，高差悬殊，既有纬度地带性气候，又有明显的垂直性变化。

建始县历史悠久，人文底蕴厚重，有距今195万—215万年前早期人类活动遗址，有秦汉时期青铜器和崖墓葬群，有宋代题刻的记载和明清观庙、书院等。自然景观有全国保存最完好的原生态河谷野三河、石门河，八百里清江最美河段景阳河等。建始是镶嵌在武陵山区中的一块“绿宝石”，是鄂西生态文化旅游圈中旅游资源最富集、民族文化最独特、生态环境最优良的区域之一，享有“天然氧吧”“富硒王国”“祖国后花园”“华中药库”“鄂西林海”之美誉。全县境内有国家AAAAA级旅游景区5处、AAAA级40余处、AAA级100余处，拥有地文景观类（喀斯特地貌、丹霞地貌等）、水域景观类（清江、野三河、石门河等）、生物景观类（植被丰茂、原始森林等）、历史遗迹类（直立人遗址、黄四姐文化等）、人文活动类（民俗节庆、歌舞等）等各类旅游资源。

至2019年底，已建成2家国家AAAA级景区（野三峡旅游区、石门河景区）、1家国家AAA级景区（朝阳观景区）、1家国家AAA级红色旅游景区（店子坪当代红色旅游区）、1个户外攀岩训练基地（鸡公岭飞拉达），1个湖北省旅游名镇（花坪镇）；先后获“中国候鸟式旅居小城”“湖北旅游强县”“支持旅游产业发展突出贡献县”“乡村旅游发展暨旅游扶贫先进单位”“湖北省最具价值旅游目的地”“湖北省卫生城市”“湖北省森林城市”和“湖北省生态文明建设示范县”“最古老地名”等称号。旅游业已成为县域经济发展的重要支柱产业和村美民富的重要引擎，开始实现由传统农业大县向旅游强县的蝶变。

【水能资源】 建始县地处亚热带季风湿润型山地气候区，县境水资源丰富，多年平均年水量40亿立方米，境内共有大小河流121条，除火龙河属于长江水系以外，其他河流均属清江水系。河流总长986.1千米，其中流域面积100平方千米以上的河流10条，即清江（景阳河段）、野三河、马水河、太阳河、东龙河、闸木水河、刀龙河、伍家河、猪耳河、火龙河等。河网密度0.32千米/平方千米。年总径流量32.2亿立方米。水能资源理论蕴藏量24.2万千瓦，可供开发17万千瓦。多年人均拥有淡水量约5100立方米，耕地每公顷平均拥有淡水量约7万立方米。全县共有水库40座，总库容12074万立方米，其中中型水库3座，分别是小溪口、四十二坝和野三河水库，小（1）型水库6座，小（2）型水库31座。

【人　口】 2019年末，全县总人口50.96万人，其中男性26.42万人，女性24.54万人。年末全县常住人口42.4万人，其中城镇常住18.10万人，农村常住24.30万人，城镇化率42.7%。全年出生人口4332人，出生率为8.21‰，死亡人口3577人，死亡率为6.78‰，人口自然增长率为1.43‰。

【民族构成】 建始县是多民族聚居地区，有汉族、蒙古族、回族、藏族、维吾尔族、苗族、彝族、壮族、朝鲜族、满族、侗族、瑶族、白族、土家族、哈尼族、黎族、畲族17个民族。

【宗教信仰】 建始县有信奉佛教、道教、天主教、基督教的少量信徒。

农　业

农业综述

【概　况】2019年，全县农业经济总体平稳，农业产值和农业增加值实现“双增长”。全县农业总产值22.1166亿元，增长4.16%；农业增加值13.7462亿元，增长4.13%；农村居民人均可支配收入11560元，增长10.67%。2019年，全县粮食播种面积5.62万公顷、总产量22.1941万吨。其中马铃薯面积1.49万公顷、产量4.18万吨；水稻面积0.31万公顷、产量2.69万吨；玉米面积2.27万公顷、产量10.92万吨；油料面积0.65万公顷、产量1.5341万吨。

【农业发展】制定《建始县马铃薯高产栽培技术方案》《建始县玉米栽培技术指导方案》《建始县油菜高产栽培技术方案》《建始县水稻高产栽培技术方案》等主推技术指南；在花坪镇、长梁镇分别打造玉米万亩高产示范片和水稻万亩高产示范片。开展草地贪夜蛾防控工作，投入资金20万元，培训人员2530人次，分发防控技术资料3000多份，统防统治4850多次，累计统防统治222公顷；县乡联合举办马铃薯晚疫病、玉米灰斑病、水稻病虫等6个大型植保综防、绿色防控、统防统治融合展示样板，全年统防统治面积达到2.13万公顷。

【农业机械化】2019年，全县农作物耕种收综合机械化率由2018年的36.9%上升至38%，玉米和水稻机械化播种率3.99%，水稻联合收割机16台，机收率89.9%；利用2019年现代农机公共服务能力与体系项目，采购无人机2台用于机撒播绿肥种子，推进绿色农业发展全程机械化进程。

【耕地保护与治理】2019年，开展年度耕地质量等级评价，监测耕地质量；开展有机肥替减工作，推广测土配方施肥3万公顷，推广应用商品有机肥0.5万吨，带动农户施用有机肥5万吨，采取以撒施石灰、增施有机肥、种植绿肥等方式，实施耕地土壤酸化治理0.367万公顷。推广秸秆综合利用技术，建秸秆还田示范样板20个50公顷，推进油菜、蚕豆等作物秸秆机械粉碎还田、腐熟还田、过腹还田、埋压还田和覆盖还田等综合利用技术面积2万公顷，综合利用量20余万吨；推进农药减量行动，农药减量技术应用面积5万公顷；加强农田环境监测监管，建立10个农业环境监测点、15个土壤质量监测点，布设63个重金属污染监测国控点，形成土壤环境质量监测网络。

【农业执法】全年开展春秋两季农资打假活动，共出动执法车辆60车次、执法人员180人次，检查生产经营主体190家，共办理农资违规案件10起；出动执法人员60人次开展“双随机、一公开”监督检查，检查门店未发现不法行为；受理“香米不香”等种植业投诉7起，经调查处理、政策宣传和上门服务等方式，7起信访事件当事人均对处理结果表示满意。

【生态能源】 2019年，上级下达项目资金共计412.218万元，其中畜禽粪污资源化利用整县推进（小沼工程）项目资金307.218万元，省级农业转移支付项目资金100万元，中央财政农业转移支付（秸秆综合利用）项目资金5万元。全年完成小型沼气工程共25处。实施太阳能路灯项目，在业州镇齐羊坝——风吹坝主管道沿线安装太阳能路灯69盏。推进“厕所革命”，成立督察组不定期对乡镇进行督办，确保建设进度质量；按照职责分工，做好技术指导、进度督办、检查验收等工作。2019年全县完成沼气式厕所1621户，提前并超额完成“三年攻坚”计划。2019年10月，省农业农村厅对建始县2016年、2017年两年省级农村能源项目进行考核验收，项目建设均达合格标准。

（邓　芬）

畜牧业

【概　况】 2019年，建始县畜牧兽医工作围绕实施乡村振兴战略、畜牧产业扶贫、养殖污染防治等重点工作，扎实推进畜牧业供给侧结构性改革，紧扣绿色发展第一要务，巩固提升生猪主导产业，着力打造牛羊、蜂蜜等特色养殖业，守住生态环保、动物防疫和畜产品安全三条底线，不断提升技术指导服务、疫病综合防控和畜产品质量安全保障能力，为全县经济社会发展和助推行业扶贫提供有力支撑。

【畜牧业生产发展】 建始县连续9年被评为全国生猪调出大县，全县培植达到省备案标准的畜禽规模养殖户206户（即设计规模年出栏生猪500头以上的户126户，设计规模年出栏肉牛50头以上的户5户，设计规模年出栏肉羊100只以上的户53户，设计规模年出笼肉鸡10000只以上的户8户，设计规模年存笼蛋鸡2000只以上的户9户，中蜂规模户2户，意蜂规模户3户）、中小规模养殖户830户。2019年全县生猪出栏45.66万头，肉牛出栏0.39万头，肉羊出栏16.78万只，家禽出笼177.67万只，肉类总产量4.12万吨，禽蛋产量0.54万吨。

【养殖污染治理】 按照全县畜禽养殖废弃物处理和资源化利用工作方案，组建技术指导专班，实施畜禽养殖废弃物资源化利用整县推进第一期项目，完成148个养殖场和16个种植基地的建设任务，总投资2300多万元。开展畜禽养殖废弃物资源化利用直联直报工作。配合省、州环保督察，对全县畜禽养殖环保隐患进行全面排查，完成中央、省、州环保督察组交办的涉牧环保问题整改回头看9件，整治涉牧环保隐患问题21个，养殖场粪污处理不规范进行“一场一策”指导和督办16户。

【动物疫病防控】 组织县防治重大动物疫病指挥部成员单位开展非洲猪瘟防控，切实做到严检疫、严监管、严消毒、严堵疫、严排查，累计发放非洲猪瘟防控宣传资料10.4万余份，开展防控知识培训20余次，设立堵疫卡点14个，累计排查生猪场点143861个次、猪1006310头次。组织开展2019年春秋两季集中强制免疫和月月补针工作。全县开展猪口蹄疫免疫89.24万头、猪瘟免疫89.24万头、高致病性猪蓝耳病免疫89.24万头，牛口蹄疫免疫4.26万头，羊口蹄疫免疫31.77万只、羊小反刍兽疫免疫18.34万只，高致病性禽流感免疫311.18万羽、鸡新城疫免疫311.18万羽，免密度均达到100%，免疫标识佩戴率达到100%，免疫抗体合格率分别达到70%以上。开展监测采样、实验室检测H7N9样品2820份次，常规监测布鲁氏菌病采样、实验室检测21826份次。按照《建始县重大动物疫病防控应急预案》，完善应急网络和队伍，备足应急物资。增补9名村级防疫员，组织业务技术培训1000人次。

【畜产品安全监管】 依法实施产地、屠宰、运输检疫监督管理。出动执法人员25人次，执法车辆17台次。产地检疫生猪19.65万头，禽类28021羽，牛676头，羊1.53万只；生猪屠宰检疫3.6万头，牛羊75头只，禽类9.84万羽，屠宰环节无害化处理87头。对养殖、屠宰、流通运输环节开展“瘦肉精”“奎诺酮”等违禁物抽检2013批次，全部为阴性。养殖环节按照“四不一处理”规定无害化处理畜禽825头。

【项目建设】 实施生猪调出大县、畜禽标准化规模养殖、景阳鸡遗传资源保护、畜禽粪污资源化利用等重点项目建设，落实粪污资源化利用整县推进项目，中央财政投资4000万元，第一期资金1520万元已经拨付到县，完成152个养殖场（户）、16个种植基地一期项目建设，建立三级化粪池7575立方米、沼液（粪水）贮存池1550立方米、干粪堆积场4166立方米、小型沼气池2000立方米、田间粪水储存池5750立方米、明沟盖板1580平方米、化粪池盖板666平方米、雨污分流管道4020米、田间管网建设1150千米，购置污水泵93台、固液分离机73台。

【畜牧技术推广】 围绕科技创新、养殖模式创新、生产方式创新，开展畜禽标准化养殖示范创建、畜禽养殖废弃物资源化利用、畜禽遗传资源保护、中蜂活框养殖新技术推广，组织送科技下乡10次，开展养殖技术咨询220人次，举办现代养殖新技术培训10期830人次、新型职业农民培训中蜂活框养殖班1期60人，发放培训资料980余份，畜牧专业技术信息录入90多人次，上传信息280余条。

【畜禽产业链建设】 推进“互联网+”服务畜禽产业链建设，开展畜牧业形势分析和信息预警服务，发展畜牧业电商平台。组织技术骨干到广惠农业、食达好、银冠、玉姐蜂蜜等龙头企业开展调研指导，推进新发展理念、新技术应用、新经营模式，实施品牌强牧和富硒畜禽产品开发，推广“建始景阳鸡”地理标志产品和“物以为硒”牛羊产品品牌、食达好公司“恩施土腊肉”、“恩施土家熟食”品牌、晓姚食品“妈妈系列食品”品牌。

【景阳鸡遗传资源保护】 按照《建始县2019年度景阳鸡自然保护区保种建设方案》和《景阳鸡特色农产品优势区创建工作方案》，继续在景阳鸡中心原产地双寨子村、龙家坝村、大树垭村建立4个保种群（哥伦比亚羽色、黄麻羽2个类型，每个类型建2个保种群）、53个保种户和2个景阳鸡原产地保种场，保种规模4200只。开展景阳鸡保种户饲养管理及养殖污染治理工作培训和技术指导，确保景阳鸡遗传资源得到保护。

林 业

【概 况】 2019年全县林业用地面积199406.16万公顷，占区域总面积的74.8%，其中森林面积178131.61万公顷。活立木蓄积达到985.5394万立方米，年增长4.19%。森林覆盖率66.99%，年增长0.29%。全县现有挂牌保护古树名木595棵，是中国南方最大的日本落叶松生产和科研基地县、“华中药库”地道药材主产区之一。

【构建绿色生态屏障】 实施退耕还林工程，完成年度坡耕地造林任务340公顷，完成第一轮退耕还林867公顷复查及兑现工作；完成2015年、2017年度新一轮退耕还林工程2467公顷第三次、第二次补助兑现。完成2018年度石漠化综合治理工程工造林143.4公顷、封山育林742公顷、植被管护492公顷，完成县级检查验收工作。全县精准灭荒造林75.6公顷，造林任务全部完成。对新造林地进行夏、秋两次抚育。围绕“人类起源地·森林金建始”规划定位，编制《建始县创建国家森林城市总体规划（2015—2020）》等城市建设规划。统筹项目资金5000多万元，完成主城区绿化建设，县域内2条国道、4条省道、9条县道、420条乡道、14条河流及大型沟渠沿线，建成总长度为2548千米的生态景观林带；推进城乡绿化发展，完成集镇绿化443公顷、村庄绿化1.5万公顷，乡村绿化率达65%；红岩寺镇凉水埠村成功创建“湖北省绿色乡村”。全县森林城市网络功能完善，并成功创建湖北省森林城市。

【生态资源保护】 完成天保工程人工造林66.7公顷、封山育林266.7公顷。全面落实天然林停伐管护2.66万公顷，天然林休养生息和恢复发展问题从根本上得以解决；建设生态公益林3.75公顷。建立“山长制”工作模式，将规划区内的山体落实县、乡、村三级山长，切实做到一对一保护。实行限额采伐制度，截至12月底，共办理采伐证2100份，采伐林木6023立方米，远低于全县3.28万立方米的采伐限额；执行征占用林地审批制度，实行用途管制和定额管理，共办理征占用林地15宗，共计60.2公顷，征收森林植被恢复费855.475万元。发生森林火灾1起，过火面积13.8亩，及时组织扑灭。抓林业有害生物防治，开展松材线虫病疫情查、秋季普查、第1代马尾松虫卵期和低龄幼虫期调查、美国白蛾专项调查工作，砍伐并焚烧病枯死马尾松，对所有伐桩进行注药、包扎和淹埋处理。

【林业服务体系改革】 取消木材经营加工许可前置审批，增强行政服务审批事项管理，清理林业系统各项行政权力121项，完成“互联网+监管”系统涉林检查实施清单15项的审核上报，实行“一窗通办”的工作流程，2019年系统窗口共办理各种证件271件。

【发展富民产业】 生态公益林补偿惠及建档立卡贫困户10899户、32697人，补偿面积2.21万公顷，补偿资金214.6万元。生态护林员新增215人，达到1030人，补助标准为4000元/人·年，2019年全年共兑现补助412万元。推动新一轮退耕还林工程指标向贫困村、贫困户倾斜。坚持合理利用林业资源，推进林业供给侧结构性改革，鼓励和吸引资本、人才“上山入林”，进一步打开“绿水青山”向“金山银山”转化的通道。全县共发展各类林业特色产业1万公顷，其中以猕猴桃、核桃、甜柿、黄桃、雪梨、空心李、车厘子等为主导品种的各种干鲜果产业基地0.33万公顷，以厚朴、黄柏、杜仲、枸杞、金银花为主导品种的药材产业基地0.4万公顷，以乌龙茶、鄂茶11号为主导品种的茶叶产业基地0.133万公顷，以银杏采叶圃、富硒牡丹、玫瑰为主导品种的特色产业基地0.133万公顷。围绕全县产业规划布局，发展以培育森林资源为主的第一产业，扶持以森林资源为原料加工的第二产业，谋划以高岩子、长岭岗林场良好生态环境和典型森林景观为依托的第三产业，推进林业内小三产、县域内大三产两个融合，增加林业产业效益。

【维护林区秩序】 2019年，根据上级森林公安部门统一安排部署，相继开展“神农利剑行动”“打击破坏野生动物资源违法犯罪专项行动”“昆仑5号专项行动”，全年共办理涉林刑事案件23起，其中破案21起，刑拘4人，取保候审10人；办理林业行政案件36起，没收木材13.522立方米，罚款100万余元，打击处理违法犯罪嫌疑人100余人；办理信访案件5起。

（田海平　夏晓波）

水　利

【概　况】 2019年，建始县水利局的主要工作是巩固和提升农村安全饮水、石漠化综合治理、小流域和中小河流治理、防汛防洪以及水生态文明建设等。全年完成2019年省水利厅下达的3.03万人的农村饮水安全巩固提升任务；治理水土流失面积20平方千米；小流域治理15平方千米；中小河流治理18.6千米；投资30万元维护防御山洪设施；修改完善水旱灾害应急预案。开展“碧水保卫战示范建设”行动，完善河长制体系，完成乡镇级河流“一河一策”编制及县级河流划界确权工作，推进水生态文明建设。

【农村饮水安全提质增效】 2019 年省水利厅下达建始县农村饮水安全巩固提升任务 3.03 万人，为全面完成建设任务，贫困户饮水安全有保障比例达 100%。农村饮水安全共投资 5260 万元，其中农村饮水安全“补短板”统筹资金 3130 万元，建成集中供水工程 295 处、分散供水单户水窖 1643 口，涉及 113 个行政村；投资 1550 万元建成吕家坪、刺竹坪、封竹坦、黄连沟二号 4 座水源性塘堰；投资 580 万元建成花坪蒋家河至景阳镇引水工程、官店镇灯笼山村至景阳镇引水工程、红岩镇至三里乡饮水工程、景阳镇犀牛洞饮水工程。

【石漠化综合治理】 工程投资 383 万余元，治理水土流失面积 20 平方千米。项目区包括官店镇海沟村和花坪镇漆潦村，共治理排水沟 1107.33 米、蓄水池 5 座、沉砂池 5 座，沟道治理 1873.52 米等。本项目实施后，每年可拦蓄径流 34.39 万立方米，改善了小流域生态环境，每年减少土壤流失 5.09 万吨。

【小流域治理】 2019 年省水利厅下达治理水土流失面积任务为 13.97 平方千米，完成治理水土流失面积 15 平方千米，共治理坡改梯 8.43 公顷，排水沟 4523.39 米、蓄水池 6 座、沉砂池 10 座，每年可拦蓄径流 23.52 万立方米。坡改梯工程、小型水保措施每年可减少土壤流失 4.69 万吨。

【中小河流治理】 完成马水河上游河道治理项目 2950 万元，治理河长 10.65 千米；完成榨茨河上游治理工程 1200 万元，治理河长 3.75 千米；完成红岩河治理工程 1420 万元，治理河长 4.2 千米。

【山洪灾害防治】 2019 年，安排山洪灾害后期维护资金 30 万元，用于保障山洪设施的正常运转，委托武汉盛科达科技有限公司对 38 座雨量站、12 座图像站的雨量器、供电、网络，监控设备进行全面检修，保证山洪预警设备在线率和上报数据的准确率，为防汛提供信息技术支撑。安排专业管理人员对视频会商系统进行调试，确保与十个乡镇正常会商，重新建设二龙湾小学山洪灾害防御知识宣传栏，设立山洪设备保护警示牌，避免山洪设备人为损坏。

【水行政执法】 2019 年，共征收规费 733.39 万元，全部上缴国库。受理水事违法案件 26 件，立案 3 件，23 件现场处理下达责令停止违法行为通知书 3 份、下达责令改正违法行为通知书 20 份；立案 3 件均下达行政处罚决定书并处罚违法当事人；结案 26 件，结案率 100%。检查生产建设项目共 20 个。县人民检察院根据水土保持监督检查中存在的建设项目不按规定缴纳水土保持费的行为、不依法履行职能等问题向县水利局下达《检察建议书》20 份。2019 年 11 月 18 日之前《检察建议书》中涉及的开发建设项目均已编制水土保持方案报告书（报告表），19 个开发建设项目缴纳水土保持设施补偿费。

【水资源管理和水行政审批】 2019 年办结行政许可事项 66 件，不予行政许可 3 件。其中，水土保持方案审批 46 件，取水许可 3 件，洪水影响评价 1 件，划定河道蓝线 15 件，水利基建初设报告审批 1 件；积极开展中央和省环保督察反馈问题整改工作，成立工作专班，制定工作方案，牵头整改的事项实施“一案一策”，完善“一案一档”，配合其他牵头单位完成相关事项的整改工作。

【水旱灾害防御】 下发《关于做好 2019 年水旱灾害防御工作的通知》，组织专班到各乡镇及水利水电企业，开展汛前安全大检查。全县 32 座小（2）型水库均编防洪预案，各乡镇对防汛预案、抗旱预案、山洪灾害防御预案进行修编完善。同时对全县的山洪预案进行重新修编，确保预案的时效性。根据抢险救灾的需要，对应急抢险物资进行清点及必要的补充，确保物资在紧急时刻数量足、用得好。面对五十年一遇的干旱天气，组建抗旱工作专班，加强统筹协调，与气象、水文等单位联系，应对持续干旱天气，实施人工增雨作业 131 次，消耗炮弹 2415 发，火箭弹 27 枚；

制定渡浪沟水库供水方案，加强取用水管理。

【涉水安全生产监管】 2019年水利行业安全生产零事故。按照“水利工程补短板、水利行业强监管”总基调，加强宣传教育、强化安全责任落实，加强依法监督检查，有效地防范了水利行业各类安全事故的发生。在汛前和汛期，组织人员对辖区32座水库、47座农村水电站、11个在建水利水电工程进行全面排查，发现安全隐患119处现场整改111处，限期整改8处。

【水利工程建设质量监管】 根据《省水利厅关于进一步加强农村饮水安全工程管材及其施工质量监管的通知》《县脱贫攻坚指挥部办公室关于印发建始县精准扶贫农村饮水安全实施方案的通知》要求，2019年共抽检PE管材46组，并对不合格的抽检管材函告相应乡镇人民政府，全部整改到位。

【水生态文明建设】 县河长办出台《建始县河长制直扣经费暂行管理办法》，使河长制的日常检查工作变得具有操作性；开展无磷洗衣粉兑换白色垃圾试点工作，在保护河道清洁的同时，老百姓爱河、护河、爱惜乡村环境的意识得到增强。完成6条县级河流“一河一策”的编制工作；6条县级河流划界工作已完成，移交县自然资源和规划局确权。组建巡查工作专班，对渡浪沟、红珠河、四十二坝等多座水源性水库进行专项巡查，对库区捕鱼、钓鱼、破坏水库环境等污染饮用水源水质的问题开展专项整治。2019年全县用水总量0.5779亿立方米，万元国内生产总值用水量55.5立方米，符合生态文明示范区指标要求。实施小水电清理整治，联合环保部门核定各水电站生态流量，聘请宜昌市水利水电勘察设计院有限公司编制《建始县小水电清理整改“一站一策”工作方案》和《建始县水电站生态流量监管系统建设方案》。按计划完成对15座水电站生态流量设施安装并接入生态流量监管系统实施在线监控的任务。

【河长制工作】 在全县范围内开展碧水保卫战“示范建设行动”，创建10条县级示范河流、2座示范水库、11个示范单位和13个示范人物；完成79条乡镇级河流“一河一策”的编制工作及6条县级管理河流岸线划界工作；县河长办形成周五定期巡河制度，并对巡查问题进行内部通报。将828处小微水体（含堰塘、支沟、干渠等）纳入河长制管理范围，实现全县小微水体管护全覆盖；将“一江三库”（清江建始段、野三河水库、小溪口水库、闸木水水库）水域纳入保洁公司统一管理。

【水库安全】 编制全县18座水库［中型1座为四十二坝，小（1）型5座为红岩、阴坡河、平阳二号、渡浪沟、红珠河；小（2）型12座为旮旯溪、温泉、高峰、太平、黄家湾、青林沟、贺家湾、响水湾、沟湾、独木桥、龙坪、老沟坝］大坝安全评价报告，对其中16座水库大坝安全评价报告进行审查，其余2座（渡浪沟、红珠河）2020年6月底审查完毕。对红岩水库及老沟坝水库编制除险加固方案并启动建始县水库维修养护项目建设，投入资金222万元。

（谭　奎）

工　业

科学技术和经济信息化

【概　况】 3月12日，县科学技术和经济信息化局挂牌成立，对外加挂县商务局牌子，主要负责县域科学技术、工业经济、内贸经济、外贸发展及信息化建设工作。

【主要经济指标完成情况】 2019年，全县规模以上工业增加值增速5.7%，位居全州第四。全年进规5家工业企业，分别为湖北闽施鞋业公司、湖北圆通生物工程有限公司、恩施州民森木业有限公司、建始县协力食品有限公司及福恩鞋业有限公司。全年工业技改投资增速为147.2%。在2019年度全州工业经济考核中，建始县综合排名位居第二。全县社会消费品零售总额76.95亿元，同比增幅11.4%，位居全州第二。新增限上商贸企业8家，分别是三峡风餐饮、美星大酒店、小城故事餐饮、紫荆庭餐饮、李二鲜鱼餐饮、步步高商贸、陈平汽车销售及喜洋洋商贸。限上商贸企业累计达36家。直接利用外资完成298万美元，均为智泰科技公司到资。新增外资企业1家，即景阳白果树旅游开发有限公司。全年外贸出口总额完成201万美元。

【促进工业发展】 县委、县政府每月召开经济形势分析会，分析当前经济形势，谋划下一步工作部署；召开民营企业座谈会、银企对接工作会等，加强政企沟通交流，解决企业困难。落实领导责任，成立由分管副县长任组长的工业稳增长工作领导小组。制订工业稳增长行动方案、工业企业梯级培育方案，明确2019年企业进规包保责任、减停产工业企业包保责任。实施规模以上工业企业运行监测全覆盖，建立“横向到部门、纵向到企业”的监测分析体系，找准工业经济运行存在的问题，提出对策建议，建立企业帮扶制度，推动工业经济高质量发展。2019年，全县规模以上工业增加值增速5.4%；工业经济发展综合排名全州第二。新增规模以上工业企业5家，规模以上工业企业总数达到28家。

【打造科技平台】 2019年，县政府培育2个省级星创天地（天龙星创天地、武陵良种繁育星创天地）；2个州级众创空间（食达好众创空间、蜂巢众创空间）；申报1个州级工程技术研究中心（南方枸杞）。到企业走访，征集企业技术需求10个，签订8个校企合作协议。鼓励企业科技创新，根据县政府科技奖励办法，对湖北枸杞珍酒业等8家开展科技创新及新科技成果转化运用的企业给予51万元资金奖励。2019年选派“三区”人才35人，服务于建始县26家企业；推荐选派2019—2020年度“三区”人才31名；博士服务团3人。大力开展科技培训工作，在红岩镇红岩村，长梁镇前三溪村、东门溪村，花坪镇进行4次农业科技培训，邀请相关专家讲课培训，发放资料1000套；举办1次硒知识及硒产业发展讲座。

【创建电商渠道】2019年，全县完成电商技能培训44场次，共培训4197人次。进行专项营销，扩大特色产品网络销量；2019年先后组织苹果桃、猕猴桃、红心蜜薯等专项营销活动，开展十佳网货评选推广活动，通过活动举办，拓宽渠道，增加相关脱贫产业对接市场、扩大销量的能力。对接展会，拓宽企业产品营销渠道；组织涉农企业、电商企业参加各类展销会，通过增加特色农产品销量助推脱贫产业发展，帮助贫困户增收。全年先后组织企业30余家（次）参加农产品进校园、农博会、武汉电博会、酒业博览会、世界大健康博览会、进博会、食博会、杭州电博会、“硒品入杭”等展示展销活动。

【行业管理】2019年，完成成品油市场30座加油站厕所改造的提档升级工作，完成67座加油站点的年检工作，配合自然资源和规划局做好“十三五”规划7座加油站的规划选址工作；县检验检测中心完成全县加油站油气回收检查和民营加油站的油气回收检测；配合县税务局完成67座加油站点的一般纳税人申报工作；配合县市场监管局、县发改局、县应急管理局、县税务局开展成品油市场专项清理整顿工作。配合州金融管理工作局及第三方会计师事务所对全县两家典当行进行年度审核。并定期对所监管的行业建立风险排查台账，防范金融风险。非洲猪瘟防控期间确保猪肉制品的市场供应稳定。

供　电

【概　况】2019年，建始县域范围内有220千伏变电站1座，主变1台，容量150兆伏安；110千伏变电站4座，主变5台，变电容量151.5兆伏安；35千伏变电站14个（含3个简易配电站），主变21台，变电容量117.07兆伏安；10千伏公用配变2109台，容量242.48兆伏安，专变517台，容量172.49兆伏安。110千伏输电线路7条142.28千米，35千伏输电线路23条280.29千米，10千伏线路85条2806千米（公用线路76条，专用线路9条），低压线路8948千米。另有属地化±800千伏线路7千米，铁塔20基；500千伏线路71.4千米，铁塔143基；220千伏线路134.4千米，铁塔341基；110伏线路131.9千米，铁塔478基。已形成220千伏联大网，以110千伏建始变电站、红岩寺变电站为中心，35千伏变电站为支撑点，35千伏线路为骨架，10千伏为基础辐射状的县级电网体系。共完成售电量5.02亿千瓦时，同比增长16.24%。售电均价637元/千千瓦时。售电收入3.28亿元，同比增长15.27%。综合线损率为9.96%。全社会用电量5.02亿千瓦时，同比增长14.87%。最高用电负荷10.9万千瓦，同比增长11.57%。公司创建“全国质量信得过班组”1个，其经验被列为湖北省优秀质量管理典型经验；1项QC成果“一种变压器通电试验装置”获国家发明专利。创国网“四星级”乡镇供电所1个。获国网湖北省电力有限公司“安全生产突出贡献集体”称号。

【供电工作】落实优化营商环境要求，实施业扩报装“三省”“三零”服务，放宽低压接入容量标准，完成“一般工商业电价平均再降低10%”的工作要求。推进侵害群众利益问题专项整治活动。开展低电压台区综合治理314台，治理三相不平衡台区272个，解决低电压用户3000户。业扩工程全部实现带电作业，降低频繁停电16%。应对黔张常铁路牵引站供电工程三级风险防控工作，确保全州重点交通项目如期投运。

【安全生产】完善查违章常态机制，打好现场稽查与远程稽查组合拳，共完成稽查589场次，扣分495分，处罚180人次，扣款4.64万元。加强安全教育培训，举办关键岗位安全教育培训班6期共720余人次。加强集体企业安全同质化管理，对7家直包单位资质、设备、工器具及人员进行全方位核查。加强安全用电宣传和电力设施保护工作，发放安全用电常识宣传单2万余份，安装宣传牌450块、宣传挂图400份。制止线下建房及线路附近开挖、搭建、堆放等隐患17处，整改严重隐患5处。加强高危客户安全用电管理，完成全县9家煤矿企业和6个高层小区配电设施隐患排查。

【电网建设】 完成下坝110千伏输变电工程选址并启动工程可行性研究。太和街110千伏输变电工程完成投资5233.99万元，完成工程进度的80%。35千伏瓦厂坪配电站建成投运。粟谷坝35千伏配电站工程施工形象进度达80%。积极开展“白鹤滩—江苏”特高压线路“先签后建”属地协调工作。全年配电网项目申报3批次900个，2.47亿元项目进入储备库。落实项目1293个，3.07亿元项目资金批复，完成880个项目施工建设。推进营配调贯通等泛在物联网建设，系统档案数据维护数字化率、利用率100%。

【经营服务】 落实降费政策和低压零费用接入政策，全年降低企业用电成本1263.65万元。持续开展线损异常台区百日攻坚活动，台区线损合格率72.28%，同比上升11.35%。开展营业普查，重点整治高损台区和零度户，常态化开展用电稽查，查处窃电用户63起，合理增收42.48万元。建立电费回收全程监控机制，修编全县600户高压用户“一户一策”风险防范预案，推广高压企业电费网银缴费。完成全县库存资产清理，更换非智能表专变用户计量装置81户，完成27座小水电上下网关口计量整改，实现专变智能表全覆盖。开展整治侵害群众利益和“抓整改、除积弊、转作风、为人民”专项行动，实施千名党员进千企、进村入户走访活动。

（朱万钊）

金　融

中国人民银行建始县支行

【概　况】2019年，中国人民银行建始县支行按照中央经济工作会议精神，坚持稳中求进和高质量发展总要求，贯彻落实稳健货币政策，努力增强政策传导效应；监测防范金融风险，营造和改善区域金融生态环境，切实维护金融稳定；坚持“金融惠民”导向，不断优化金融服务；围绕“思想建行、制度治行、履职兴行”思路，全面提升工作质效。截至12月末，全县人民币各项贷款余额90.55亿元，同比增长12.36%；组织开展“百名行长进百企”活动，主动对接“四大产业集群”，落实信贷支持；全年完成融资交易16笔3.7亿元，办理银税合作信贷业务6笔867.3万元，办理无还本续贷133笔10.36亿元；全县金融精准扶贫贷款余额16.28亿元，同比增加3.58亿元，增幅28.21%。

【贯彻稳健货币政策】 把握政策传导环节，确保辖区内信贷总量适度合理增长。运用存款准备金政策，加大对农行“三农金融事业部”和法人金融机构的政策指导和考核评估，引导其新增存款70%以上用于支持本地经济发展，执行比同类金融机构正常标准低1个和2个百分点存款准备金率，增加有效信贷供给。全年4次降低地方法人金融机构存款准备金率，释放流动性1.36亿元，增加民营小微企业贷款575户4.27亿元；开展辖区内金融机构进行信贷政策导向效果评估，督促和引导金融机构把握好信贷投放的总量和节奏，支持实体经济发展。把握经济薄弱环节，缓解民营小微企业融资难融资贵。贯彻落实《省政府办公厅关于实施“百万千亿金惠工程”深化民营小微企业金融服务的意见》，组织开展“百名行长进百企”活动，指导辖区内银行业金融机构普查开户民营小微企业融资服务需求。完善金融服务方式，落实民营小微企业融资申请首问负责制和信贷客户专员制度，建立尽职免责机制，解决不敢贷不愿贷。在发展传统信贷业务的同时，宣传和推广应收账款融资服务平台、银税合作、无还本续贷等线上信贷产品，缓解企业融资难；减免信贷服务收费，共享抵押资产评估结果运用，推广应用LPR利率定价机制，缓解企业融资贵。把握支持重点环节，推动金融精准扶贫工作纵深发展。建始农商行发放扶贫再贷款1.5亿元，加大对建档立卡贫困户以及能够带动贫困户就业或发展的市场主体的支持力度。截至2019年12月末，全县金融精准扶贫贷款余额16.28亿元，同比增加3.58亿元，增幅28.21%。

【防范化解金融风险】 提升监测预警效能，防范处置金融风险。按月和按季开展银行业机构流动性监测，确保辖区内银行业机构整体运行稳健，金融风险总体可控；开展法人机构压力测试和资产质量真实性核查，对建始农商行房地产贷款比重偏大和客户集中度较高等风险进行风险提示；按月监测并上报小贷公司开业状态、贷款投放和利率执行情况，密切关注保险行业运行情况及其风险事件，联合市场监督管理局开展互联网金融企业风险排查和专项整治；监测和处置重点领域金融风险。配合县政府及相关部门通过到期收回、商业转贷、风险补偿、依法清收等方式，对全县“户贷企用”类扶贫贷款170户2.39亿元进行分类处置。跟进公司贷款风险动态监测，指导承贷银行对涉嫌传销犯罪的湖北永恒太阳能集团公司及其关联企业、法人代表1.15亿元贷款进行资产保全和依法清收。提升金融监管效能，维护金融行业规范。落实金融机构重大事项报告制度，全年上报金融机构重大事项报告22期，掌握和反映金融机构网点设置、高管交替、重大业务活动；宣传和落实存款保险制度。做好存款保险系统设置和信息维护，逐月审核地方投保机构存款保险申报资料，确保投保基数的准确性。开展投保机构风险评级，准确合理核定保险费率，按季分析上报投保机构运行情况。对银行业金融机构特别是地方法人银行执行有关金融法律、法规、规章和规范性文件的日常统计与合规性评价，组织开展建始农商行年度综合评价，针对其存在的问题和不足提出书面整改意见，通过下发文件、高管约谈和调查回访等方式督促整改落实，促进其守法合规经营。争取政府性融资增信配套支持，设立民营和小微企业融资风险补偿专项资金。定期开展银行业信用风险监测，推动银行业金融机构采取依法清收、司法维权、坏账核销等多种方式化解不良贷款，推动政府性融资担保应偿尽偿，化解存量风险，遏制不良贷款上升态势。打击逃废债行为，建立金融司法联席会议制度，实现金融案件信息共享，推动办案效率和质量提升，共同维护区域金融生态环境。

中国银行股份有限公司建始县支行

【概　况】 截至2019年年底，储蓄存款总金额7.2亿元，同比增长7000万元，贷款余额5.6亿元，同比增长1.2亿元，贷款增速在全县银行业居于首位。在县委、县政府、人民银行、银监会的帮助指导下开展各项工作，秉承合规经营理念，确保支行平稳有序发展。2019年，建始支行网点运营零风险、零案件。

【金融服务与创新】 推进公司跨境金融业务，推动促进县内企业跨境经营，解决企业产品出口资金清算难问题，开展金融创新和产品创新，以多币种结算及人民币结算为立足点。推动跨境业务发展，已实现传统国际结算业务种类全覆盖，并为跨境企业客户提供多币种资金结算渠道，降低资金运营成本，助力跨境公司实现全球化经营。按照县委、县政府各项工作安排，结合农村地域社保卡持有情况，设立助农社保卡取现点，截至2019年末，县域内已成功开通四个社保卡取款服务点的挂牌工作任务，分别是龙坪取现点、茅田取现点（2处）、长梁取现点，有效取款笔数达25835笔，合计取款金额685万元，涉及社保卡用户6458人，推动了当地社保卡用户就地取现，成功解决当地社保卡持有人取款远、路费贵、身体不适、交通不利等问题。开展助农贷款，由县政府、华中农业大学、中国银行三方合作助力推进农村地域、农业企业、农户等相关农业贷款36笔，合计贷款金额600余万元。

（杨　炀）

中国工商银行建始县支行

【概　况】 截至12月末，各项存款余额89882万元，比年初下降2201万元。其中储蓄存款余额47826万元，比年初增加6464万元，完成计划任务6000万元的108%，同行业第一。公司存款余额13981万元，比年初增加2375万元，机构存款余额28069万元，比年初下降11046万元，完成任务目标。贷款保持稳定增长，截至三季度末，各项贷款余额78964万元，比年初净增6245万元，其中公司贷款下降256万元，个人贷款增6501万元，均为个人住房贷款。实现拔备前利润2220万元，同比增110万元，净利润1445万元，同比增221万元，实现中收455万元。不良贷款余额4510万元，其中公司不良贷款4439万元，个贷不良72万元，公司剪刀差为0，个贷剪刀差244万元，完成调度目标。

【存款营销】 完成私银达标客户3户任务，私银资产余额达到8000余万元；抓公私联动、私私联动、产品联动，通过捆绑式营销，确定“代发工资+借记卡+贷记卡+网络金融产品”的基本营销组合。明确客户经理、客服经理及各岗位的营销职责，强化组合营销考核，发挥网点营销主阵地作用。抓好“进市场”活动，建立信息档案，利用商户盈、理财、二维码支付、费率优惠等优势，吸引个体经营者开户结算。

【发展资产业务】 结合建始支行实际情况，与当地优质楼盘房产开发商合作，目前主要合作楼盘3个，截至12月末累计发放个人住房贷款12547万元，比年初净增6501万元。普惠贷款实现余额4480万元，较年初增880万元，净增数系统排名第二。

中国农业银行建始县支行

【概　况】 中国农业银行建始县支行2019年末各项存款总额15.45亿元；各项贷款总额8.78亿元，增幅10.68%，其中扶贫贷款1.77亿元，增幅15%，信用贷款4384万元，增幅652%。

【发展普惠金融】 2019年，农行建始县支行继续坚持“面向三农、服务城乡”经营理念，做好客户建设、金融服务、不良管控、内部管理等重点工作。截至2019年末，普惠贷款余额2.32亿元，增幅10%；累计向全县10个乡镇24个村的203户建档立卡贫困户发放贷款1984万元，带动贫困户脱贫致富。以农行“惠农e贷”特色信贷产品为主线，向全县茶烟种植户、民宿经营者、个体工商户等投放信用贷款3670万元；通过梳理县城优质中小微企业和纳税大户的融资需求，推广农行免抵押、免担保的“纳税e贷”，共计投放27户1454万元，解决其融资难、融资贵的实际困难；完善渠道建设，在建始县景阳镇增设智慧银行，安排专人值守，为该区域提供金融服务支持；成立工作专班到各乡镇搭建农行“惠农通”服务平台，实现农行“惠农通服务点”在全县社保代理行政村的全覆盖，为广大农户提供金融便利。

（姚　晴）

中国建设银行建始县支行

【概　况】 2019年，全口径存款余额116594万元，较年初新增11363万元。其中个人存款余额75980万元，较年初新增9468万元；对公存款余额40614万元，较年初新增1895万元。各项贷款余额62571万元，比年初下降10492万元。实现中间业务699万元，完成年计划的89.65%。一年来未发生各类安全责任事故，实现“三无三安全”目标。

【存款营销】 对代发工资客户、私行客户、对公客户全覆盖走访，全面了解资金流向，做好稳存增存工作。支行行领导作为支行营销服务团队的首席客户经理，主动负责做好支行营销服务的组织、领导、协调工作，在存款营销上抓源头，扩大存款占比份额，利用理财、基金保险、大额存单等产品，增强中高端客户吸引力。做好客户开户工作，利用代理网上工商注册服务合作契机，为存款增长奠定基础。加强代发工资单位回访，稳定存款；做好拆迁补偿资金归集和农民工工资代发保证金开户工作，抓住资金源头，增加存款，同时做好小企业贷款和个贷的申报发放工作，做好小企业贷款单位的货款回笼工作，确保货款归行率，以资产业务来促进负债业务的发展。

【产品营销】 以寿险、信用卡分期、惠兜圈、快贷等产品及电子银行等战略性业务的发展来增加中间业务收入，持续做好基金、保险、贵金属、理财等厚利型产品销售。信用卡方面突出分期业务拓展，充分利用分期团队拓宽购车、家装分期渠道，合理安排网点员工开展外呼。

【普惠金融】 在产品选择上，优先发展“云税贷”“抵押快贷”“信用快贷”等线上大数据产品，择优发展线下抵质押业务，不断优化小企业结构；2019 年以来，先后发放小微快贷 38 笔，贷款余额 2401 万元，其中抵押快贷 3 笔，余额 1180 万元；云税贷 16 笔，净新增 13 笔，余额 792 万元；鄂叶云贷 5 笔，净新增 5 笔，余额 142 万元；个体经营户快贷 3 笔，余额 55 万元；快 e 贷 11 笔，净新增 6 笔，余额 232 万元。

建始农村商业银行

【概　况】 2019 年，紧紧围绕“三大银行”建设总目标，以“服务乡村振兴战略、助力民营经济发展、三大银行品牌宣传”三大主题为指引、深入推进“五大金融服务模式”，扎实开展“七个年”建设活动，各项业务稳健发展。截至年末，各项存款余额 46.42 亿元，比年初增加 4.92 亿元，同比增长 11.85%，完成全年计划的 100.37%。各项贷款余额 29.35 亿元，当年净放贷款 1.88 亿元，增长 6.84%，完成全年计划的 58.75%。贷款户数 6262 户，500 万元以下贷款占比 59.23%。共发放小微贷款 2090 笔，现有余额 30471 万元，户数比年初净增 1789 户，余额较年初增长 23855 万元，其中消费类 9099 万元、经营类 13781 万元、银税互动类 975 万元，完成州行计划的 109.63%。实际风险贷款余额 9120.73 万元，比年初增加 1444.07 万元，不良贷款余额 6346.09 万元，比年初下降 1144.97 万元，全年共清收不良贷款 4375 万元（其中表内 2527 万元，表外 1848 万元）。实现总收入 27520.09 万元，比同期增加 175.06 万元。其中利息收入 21481.95 万元，比同期增加 26.41 万元；资金营运收入 5264.20 万元，比同期增加 199.04 万元；总支出 21404.99 万元；实现净利润 4502.82 万元，比去年同期增加 222.24 万元。新增手机银行 13530 户，完成计划的 96.64%，新增福卡 E 支付 592 户，完成计划 98.67%，扫码活跃率达 66%，开通 ETC19886 户，完成计划任务的 116.98%，新增福卡 31481 张，新增信用卡 2859 张，电子银行业务替代率为 91.83%。

【提升综合实力】 推进“五大金融服务模式”。以“乡村、创业、家庭、社区、贴身”等五大金融服务模式为抓手，跟进商圈联盟，跟进村（社区）、工业园区，与重点商户、民营企业、农村中心户对接。在长兴产业城、金桥国际城、工业园开展银企对接，挖掘个体工商户内需，提供扫码、电子银行、微贷等一揽子金融服务。与民族医院、人民医院、高平国际实验学校对接，通过现场为客户开办银行卡、手机银行、办理微贷等，开辟新储源。主动对接县政府、财政局、城投公司、人民医院、学校等系统存款大户，主动对接外出务工人员，对接民营企业。收集全县工商户信息，收集返乡创业知名人士名单，收集优质存贷客户。以存贷款排名前 50 名的优质客户为重点，实行领导包大户、员工划区域营销，把优质存款客户抓在手上。跟进工业园区、现代农业产业园、生态农业、旅游农业、农村基础设施建设项目，截至 2019 年末，已为建始食达好农产品工贸有限公司、容华食品等 122 家涉农企业发放贷款 9.26 亿元，全行涉农贷款余额 27.11 亿元，新增涉农贷款 19703.18 万元。

【优化营商环境】 2019年，对小微企业和合作组织开展调查摸底，建档面100%，调查面60%。全年累计与建始县阳光房地产开发有限责任公司、湖北鑫诚商贸有限公司、恩施宏立实业有限责任公司等企业一起，举办银企、银商对接会，向重点民营企业宣传我行的信贷优惠政策及相关贷款产品，缓解民营企业融资难题。截至12月末，发放民营和小微企业贷款9.28亿元，民营和小微企业户数达到168户，比年初净增27户。支持民营企业发展。采用多种新的方式解决民营企业融资问题，其中无还本续贷60笔，金额20380.98万元；银税互动类贷款9笔，金额846万元；通过过桥资金偿还后续贷8笔，金额7680万元；发放房易融贷款10507万元。采取收费权质押加担保的方式为建始花坪鸡公岭飞拉达攀岩训练基地授信500万元；通过提高企业抵押物抵押效率的方式为县信义实业有限责任公司授信2000万元用于经营周转。

【产品营销】 对客户"大数据"进行分析，在医院、学校、园区等企事业单位搭建展台，将微贷、扫码付、手机银行、ETC办理等业务绑定，为客户提供一揽子金融服务。加大宣传力度，在前期已经建立的贷款客户群、扫码支付客户群、信用卡客户群、亲朋好友群等微信群内发布农商行办理ETC，享8折优惠，6重好礼的消息，全年超额完成目标任务。以"夏季攻势"大走访、大对接、大营销活动为抓手，制定《建始农商行"千米商户扫码行动"营销活动方案》，拟定拓展清单，逐户对接营销，实现扫码业务量质双升，截至12月末，扫码付客户达到4935户，活跃率70%。

【逾欠贷款清收】 针对风险贷款、欠息贷款、不良贷款分门别类，制定清收措施，明确责任划分，锁定清收责任人，运用省联社清收处置操作指引，与第三方合作，通过保全展期、核销处置、起诉清收等方式，开展逾欠贷款的清收处置。

【降准微贷投放】 制定《关于落实央行降准政策加快民营和小微企业贷款投放的通知》，为民营和小微企业信贷业务快速办结开设"绿色通道"。完成人行定向降准计划任务的325%，连续多次在全省农商行系统降准投放考核中位居前列，建始农商行被表彰为2019年全省农商行"降准微贷投放攻坚战"活动优胜单位。

【推进转型发展】 截至2019年末，活期存款余额18.05亿元，占比38.84%，定期存款余额28.37亿元，占比61%。把信贷资源向小微客户倾斜，推进信贷结构向小微和零售业务转型。截至12月末，全行累计发放小微贷款2090笔45160万元，现有余额30471万元，净增23855万元，完成省联社计划11000万元的216.86%，完成州行计划21800万元的109.63%，微贷占比达到10.47%。其中线下客户净增1789户；线上客户授信数达2047户，比年初净增1772户；线上"福e贷"余额7686万元，净增6679万元。微贷不良率为0.17%。推进智慧网点建设。充分利用手机银行、扫描e支付、助农服务终端等将服务延伸，将柜台前移，实现服务方式多样化。与县人民医院合作，促成"银医通"成功上线，实现传统服务和创新科技有机结合。打破传统模式，在营业部、花坪支行等6个网点布设智慧柜员机7台，全面推进智慧厅堂建设，实现柜面减员、柜员减负，增强客户体验、推动网点功能由交易结算型向营销服务型转变。完善基层网点硬件建设。持续推进营业网点升级达标工作，加快视频监控、门禁和报警系统提档升级建设，推进网点转型和安全管理同步发展。2019年，共投入资金350万元用于全县营业网点安全设施提档升级改造工程，完成视频监控设施升级、强弱电改造、营业大厅改装智能防盗卷帘门、网络安全由单一电信网络升级为电信、联通双网保障机制等，为业务发展奠定基础。年初，在10个乡镇支行开展"五小建设"的摸底调查，全面启动对茅田支行、红岩支行的装修，完成对龙坪支行、天生支行的改造，为基层支行投入30余万元用于购置空调、洗衣机等设备，进一步提升硬件设施建设。

【提升品牌效应】 在年初两会期间，县委宣传部举办的“2018年度建始好人”颁奖晚会由县农商行冠名赞助，制作宣传展牌，提升了知名度。加强户外宣传，在建始火车站进、出站口、火车站主道路、高坪石门河景区出口、318国道线、清江大桥等交通要道、主要旅游景点制作“三大银行”户外广告宣传牌，在公路沿线、扶贫村、集中乡镇村组张贴宣传海报，进一步提升了外部形象。强化媒体宣传。2019年，就支持乡村振兴、民营经济发展和“三大银行”建设情况在省联社门户网站、《农村新报》、恩施新闻网、建始新闻网、建始电视台进行了宣传。

中国农业发展银行建始县支行

【概　况】 截至2019年末，建始县支行贷款余额16.66亿元，增幅58.36%。累计投放6.71亿元，累计收回贷款0.57亿元。存款余额5.33亿元。支行网银客户23家，占经常有业务往来开户企业的100%，网银结算替代率达到94%。在全县的金融机构排名中，县支行投放排名第一，余额排名第二。

【贷款业务】 2019年，投放61420.83万元。全行扶贫贷款余额33948.97万元，较去年同期上升4.58%。补齐业务短板，新增1家小微企业贷款。建始县通龙天然气有限责任公司获批贷款500万元，发放产业扶贫短期流动贷款400万元。

【网银业务】 2019年是农发行网银系统上线的第一年，随着网上银行业务的全面开通，积极利用网银业务离柜支付结算服务的方便有利条件，将网银业务全面推广。截至12月底，共有23家企业开办网银业务，占开户企业的45%，占经常有业务往来开户企业的100%，网银业务的开通提高了会计结算的效率，也缩短了客户的结算流程。

【助力精准扶贫】 确保脱贫攻坚工作的顺利进行。2019年以来，根据县委县政府的统一部署，支行在原有驻村人员的基础上增派信贷部门的一人驻村扶贫，驻村人员达到三人，行长实行“3+2”的驻村模式，保证脱贫攻坚工作的顺利进行。支行为大沙河村引进帮扶资金6.5万元用于大沙河村的基础设施建设，同时在12月向大沙河村捐赠1万元用于饮水安全工程建设。在完成好本行的驻村工作的同时，为省分行驻村扶贫工作队做好后勤保障工作。

中国邮政储蓄银行建始县支行

【概　况】 截至2019年底，邮储银行建始支行在县域内设有网点3家，离行式自助银行4处，从业人员52人，各项存款余额12亿元；各项贷款余额5.1亿元，不良贷款率3.8%。

【负债业务】 扩大存款、基金、理财产品的销售规模，由单一经营存款向以客户为中心的导向转型。在2019年的工作中，围绕县域经济发展，通过与各单位的协调、合作，抓好棚户区改造项目、做好2019年社保卡和退役军人卡发放等工作。

【资产业务】 为践行总行“普惠金融”的社会责任，2019年，县支行在原有信贷中心的基础上又成立了“三农金融部”，支持地方经济发展。截至2019年底，贷款总余额5.1亿元，在县域8家金融单位放款规模排名第四。在发展业务的同时做好资产管控。

【客户服务】 坚持以客户满意为目标，每月对各支行的服务水平进行一次检查，并组织对优质服务开展情况进行考评，促进了优质服务工作的开展，便民服务设施完备，营业大厅内均有自助的服务设备。

湖北银行建始县支行

【概　况】 截至2019年末，支行各项存款余额6.63亿元，比年初增长1.04亿元。其中对公存款余额3.96亿元，与年初基本持平；储蓄存款余额2.68亿元，比年初增长1.03亿元。各项贷款余额4.12亿元，其中对公贷款2.8亿元，个人贷款1.32亿元。

【风险防控】 信用风险防控方面，完成分行下达的管控计划；安防案防方面，全年运营安全平稳，无事故、无案件。

【信贷投放】 以服务地方为靶向，做实有效信贷投放，围绕县委、县政府战略部署和工作要求做实信贷投放。2019年末，支行全口径贷款余额5.02亿元，其中表内贷款4.12亿元，置换地方政府债券0.9亿元，在开业仅4年、人手较少的情况下，信贷总增量高于县内大型国有银行，仅次于县农商行。

【扶持实体经济】 2019年完成茨泉广场道路及地下停车场项目8000万元5年期贷款授信和京桥国际城经营性物业5000万元5年期贷款的授信。支持产业发展，截至2019年末，小微企业（民营企业）贷款余额3.2亿元，占表内贷款比例78%，支持了农业特色产业、工业企业、全域旅游以及商贸流通、医药、建材等产业的发展。

【培育市场主体】 支行加强与县发改局、科技与经信局等相关部门对接，按月上门拜访（回访）客户，开展银企对接和金融、财务知识辅导，建立民营和小微企业客户培植档案，培育市场经济主体。2019年，支行已与50余家小企业对接，重点推广与省再担保集团合作的再担保贷款业务。

【拓展服务渠道】 引进湖北银行小企业中心到建始开展业务（无抵押贷款，单户金额200万元以内），先后为食达好农产品、硒源食品、龙泉酒业、绿福慧酒店等20余户小微企业发放无抵押信用贷款2000万元。在当前经济下行和信用风险形势较为复杂的情况下，与企业共渡难关，体现地方银行的责任担当。对能付息、能签字的民企，不抽贷、不断贷。与县国投合作，为民企提供“过桥资金”，2019年为20户企业累计提供过桥资金8000余万元。推出“无还本续贷”产品（再融资），全年为14家小微企业办理无还本续贷再融资业务4450万元。对资金周转困难的民企，运用期限重组、展期等方式重新约期，办理集禾农贸等企业重新约期业务1300万元。

【金融扶贫】 支行努力克服人手少、在乡镇没有网点的困难，以绿色发展、带动贫困人口脱贫，以产业转型升级为抓手，围绕全县生态文化旅游、富硒加工、新型能源、中医中药、城乡基础设施建设等重点领域，搞好产业扶贫信贷投放，累计投放贷款1.4亿元。通过扶贫捐赠方式，支持全县扶贫领域基础设施建设和产业发展。向三里初级中学捐赠资金17万元、向官店贫困村捐赠扶贫资金3万元，协助马栏溪社区完成路灯众筹5.4万元。

恩施兴福村镇银行建始县支行

【概　况】 2019年，恩施兴福村镇银行建始支行在坚持服务地方实体经济，认真贯彻专注三农、支持小微企业发展，以普惠金融模式助力乡村振兴，抓好各项工作落实，完成了全年各项经营目标。围绕发展现代农业，消除农村贫困，促进农民增收出资出力，建始支行红岩寺兴福驿站于8月26日成立，是建始支行继花坪支行、长梁兴福驿站之后，下沉乡镇的又一重要举措。

【服务性贷款】 建始支行深入农村市场，以寻求信贷管理制度要求和小微企业发展需要的切合点为突破口，支持、发展了一批小规模个体企业。截至11月底，累计投放涉农贷款49295万元，占比93%，贷款余额52883万元，较年初增长6966万元，增长15.17%，完成任务数的115.17%，剔除房屋按揭贷款后较任务数差2088万元。

【清收盘活工作】 不良贷款控制额及逾期90天以下贷款控制率超过年初经营目标责任，分别为7%、4.02%，针对不良资产占比高，清收难度大，对经营利润的直接影响问题，全行进一步坚定“向清收不良、核销贷款要效益”，切实把不良、核销贷款压降作为头等大事来抓，灵活运用属地清收、全员清收、专职清收等措施，并以风险合规官带头与法院联合清收，本年度通过诉讼收回瑕疵贷款共232万元，其中核销贷款123万元。

【经营创新】 为降低成本，完善服务职能，减轻柜面压力，提升日均增量，推广中间业务发展。大力推行码上付支付结算工具，2019年新增码上付406户，余额户数447户，完成新增任务数116%。

中国人民财产保险股份有限公司建始县支公司

【概　况】 截至12月底，全年签单保费5692.35万元，增速6.58%，增量保费349.02万元，11月报表利润423万元。其中车险签单保费3964.08万元，实现增速1%，市场份额35%，11月报表利润291.77万元。责任险签单保费550.44万元，增速22.96%，增量保费102.59万元，11月报表利润72.3万元。意健险签单保费667.97万元，增速19.71%，增量保费109.89万元，11月报表利润43.7万元。农险签单保费375万元，增速23.14%，增量保费70.52万元，11月报表利润62万元。财产险签单保费122.12万元，增速70.48%，增量保费50.49万元，11月报表利润−39万元。货运险签单保费12.19万元，增速47.24%，增量保费4万元，11月报表利润0.3万元。

【农网建设】 对农村网点进行梳理摸底，结合乡镇特点加大农村网点的直营力度，确保发挥网点优势，以服务三农保险为依托，积极开拓农村市场确保网点有效益、有产能。

中国太平洋财产保险股份有限公司建始县支公司

【概　况】 2019年，公司坚持“以合规经营为前提、效益发展为中心”“以客户需求为导向”，以加快发展为第一要务，正确把握工作思路，以客户为中心、市场为导向，提升服务水平；规范承保中心、理赔（客户）服务中心、财务中心3个中心建设，强化基础管理，提高经营效益。2019年保费收入2713万余元，年缴纳税金256.51万元，当地行业市场占比18.79%，居第二。

【特色增值服务】 太平洋产险着力创新科技，打造优质服务品牌。开创“太好赔”、微信自助、“太保公路侠”、太保“蓝朋友”等一系列特色优质服务。对损失在5000元以下，且责任明确非人伤车险案件，受损车辆在综合修理厂维修的，理赔人员在查勘定损过程中应用3G移动视频查勘技术快速完成损失核定，同时主动向客户收集索赔资料，赔款当日支付，从而实现先赔付后修车的便捷服务。对小额人伤事故（人伤费用2000元以下），如果受伤部位明确且无需住院，责任明确的，可以由被保险人、受害方和保险公司三方现场协商签订一次性赔付协议书，根据协议内容进行赔偿处理。开通微信一键自助服务，为客户提供全方位的优质服务。

【人伤案件特殊服务】 对于涉及人伤损失的案件，人伤服务经理团队为客户提供“一对一、全流程”专业服务，即为客户提供专业的人伤咨询服务，协助人伤案件伤者评残、事故调解和诉讼咨询等服务，针对金额3000元以下小额案件，在30分钟内进行核损、理算、核赔、支付；针对3000元以上的人伤案件，客户只需要与公司签订一份委托书，所有后续事宜均由公司工作人员全程代为办理，切实解决人伤案件“后顾之忧”。

【“e 农险”服务防灾减灾】 承保三里乡、茅田乡、龙坪乡能繁母猪保险，“e 农险”APP 通过集成 3S 技术（GIS，RS，GPS），构建农业保险精细化管理，实现农业保险按图精确承保和快速查勘定损业务应用；通过“e 农险”采集的空间图形，能够为未来农业风险评估、农情的实时监测、灾情的准确评估等高级决策和服务提供数据支撑；有助于保险公司进一步优化农险承保、理赔流程，降低采购和业务运营成本，更好地服务农业保险的防灾减灾。

邮政　通信

邮　政

【概　况】 建始县邮政分公司共有邮政服务网点13个，其中农村网点9个，城市网点4个。邮路单程总长3605.3千米，农村投递线路3160.7千米。全年大口径累计实现业务收入5871万元，完成省公司预算的102.8%，州公司预算的100.7%，同比增长15.75%，完成收入进度和增幅居全州第一。全年小口径实现业务收入5649万元，完成计划的100.51%，同比增长14.24%，收入增幅全州第一。

【提质增效】 紧盯5亿目标（即储蓄2亿元，保险2.5亿元，理财5000万元）。秉持“规模+基础”的发展思路，围绕公务员、教师、商户、务工户、老年客户、补偿户等客户群体开展活动218场，收集有用客户信息24142条。截至12月31日，全县新增综合资产4.45亿元，进度居全州第三位。邮储余额规模达到19.9亿元，居全省县市46位，年度新增邮储余额1.5亿元，完成进度居全州第二位；新增代理保险2.55亿元，完成进度居全州第一位；理财新增0.41亿元。

【拓展客户】 抓地方项目，针对他行代发工资、棚户区改造、金建大道等项目补偿资金，政府相关部门争取支持，截至12月，公司代发项目资金累计1.35亿元；抓社保项目，针对老年客户群体进行社保发卡宣传和他行社保卡转换，通过窗口营销、上门访销、关爱活动，与他行抢占市场，1—12月建始县公司社保发卡3284张，当年累计激活3676张；抓绑定项目，一抓ETC客户，各支局以“三进”活动为契机，进单位、进企业、进村组开展ETC项目的宣传，截至12月，通过绑信用卡关联储蓄卡、直接绑储蓄卡方式累计绑定ETC 2256户，全州第二位，军保卡5077张，全年激活3257张。二抓商户，进入10月，县公司高度重视商户条码收单业务，出台方案，给各支局分解计划，明确政策，按天开展商户扫街，金融部实时督办，截至12月底，共发展商户收单3400户，进度居全州第一位，本年交易金额1.01亿元，商户余额达到2420万元。

【调整业务结构】 通过转换三年期及以上存期存款及加强“客群”绑定业务拓展调整活期占比，截至12月，活期占比达到44.36%，全省排名第一位；通过保险转型逐步调整保险收入来源，在保险产品逐步萎缩及监管部门管理力度趋严的形势下，转型保险期缴并常态发展已是形势所趋，截至12月，全县新增期缴1710.94万元，其中新增长期期缴663.64万元。通过高效理财、高效基金调整逐步向全金融业务转型。1—11月建始分公司简易险新增2200单，保费35万元，实现收入13.3万元。加强通报督办，通过目标倒逼、按天推进、时时通报的方式，持续加强短信业务发展速度，1—12月，实现短信收入191万元，与年初相比提升6%。加大三方绑定、电子银行等高效业务发展，截至12月，本年绑定1.59万户，进度居全州第二位，实现第三方支付绑定收入达到228.29万元，增幅达到47%；手机银行全年新增1.26万户，进度居全州第一位，电子渠道交易替代率达到94.42%。

【包裹快递业务】 累计完成包快收寄量19.37万件，实现收入404万元，较去年同期增长126万元。其中快包揽收15.12万件，完成收入163.28万元，完成快包收入计划的90.71%；标快完成4.25万件，实现收入90.72万元，完成标快收入计划的75.6%，物流完成150万件，完成物流计划的150%。签订城区最大的两家电商客户，日均发件量300件以上的黄四姐电商平台和日均发件量700件以上的华德拼多多电商平台。签订4家酒业（硒姑娘、枸杞珍、稀宝、阳坡）和稀世宝矿泉水、晨龙电子、米工坊3家企业的物流承运业务。

【推进渠道平台】 2019年完成邮乐电商平台自主注册，邮乐小店开通1200个，建始苹果桃、火龙玉皇柚成功上线，线上销售突破3000单；提升站点效能，完成两个示范站点建设工作，目前高坪木耳山、长梁清河两个示范站点已经开业运营，通过示范引领，全县纯A邮掌柜站点达到60个，掌柜月活跃度70%。在2019年分销订货会上收款350.6万元，平台人均订货额突破7元，邮政919电商节期间完成批销交易额460万元。

【其他业务】 2019年报刊完成收入216.43万元，完成计划的104.56%。报刊流转额完成689.93万元，完成计划的108.31%，集邮收入完成104.4万元，函件收入完成140.39万元。

【业务服务】 全县代理金融网点完成了第二轮升级改造，网点服务形象和能力得到提升，全县所有的乡邮投递参加了带车加盟，乡段邮路实现汽车化。《人民日报》等主要党报当日见报率达到100%。全县乡镇、行政村直接通邮率达100%。城市当日妥投率99%；农村及时妥投率达95%；妥投信息实时反馈率城市达99%，农村达98%。客户服务满意度达到95%。将“积分电商助发展，资源整合展未来”创意推荐参加州分公司举办的“金点子”比赛，获得优胜奖。并将此创意予以孵化，将全新的积分政策与电商平台相结合，让积分兑换来增加平台流量，节约支局成本。自主研发的“开门红”理财神器，迅速、准确的为客户匹配产品，解决了员工销售产品开口难，不会算账的问题，对业务发展起到助推作用。

（冯思齐）

电　信

【概　况】 2019年，完成县委县政府下达的自然村通宽行业扶贫任务，任务数为646个，实际完成670个，2019年新增FTTH端口12768个，截至2019年12月31日，实占端口2992个，满足乡村政务办公、商业及聚居区居民的通信需求，为公司业务发展奠定了基础。完成县委、县政府下达的4G基站建设行业扶贫任务，2017—2019年共建站286个，根据州经信委邀请第三方测试的结果，建始电信4G网络全县覆盖率达到98.6%，高于92%的目标任务。两网质量提升专项整治效果明显，尤其是光衰整治工作在2018年指标提升约10个点的基础之上再提升16个百分点，提升幅度全州行业排名第一，达标率全州排名第二。

【通信服务保障】 抓通信保障服务工作，全年通信干线因自然灾害抢险5次，交通事故抢险13次，配合市政建设改迁通信线路31千米，乡镇集镇通信线路下地8千米，保障全县通信网络基本无阻断。加强党政军学客户服务，通过OLT的网络优化、上行扩容及部分大客户网络结构调整和优化等逐步夯实网络结构，将后端政企维护从原机房统一管理独立出来，架构和职责进一步明确，确保响应及时，保障到位。

移 动

【概　况】 全年完成通信服务收入过亿元，持续保持行业领先。将4G营销和存量保有紧密结合，落实分层营销，直指有价值客户，较好较快地将4G业务推荐给有价值客户，坚持4G进政企，开展政企进驻式营销。以“资源能力”和“营销能力”提升作为两条主线，解决资源能力不足和营销能力欠缺两大宽带发展短板；落实宽带运营的“四精”标准和“四同步”要求，建立宽带运营体系，确定“盘活存量、慧建增量”的运营策略，以“懂得建设、精通营销、熟悉装机、了解代维”标准锻造全县宽带营销队伍；深做项目市场，依托“云视讯＋专线”的融合发展模式。拓展建始县农村旅客运运输第三方监督平台项目，大力推广云监控。带动聚类市场的信息化渗透。多途径开展实名制登记工作。

【网络建设】 2019年，大力推动基础网络建设，累计建成800余个。超额完成了行业扶贫4G全域覆盖和宽带通村入户建设任务，并通过了州政府组织的4G全域覆盖信号测试验收，全县4G覆盖率达到98.36%，同行业领先。传输光缆达到3000千米，杆路里程达到2300千米，管道达到80管程千米，为全县经济和信息化发展奠定了网络基础。

【网络保障】 在网络维护上，全年共排查发现隐患400余处，完成迁改18段，零星整治28段，代维单位日常维护整改355处；持续加强网络故障管控和处理，有效解决了各类长时、长期、频发故障；针对投诉热点、群众关注度高、扶贫村的信号覆盖和网络投诉开展了一系列专项优化工作；将PTN、OLT流量越限纳入重点督办工作，全年共完成6个站点的OLT和22个站点PTN设备替换工作，完成15段传输网环路保护路由整治工作，提升网络支撑能力。建立健全建始移动分公司通信保障和通信应急工作机制，提升大面积停电保障和应急保障组织、调度、应急处置能力。2019年完成了包括黔张常铁路倒换大面积停电在内的多起应急通信保障任务。

联 通

【网络覆盖和网络服务】 2019年，建始县分公司进一步加大网络基础资源投入，采用自建项目和BTO项目建设相结合的方式，开展宽带进村入户等惠民工程，不断突破端口数量，通过对现有资源的优化整合和网络覆盖潜力的挖掘，实现建始县宽带资源深覆盖。中国联通建始县分公司结合2019年全县脱贫攻坚方案制定了分公司4G全域覆盖补短板方案，争取上级分公司的支持，按期超额完成基站建设任务。进一步提高分公司在移动网络业务和宽带网络业务方面的服务能力。

【“运营商＋互联网”运营转型】 建始县分公司在混改凸显优势的契机下大力改变传统的业务发展模式和传统的管理方式，努力推进市场化的转型，充分利用国企与私企优势互补和交换，在移网上差异化发展和创新业务发展上都取得了重大突破，提升了活力，积极打造新基因、新治理、新运营、新动能、新生态的“五新”联通。

【5G技术与行业应用融合创新】 2019年，公司坚持以5G为引领，加快5G发展，强力实施5G网络共建共享，加快网络供给侧结构性改革，以新理念新模式促进信息基础设施升级。公司率先在建始城区开通5G网络，12月1日，由县科学技术和经济信息化局主办、县分公司承办的建始联通5G网络开通仪式在建始京桥国际广场隆重举行，意味着建始县人民正式迈入了

5G 时代。

【精准扶贫】 2019 年，累计投入帮扶资金和物资 10 万元，帮助 355 个建档立卡贫困户实现脱贫。村级成立云上云专业合作社、建立恩施州“我饿了食品有限公司”与贫困户利益链接机制的市场经营主体带动贫困户 92 户实现产业就业，劳动技术培训累积 400 人次。分公司选派扶贫驻村“尖刀班”班长荣获建始县 2019 年度“优秀扶贫干部”。

（黄　思）

交 通

交通运输

【概　况】 截至2019年底，全县高速公路2条（50.3千米）、国道2条（135.1千米）、省道4条（237.5千米）、县道11条（336.2千米）、乡道127条（1345.9千米）、村道（2834.3千米），总通车里程达4939.3千米，基本形成了以县城为中心，以高速公路、国省道为主骨架，县道、乡道为网的“五纵四横”（五纵：银百高速、209国道、465省道、339省道、高邓公路；四横：宜万铁路、沪渝高速、318国道、清江航道）交通运输网络。

【道路运输】 2019年，全县运输能力进一步增强，集约化程度进一步提高，运力结构进一步优化，全县道路客运经营业户11户，客运车辆373辆6355座，拥有中、高级客车321辆，占客运车辆总量的86%，全县所有客运车辆已安装4G车载视频定位终端。随着私家车的增多和铁路运力的进一步释放，特别是春节高速免费和高铁、动车的开通，建始县中长途客流量大幅下滑，2019年以来，累计完成公路客运量365.5万人次，旅客周转量20943.15万人千米，同比下降3.6%。全县危货运输企业2家，危货车辆19台63吨；道路货运经营业户476户，营运载货汽车573辆7642吨，其中牵引车88台，货物运输车辆数量有所下降，但中重型货车、厢式货车、牵引车数量呈大幅上升趋势，货运运力结构从数量上逐步向专业化、重型化发展。2019年，累计完成公路货运量617.1万吨、货运周转量100155万吨千米，同比上升0.1%。

【推进城乡公交一体化】 巩固“建始至天生”公交线路；对“建始至长梁”班线实行公交化改造，投入16台纯电动公交车运营。

【交通执法】 出动执法车辆87辆次，执法人员320人次，检查车辆500余台，拆除6个非法安装空车标志灯，查处16起违法违规经营行为，受理29起各类投诉。共有6家租赁公司报备。

【加强运输站场建设】 通过申报争取，火车站客运站正式纳入“十三五”规划交通运输部部库规划，该项目总投资4500万元，国家给予补助资金1000万元。车站主站房主体工程已完工，进入装修阶段。验收完成20个港湾式候车亭和40个简易候车亭修建工作。

【行业管理】 联合交警、路政大队积极开展联合治超行动，对17家10万吨以上重点货物源头企业逐一上门走访，督促企业安装称重设备、监控设备，做好记录台账。认真落实治超标准，将专项和常规治理相结合，源头和路面治理相结合的治理模式常态化，制度化，规范化。通过流动治超，检测运输车辆230台次，查处表现车辆25台，扣除驾驶证累计96分，罚款11500元。超限超载治理工作取得明显成效，车辆超载态势得到遏制。加强货运源头企业和货运站场的监管和法律法规宣传，对重点运输企业召开治理超限超载运输专题会议9次，发放宣传册300余份，张贴治超公告50余份，促进企业守法规范运营，提高超限治理工作社会认知度和社会知晓率。全年受理许可、备案、行政服务等事项共计4424件（其中许可90件），办结、满意率100%。强化驾培市场管理。大力推动计时培训系统安装，查处违规培训6起。2019年共招收学员5215人，合格3851人；培训从业资格证170人，合格105人。

【科技与信息化】 推进农村客运车辆升级4G视频动态监控。为切实加强道路运输企业农村客运车辆运输安全管理，推进建始县道路运输农村客运车辆的监控2G或3G升级为4G动态视频监控，全县所有客运车辆均安装了4G动态视频监控，通过科技手段的推广，驾驶员接打电话、超员、超速等违法行为得到有效遏制，有效提升了对农村客运车辆的动态监控管理效能，促进全县农村客运安全发展。积极开展节能减排。积极推进出租车更新工作，更新了74台纯电动出租车，新能源出租车占出租车总量74%。加强充电桩建设进度，安顺公交公司建充电站3座（红土坪、长兴世纪花园、弓箭岩）、充电桩31个；长龙公交公司建充电站2个（长梁镇二台子村、陇里集镇），已安装充电桩5个；安捷出租公司建充电站1座（红土坪）。继续加大新能源公交车推广力度，正督促安顺公交逐步报废仅剩下的15台燃油公交车，共有公共汽车92台，其中新能源纯电动公交车79台，占全县公交车总量的86%。

【开展污染防治和蓝天保卫战】 全县共有机动车维修企业63家，为了全面落实环保工作，专门召开环保会议，宣传相关环保政策，安排部署固体废物、挥发性有机物污染防治相关工作，共签订环保承诺书63份张贴醒目处，实行社会监督。全面推广电子健康档案系统并上传，一类维修企业1家、二类维修企业24家、三类维修企业30家，其中46家维修企业具有喷涂作业，督促其对烤漆房安装了空气净化设备，所有企业已通过第三方监测，完成整治任务的100%。加强“废气、废油、废料”等废物的处理，与有资质的回收企业签订回收协议55份，查处路边维修摊点29起。

公　路

【公路工程建设】 完成209国道双塘、奇羊坝和长岭岗和S339景阳河交通厕所建设，货币工程量约113万元完成，209国道三元子至龙坪段7.725千米路面大修工程，货币工程量1100余万元；完成S339K47—K49两处安全隐患整治工程，货币工程量约33.6万元；完成S339景阳河至红岩寺42千米沿线美化工程，货币工程量44万元；S339花坪公路养护管理站站房改造940平方米，货币工程量约210万元（完成工程量60%）；S339K17—K19两处安全隐患处治工程，货币工程量约30万元（完成招标，未开工）；完成S339K76+250—475水毁修复工程，货币工程量30.4万元；完成209国道楂树坪（锈水沟）至李家湾（八阵图）灾毁修复，10.3千米沥青路面大修工程；完成318国道野三河大桥至塘垭9.026千米沥青路面大修工程；完成318国道大水田桥、209国道东风一桥、绿化桥危桥加固改造工程；完成大里道班场坝维修工程。

【公路养护】 在日常养护中，注重精细化管理，将管辖路段具体分配给个人，压实责任，完成水沟清理1576千米，修复路肩墙1242平方米，修复挡土墙530立方米，修复边沟900平方米，疏通涵洞16道，整修新增涵洞10道，浇筑水沟海底185立方米；另外在春季抢抓季节天气累计修补坑槽5270平方米，清洗钢护栏94千米；在绿化养护方面对G209、G318、S339沿线约50000平方米绿化带进行除草、施肥、补植，保证了绿化效果，针对部分路段存在山体裸露情况，采取了“裸土复植”治理，复绿面积近2500平米；与此同时在汛期安全保畅工作中，参与处理道路塌方，保证道路畅通运行，累计清理坍方5310立方米，修复钢护栏4368米，修复防撞墙30米，新建软防撞（加挂轮胎）5700米，增设道口示警桩166个，增设广角镜10个，新设警示标志牌34块，增设振荡标线9处约200平方米。公路的日常养护工作一定程度保证了道路的畅通和司乘人员的安全。养护工程有序推进。在今年下达的计划项目中，2个大中修项目已完成设计评审和修编工作。危桥改造加固项目中，已完成设计评审，正在进行修编工作。隧道提质升级项目中，正在设计阶段。在其他实施项目中，利用有限的小修保养经费，对全县国省干线公路日常维护，全年共集中修补坑槽3次，共计投入200多万元；S339景阳镇路段的3处路基塌陷修复工程已经完工，投资达100余万元；为S339景阳镇2处视距不够的地方进行彻底改造，投资达40余万元。

【路政管理】 在日常路政巡查中，严格落实路政巡查制度，严格控制公路两侧建筑红线，加强公路两侧建筑控制区和涉路施工活动的监管，及时上报日常巡查信息。执法过程中坚持依法执政，规范执法行政审批和执法案件的公开透明，保证执法的科学性、透明性，全年共办理路赔案件25件，处罚侵占路权案件51件。为确保公路行车安全，创造良好的路域环境，开展路域环境整治专项行动，路政工作人员主要负责全县境内国省干线沿线的非标清理拆除，专项行动分成4个组对所管辖的国省道进行为期一个多月的整治行动，共上路执法500余次，拆除非公路标志1800块，拆除乱搭乱建10处，保障公路的畅通运行。成立治超专班，对管辖范围内的车辆和沿途群众进行法律法规的宣传，对违规者进行教育引导和处罚，查处超限车辆40多台次。

【安全保障】 组织开展春运期间安全生产大检查，对安全生产中的安全隐患逐一排查，排查出安全隐患12处，设置安全警示标识牌145块，整治危险路段20余处。认真总结往年春运应急经验教训，针对今年的特殊情况，完善应急制度，强化应急队伍，共投入融雪剂86.5吨、工程车103台、人员230人、处置路面病害8处、完善防护设施25处。汛期工作中制定《防汛救灾应急预案》，成立汛期应急抢险大队，对危险路段做好防护准备，完善信息上报机制，和其他部门形成联动。认真开展全县“迎大庆，保军运”安全生产大检查。在“迎大庆，保军运”的工作中，认真排查国省道安全隐患路段，及时修复公路安防设施，保证车辆的安全出行，完善公路排水设施，消除汛期公路排水不畅的问题。

铁 路

【概　况】 2019年，经停建始的客货运列车61列（日常线55列，高峰线6列）。建始站全年共发送、到达旅客分别为80.8万人次、82.36万人次。全年到达货物1676车，合计111637吨，发送货物231车，合计15233吨。

【宜万铁路新开高坪火车站项目】 宜万铁路新开高坪火车站位于沪汉蓉通道之宜万铁路中段，离建始高坪集镇2千米，东距巴东站26.9千米，西距建始站39.0千米。为加快高坪火车站开工建设，县铁路办多方协调，积极对接武汉铁路局、中铁四院等单位。3月中旬，武汉铁路局完成站内初步设计审查，并于3月25日和县人民政府、县国投公司签订三方出资协议。武汉铁路局3月底完成站内施工图审查，5月完成公开招投标，中标单位为中铁十六局集团公司，6月29日正式开工建设，预计2020年10月开通运营。

【安恩张铁路项目】 安恩张铁路，即陕西安康经重庆奉节、湖北恩施（建始）到湖南张家界并延伸至衡阳的铁路。2019年11月，奉节县人民政府就安恩张铁路前期推进工作到建始县进行对接；12月17日，安恩张铁路六县联席会第四次会议在奉节召开，会议明确由重庆市牵头，全力争取将安恩张铁路列入国家“十四五”规划。

【沿江高铁项目】 2019年，根据湖北省发改委要求，中铁四院承担沿江高铁宜昌至利川高铁研究项目组，并于6月到实地调研，召开座谈会，收集经济运量、城市规划、交通建设、航道水文、地质矿产、环保气象等12大类相关资料。县铁路办按照时间节点认真组织收集，于6月底全部完成并报送中铁四院。

【旅游轨道交通项目】 建设旅游轨道交通，不仅能提高景区的竞争力和人流量，而且能深入挖掘沿线的更多旅游资源和特色产业，对拉动全域旅游促进全县经济社会发展具有重要意义。县人民政府通过招商，与中唐空铁公司签订《合作备忘录》，并委托铁四院编制了空铁轨道项目建议书，该项工作正在加紧推进中。

【建始火车站提档升级工程】 2019年6月4日，武汉铁路局计划统计部组织相关部门对中铁武汉勘察设计研究院编制的可行性研究方案进行了评审。10月，武汉铁路局同意建始火车站实施加装电梯、增设候车功能区、新增售票厅空调等建设内容，并纳入2020年改造计划，预计2020年6月开工建设。

【宜万铁路建始段环境综合整治工作】 2019年6月以来，经过四次铁路沿线环境问题巡查，全县共排查问题116处（其中州级47个，县级69个）已全部整改完毕。共投入资金328万元、人工1200人次、大小机械93台次，拆除违章建筑、破旧房屋44栋，面积6540平方米，裸土覆绿21810平方米，清除垃圾38吨，清理大小广告牌314块，拆除广告牌匾2580平方米。

（周宏江）

城建　环保

住房和城乡建设

【概　况】2019年，住房和城乡建设围绕“城市功能不断完善、人居环境明显改善、城市品位明显提升、城乡建设长足发展”的工作思路，新老城区建设并举，老旧小区改造、重点项目建设、棚户区改造、村镇建设取得明显成效。

【老旧小区改造】按照“实施一批、谋划一批、储备一批”的原则，申报实施2019年老旧小区改造项目4个，申报2020年老旧小区改造项目16个，涉及居民约13000户（系全省获批过万户的三个县市之一），计划争取投资2.6亿元。针对2019年老旧小区改造项目，组织有社区参与的工作专班，通过召开小区居民座谈会、群众会等形式，广泛征求居民意愿，收集居民对改造内容和改造方式的意见建议。通过前期工作，为小区改造的具体实施奠定了基础。2019年，原面粉厂、电石厂、客运一公司等4个老旧小区改造已全部开工建设。

【重点项目建设】5000万元以上续建项目共11个，全部复工开工，概算总投资35.6亿元，年度计划投资5.05亿元。其中，房地产项目5个（长兴产业城、璞玉岛商住小区、樱花小镇、金城一号吉润城、合润城），城镇配套基础设施5个（水电路道路工程、沿河北路道路工程、茨泉路道路及地下停车场工程、北环路道路工程、徐家沟河道综合整治工程）；PPP项目1个（乡镇污水处理设施建设），9月底已通水调试运营。5000万元以上新建项目，包括城中村棚户区改造一期、二期配套基础设施建设松坝大道、北苑路、发展路、原党校棚户区与广润路地下停车场扩建项目、悦融湾、朝阳城项目共7个，已全部开工建设，概算总投资20.7亿元，年度计划投资7.06亿元。5000万元以下市政项目共8个，全部开工建设，概算总投资2.3亿元（业州镇污水处理厂扩建提标工程，长梁镇下坝新城污水处理厂提标工程，小垭门污水管网延伸改造工程，大堰至业州镇污水处理厂管网延伸工程，长梁镇下坝片区污水管网延伸工程，龙苑社区棚改建设工程Ⅱ期、Ⅲ期，水电路风雨廊桥及停车场项目）。实施配套项目建设，投资5800万元的自来水棚户区沿河北路道路配套工程、投资5300万元的水电路棚户区道路配套基础设施工程已竣工投入使用；投资额1200万元的北环路棚户区道路改造工程、投资1100万元的徐家沟河道综合整治工程已竣工投入使用；建始县原党校城市棚户区道路及地下停车场工程已开工建设；投资4000万元的以购代建公租房一、二期已竣工验收陆续分配入住；水电路城市棚户区改造项目、龙苑社区棚户区改造建设工程（Ⅱ期、Ⅲ期）已完成工程量的80%。2019年县住建局固定资产投资任务13.2亿元，截至12月底，累计完成13.4亿元，超目标任务2000万元。推进城镇重点建设项目，去痼疾补短板，打通了长期想打通而没有打通的南山路、北环路等城市交通微循环，广润河综合治理亲水走廊（约4.8千米）、北环路改扩建等工程建成投入使用，文体活动中心、广润河风雨廊桥、茨泉广场及道路停车场、原党校片区人民医院地下停车场及人防地下室等一大批城镇重点项目开工建设。其中，茨泉广场及道路停车场2019年3月开工，项目总投资1.2亿元，占地面积1.46万平方米，规划设计总建筑面积2.8万平方米。项目建成后可为建始市民提供一个功能更加完善，环境更加优美，购物更加便捷，锻炼更加舒适的综合性广场。

【保障性住房】 2019年，省、州列入国家计划任务的政府投资公租房（不含已依照规定盘活的公租房）分配入住90%以上。结合实际，将乡镇与学校共同新建的乡镇教师公租房222套、总建筑面积8867.5平方米盘活，盘活后的长梁乡下坝初中等14个项目均已开工建设，总投资1300万元，已累计拨付资金869.73万元；长梁下坝初中、龙潭中心小学、三里中心学校已竣工投入使用。加快历年来公租房分配入住，上报历年公租房项目22个，累计筹集公租房房源3691套。现已分配政府投资建设公租房2915套，分配率达90%，完成省、州下达的公租房分配入住任务。

【住房租赁补贴】 2019年，将城市中低收入、城镇中等收入群体及外来务工人员、环卫工人、公交司机等“新市民”纳入住房租赁补贴保障范围，经报请县监委进行大数据比对后，实行“租补分离”发放住房租赁补贴303户21.78万元，完成州定目标任务的108.2%。

【棚户区改造】 坚持以经营城市的理念谋划棚户区改造，坚持“规划一张图、棚改一盘棋、项目一体化”的思路，2019年完成棚改征收任务1207户，征收面积10.86万平方米，兑付棚改资金6.04亿元。拆除被征收房屋7.6万平方米，拆除工程款836万元。通过棚户区改造，将老城区的空间不断拓展、功能不断完善。拓展“四条大道”（业州大道、朝阳大道、烟墩大道、北环大道），建设“一个客厅”（电影院区域美化、绿化、亮化），建成“一走廊”（广润滨河走廊）。拿出新城区黄金地段，布局建设商住楼小区、产业城、扶贫产业园、易地搬迁集中安置小区，引导棚改区居民向新城区转移聚集，降低老城区人口密度，改善居住环境。

【村镇建设】 全县9个乡镇10座污水处理厂厂区及附属设施建设和主要设备安装全部完工，主管网建设全部完成，入户管网完成工程量的90%以上，在线监测系统已与省平台联网；10座污水处理厂已全部进入通水调试阶段，12月底进入商业运营。开展美丽宜居乡村示范村建设。按照省住建厅农村环境整治工作部署，为树立样板，发挥示范带动作用，组织完成茅田乡全省“擦亮小城镇”行动试点镇申报工作；重点培育9个“美丽宜居乡村”建设示范项目（高坪镇青里坝村、三里乡石牌村、红岩寺镇凉水埠村、长梁镇天生桥社区、花坪镇易家荒村、官店镇侯家垭村、茅田乡小茅田村、业州镇猫儿坪村、牛角水村）。

【房地产开发】 2019年新建商品房批准预售面积31.3万平方米，同比下降38.6%；新建商品房成交面积28.1万平方米，同比下降30.8%；新建商品住房成交均价3888元/平方米，同比增长1.5%；新建商品库存面积47.34万平方米，同比增长2.5%；存量房成交面积7.93万平方米，同比增长34%。

【燃气管理】 县政府成立“县燃气安全生产专业委员会”，全县燃气企业自发组织成立了“安全生产联合小组”。3月8日，组织各燃气经营企业的主要负责人，分管安全工作的负责人和送气工作人员进行以“燃气行业安全生产标准和应用技术”为重点内容的培训；3月29日，组织“燃气燃烧器具安装维修人员和机关、学校、商业燃气用户安全员的安全教育”培训。共参培140人次，办理上岗工作证83个。全县共有天然气公司2

家、天然气汽车加气站1家、石油液化气站7家（其中两家处于在建过程中），石油液化气换气站40余家。2019年，除按照年初工作计划，重要节假日、特殊时期、每季度进行一次安全检查外，还开展了4次专项安全生产大检查。共检查燃气企业56家次、液化气供气点200余处次。督促通龙天然气公司成立专门巡查小组，定期对管线和用户进行检查，对天然气用户入户安检7300多户，每月坚持对280余户商业用户进行一次安全检查，共查出安全隐患45处，整改45处；督促各液化气站入户安全检查，发现用户违规使用燃气百余次，均以现场整改到位。同时对州暗访督查燃气企业时发现并通报的通龙天然气汽车加气站和华欣液化气站存在的问题进行督办。规范燃气器具备案和安装维修市场秩序。对全县50多家燃气器具经销商进行产品备案，所有企业从业人员都取得“燃气器具安装维修资质证书”，提高燃气用户的自我识别保护能力，杜绝假冒、欺诈等不法行为，保证燃气器具市场安全有序。

城市管理

【概　况】 2019年，城市管理主要是开展“两违”清理、渣土扬尘治理、餐饮油烟治理、建立城乡生活垃圾治理体系，同时开展城市“顽疾”大整治，加强城市精细化管理水平。全年立案停工涉嫌“两违”建设案件96起，收缴罚款113.4638万元；办理渣土扬尘防治案件60起；整改安装油烟净化设备262家；县政府投资近2500万元，完成城区垃圾填埋场整改和乡镇垃圾中转站建设，启动县直机关及企事业单位垃圾分类工作；清除城市“牛皮癣”1.2万余张；纠正摩托车占用人行道乱停乱放行为1200余人次。同时，不断提高环卫作业水平，实行机械化与人工清扫同步作业模式，加强城市公厕维修、改造和新建，清理城区下水道、排水沟工作，保证城区的亮化、美化，巩固省级园林城市、省级卫生城市、省级生态文明示范县创建成果。

【“两违”清理】 2019年，立案停工涉嫌“两违”建设案件96起，采取停水、停电、扣押施工设备等强制措施停工20起。通过专班约谈等方式，督促当事人自拆13户，拆除面积881平方米。经“两违”清理整治主任办公会研商，启动快速治违机制，强制拆除11户，拆除面积738.75平方米。依法组织实施大型拆违6次，拆除面积1336.25平方米。依法按程序对不严重影响规划且符合城市总体规划要求的，处理结案30起。结合火车站区域、龙苑社区等区域性人居环境整治百日攻坚行动，依法强制拆除“两违”建筑125起，拆除面积约1.19万平方米。

【渣土扬尘治理】 制订整治方案，组建4个整治专班，长期整治。集中召开城区50多个在建工地、渣土运输公司、渣土运输车辆驾驶员集体谈话各1次。分别现场召开城区在建工地问题反馈会30多场，对在建工地进行不定时检查，针对检查出的问题现场以书面形式反馈给施工单位、书面函告业主单位并督促整改。强化源头管控，督促砂石料厂、水泥厂等企业对渣土运输车辆加装软棚并对覆盖情况进行监管。2019年，共办案60起，罚款14万余元。

【餐饮油烟治理】 强化宣传引导，印发“餐饮油烟防治温馨提示单”300余份。执行“日巡查、周报告、月总结”制度，做到重点监管、全面把控、萌芽处置、长效管理。增强依法治理力度，对未按要求安装、不规范操作使用、未及时清洁及更换油烟净化设备的餐饮服务单位，一律按要求停业整改。2019年，现场检查城区涉及餐厨油烟排放的276家，其中餐饮经营户230家、公共机构食堂46家，下达“责令改正通知书”170份，整改安装油烟净化设备262家，停业14家，城区油烟净化设备安装率达94%，函告恩施州生态环境局建始县分局对已安装油烟净化设备的餐饮服务企业进行油烟排放达标检测。加强餐厨垃圾处置监管执法力度，查处餐厨垃圾违规处置案件8起。

【建立城乡生活垃圾治理体系】 县人民政府先后制定《建始县城乡生活垃圾无害化处理工程三年行动实施方案》《生活垃圾无害化处理工作实施方案》《建始县推进城乡生活垃圾分类工作实施方案（试行）》等治理方案。完成城区垃圾填埋场环保突出问题整改和10座乡镇垃圾中转站建设，启动县直机关及企事业单位垃圾分类工作。已有115个单位配齐办公场所的两分类垃圾桶，其中21个单位建立垃圾分类集中收集亭，茨泉社区富丽家园居民小区智能化垃圾分类设备已安装调试完毕，业州镇政府正在确定投入运行方案。召开全县城乡生活垃圾分类现场推进会，完成花坪石板溪村、长梁后三溪村、龙坪店子坪村和新场垭村四个村的垃圾分类试点村建设。编印生活垃圾分类宣传手册2000余本，组建宣讲团进单位、进社区、进校园广泛宣传垃圾分类知识。编制《建始县城乡生活垃圾分类及收转运项目可行性研究报告》（含餐厨垃圾终端处理设施建设），已将生活垃圾分类及收转运项目纳入2020年投资重点建设项目。与长梁镇人民政府对接，拟定六朝生物有限公司协同处置餐厨垃圾，已完成“三通一平”，正在办理规划许可手续。

【城市精细化管理】 对城区125万平方米保洁养护面积实行“一把扫帚扫到底”，加大薄弱环节保洁频次，推行“一冲二洗三保洁”机械化与人工清扫同步作业的保洁模式，做好城市生活垃圾日产日清，将机械化清扫保洁率提高到85%以上。完成22座城市公厕的维修、改造、新建任务，制定《城市公厕管理制度》《文明如厕制度》等相关管理制度，对标“四净三无两通一明”（即地面净、墙壁净、厕位净、周边净，无溢流、无蚊蝇、无臭味，水通、电通，灯明），进一步规范公厕运行管理措施。市政设施管护水平稳步提升。树立“人人都是巡查员、出门就是工作”的管护理念，划片实行网格管理，做到即发现即处理。投入24万元，实施问题路面修复工程，更换破损人行道砖540平方米，修复破损路面325平方米。积极应对城市内涝，清理城区下水道、排水沟156米，清淤353立方米，新建排水沟55.5米。及时维修更换损坏路灯1090余盏、路灯线路3000余米，确保城区路灯亮灯率始终保持在98%以上。投入6万元，组织实施“问题井盖清零”行动，排查整改问题井盖、雨水篦子及排水沟盖板179块。巩固省级园林城市、省级卫生城市、省级生态文明示范县创建成果，完善绿化养护企业督办考核制度，投入146万元，实施火车站区域、209国道至红土中路路口处、学苑路、夏阳广场等处缺株补植、裸土复绿、节日增绿以及城区绿化季节性养护。投入20万元，实施红土中路高架桥处集美化与节约为一体的城市立体绿化亮点工程。加强对集贸市场物业公司的业务指导和监管、对市场内部消防及食品药品安全生产管理，组织消防安全和食品药品安全知识培训4次，联合应急管理部门开展消防演练2次，开展集贸市场今冬明春消防安全专项整治行动，整改广润集贸市场各类安全隐患94处、星豪临时菜市场安全隐患14处。会同莱茵国际小区业委会、浩飞物业公司对莱茵国际小区使用明火烧肉摊点予以取缔。2019年，与国投公司配合共清缴广润集贸市场租赁欠费240余万元，依法起诉4人。2019年年底，新建黄堰塘临时集贸市场，占地面积2500平方米，有效缓解学苑路等区域零担菜农沿街为市的现象。

【城市“顽疾”大整治】 开展主次干道空调外机占道行为专项治理，采取全面排查、点面结合、分类施策、稳步推进的方式，完成业州大道、团结北路、奎星楼路等多条中心城市路段占用人行道设置空调外机的规范治理。开展户外广告专项治理，针对城区一店多招、广告占道等设置乱象，按照“三个一批”（即拆除一批、规范一批、提升一批）的总体部署，规范审批流程，加强监管巡查，突出问题治理。整改拆除火车站、业州大道、朝阳大道、烟墩大道、北环路、学苑路等区域严重影响市容的违规户外广告，清除城市“牛皮癣”1.2万余张。开展摩托车违停专项治理，纠正占用人行道乱停乱放行为1200余人次，拆除车辆违规加装雨阳棚6000余把。

城乡规划和自然资源

【项目建设】 2019年共启动23个项目的土地供应工作，实现收益3.813亿元。完成建始县2018年度第2、3、4、8、9批次，2019年度第1、5批次等7个批次的土地报批工作，批准用地总规模为92.591公顷；完成建始米工坊、金建始城镇投资开发有限公司国有土地使用权、州烟草公司41家土地房屋以及建始县P（2013）10号地块（业州镇草子坝社区）4个地块的土地收储工作。

【城乡规划】 制定《建始县城市总体规划（2012—2030年）》（2016年修改）、《建始县土地利用总体规划（2006—2020）局部修改方案》已经州自然资源和规划局审查通过并上报省厅；编制完成《建始县生态保护红线评估报告及建议调整方案》已呈报州自然资源和规划局审查；编制完成了《建始县大样榜片区控制性详细规划》正在进行批前公示公开征求意见；完成《建始县城市规划区山体保护专项规划》及法定图册的编制和报批工作，已报州政府批准州自然资源和规划局备案。结合县城市棚户区改造及旧城更新的实际需要，完成县中心城区城市设计，气象公园、文庙公园、五阳书院文化及老城记忆等规划方案的审查。编制完成指阳社区黄家湾地块金融项目、茨泉片区商住开发项目、自来水片区商住开发项目、八景片区商住开发等地块的规划设计策划方案，为提升城市形象、完善城市功能提供依据。启动2019年度马坡、石牌湖、楂树坪等16个美丽村庄规划编制工作，为美丽乡村建设、打造乡镇亮点规划布局。对部门和有关乡镇的专项规划、策划方案提供专业指导和组织评审。完成县文旅局《建始县花坪鸡公岭飞拉达攀岩训练基地专项规划》《建始县清江生态文化旅游总体规划》等规划审查。完成景阳镇集镇总体规划的编制，花坪镇集镇风貌改造和原林业站等几个零星地块的策划方案，龙坪乡集镇新区开发地块策划方案，三里乡集镇新区开发地块策划方案。

【改善民生环境】 开展县地质灾害隐患排查和应急调查处置工作。督办各所开展汛前排查，查明新增隐患点2处，更换群众监测员2人，更新防灾明白卡2600多份，修缮地质灾害警示牌22块，发放宣传册5000余份。会同技术支撑单位处置灾险情19次，提交应急调查报告5份，申请安排应急排险治理资金118万元，对威胁程度较大的7处隐患点进行应急排险治理。开展宣传培训及演练。先后2次召开全县乡镇班子成员、村组、尖刀班等干部群众进行防灾知识讲座、业务培训会，各乡镇对109个重大地灾隐患点的应急演练全覆盖。5月12日，对全县民兵应急分队进行了地质灾害防治知识培训；指导各乡镇在扶贫村和省州县三级地质灾害点开展了45场（次）地质灾害应急演练。

【权籍调查】 第三次国土调查工作经过招投标、培训、试点，制作工作底图，举证调查，内业上图，提交数据，整改，已通过省级核查达标。农村宅基地使用权、集体建设用地使用权、房屋所有权确权登记发证外业调查工作全面完成，数据库正在建设中。

【优化营商环境】 行政许可、行政确权、公共服务等事项全部入住大厅，实现“三集中、三到位”（部门审批服务工作向一个股室集中、审批股室向县政务服务中心集中、审批服务事项向县政务服务中心和电子政务平台集中，部门审批服务事项和人员入驻县政务服务中心到位、部门对窗口授权到位、审批服务电子监察到位）。建立和实施不动产统一登记制度以来，通过优化办事流程，压缩办理时限，真正实现便民服务。整合不动产登记综合窗口，将税务局缴税窗口并行到不动产登记窗口，实现“一窗受理，并行办理，一网通办”。2019 年，核发“建设用地规划许可证”50 个，办理国有土地抵押审批 41 宗、划拨转出让审批 159 宗、划拨国有土地审批 10 宗、划拨集体土地审批 2 宗、设施农用地备案 1 宗、农村宅基地审批 345 宗，颁发不动产登记证书 5000 余个。

【土地资源保护】 2019 年，在湖北省 2019 年第一批城乡建设用地增减挂钩指标交易会上，7 个标的 80 公顷指标成交，总交易额 3.6 亿元。正在积极申报第二期增减挂钩结余指标交易指标，计划售出 66.67 公顷指标，力争再获收益 3 亿元。推进矿山治理工作。按照《建始县加快推进矿山地质生态环境恢复治理行动实施方案》，2018—2020 年应完成复垦复绿的矿山 56 家，已完成整改并销号的 28 家，已完成整改的 13 家，正在销号公示，2019 年须完成的 7 家正在整改；完成全县废弃矿山的实地核查、方案编制及上报工作；对小型矿山污染防治工作开展执法行动 47 次。谋划全域土地质量地球化学评价暨土壤硒资源普查工作，编制完成《建始县全域土地质量地球化学评价暨土壤硒资源普查工作方案》，2019 年度基本完成野外调查、采样工作，包括土壤地球化学调查、水地球化学调查、生态地质调查、农作物调查、大气降尘监测等工作，正在进行样品分析测试及资料整理，对取得的初步成果进行总结和综合研究。

【矿山管理】 代拟《建始县建筑石料用灰岩矿采矿权竞争性出让工作方案》，并对 7 处拟设矿权完成选址、地勘、价转评估等基础性工作。配合相关职能部门关闭煤矿 8 家，其中 5 家已通过验收，未验收的是官店铺子湾、长梁阴湾和鄂渝煤矿；保留煤矿 9 家，其中在有效期范围内的 5 家（4 家正在生产，1 家技改），4 家正在办理延续登记手续。2019 年，全县有合法砂石料厂 12 家，其中 9 家正常生产，2 家在进行基础性建设，1 家停产。大力支持煤矿转型，准备在离长江码头近的茅田镇、长梁镇、龙坪乡等地进行煤矿向非煤矿山的转型，科学合理设置成为大型采石场。

【执法监察】 重点对城区私搭乱建、无证开采、私挖盗采行为进行打击。全县从 6 月 5 日起开展打非治违专项行动，经排查，共发现无证开采或违规加工砂石料点 124 处。经打击查处，已拆除 66 处，关停 45 处，正在拆除 1 处，另有 12 处经核查，有营业执照的 1 处，自用的 2 处（红岩砖厂），移交林业部门 2 处（三里乡），临时料厂 7 处（官店镇）。2019 年全县违法开采立案 6 起，其中移交公安机关 1 起。共开展土地矿产资源动态巡查 480 余次。共排查各类建筑 348 处，主要河流沿岸 283 处。经研判，水利部门对岸线管理范围内的 3 幢建筑已拆除，联合乡镇政府已拆除剩余建筑物，已完成复绿工作并通过州级验收。2019 年共组织或参与拆违活动 50 余次。

生态环保

【概　况】 4 月 4 日，恩施州生态环境局建始县分局正式挂牌。10 月 15 日，建始县 2019 年度国家重点生态功能区县域生态环境质量考核工作部署会召开。县生态环境质量考核办通报了 2018 年国家重点生态功能区县域生态环境质量监测评价与考核结果，建始县生态环境质量考核结果为“基本稳定”，获得国家生态功能区转移支付资金 5000 余万元。

【改善县域环境质量】 城区空气质量优质天数达到 352 天，优良率达到 97.6%，比 2018 年增长 3%；高坪镇望坪村、三里乡窑场村、业州镇苗儿坪村 3 个动态村的空气质量均优于环境空气质量标准二级。全县 18 个重点集中式饮用水水源地水质达标率为100%；州控地表水清江景阳段和广润河城区段上游七里坪水质稳定在《地表水环境质量标准》Ⅱ类标准，广润河城区段下游小溪口水质达到或优于《地表水环境质量标准》Ⅲ类标准。

【生态文明建设】 围绕生态制度、生态环境、生态空间、生态经济、生态生活、生态文化6大创建体系40项指标全面开展省级生态文明建设示范县创建工作，2019年7月23—24日，生态文明建设示范县创建工作通过省级生态县考核验收。完成景阳镇、业州镇创建2019年度省级生态镇和杉木村、双塘村等20个村创建2019年度省级生态村的申报工作。共投资70万元完成高燎村、革坦坝村、杨泗庙村、小漂村、沙坝村、刀背垭村6个村庄的农村环境综合整治，实施饮用水源地的保护、畜禽养殖废水处理、生活污水和生活垃圾处理、农村美化亮化等设施建设。

【规范环境管理制度】 将全县126家污染源和重点建设项目纳入"双随机"执法检查并将检查情况在建始网予以公开。进一步简化办事程序，优化营商环境，全年指导实施环境影响评价备案102个。通过组织危险废物管理、辐射安全管理等培训，规范企业相应台账、健全管理制度、提升企业的环境管理能力，确保环境安全。基本完成第二次全国污染源普查工作。中央、省级环保督察交办信访问题共46件已全部完成整改并公示、销号，中央环保督察"回头看"交办信访件11件已全部完成整改工作，中央环保督察反馈的33个问题已完成28个问题的整改，剩下5个问题按照序时进度正在持续整改过程中。完成入河排污口排查工作，对2座规模以上入河排污口已按规定办理了入河排污口设置手续，安装了排污计量设施和在线监控设备。完成乡镇集中式饮用水水源地划定工作，完成全县32个加油站油气回收装置安装工作，对32个加油站的103个地下油罐进行改造，已改造完成24个加油站的73个地下油罐。

【提高环保准入标准】 继续推行行政审批事项"一个窗口受理""一周（五日）办结"和"一个系统审批"，热情服务招商引资项目建设。截至11月底，协助州生态环境局审批规划环境影响报告书5份，建设项目环境报告表3份；县局审批环境影响报告表23份；指导网上备案建设项目环境影响登记表102份。清理2019年应申领"排污许可证"的企业共8家，核发2个"排污许可证"。

【整改执法】 2019年，共出动环境执法人员600余人次，下达责令改正违法行为决定书16份，限期整改通知27份，立案查处违法案件12起，共处罚金88.3万元。其中实施查封案件2件、停产整治1件，申请人民法院强制执行1件，严厉打击企业违法排污行为，加大新环保法的实施力度，消除环境安全隐患，及时遏制各类环境违法行为，行政处罚实现跨越式突破。2019年，共受理环境信访89件，其中12369投诉23件，阳光信访12件，县内电话和建始网留言投诉53件，已办结87件，其余2件正在办理之中。落实污染源"双随机"抽查制度及信息公开制度，监察大队对污染源日常监管对象按照重点排污单位、一般排污单位，进行合理划分，健全污染源日常监管动态数据库、"双随机"人员信息库。在全县工业企业污染源中随机检查企业119家，已经完成全年"双随机"抽查任务。按照信息公开要求，将随机抽查情况和查处结果及时向社会进行公开。抓好污染源自动监控系统的运维监管，按照上级环保部门的安排部署，加强对县泰丰水泥有限责任公司、县污水处理厂、下坝新城区污水处理厂自动监控系统的运维管理，每月对自动监控系统运行情况进行现场核查，保证设备正常运行、数据完整有效，监控数据传输有效率达到90%以上。加强巡查，确保饮用水源安全。按照《全国集中式饮用水水源地环境保护专项行动方案》的要求，完成县集中式饮用水源地整改并通过验收。健全监管责任体系，完善日常监管措施。抓好城乡18个集中式饮用水源保护工作，坚持饮用水源乡镇环保中心月巡查报告制度，有效防范饮用水源地水源污染。

【大气污染防治】 印发《2019年度大气污染防治工作方案》，明确县领导包乡镇、乡镇领导包村（社区）、村（社区）干部包组包户的常态化三级监管体系。县发改局、质监局、生态环境分局协同开展全县燃煤锅炉整治，共淘汰36台燃煤锅炉，关停或替代使用生物质颗粒、天然气或电等清洁能源，全县范围内20蒸吨/小时以下燃煤锅炉在整治中全部淘汰。渣土扬尘专项整治。针对城市建设中的扬尘管控难题，组建工作专班，对城区32家在建工地开展专项整治。共巡查在建工地500余次，检查运输车辆420余台次，查处违法案件54起，罚款13.15万元。挥发性有机物整治。督促42家汽车维修企业完成喷漆废气收集处理设施建设，督促福星达金属有限责任公司完成挥发性有机物治理技术改造，新增喷烤漆废气处理设施；新能源汽车得到推广，共新增及更换新能源车79辆。全县32个加油站的一、二次油气回收装置均正常投入使用。餐饮油烟污染整治。对城区272家餐饮业单位开展全面排查整治，对未安装油烟净化装置的业主下达“责令改正通知书”“行政执法告知书”共170余份，通过广泛宣传、严格执法，已完成整改138家，责成停业13家，3个灶头以上的饮食服务经营场所安装油烟净化设施完成85%。秸秆焚烧管控。落实城市管理执法局负责城区露天禁烧、乡镇人民政府负责属地秸秆禁烧的日常工作格局，列入各“尖刀班”工作任务。健全联防联控机制。落后产能和煤炭过剩产能化解工作取得阶段性成果，共关停退出煤矿8家，化解过剩产能51万吨；全县10个乡镇的集镇范围内全部禁鞭。

【水污染防治】 针对县级水源地，落实属地乡镇和闸木水水库管理部门定期巡查、县生态环境分局和县水利局逐月巡查制度，有序推进县级备用水源木桥河水库至城区的管网建设；乡镇18个“千吨万人”饮用水源地保护工作有序推进。县城污水处理厂二期提标升级项目的二沉池土建工程已完成，曝气生物滤池已建设完成，设备采购已进入招标阶段；下坝新城区污水处理厂提标工程主体工程已经完成，设备采购已进入招标阶段。依托棚户区改造项目和相关基础设施建设项目，已建成污水收集管网29.632千米，已改造老旧污水管网3.42千米。工程完工后，老城区污水处理厂日处理能力由原1.5万吨提高到日处理能力3.0万吨，老城区和新城区污水处理出水排放提升至一级A标准。推进乡镇污水处理管网建设。9个乡镇10座污水处理厂的厂区建设及附属设施全部完成、厂区主设备安装完成、一期主管网铺设全部完成并完成通水调试。全县2座规模以上入河排污口已按规定办理入河排污口设置手续，安装排污计量设施和在线监控设备；依托污染源普查，重点对广润河、茶园河、胜竹河、榨茨河、火龙河、东龙河、野三河、清江景阳段等流域沿岸污染源进行分类摸排。加强船舶污染防治管理。在27个渡口设置垃圾回收桶280个、油污回收桶140个，由县海事部门对船舶污染防治定期进行检查。全面推行河长制。按照《建始县全面推行河长制工作实施方案》，将87条河流纳入河长制管理，实现县、乡、村三级河长全覆盖。

【噪声污染防治】 制订城区噪声污染防治工作计划，每周二、五实行夜间噪声巡查；围绕“两考”展开环境噪声专项治理。

【土壤污染防治】 定期对17家医疗诊断服务机构进行医疗废物管理制度执行情况开展检查，并将三类以上汽车维修服务企业纳入省州危废物联网管理系统。加大工业固体废物管理，全县范围内无涉重金属（铅、镉、汞、砷、铬）企业，通过开展巡查、执法，立案查处1起，已经督促整改完成。全县15家医院（卫生院）均在湖北省危险废物监管物联网系统上注册并进行基本情况、医疗废物年报、年度管理计划、转移计划的申报，执行危险废物转移电子联单制度；68家机动车维修企业（个体户）陆续在湖北省危险废物监管物联网系统上注册并进行基本情况、危险废物年报申报，部分汽修已执行危险废物转移电子联单制度。全县所有医院（卫生院）医疗废物均由恩施州蓝坤医疗废物处置公司收集处理，转移通过湖北省危险废物监管物联网系统操作，实施电子联单制度。纳入系统管理的汽修企业均与有资质的危险废物经营单位签订合同，部分施行转移电子联单制度。出动检查人员50余人次，对15家医疗机构、10家汽修行业危险废物处置管理情况进行专项检查或“双随机”抽查，对检查中发现的问题，现场指导整改，有效提高被检查单位对危险废物管理的责任意识和管理意识。组织10家产废单位（医疗机构7家、汽修企业3家）参加省州危险废物物联网监管新系统培训；对不熟悉省危险废物监管物联网系统的企事业单位安排专人进行现场教学，提高产废单位危废管理填报水平和申报质量，全面推进危废规范化管理工作。按照城乡生活垃圾治理一体化模式，在城区完善垃圾渗滤液处理设施的基础上，景阳、花坪、高坪、长梁、红岩五个乡镇已建成垃圾中转站，三里、茅田、龙坪三个乡镇垃圾中转站已完成主体建设。长梁后三溪、花坪石板溪、龙坪新场垭、店子坪垃圾分类试点工作已基本完成90%，并启动业州镇茨泉社区生活垃圾分类试点工作。依托畜禽养殖粪污综合利用整县推进项目，开展畜禽规模养殖场、养殖专业户的整改工作。

【放射安全检查专项行动】 全面梳理放射源现状，组织全县17家医疗单位和移动、联通、电信及铁塔公司自查，强化现场检查，规范辐射管理，确保辐射安全。

【第二次污染源普查】 完成入户调查及数据采集、数据质量提升、产排污核算等工作。县普查办就省级系统质量审核、人工质量审核以及恩施州质量审核反馈的问题开展21轮分源数据质量提升工作。由入户单位普查员对反馈问题进行核实修改，质控方审核，县污普办再审核，确认整改完成后最终上报。共普查工业源299家、农业源59家、生活源409家、集中式3家、移动源31个，并核算了排放量，废水排放量6万立方米，工业废气排放量1397895万立方米，一般工业固体废物产生量191152.6205吨。

气象服务

【概　况】 2019年，气象信息覆盖率达100%。除常规预报外，还为210个专业合作社开通直通式气象服务。人工影响天气作业上，全县10个炮班，共开展作业191次。开展气候资源论证工作，与武汉区域气候中心合作，对建始生态旅游气候资源进行评估。2019年，在完成国家基本气象站、山洪工程配套设施建设项目建设的基础上，利用中央和地方投资动工建设气象公园。

【防灾减灾体系建设】 按照湖北省气象局统一要求，规范气象信息发布渠道和方式。通过电视、短信、传真、大喇叭、微信、微博、抖音等媒体，向广大公众发布气象信息。2019年，继续加强10个乡镇气象信息服务站建设，气象信息乡镇覆盖率达100%，扩充气象信息员达769人，气象台及时更新预警信息发布人员名单，做到不重漏预报、预警信息覆盖全县367个行政村和43个社区，在做好常规预报同时，气象台为210个专业合作社开通直通式气象服务。

【人工影响天气】 2019年全县10个炮班，共开展作业191次（其中防雹作业65次，增雨作业126次），完成了2019年的人影工作任务。由于今年干旱天气，9—10月，延长了两个月人工影响天气作业时间，增雨作业效果明显，降雨缓解了全县的土壤墒情和部分乡镇的旱情。

【气象扶贫】 加强对贫困户的气象灾害防御工

作，将贫困户纳入气象灾害应急预警平台，为防止贫困户因灾致贫返贫提供气象保障。在帮扶村建设气象信息服务站，做好村级专业合作社的气象服务工作。

【气象公园建设】 2019年，建始县气象公园投资已达2200余万元（中央投资665万元、县级财政统筹配套资金1500余万元）。建始气象公园作为市政重点项目，是集生态公益、防灾减灾、科普一体的民生项目。

（王京晶）

商　贸

招　商

【概　况】 在2018年确定的3年目标任务基础上，印发《县招商引资工作领导小组关于调整2019年招商引资目标任务的通知》，明确各部门的工作职责和目标任务。继续贯彻落实招商引资“一号工程”“一把手工程”，围绕目标任务，聚焦营商环境、不断完善机制、狠抓项目建设，招商引资工作取得良好成效。

【商贸企业服务】 对全县商贸企业进行摸底，确定重点培育对象，一对一跟踪服务，三峡风餐饮、美星大酒店、小城故事餐饮、紫荆庭餐饮、李二鲜鱼餐饮、步步高商贸等8家企业成功升限。积极对接上级主管部门，组织8家企业11个项目申报省商务厅、省财政厅关于农商互联农产品供应链的项目申报工作；指导家政服务业完成省商务厅关于家政服务业信用体系建设专项资金项目申报工作。搭建营销平台，拓展商贸企业市场空间；先后10余次组织全县70余家商贸企业参加电博会、食博会及华中农业大学农产品进校园等国内展示展销活动，并与10余家大型商超开展农超对接，解决农副产品销售难。

【外贸企业服务】 通过对原有外资外贸企业逐一摸底和加强外资外贸企业跟踪服务，对原有外资外贸企业进行调查，发现建始县出口业绩好的企业少，开展贸易出口业务的企业多，代加工产品外渠道出口严重的问题，及时调整培育外资外贸主体结构、企业经营管理状况、产业发展重点方向、优化环境存在问题、跟踪服务工作事项，有的放矢地发展外资外贸市场主体工作。2019年新培育外贸出口企业5家：我饿了食品有限公司、恩施神硒花茶有限公司、恩施佳景农业开发有限公司、湖北佳鹏塑业有限公司、建始哈格旦工贸有限公司；新培育外资企业1家：景阳白果树旅游开发有限公司。通过企业摸底、市场主体培育和保姆式跟踪服务，了解企业现状。围绕企业实际现状，结合工作目标任务，重点是培育企业主体，加强出口业务培训，支持高新产业发展，综合把握比例结构，优化外经贸营商环境，提高办事效率，提升跟踪服务水平。

【产业项目】 全县新开工亿元以上产业项目15个（景江生态文化旅游区、恩施花天河旅游开发、全民健身活动中心、全民健身活动中心综合配套商业项目、新城区供水、恩龙小镇微商业综合体、太和富硒野菇示范园、宜万铁路新开高坪火车站站外广场、宜万铁路新开高坪站工程项目、长梁后河田园综合体项目、年产5000吨中药饮片项目、绿色建材综合利用项目、年产70万立方米新型墙体材料项目、茨泉广场道路及地下停车场项目、建始县蛋鸡产业扶贫项目），超出目标任务3个。新开工项目投资完成率31.6%。新投产项目3个，到位省外资金23.6亿元，完成目标任务。

【扩大招商平台】 在原设定的珠三角、长三角、福建省三个招商联络处基础上，分别拓展驻外招商联络处的业务覆盖范围，将华中区域、华北区域和西南区域分别划至珠三角、长三角和福建招商联络处，2019年，签约落地的哈格旦鞋服生产项目、年产8万吨生物有机肥料项目、年产70万立方米新型墙体材料、绿色建材综合利用项目、年产5000吨中药饮片项目都是利用驻外招商平台信息跟踪引进的。

【优化营商环境】 在2018年出台的《建始县招商引资六项政策清单》基础上，结合国家、省、州相关政策文件，根据建始县实际，拟定《建始县招商引资工业项目入驻优惠政策十二条（试行）》，专门针对招商引资工业项目，从土地供应、厂房租赁、物流、人才、企业开办等方面提供优惠和便利，最大限度为企业减轻负担，吸引项目在建始县落地开工。

【推进项目落地】 在全州旅游统筹管理办法出台之后，全县部分重点旅游项目需报州审批，县招商服务中心对报审项目进行投资方考察、预审预判、申请初审、合同洽谈和拟定等大量前期准备工作，信义生态旅游区和景江生态旅游区项目已通过州级评审。2019年度，共组织相关职能部门对石牌湖康养等20多个项目进行预研预判，加快推进项目落地；通过对入园项目开放先建后验的绿色通道，让年产5000吨中药饮片、年产70万立方米新型墙体材料、绿色建材综合利用等多个项目实现快速开工建设。全年新开工亿元以上产业项目14个；特别在工业项目上加大力度，开工亿元以上工业项目5个。

（李明峰）

供　销

【概　况】 全系统2019年完成农产品收购5.58亿元，销售总额11.37亿元，连锁经营销售额1.23亿元，电子商务销售0.5亿元，再生资源0.55亿元。

【供销改革】 3月28日，县供销社采用“现场+会场”的形式，在长梁镇白云村源盛生态农业观光专业合作社召开全县供销社综合改革推进会，参观茅田乡三道岩村综合服务社、六月雪梨专业合作社、源盛生态农业观光专业合作社，县社主要领导多次参加州社关于供销社综合改革推进会议和培训会，把供销业务培训列入供销社会议必备内容之一，营造全面推进供销社综合改革的良好氛围。

【助力精准扶贫】 先后指导成立县美景生态农业专业合作社、县花坪镇茨竹沟村香椿等16家专业合作社，各专业社发挥特色优势，为农民增收和精准脱贫起到推动作用。根据基层社的不同社情，开展一社一策，分类指导的办法，走工、农、商、网联合发展之路，指导做实做强基层社。高坪供销社实施恩施黑猪繁养一体化，并实行马铃薯全粉、粉丝加工，与深圳领业电子科技服务公司签订农产品供应合同，月需供应量达300万元。红岩供销社积极开展土地托管、社会化服务，服务面积达533公顷，冷冻保鲜储存农综项目顺利实施。取消对县佳盛电子商务有限公司占用全国“供销e家”地方平台的授权，引进“建始县供销一家电子商务有限公司”，重启“供销e家”县级电子商务中心营运，并将村级电商服务站和村级快递物流服务点有机结合，形成村级综合社、电商、物流、配送一体化，对村级电商服务站88家、快递物流服务点88家进行合理布点，已建设县级电商服务中心1个，村级电商服务站28家，快递物流服务点28家。

【推介建始特产】 带领建始县富强现代农业有限公司、建始县顺鑫农民专业合作社的负责人于11月9日赴浙江省丽水市庆元县参加“2019中国·丽水国际食用菌大会‘十佳品牌’推选活动”，建始县富强现代农业有限公司的“高山云菇娘”作为湖北省唯一一家成功入选。务实助力农特产品入杭，落实东西部协作精准扶贫安排。邀请杭州市联华华商集团负责任人11月19在景阳和官店对小水果、食用菌、洋荷产业的情况考察调研，积极推动硒品入杭工作。

【考察交流】 9月24日，副县长周爱华带队，县供销社牵头，业州、高坪、三里、茅田4个乡镇领导和部分农民专业合作社组成的考察团赴浙江蓝美科技公司进行实地考察，寻求合作发展模式。

（张天桥）

粮 食

【概　况】 2019年，县粮食局认真执行《湖北省粮油仓储管理办法》《湖北省粮油安全保管责任事故追究办法》，以高度的政治责任感和认真负责的工作态度，搞好地方储备粮的安全管理工作。2019年1月3日，撤销建始县军供站点，配合恩施市军供站点完成军供转交工作。全年县"放心粮油"市场体系进一步巩固加强，县"放心粮油"配送中心配送额达4295.78万元，连锁店配送达2899.78万元。

【健全粮食调控监管体系】 严格执行粮食流通统计制度，稳定统计人员队伍，开展统计执法检查，确保统计数据真实可靠；建立健全粮食价格监测点，加强粮食市场监测和分析，为县四大家领导报送《建始粮油市场零售价格监测周报》32期；开展乡村居民存粮状况调查，深入长梁镇、三里乡、龙坪乡了解当地村民2018年粮食收成、粮食出售以及现有存粮状况。

【保障放心粮油市场供应】 制订放心粮油考核方案，组织工作专班，会同粮油配送中心对各乡镇放心粮油连锁店进行现场考评，加强对粮油配送中心和连锁店的规范化管理，保障建始县放心粮油市场供应。

【盘大富硒粮油产业】 引导粮油经营企业立足生态优势资源，走"生态种植、绿色繁荣、可持续发展"路子，按照"公司+基地+合作社+农户"的发展模式，培育粮油大基地，实施订单农业，抱团发展，引导粮油企业成功打造一批富硒粮油产品，擦亮一批富硒粮油品牌，培强一批富硒粮油企业，辐射带动农户脱贫致富。县容华食品有限公司被认定为湖北省"放心粮油"示范企业。2019年9月18—19日、11月27日至12月1日，县粮食局组织县容华食品有限公司分别参加在广东举办2019年鄂粤粮食产销合作洽谈活动暨湖北优质粮油精品展示推介活动和在武汉举办的第二十一届荆楚大地—湖北粮油精品展示交易会，该公司生产的富硒腐竹、菜籽油等食品获得众多商家的赞许。

【提高科学储备水平】 贯彻粮食安全行政首长责任制，加强"粮安工程"建设步伐，落实主体责任，改善储备仓库储粮条件，促进节粮减损，有效保障粮食安全。

【营造爱粮节粮氛围】 开展食品安全、放心粮油进社区、世界粮食日暨"12325"热线粮食安全进社区等宣传活动，面向民众和粮食企业进行相关法律法规、应急管理常识宣传教育，及时把粮食政策送到群众手中，增强城乡居民粮食应急意识。

（何春光）

烟 叶

【概　况】 2019年，全县落实两烟计划1953公顷，其中烤烟1240公顷，白肋烟713公顷。全县收购两烟80480.976担，完成年初计划的111.78%，其中收购烤烟42250担，完成年初计划的106%；收购白肋烟38230.976担，完成年初计划的119.5%。烟农收入1.09亿元。完成烟叶税收2204.42万元，占年初计划的114.9%。加强科技创新工作，承担6大项科技项目的研究和试验。按照中央"六个精准""五个一批"精准扶贫的总体要求，扶持贫困村、贫困户的烟叶生产，以烟叶产业融合提供脱贫支撑。

【烟叶生产】 2019年，紧紧围绕行业工作思路，完成“2232”高质量工程中万担乡千亩村任务，其中落实万担乡镇2个（官店，茅田），千亩村3个（竹园坝、刺竹坪、姜家坪）。围绕“中棵烟+高油分”生产标准，优化、细化两烟生产技术指导方案，抓好适时移栽、统一移栽、集中移栽和控氮增密、配方施肥等关键技术优化，两烟质量提升明显。按照州局“两个办法”，落实七个精准组织（精准到户、精准分级、精准预约、精准时间、精准部位、精准成件、精准调运），确保烟叶收购工作平稳有序开展。烤烟自9月15日陆续开秤收购，11月6日全面停秤，平均收购时间43天，比2018年提早7天结束收购。大部分白肋烟国庆期间开始收购，11月14日前全面停秤，平均不到45天时间，比2018年提早10天左右。烤烟上部烟比例20.66%，中部烟比例77.25%，中部上等烟比例58.3%；白肋烟上部加顶部烟比例37.21%，雪茄烟茄衣经安徽中烟验收合格2600担，数量为近三年之和。

【科技创新】 2019年，结合生产实际，以高质量科技创新厚植建始烟叶产业高质量发展根基，共承担科技项目6大项、9小项。试验示范类项目“湖北省白肋烟新品种区域试验与生产示范”“市场需求下恩施州核心烟区烟叶质量定位及关键技术调控”在红岩镇老板厂村及龙坪乡彭家淌村实施，于8月顺利通过省局（公司）组织的中期考评并得到高度肯定。绿色防控工作稳步推进。在花坪育苗工场繁育烟蚜茧蜂1800盘，推广烟蚜茧蜂防控蚜虫技术面积5420公顷（烟叶1953公顷，其他农作物3467公顷）；在官店镇建立单靶标示范区66.67公顷，因地制宜推广应用蚜茧蜂防治蚜虫及青枯病成熟技术；推广性诱斜纹夜蛾防治技术196.67公顷。州局“青年人才托举工程”项目“提高白肋烟上部烟工业可用性的研究”落地高坪麻札坪村，着力提高上部烟产量和内在质量，满足工业需求。自主创新项目《晾房增温排湿技术研究与推广应用》继续深入实施，在红岩、三里和花坪等乡镇示范推广“18式”简易晾晒棚750间，进一步探索解决白肋烟发展瓶颈问题。

【精准扶贫】 2019年，公司继续按照中央“六个精准”“五个一批”精准扶贫的总体要求，充分发挥烟草专卖制度优势和产业优势，争做精准扶贫排头兵，打造扶贫工作新亮点。牵头帮扶村在原来2个村（姜家坪村、桃园垭村）的基础上，将原烟草站驻村帮扶的6个村全部纳入县公司牵头驻村帮扶。按照“硬抽人、抽硬人”要求，坚持“全脱产、抽对人”的标准，将县公司“尖刀班”成员由原来的7人壮大到30人。先后召开党组会、经理办公会研究部署县公司精准扶贫工作，制定《建始县烟叶分公司2019年精准扶贫工作方案》。烟叶产业融合提供脱贫支撑。8个村草签合同291公顷，其中6个村167户烟农发展烤烟256.8公顷，实现产值1300万元左右，4个村140户烟农发展白肋烟34.2公顷，实现产值120万元左右。

（王德慧、张　方）

烟草专卖

【卷烟销售】 全年，累计销售卷烟12941箱，同比增长673箱，增幅5.49%，其中：省产烟销售8914箱，占比68.89%。单箱均价33073元，较去年同期增加2612元，增长8.58%。全年零售客户盈利水平同比提高3%—5%，共缴纳各项税收共计1379.04万元。

【净化市场】 2019年，县烟草专卖局始终以主渠道卷烟市场占有率提升为核心，筑牢专卖市场管理根基，规范工作流程，使流程具有标准化的引领作用，加强对基础管理工作中的数据进行翔实分析、综合研断，做到思路清晰，目标明确、精准打击。全年共查获“三非烟”113.63 件，其中真品卷烟 59.27 件，假冒卷烟 54.36 件，完成年计划的 84.17%。查办各类涉烟案件 175 起，办理网络案件 2 起，取缔违规大户 9 户。

石 油

【概 况】 2019 年，中国石化建始石油分公司在营加油站 15 座，用工人数 72 人，全年成品油销售总量 45016 吨，实现非油商品销售额 1037.88 万元。

【社会责任】 作为建始的主流成品油供应企业，公司时刻牢记自己的社会责任。在春运保供期间，公司成立应急小组，积极争取上级公司支持，协调运输，克服重重困难保证油品正常供应。

经济开发

扶贫开发

【概　况】 全年实现25个贫困村脱贫出列、12345户35963人稳定脱贫，超额完成省定年度计划任务。2019年11月，恩施州对建始县开展了贫困县退出初审，认定全县92个贫困村脱贫出列，累计40569户136615人实现稳定脱贫，漏评率、错退率均为0，群众认可度达99.25%。

【教育扶贫】 落实“双线控辍保学”责任制，加大《中华人民共和国义务教育法》宣传力度，提高义务教育质量，对贫困家庭学生实行应助尽助、不落一人，对残疾儿童全覆盖开展送教上门，让学生上得起学、愿意上学，确保义务教育阶段学生完成九年义务教育。共发放学前教育至高中教育各阶段资助39553人次2601.98万元、大学生生源地贷款573人459.8万元、“雨露计划”补助8030人次2008.5万元，免除就读普通高中、中职学校的贫困生学费939.56万元；对在县外就读的义务教育阶段学生由县政府逐一发函至所在地县市政府请求落实资助政策。2019年度比对核查贫困家庭“两后生”170人（继续就读的82人，已就业74人，待业14人），有意愿培训的19人。

【健康扶贫】 标准化村卫生室和合格村医配备实现所有行政村全覆盖，贫困人口家庭医生签约服务覆盖率90%以上。健全完善基本医保、大病保险、医疗救助、兜底保障“四位一体”机制和先诊疗后付费、“一站式”结算统一信息平台，建立健康扶贫专项基金，财政资助贫困人口参保率达100%；政策范围内县域内就医报销比例达90%以上，县域外报销比例达85%。对大病、重病患者落实分类救治措施，享受门诊特殊慢性病报销政策8686人，其中贫困人口占比36.44%；救治25种大病患病贫困人口1641人。落实分级诊疗制度，严控政策范围外医疗费用，县域内一级医疗机构控制在3%以内，县域内二级、三级医疗机构控制在8%以内。

【易地扶贫搬迁】 累计实施易地扶贫搬迁14272户48898人，全面完成全县“十三五”期间易地扶贫搬迁任务。按照“易地扶贫搬迁+”模式，因地制宜、因户制宜，精准谋划安置方式，确保“搬得出”。按照“缺什么补什么”原则，完善教育、医疗、物业等公共服务设施配套和菜地、农具房等生产生活设施配套，实施集中安置小区补短板项目880个，确保“稳得住”；探索“安置小区+特色产业+小微产业园”模式，累计建成投产产业项目或基地160个、厂房车间28个，有劳动力搬迁家庭每户至少一人稳定就业，确保“能致富”。

【危房改造】 完成“四类重点对象”（建档立卡贫困户、低保户、农村分散供养特困人员、贫困残疾人）农村危房改造2504户，兑现资金4216万元。完成非“四类重点对象”危房改造户1240

户，做到应改尽改。采取专业机构鉴定与简易程序认定相结合的方式，对全县“四类重点对象”4.3万余户进行住房安全有保障认定并张贴住房安全标识牌。

【产业扶贫】 安排资金3417.9万元用于发展主导产业和到户产业奖补，谋划主导产业项目160个，新发展特色产业2066.67公顷，92个贫困村发展村级主导产业均达100亩以上，近三年持续带动有劳动能力的贫困户30308户致富，培养农民专业合作社1409家，省、州级农业龙头企业分别达到2家、18家。探索形成“五个一批”（核心景区辐射一批、产业融合共享一批、创业就业发展一批、休闲度假带动一批、乡村旅游带动一批）旅游扶贫模式，让更多的贫困人口吃上“旅游饭”。

【就业扶贫】 开展各类就业技能培训193个班次16517人次，组织专项招聘活动7次，开发公益性岗位集中解决417名贫困人员就业问题，建成投产扶贫车间13个，全县共有建档立卡贫困劳动力61966人，其中实现就业60056人，自主创业504人，就业人数占比97.73%。

【金融扶贫】 自扶贫小额信贷政策实施以来，全县累计发放扶贫小额信贷贷款3.98亿元；截至2019年12月10日，全县扶贫小额信贷贷款余额9193万元，不良率严格控制在监管要求内。

【生态扶贫】 完成退耕还林340公顷，兑现补助资金255万元（其中涉及贫困户500户，1800余人，户平增收1600元）；兑现生态公益林补偿资金1048万元（其中涉及贫困户8846户，近30000人，户平增收280元）。聘请1030名贫困人口担任生态护林员，发放补助资金412万元，人均4000元。推进精准灭荒工程、石漠化工程和天保工程，推进贫困地区生态治理，贫困村和贫困户生产生活条件明显改善。

【安全饮水】 投资5260万元，建成集中供水工程295处、分散供水单户水窖1643口、水源性塘堰4座、饮水巩固提升工程4处，全县农村居民水量、水质、用水方便程度和供水保证率全部达标。针对今年50年一遇特大干旱，采取适时开展人工增雨降水、新建水源性塘堰蓄水、启动应急抽水供水、限时分段供水、强化节水宣传等措施，季节性缺水问题得到基本缓解。

【专项资金管理】 出台统筹使用财政专项资金实施精准扶贫管理办法，确保资金来源精准、使用方向精准、实施项目精准，连续五年在湖北省财政资金统筹整合考评中获A等次。建立健全县、乡、村三级公示公告制度，实行财政扶贫资金绩效评价制度，确保项目资金规范使用。推行资金拨付和项目实施双向管理，严格执行工程建设项目“业主负责制”，加大项目建设的过程管理，截至12月底，已支付资金42506万元，结余结转资金3696.1万元，支付率达92%，结余结转率为8%。

【东西部扶贫协作】 把创建村级经济联合体作为发展壮大村级集体经济的一把“金钥匙”，抢抓东西部扶贫协作机遇，按照“抱团发展、化零为整、统一运营”的思路，由92个贫困村出资组建湖北建始滨建农业发展有限公司，将东西部扶贫协作资产类项目纳入公司统一管理运营，形成“以龙头企业为引领，信息科技为支撑，经营主体优势互补为纽带，集体经济发展为目标”的现代产业联合体，探索推行资产运营受益、代工生产受益、服务创收受益三种运营模式，由滨建公司为“村集体经济”当“管家”，有效规避了单个贫困村面临的财务制度不健全、管理人才匮乏、资金投入单薄、产业发展不成规模、抵御市场风险能力弱等现实问题，为村集体资产保值增值找到了一条好出路。该模式作为典型案例在《学习强国》《湖北日报》《杭州日报》《恩施日报》等媒体报道。

【华中农业大学定点扶贫】 华中农业大学探索建立“以党建扶贫为统领，以教育扶贫为基础，以产业扶贫为指导，以文化扶贫为纽带，以社会扶贫为支撑，以消费扶贫为动力”的“六位一体”扶贫工作体系，充分发挥科教优势，全面助力建始县脱贫攻坚。按照贫困村、贫困人口、贫困户、贫困学生和伤残人员党员结对帮扶“五个全覆盖”的原则，学校基层党组织与建始县25个未出列贫困村党支部开展“一对一”结对共建。开展农业实用技术培训2183人次，培训各级党政干部2833人次。设立产业扶贫项目12个，投入项目经费253万元，支持特色农业产业发展。实施“建始县园艺作物良繁体系建设与新品种试验示范”项目。设立人文类扶贫专项6项，支持在民族特色村落古建筑修复及建筑文化、非物质文化遗产保护与开发、品牌建设与传播以及农村社会学领域开展文化扶贫工作。引进金融帮扶资金、企业投资、政府扶持产业等帮扶资金1767万元。直接购买农产品238.78万元，帮助销售农产品512.04万元。2019年，华中农业大学先后在教育部直属系统扶贫工作推进会、教育部乡村振兴科技创新专题新闻发布会、全国科技助力精准扶贫工作交流视频会上作典型发言，产业扶贫专家蔡礼鸿教授获湖北省扶贫攻坚领导小组通报表扬。

【数据动态管理】 推行“五是否两情况”（是否有危房、是否有口粮、是否有读书郎、是否有四季换洗衣被、是否有重病重残，种植养殖情况和劳动力情况）核查办法，确保扶贫系统贫困户基础信息、扶贫手册纸质档案、贫困户家庭实际情况保持一致。开展“两摸底一核准”（对边缘户和脱贫监测户进行摸底，对建档立卡数据进行核准），摸底采集边缘户468户1448人、脱贫监测户494户1449人；开展扶贫对象建档立卡贫困人口动态调整2次，新识别贫困户150户418人。

【乡风文明建设】 制定《关于推进移风易俗树立文明乡风的实施意见》，推动建立健全“党建引领，自治、德治、法治相融合”的基层治理体系，逐村修订完善村规民约，成立乡风文明理事会、监事会等群众自治组织，广泛开展“建始好人”“脱贫之星”等系列评选活动，持续开展“壮丽70年·奋进新时代”“我和我的祖国”“精准扶贫话变化·自强不息感党恩”主题活动，不断激发群众艰苦奋斗、自力更生的内生动力。茅田乡三道岩村用“八无八有”村规民约入选全国改革开放40周年图片展，茅田乡梦花岭村村民袁金芝被评为2019年度“中国好人”、三里乡大沙河村万其珍入围第七届全国道德模范候选人，高坪镇“文明银行”经验做法被全省推广。

【社会关爱】 全县共有农村留守老人6094人、留守妇女2609人、留守儿童5151人。为留守老人逐一明确了关爱联系人，定期不定期开展上门探访和电话函询，留守老人接受关爱和定期探访比例达到100%。建成2个巾帼脱贫示范基地，对留守妇女开展家政培训1000余人次，留守妇女开展农村家政及母婴培训1000余人，开展“两癌”筛查8990人，申报“两癌”救助29人次。乡镇儿童督导员、村（社区）儿童主任配备率和留守儿童、困境儿童信息系统录入率均达到100%。

【综合保障】 提高社会救助标准，农村低保达到4380元/人·年，农村特困人员达到7920元/人·年，为农村低保26982人、农村特困2602人发放农村低保金9695万元（含物价补贴和电费补贴）、农村特困供养金2595万元，其中符合条件的建档立卡贫困人口纳入农村低保4005人，纳入农村特困人员145人，实现应保尽保、应兜尽兜。对获得低保后生活仍然存在困难的181名老年人、未成年人、重病、重残对象按月发放重点救助金，月发放救助金2.8万元。为8696名生活困难群众发放临时救助资金1173万元，为未脱贫人员代缴最低标准养老保险费达到100%，60岁及以上的贫困人口按月领取养老保险实现全覆盖。7350人享受困难残疾人生活补贴，7789人享受重度残疾人护理补贴，共发放补贴资金1314万元。

（杨晓梅）

工业园区

【经济运行】 园区企业2019年实现工业总产值10.3亿元。税收1.05亿元。完成固定资产投资1.85亿元，完成计划数26.47%（计划数7亿元）。其中技改投资7730万元，完成计划数193.25%（计划数4000万元），产业园投资1.075亿元，圆通生物投资5252万元，固特投资478万元。水泥厂两个项目2000万元。培育规模以上工业企业一家（圆通生物工程公司）。

【招商引资】 全年共引进德林沃中药饮片、哈格旦制衣、旺泰新型建材、旺泰商砼、浙江特达阀门制造、广东弥雅化妆品、中山恒欣体育器材、九盛金属回收加工、红土地新型建材、硒姑娘酒业富硒果蔬加工等13等个项目入驻园区，其中德林沃中药饮片、哈格旦制衣、旺泰新型建材、旺泰商砼等项目已落地投入建设，4个项目计划总投资3.6亿元，已完成投资5000万元。

【平台建设】 2019年2月，园区启动“一横四纵”主支道路建设，道路全长5.26千米，概算总投资1.28亿元，已完成工程投资额9588万元，占工程总投资额的75%。园区标准化厂房由县国投公司负责建设。

【企业服务与管理】 2019年，园区管委会7次组织专班对园区17家企业开展安全生产大检查行动。开展“工业行业安全生产大检查专项行动”“迎大庆、保军运安全生产大检查”“涉氨制冷和压力容器及管道安全风险管控”“劳动密集型企业消防安全执法检查专项行动”“十小场所消防安全专项整治”“临街商铺消防安全专项整治”“安全生产楚天行”等专项治理活动。在专项治理活动中两次致函县消防大队和厂房出租方（县烟草公司）督促整改，11月中旬，投资17万元、消防管道总长900余米的消防整改工程竣工验收，彻底解决丽思缘制衣公司消防栓无水和重庆固特公司厂区内消防栓无水的问题。加强应急救援队伍的组建。11月，工业园区从管委会和各企业抽调精干人员组成了一支园区内的应急救援队伍。

【环保基础设施建设】 2019年园区“多评合一”工作已启动，完成黄土坎区域的环境影响、水土保持、地质灾害性等8项评价评估。同时园区企业的在建工程均已按照环保的要求组织工作专班开展多评合一（园区已完成环境影响、水土保持、地质灾害、洪水影响、气候可行性5项评价评估；根据业务主管部门意见，本区域不需要开展矿产压覆评估；地震安全性、文物保护2项区域评价评估工作已完成报告编制，预计2020年2月可获得批复）。由工业园区管委会牵头，县发改局、经信局、住建局和环保局配合，按照整改目标和整改措施要求进行了整改，2019年跟踪监测，没有出现反弹现象。项目入园管理制度逐步完善。在工作中逐渐形成一套比较完善的项目入园管理制度，明确凡不符合国家环保规定、高污染、高耗能的工业项目一律不引进，化工企业一律不安排入园，较好地从源头上控制新的环境污染。园区21家企业都办理了环评审批。

（解明书）

铁矿产业开发

【铁矿开发现状】 2019年，武钢恩施公司转运原矿石累计1380车64304吨，粉矿616车30361吨。县铁矿办协调州、县国土部门为隆福矿业公司做好甘溪坪矿区采矿权申报工作。同时隆福矿业公司100万吨综合货运码头的前期准备工作已完成，省海事局已下达可通航运输的文件。

【“616”工程对口支援协调】 2019年6月5日，中国宝武武钢集团有限公司党委副书记、纪委书记张先贵一行到建始县就对口支援扶贫工作进行调研，听取县人民政府相关工作情况汇报，并与县人民政府签订2019年《扶贫援助协议书》，确定对官店镇三里荒村亚洲“野人参”产业配套建设工程项目进行援建。协议签订的80万元援建资金全部到位，项目的实施，畅通了农副产品的销售渠道，改善了农副产品加工条件。

【精准扶贫】 县铁矿办协助县铁路办驻长梁镇独树子村开展精准扶贫工作，单位“一把手”定期到村研究、部署独树子村精准扶贫工作。一年来，“尖刀班”通过召开座谈会、走访群众等形式，针对贫困户的实际困难，找准原因，研究对策，逐一化解。加大乡风文明建设，制订村规民约，动员全村群众统一思想、凝聚共识、积极行动，努力把独树子打造成“蓝天、碧水、文明、富裕”的宜美村庄。加大扶贫政策宣传力度和光荣脱贫教育力度，将惠农、利民政策宣传到户，营造向往脱贫、主动脱贫的氛围。整合各单位资源、社会力量，从政策、资金上全力倾斜，以产业扶贫、劳务输出等多形式多渠道带动贫困户增收，“两不愁三保障”均达到国家验收标准。全村种植扶持茶叶300多亩、李子100亩、山胡椒20000余株，养殖黄牛200多头，石蛙8000余尾，中蜂200余箱。科学规划集中安置点3处，易地扶贫搬迁120户（其中集中安置87户）。投入资金130余万元，硬化组级公路4千米；利用慈善总会配套及向社会捐赠10余万元新修1组公路3千米。

（陈宏山）

经济管理

发展和改革

【概　况】2019年，县发改局扎实推进党建、项目投资、深化改革、精准扶贫、“四个三生态工程”等工作，全县主要经济指标运行在合理区间，较好地完成了年度目标工作任务。

【项目建设】实施省、州、县5000万元以上重点项目83个，完成投资56亿元。其中15个州级重点项目完成投资20.7亿元，完成州定目标的161%。安来高速建恩段建成即将通车；10座乡镇污水处理厂PPP项目建成试运营；高坪火车站、4.2万立方米油库、金建大道、新城区供水PPP项目、青花田园综合体等重大项目加速推进。2019年，争取中央、省预算内投资项目25个，到位资金7499万元（其中：中央预算内投资项目18个，到位资金4195万元；省预算内投资项目7个，到位资金3304万元），所有项目已开工建设，开工率为100%。围绕保障性安居工程、全民健康保障、教育卫生等国家政策性投向，申报2020年中央、省预算内投资项目25个，申报资金2.55亿元。谋划2020年重点建设项目106个，概算总投资205亿元，年度计划投资76.2亿元。其中新建项目69个，年度计划投资55.6亿元；续建项目37个，年度计划投资20.6亿元。申报飞拉达攀岩训练基地、蛇皮洞水库等21个项目纳入州级重点项目，当年计划投资18.4亿元。

【精准扶贫】全县累计实施易地扶贫搬迁14272户48898人，截至年底，已全部搬迁入住。全县拆旧复垦任务数14272户，除去857户无房户、497户连体房、21户有历史保留价值房屋，应拆旧复垦12897户已按要求全部完成拆旧复垦工作。2016—2018年累计投入资金8.6亿元，实施配套卫生、教育、文化、饮水、电力、道路等基础公共设施项目396个，现已全面竣工。按照集中安置小区“保基本、保入住、保脱贫”的原则，为全县237个集中安置小区建产业项目160个、厂房车间28个，2550名搬迁对象从中受益，另有49个产业项目正在建设中，建成后可辐射带动搬迁对象2000多人。扎实开展驻村帮扶。厕所革命强力推进。全县农户无害化厕所共完成26241座，农村公厕完成202座，建改乡镇公厕7座，建改城市公厕9座，建改交通公厕1座，建改旅游厕所7座，建改沼气池厕所累计1799座，开放城区行政事业单位厕所15座，开放加油站公厕32座。乡村振兴有序推进。初步完成《乡村振兴战略规划》和《美丽乡村建设规划》编制工作；启动高坪镇青里坝州级乡村振兴试验区内环境综合治理工作，发展特色产业187公顷、改造特色民居100余户；启动三里乡石牌村、红岩寺镇凉水埠村、花坪镇易家荒村等9个村“美丽宜居乡村”示范项目建设；茅田三道岩村入选“全国乡村振兴示范村”。

【发展清洁能源】 2019年，全县清洁能源产业实现总产值5.09亿元，其中水力发电完成0.82亿元，天然气供应完成0.32亿元，电力供应完成3.5亿元，农村生态能源完成0.25万元，其他0.2亿元。清洁能源项目完成投资2.787亿元。清洁能源产业实现税收0.3亿元。清洁能源企业54家，从业人数1063人。全县累计发展天然气居民用户12632户，商业用户298户，车辆油改气159辆，全年售气量达858万立方米。发展（并网发电）分布式发电项目8个，装机容量78千瓦。对全县47座中小水电站进行了清理整治，其中退出类2个，保留类1个，整改类44个，整改类44个已制定“一站一策”整改方案，正在按方案逐步整改。

【改善营商环境】 履行经济体制改革专项小组办公室工作职责，对所涉14项改革项目做好“牵头抓总，分类指导”，全年分两次对所涉7个牵头单位和27个配合单位进行督办检查，重点改革项目成效显著：供给侧结构性改革“三去一降一补”成果不断扩大；审批服务“一网覆盖、一次办好”全面推进；工程建设项目“并联审批”和工业项目“先建后验”改革强力推进；商事制度改革“多证合一”“证照分离”全面推开，企业开办时间压缩至3个工作日，市场主体总量达到35387户，其中企业类市场主体总量达到5769户，较去年同期高出3.05个百分点。公共资源交易“电子化”改革加速实施，住建、水利类工程招投标已全部实行全流程电子化，公平竞争环境有效加强。

（李漪琦）

统　计

【法治建设】 以四经普宣传、统计开放日、宪法宣传日、各类培训会为契机，通过发放宣传手册、现场授课、推进统计进党校进县委中心组等方式，广泛宣传统计法，提高依法统计意识，营造依法统计良好氛围。县统计局始终把抓数据质量管理当做第一要务，坚持数据质量监测前移，即报即审，切实履行好统计督查监管职责，严把统计数据质量关，不越边界、不踩红线，做到数据上报过程不参与、不干扰、不授意、严审核，并按照党中央对统计工作的重要指示批示精神，深入贯彻《关于深化统计管理体制改革提高数据真实性的意见》《统计违纪违法责任人处分处理建议办法》，落实各级相关工作会议精神，认真开展统计造假专项整治和“向形式主义官僚主义亮剑”电视问政自查整改工作；将统计专业经常性核查和开展“双随机、一公开”抽查相结合，进一步加大统计执法检查力度，统计数据质量进一步提高。

【统计调查】 做好“企业一套表”联网直报工作。做好“四上”（指规模以上工业企业，资质等级建筑业企业，限额以上批零住餐企业，限额以上服务业企业）企业常规统计专业报表催报审核工作以及5000万元以上投资项目的统计调查任务，联网直报率均达100%。认真落实国家和省、州布置的各项统计调查工作任务，做好行政区划与城乡划分工作，及时更新维护《统计用区划代码和城乡划分代码库》，按时上报数据。开展城乡一体化调查电子记账户调查、小康监测、妇儿监测、畜禽监测、规下工业企业调查、小微企业调查、成本费用调查、文化产业调查、创新调查等工作。

【统计服务】 定期开展经济运行情况监测和分析，及时完成各项主要经济指标数据确认，编撰2018年《统计年鉴》，整理编发2018年度公报和2019年《统计月报》10期，全年提供统计信息咨询120余次，统计分析50余次。围绕县委、县政府的中心工作和群众关心的热点问题，组织开展调研，深入基层、企业，搜集第一手资料，了解企业经营情况，为分析研究提供鲜活素材，及时向县委县政府及行业主管部门反映企业难题，助力企业发展。及时做好名录维护，抓好对乡镇和部门的业务培训指导，做到符合“四上”标准的企业应统尽统，不符合标准的及时退库。2019年退出“四上”企业18家，新增“四上”企业21家。

【统计改革】 进一步完善政务服务事项指南、流程并发布，完成国家一体化平台事项接轨工作和统计信息共享；全面做好GDP核算分析，加强核算方法宣传讲解，全力推进GDP核算体制改革。

【经济普查】 围绕质量抓普查，围绕质量定措施，顺利完成建始县第四次全国经济普查工作。指导PAD操作，确保普查登记工作顺利进行。推行“三抓、三个不放松”工作机制，成立以局党组成员为组长的工作专班，分组对普查登记包干组织协调、包干业务指导、包干质量控制、包干监督督办，圆满完成第四次经济普查工作任务。

（黄青青）

财　政

【概　况】 2019年，地方财政总收入完成126296万元，完成年初预算120660万元的104.7%，同比增长5.3%；地方一般公共预算收入完成68751万元，完成年初预算67600万元的101.7%，同比增长10%。其中税收收入完成51376万元，同比增长6.8%，占地方一般公共预算收入74.7%，占比较同期下降2.2个百分点。分部门，税务部门完成55477万元，同比增长7.1%；财政部门完成13274万元，同比增长23.7%。

【支持产业发展】 截至2019年12月底，以银行同期贷款基准利率，为21家实体企业发放重大产业发展资金21310万元支持企业发展。县聚信担保公司2019年12月底中小微企业贷款担保户数达188笔，新增担保余额57359万元，期末在保余额67367.1万元，比上年同期减少12.5%，1—12月实现担保收入803万元，较上年同期减少18.14%。2019年省财政厅安排建始县美丽乡村建设试点资金共计500万元，其中提档升级资金100万元，2019年两个试点村资金400万元。2019年花坪镇新溪村和茅田乡的三道岩村通过美丽乡村建设，村内软、硬环境得到较大改善，取得了良好的社会效益、经济效益和生态效益。

【民生财政】 按照“守住底线、突出重点、完善制度、引导舆论”的原则，全面落实各项民生政策，优化支出结构，保障基本民生。财力进一步向民生、基层、困难群体倾斜，把有限的资金优先安排在教育、社会保障和就业、精准扶贫、医疗卫生、保障性住房等方面，重点解决好事关民生的热点和难点问题，有效保障干部职工工资、机关运转、民生需求。

【财政改革】 全年累计减免税费7304万元。将2018年全县所有项目的财政资金纳入绩效评价范围，要求各单位对项目开展情况和主管部门整体支出情况进行自评，并对自评情况进行审核。全部单位已完成对2018年财政支出的绩效自评，并在政府门户网站同决算一并公示，做到财政资金绩效评价全覆盖。对2019年的扶贫资金绩效目标已全部填报完毕，截至12月31日，纳入财政扶贫资金动态监控平台的扶贫项目共计86个，扶贫资金6.26亿元，绩效目标填报和审核比例均为100%。

【政府采购】 2019年政府采购工作遵循建立现代财政制度要求，深化政府采购制度改革，构建有利于结果导向的政府采购政策体系，提升政府采购透明度的工作目标，推进放管结合的政府采购监管模式，推动政府采购管理从程序导向型向结果导向型转变的变革。2019年度，政府采购规模达到12.48亿元。其中货物类采购金额为2.12亿元、工程类采购金额为9.27亿元、服务类采购金额为1.09亿元。

【非税收入征收管理】 2019年，非税收入征收管理工作严格执行各项收支政策，深化“收支两条线”改革，积极推进部门预算，组织非税收入，合理调度资金，完成了各项目标任务。完成非税收入86358万元，比2018年增加41623万元，同比增长93%。

【会计事务管理】 全县县直预算单位（含二级单位）共124个，乡镇机关事业单位（含学校及卫生院）共247个，全县单位总数371个，至2019年6月底，全部实行政府会计制度，所有单位全部产生新报表。按照《代理记账管理办法》规定，2019年新增代理记账公司4家，并颁发了全国统一的证书。

【财政监督】 2019年，组织财政、农业农村、民政、人社、卫健、审计、扶贫、银监等部门相关人员，开展惠民惠农财政补贴资金“一卡通”专项治理工作，查出问题92个，问题资金118754.38元。并按要求建立问题台账，逐项进行整改落实。按照州脱贫攻坚指挥部2019年1号令的要求，4月8—22日，对景阳、官店、花坪、长梁四个乡镇的脱贫攻坚项目建设进展和资金拨付情况进行了检查督办。针对四个乡镇不同程度存在“项目管理不规范、资料收集不完整、项目台账不精准、数据上报不准确、项目锁定不及时、项目实施不按时、报账核算不严谨、项目效益不理想”等问题提出了合理化的建议，有效促进全县财政财务管理更加规范有序。2019年8—9月，对全县预算单位2016—2019年6月财务制度执行情况就收支是否符合规定、报销审批是否规范、报销要素是否齐全等方面进行了检查，促进各预算单位不断完善单位内部控制制度建设和规范财务管理。

税　务

【概　况】 2019年，县税务局实现税费收入192174万元，同比增收35807万元，增长22.90%。其中，税收收入完成112362万元，同比增长2.61%；社会保险费收入完成75353万元，同比增长75.75%。地方公共财政预算收入完成55477万元，占县分计划53000万元的104.67%，圆满完成全年收入任务目标。

【减税降费】 全年全县执行减税降费政策合计减免12896.9万元。减税政策累计新增减税12074.08万元。其中2019年新出台优惠政策减税8539.45万元，2018年到期后2019年延续实施政策新增减税110.45万元，2018年减税政策在2019年翘尾新增减税3382.18万元，其他附列项目减免54.56万元。社会保险费执行减费822.82万元。1—11月，“六税”应享未享207户，应退税额7.33万元，“两费”应享未享11户，应退费额0.37万元，已累计全部处理完退税。

【优化营商环境】 持续推进简政放权、放管结合、优化服务工作，优化税收营商环境，支持和服务地方经济发展。通过印发宣传资料、播放辅导视频、及时公示最新政策、入户辅导、组织培训、设置优惠政策咨询岗等多种方式，做到新政及时主动宣传、困惑即时解答。加强与市场监管部门信息共享，设置“清税注销业务专窗”，解决税务注销难；落实“最多跑一次”“一次不用跑”清单，大力推广电子税务局、湖北税务手机APP，实现网上发票申领、申报缴款、社保医保缴费；推行事项容缺办，实现房地产交易事项“一窗受理，并行办理”。对内加强业务培训，落实首问责任、领导值班、办税公开、导税服务、一次性告知、延时服务等，强化驻厅团队建设，做到纳税人咨询有问必答、有答必准，切实提高纳税人获得感和满意度。

【税收征管执法】 2019年，清理未办结事项、未申报、税种认定、纳税人信息重复、主附税认定不全等数据达11309条，核实清理个人所得税数据12087条，核实率和处理率均达100%。顺利完成金三系统并库工作。加强行业税收管理，建筑、房地产、餐饮、旅游、茶叶等五大行业都取得明显成效，既规范了管理，也增加了收入。对成品油销售进行专项清理，规范该行业的管理，增加了收入。推进无纸化缴费，取得较好成效。特别是大力推行手机缴“两险”，截至12月31日，全县37.94万人通过手机APP缴纳居民医疗保险，占全部缴费人员的95.59%；12.79万人通过手机APP缴纳城乡居民养老保险，占全部缴费人员的88.64%。手机APP缴纳两险已被大部分缴费人接受，逐渐成为主流缴费方式。健全和完善风险管理机制，组织专项监控分析，扎实开展风险应对处理工作，完成风险应对任务158户。强化评估手段，纳税评估税费总计8079.65万元，累计查补入库税费6167.25万元，加收滞纳金382.51元。开展跨区域风险协作工作，完成发起协作任务2条，按时完成并反馈2条异地协作任务。开展3期减税降费工作督察，第三方巧立名目收费专项督察发现并纠正16份服务违规合同，对鸿榜莱茵国际190户自然人立案裁定执行，173户主动缴纳税款118.23万元。全面推行“三项制度”“七五”普法工作以及全员学法网上平台考试，提升全局法治水平。

审　计

【县本级预算执行审计】 2019年实施的县本级预算执行及其他财政收支审计项目，采取“1+N”模式开展，充分运用大数据分析方法，对全县72个一级预算单位部门预算执行进行审计全覆盖，以财政预算执行审计为龙头，融合式组织开展政府性债务及财政借款情况调查、拖欠民营中小企业账款情况调查、看守所在押人员伙食实物量新标准落实情况调查、武陵山产业发展基金管理情况调查等审计项目4个；嵌入式组织开展内部审计情况调查、推动非户籍人口城市落户政策落实情况调查、政府机关正版软件使用情况调查、重要领域国产密码应用情况调查、网络安全情况调查等审计项目6个；采用“1+N”方式组织开展部门预算执行审计、10个改革撤并单位审计调查、预算单位项目绩效情况调查审计项目3个。提出审计建议3条，向县人民政府报送审计结果报告1份，受县人民政府委托向同级人大提交工作报告1份，向财政局出具审计报告1份，向10家改革单位出具专项审计调查报告10份，出具审计专报3份。

【2018年国家和省重大政策措施落实情况跟踪审计】 2019年重大政策措施落实情况跟踪审计按季度实施。一季度重点关注保障和改善民生方面，关注社会保障资金和项目管理情况，促进民生政策措施落实到位。二季度重点关注脱贫攻坚方面，持续关注精准扶贫、精准脱贫政策措施落实情况，促进提高精准扶贫、精准脱贫实效。三季度重点关注清理拖欠民营中小企业账款方面，关注各地方政府和相关主管部门是否制定具体落实措施、明确工作责任，财政部门是否加快资金拨付进度，是否建立完善拖欠民营中小企业账款的长效机制。从体制、机制、制度方面剖析产生普遍性问题的深层次原因，建立长效机制，优化营商环境。四季度重点关注“推动1亿非户籍人口在城市落户”政策落实方面，关注是否按时完成各阶段任务目标，进城落户农民是否享有当地城镇居民同等养老和医疗保险、最低生活和住房保障，推动县内协调发展和城镇化建设，落实2020年1亿人落户目标。4个季度合计提出审计建议9条，接受审计建议9条。

【经济责任审计】 以推动深化国有企业改革，推动国有资本做强做优做大，促进领导人员守法守规尽责、廉洁用权、干净干事为目标，探索实施国有企业领导人员经济责任审计。重点关注国家重大政策措施贯彻落实、国企国资改革、优化营商环境、减税降费、资产负债损益的真实合法效益、国有企业债务风险、重大经济决策、国有资产管理使用、贯彻落实中央八项规定及其实施细则精神、领导人员遵守有关廉洁从业规定情况等。

【领导干部自然资源资产离任审计】 以促进自然资源资产管理和环境保护方针政策法规贯彻落实为目标，重点围绕党中央关于打好污染防治攻坚战的决策部署和省委、省政府工作要求，以摸清自然资源资产实物量和生态环境质量状况变化情况为基础，以领导干部履行自然资源资产管理和生态环境保护责任情况为主线，以地理信息技术等大数据审计方法为支撑，重点审计和评价领导干部贯彻中央路线方针政策、遵守法律法规、重大决策管理、完成目标任务、履行监督责任等方面情况，并对城镇和农村生活污水处理设施、水生态环境修复治理工程建设情况进行重点审计调查。2019 年实施了红岩寺镇主要领导干部自然资源资产审计项目，审计发现问题 6 个，提出审计建议 3 条，出具审计专报 1 份。

【全县扶贫专项资金审计】 以促进 2019 年农村贫困人口实现脱贫、全县整体实现脱贫摘帽为目标，重点关注精准扶贫、精准脱贫政策措施落实、扶贫资金分配管理使用、东西部扶贫协作资金管理使用、扶贫项目绩效、特殊贫困群体脱贫情况等，突出“易地扶贫搬迁项目任务完成情况”和“一卡通”惠农资金审计专题，发现在贫困群众身边的腐败和作风问题，促进脱贫攻坚政策落实。2019 年度完成全县 2018 年度扶贫资金审计，审计发现问题 8 个，其他需要关注的问题 8 个，提出 3 条审计建议，下发 5 份审计决定书，出具审计事项移送处理书 5 份和审计要情 1 份。

【政府重点投资项目审计】 以监管项目资金为主线，以规范项目建设程序为重点，以评价项目投资效益为目标，通过对政府投资项目和建设资金的审计监督，切实加强规范政府投资管理，健全科学、民主的投资决策机制，提高投资效益，遏制建设领域腐败行为，推动政府投资体制改革，确保政府投资项目规范有序、公开透明和廉洁高效。重点关注环境保护和建设用地、工程项目管理、招投标程序、建设资金管理和使用、工程造价控制管理、建设项目效益等。2019 年实施了建始县 2015—2018 年高标准农田建设项目审计，审计发现问题 4 个，其他应关注的事项 2 个，提出审计建议 3 条。

（易　娇）

农村经济管理

【农村土地承包经营管理】 全县农村土地确权登记颁证工作基本完成。全县耕地面积确权 47496.92 公顷，测绘地块 543881 块，已签订家庭承包合同 120575 份，通过了省农业厅和农业农村部的质检验收。建立了农村土地承包经营权登记管理信息系统，初步实现农村土地承包经营权确权登记颁证管理信息化。完成县农村土地承包仲裁委员会换届，聘任仲裁员 38 人（耕地仲裁员 26 人、林地仲裁员 12 人）。全县 10 个乡镇分别成立了农村土地承包经营纠纷调解委员会，村成立了纠纷调解小组。全年受理仲裁案件 2 起，裁决 2 起，不予受理 1 起，有效维护了农村基层稳定。

【农村集体产权制度改革】 全县 407 个村（含农村社区）已完成清产核资工作。全县确认集体经济组织成员 427800 人。全县 10 个乡镇所属 407 个村（含农村社区）资产账面数 22084.44 万元，清理核实资产 50305.03 万元，其中，经营性资产 397.36 万元。清查登记耕地 47500 公顷，园地 124.93 公顷，林地 169069 公顷，草地 130.13 公顷。村级光伏发电站 15 个，共 462KWp。

【农民负担及惠农政策监管】 将农民负担监管工作纳入全县经济社会发展目标任务考核内容。2019 年 10 月，对全县 10 个乡镇农民负担监督管理工作进行了督查，从农民负担监管责任落实情况、惠农政策落实情况、执行涉农收费政策情况、维护农民权益情况、“一事一议”项目建设专项治理突出问题整改情况五个方面，通过走访调查、重点抽查、查看资料等方式开展督查。审核审批“一事一议”项目9个，其中美丽乡村建设项目7个，涉及5个乡镇9个村（社区）3286户11187人，其中，951人筹资14265元，1554个劳力投工投劳15540个工日。

【新型农业经营主体建设】 全县依法登记注册的各类农民专业合作社累计1416家，净增44家。国家级示范社2家，省级示范社8家，州级示范社29家，县级示范社156家；农民合作社注册商标101个，“三品一标”（无公害农产品、绿色食品、有机农产品，农产品地理标志）7个，申请地理保护标志2个。家庭农场发展总数达到402家，县级以上示范场41家，其中省级示范场3家。合作社成员数59032人，农民社员58559人，带动农户数22576户。全县92个贫困村实现了农民合作社全覆盖，贫困村建档立卡贫困户共11676户，其中农民合作社带动贫困户9527户，带动率81.59%。4月以来，组织乡镇开展农民专业合作社“空壳社”专项清理工作，全县共清理出“空壳社”140家，引导自愿注销77家，逐步指导规范运行63家。截至11月底，组织工作专班同乡镇财政所（经管站）走访334家农民专业合作社。完成2019年度支持深度贫困村新型农业经营主体发展项目、农民合作社以奖代补项目和家庭农场财政奖补项目申报工作，到位资金196万元。组织农民合作社和家庭农场参加省、州、县各类培训学习，共培训近3500人次。按照省、州、县各级的相关要求，对农民专业合作社积极开展金融风险排查、宣传、防范化解等工作，农民专业合作社领域暂时未发现金融风险。

【农村集体“三资”监督管理】 强化农村集体“三资”（资产、资金、资源）监督管理。严格落实县人民政府关于农村集体“三资”管理的相关规定，按照省州相关要求，规范村级财务管理，加强村级财务收支公开，完善村级财务“双随机抽查”监督机制。

（薛建玲）

市场监督管理

【简化企业开办】 进一步压缩企业开办时间，将企业开办设立登记、公章刻制、银行开户、涉税办理、社保登记五个环节压缩至“2个工作日”，市场活力不断激发，全年新登记市场主体4732户，全县市场主体总量达35387户，其中企业类市场主体总量达5769户，占市场主体总量的16.30%，较同期高出3.05个百分点。

【食品药品行政许可改革】 通过减材料、优流程、压时限，推动全县食品药品行政审批再提速。全年办理食品药品医疗器械经营许可业务1003件。利用动产抵押登记和股权质押登记助企融资1.74亿元。

【推进质量强县战略】 完善社会公用计量标准建立和改造，系统梳理全县社会公用计量标准12个。开展能源计量审查，引导建始县泰丰水泥有限公司等重点用能单位积极参与循环经济的推广应用，实现低碳发展。开展计量器具强制检定，共检定煤矿在用计量器具、加油机、出租车计价器、医疗器具等1348件（台）。开展企业标准化公示、条码续展以及硒藤茶标准化种植示范区建设等指导工作。深入实施“万千百”质量提升工程，推动全县22家中小企业开展质量提升行动，支持指导1家企业导入卓越绩效等先进质量管理模式。

【知识产权强县战略】 指导企业知识产权开发和保护工作，全年新申请专利121件，其中发明专利12件、授权专利63件、指导转化专利4件。组织企业参加各类创新创业竞赛，恩施硒姑娘酒业有限公司外观设计专利“酒瓶”（硒姑娘印象珍藏级）获第十一届湖北省专利奖外观设计优秀奖，系全州唯一获奖单位；建始县林苑家庭农场“关口葡萄”获湖北地理标志大会暨品牌培育创新大赛优秀奖。加大商标培育力度，全年指导新注册有效商标507件，有效注册商标总量达1846件。

【开展农民专业合作社规范提升行动】 联合县农业农村局、县科经局等单位组建工作专班开展农民专业合作社规范提升行动。此次行动以无农民成员实际参与、无实质性生产经营活动、因经营管理不善停止运营、涉嫌骗取套取财政奖补或项目扶持资金、从事非法金融活动等为重点，通过引导自愿注销一批、指导服务规范一批、“单户或家族社”改注一批、依法查处一批等方式，对“空壳社”进行集中清理。共清理“空壳社”140家。

【开展食品安全“十进”活动】 2019年7月，组织开展食品安全进融媒体宣传、进云MAS短信平台、进学校、进机关、进社区、进福利院、进旅游景区、进集贸市场、进企业、进超市等“十进”活动，宣讲食品安全知识，受理消费者投诉举报及开展“你点我检”食品质量快检。活动期间，共发放宣传资料15000余份，接受食品安全咨询500余人次，组织食品安全培训1000余人次，受理消费者投诉6起，抽样快检食品22批次。

【开展“四大安全”专项整治】 2019年9月以来，县市场监管局在全县范围内开展食品、药品、特种设备、工业产品“四大安全”专项整治，取得阶级性效果，共检查经营户2000余户，排查食品、药品、特种设备问题隐患1000余个，下达责令整改通知书542份，整治安全隐患421处，捣毁液化气充装窝点3个，立案查处31起。

【发布2019年食品药品典型案例】 2019年12月，县市场监管局从2019年全县查办的80件食品、药品案件中选出10件典型案例向社会发布。典型案例主要涉及未取得食品经营许可从事食品经营、经营超过保质期食品、生产经营不符合食品安全标准的食品、网络订餐平台未对入网餐饮服务提供者的食品经营许可证进行审查、经营超限量使用食品添加剂的食品、未取得健康证明的人员从事接触直接入口食品的工作、用超过保质期的食品原料加工食品、销售过期的医疗器械、使用劣药和使用过期的医疗器械等违法行为。2019年食品安全社会满意率85.3%。

【推进学校食堂“明厨亮灶”建设】 推进“互联网+”监管，加快推进学校食堂“明厨亮灶”建设，实现网络直播学校食堂后厨环境卫生和食品加工过程，让师生、家长随时对学校食堂后厨进行可视化监督。全县已有136家学校食堂实施“明厨亮灶”，明厨亮灶率达87.17%，其他餐饮经营户达到了40%以上。

【食品安全风险分级监管】 食品安全风险等级从低到高依次划分为A、B、C、D四个等级。2019年11月，县市场监管局对55家食品生产企业进行了食品安全风险等级评定工作，共评定A等33家、B等22家。监管部门通过现场检查等方式，对场所面积、食品贮存条件等静态风险因素以及经营资质、经营条件、从业人员管理等动态风险因素进行量化记分，并根据静态风险因素和动态风险因素记分之和，确定食品经营者对应的食品安全风险等级。食品安全风险等级将作为对食品经营者开展不同频次日常监督检查的重要依据，有利于科学配置监管资源、有效防控食品安全风险。2019年8月，县市场监管局联合县畜牧兽医服务中心查扣并无害化处理问题猪肉895.7吨。2019年，罚没款5万元以上的大要案3件，其中15万元以上的案件2件，并确定为全州十大食品药品典型案例。

【创优市场消费环境】 围绕“信用让消费更放心”年主题开展系列宣传活动。通报表扬2018年诚信经营企业、个体工商户19家，发布消费警示8期，开展消费咨询服务7场次，发放宣传资料7000余份。充分聚合质监、食品药品监管、工商、价格监督等多个监管职能，从产品生产、流通、服务领域对市场进行全链条监管，以问题为导向，强化精准维权，及时化解消费矛盾纠纷。2019年，受理消费投诉504件，为消费者挽回经济损失51.54万元。

【创新监管】 强化“双随机、一公开”监管，2019年完成双随机抽查6次，抽查市场主体495户；推进市场主体年报公示，企业、个体工商户、农民专业合作社年报公示率分别达90.53%、92.33%、91.19%，超额完成了省局规定的年报率达到85%的目标。加强信用监管，496户企业被列入经营异常名录，32户企业被列入严重违法企业“黑名单”；完善涉企信息归集共享机制，共归集信息总量17898条，向各部门推送后置许可信息7173条，证照分离信息1444条，多证合一信息7228条，各部门下载率达98%。积极推进信用修复工作，48户企业通过补报年报恢复正常经营状态。

（雷仕成）

国有资本投资运营

【概　况】 2019年度累计实现含税收入总额20009.02万元。其中主营业务收入6957.91万元，其他业务收入812.27万元，投资收益9779.91万元，营业外收入2458.93万元。对比上年同期增加10200.63万元，增幅104%；对比2019年预算收入目标增加7971.77万元，增幅66.23%。对比预算目标实际贡献增长额8246.44万元。2019年成本费用支出总额13381.57万元。其中主营业务成本3289.95万元，税金及附加2260.52万元，其他业务成本519.44万元，期间费用7234.59万元，营业外支出77.07万元。对比上年同期成本费用增加4047.87万元，增幅43.37%；对比2019年预算支出目标增加2266.05万元，增幅20.39%。2019年实现净利润6627.45万元，对比上年同期增加6152.76万元；对比利润预算目标增加5705.72万元。2019年度完成应上缴款项和应缴税费共计9349.44万元。其中，上缴国有资本经营利润5700万元；增值税854.99万元；城建税36.2万元，教育费附加21.8万元；地方教育费附加10.92万元；房产税141.48万元；印花税5.6万元；车船使用税0.4万元；土地使用税23.02万元；企业所得税1960.28万元；代扣个人所得税9.67万元；上缴行政事业单位门面资产租赁净收559.08万元。对比预算目标增加6979.44万元，增长幅度294.49%；对比上年同期增加7683.13万元，增长幅度461.09%。截至2019年年底9家实体公司资产总额为126025.91万元，较2018年末增加393.82万元；负债总额为73614.9万元，较2018年末减少3348.23万元；净资产（所有者权益）为52411.01万元，较2018年末增加3742.05万元。合并5家平台公司后资产总额达到511310.66万元，负债总额为281186.64万元，净资产（所有者权益）总额为230124.02万元。

【促进转型增效】 2019年注入一中公租房、黄土坎产业园土地、茨泉广场土地、柏蜡树土地、鹞子坪土地等资产，市值约1.77亿元。三里乡、龙坪乡、茅田乡公租房及天生产业园正在进行相关证件的办理，惠民C区公租房、龙苑社区公租房的消防验收工作正在进行。进一步推行资产经营管理“权责分离”管理模式，盘活存量，提升资产保值增值率。

【项目建设】 民福与黄土坎安置小区全部竣工验收，各乡镇1034户易迁户全部入住，现正在进行消防验收、规划验收等工作。黄土坎易地扶贫搬迁配套标准化厂房E1地块厂房一、二标段招标工作全部完成，工程投资3050万元，现已全面开工建设，基础施工已完成；E2地块场地平整已经完成，厂房正在进行招投标；西区厂房工程设计已完成，正在进行预算评审。松坝大道土地房屋征收正在签订合同，民爆公司征收补偿的测绘评估已经完成，评估价格为1507万元，松坝大道四标段正在按程序施工。茨泉广场建设项目基坑支护全部完成，房屋主体工程分9个区域进行施工，现已完成茨泉大前5个区域的主体施工。棚户区改造门面购买协议已签订，各战区正在办理还建手续及资金支付。下坝新城区兴城二路道路工程已完工，并移交县城管局。宜万铁路高坪站站前广场及通站道路工程项目2019年6月6日开工，已完成投资额9000万元；停车场项目建设工作专班已组建，“智慧停车”系统建设方案已确定；棚改临时停车场已进入运营阶段。

中共建始县委员会

综　述

【概　况】 2019年，中共建始县委带领全县人民全面落实习近平总书记视察湖北重要讲话精神，紧扣脱贫摘帽总目标，以“不忘初心、牢记使命”主题教育为契机，团结带领全县广大党员干部群众，统筹推进稳增长、促改革、调结构、惠民生、防风险、保稳定等各项工作，县域经济持续健康发展，三大攻坚战取得关键进展，改革开放取得优异成绩，全面从严治党纵深推进，群众获得感、幸福感、安全感显著增强，为全面建成小康社会、推动乡村振兴打下坚实基础。在全县干部群众的努力下，县域经济和社会事业呈现出稳中有进、稳中提质的发展态势，综合实力显著增强。全县完成地区生产总值120.48亿元，按可比价计算，比上年增长6.8%。其中，第一产业完成增加值23.18亿元，增长3.3%；第二产业完成增加值24.72亿元，增长4.6%；第三产业完成增加值72.58亿元，增长8.8%。按年均常住人口算，全县人均生产总值28742元，可比增长6.3%。规模以上工业增加值比上年增长5.7%。固定资产投资（不含农户）完成额比上年增长2.6%。地方财政总收入12.63亿元，增长5.3%；其中地方一般公共预算收入6.88亿元，增长10%。社会消费品零售总额76.95亿元，增长11.4%。农村居民人均可支配收入11560元，增长10.76%。

【主题教育】 县委坚持把学懂弄通做实习近平新时代中国特色社会主义思想作为首要政治任务，充分发挥各级党委（党组）理论学习中心组的示范引领作用，依托“两中心一平台”、支部主题党日、“三会一课”、县委党校（县行政学校）、县档案馆、湖北店子坪红色教育基地、照京坪红军村等重要载体，开展第二批“不忘初心、牢记使命”主题教育，增强“四个意识”、坚定“四个自信”、做到“两个维护”。全年共组织县委中心组学习16次，集中研讨6次。开展主题教育专项整治，发现问题212个，监督整改193个，排查民生领域信访突出问题54个，清退资金9.61万元。坚持和加强党对意识形态工作的全面领导，落实“五纳入三报告”、意识形态联席会议、重大问题研判通报等制度，依法依规管理各类意识形态阵地，抓好网络舆情管控，开展网络生态综合治理、网络安全检查等专项行动，做好报告会、培训班等重点领域意识形态风险防控。全年共主持召开意识形态联席会议4次。

【党的建设】 县委常委班子带头坚持民主集中制，全年累计召开县委常委会会议28次，聚焦脱贫攻坚、生态环保、综治维稳、招商引资、产业发展、管党治党等178个议题，作出了系列重大决策部署。落实“三会一课”、交心谈心、请示报告、民主生活会和组织生活会制度，切实增强党内政治生活的政治性、时代性、原则性、战斗性，着力提升县委常委班子自我净化、自我完善、自我革新、自我提高的能力。县委常委带头遵守纪律、维护纪律，带头接受各方监督，努力维护好忠诚干净担当的班子形象。县委认真贯彻新时代党的组织路线，把基层党组织建成坚强战斗堡垒。统筹抓好党建工作责任制、基层党建述职评议考核、县级党员领导干部“五个一”党建工作联系点，全面落实基层党建工作双员派驻、双月调度和三色预警管理、经费投入保障等制度。县财政全年预算4956万元用于村干部待遇保障和村级组织日常运行，同比增长82%。按照“巩固一批先进、提升一批中间、整顿一批后进”工作思路，持续实施“整乡提升、整县推进”计划，促进支部规范化标准化建设，持续整治软弱涣散党组织。评定表扬120个五星党支部和49个红旗党支部，新建立非公企业和社会组织党建示范点5个。

【干部队伍建设】 落实县委十五届六次全会《关于进一步激励干部担当作为干事创业的实施意见》，旗帜鲜明地保护担当者、支持干事者、宽容失误者，对干事创业者切实做到在政治上重用、思想上关心、待遇上保障，干部队伍干事创业激情高涨。坚持基层一线导向，从脱贫攻坚、项目建设、招商引资、信访工作等“四个一线”选拔重用干部93人，交流16名企事业单位领导干部到行政单位任职。深入推进“年轻干部成长工程”，提拔35岁以下年轻干部42人，女干部39人，非党干部19人；完成各类干部培训4910人次；深入推进公务员职务与职级并行改革，完成公务员职级套转1025人。坚持严管厚爱并重，严格落实“三个区分开来”要求，对14人从轻、减轻或免予处分，为受诬告陷害的干部澄清正名34人；运用“四种形态”处理599人次，“第一种形态”471人次，占比78.6%；回访教育164人，对符合政策的7名受处分干部影响期满后重新重用。

【党风廉政建设】 纠治“四风”，查处违反中央八项规定精神问题47个，处理51人；查处形式主义官僚主义问题87个，处理141人；深挖细查扶贫领域腐败和作风问题260件，通报19起，督促整改问题258个；办结中央、省环保督察交办信访件2件，查处环保领域问题5个，处理10人。处置问题线索600件，同比增长3.8%；立案250件，同比增长0.4%。留置7人；党纪政务处分208人。深入推进扫黑除恶、惩腐毁“伞”，查处涉黑涉恶腐败和“保护伞”问题，处理34人。常规巡察12个单位10个乡镇295个村，反馈面上问题2080个，移交问题线索19件，组织处理41人，党纪政务处分17人。省委巡视反馈面上问题全部整改落实到位，州委巡察反馈意见综合整改率达98%，移交的问题线索和信访件全部办结。

【乡风文明建设】 坚持以培育和践行社会主义核心价值观为引领，进一步推动乡风文明建设走深走实，培育文明乡风、良好家风、淳朴民风。加快推进新时代文明实践中心建设，坚持在家庭中培育和践行社会主义核心价值观，探索建立以家庭为主体的政策体系、治理体系和服务体系，以良好家风汇聚成好的社会风气。重点围绕庆祝新中国成立70周年这一主线，积极开展“壮丽70年·年奋进新时代”“我和我的祖国”“精准扶贫话变化·自强不息感党恩”等主题活动，弘扬主旋律，传播正能量。建立“党建+乡风文明”工作机制，充分发挥基层党组织堡垒作用和党员先锋模范作用；建立民评民选、民讲民知的榜样选树宣讲机制，健全好人奖励关爱机制，培育先进典型，继续评选2019年度“建始好人”10人；“大爱永存”的袁金芝当选2019年度“中国好人”，“百年义渡”万其珍入围第七届全国道德模范候选人，“愚公支书”王光国获全国最美奋斗者提名。

【脱贫攻坚】 县委常委会始终把脱贫攻坚作为最大政治任务和第一民生工程。把握现行脱贫标准，对标对表“三率一度”和“两不愁三保障”，进一步压紧压实层级责任、细化量化责任清单，严格落实“八个到村到户”“六个清零”“六个全覆盖”工作要求，全年实现25个贫困村脱贫出列、12345户35963人稳定脱贫，义务教育阶段的入学率、巩固率均达100%；贫困人口参保率达100%，县域内就医报销比例达95%；易地扶贫搬迁和危房改造竣工率、入住率均达100%。2019年11月，顺利通过了州级初审验收，认定全县92个贫困村脱贫出列，累计40569户136615人实现稳定脱贫，所有已脱贫贫困人口均达到“两不愁三保障”国家脱贫标准，综合贫困发生率下降到0.35%，漏评率、错退率均为0，群众认可度达99.25%。

【产业融合发展】 全年完成高标准农田建设1800公顷，各种特色产业基地21867公顷，培养农民专业合作社1416家、家庭农场402家，省、州级农业龙头企业分别达到3家、18家。县扶贫产业园区标准化厂房完成前期工作，园区已引进企业13家，落地并启动建设4家。全力创建全域旅游示范县，石门河、野三峡联合创建国家AAAAA级旅游景区取得阶段性成果，店子坪红色旅游基地创建国家AAA级旅游景区、小西湖创建省级旅游度假区工作稳步推进。全年接待游客500万人次，实现旅游综合收入35亿元，同比分别增长19%、23%。

【招商引资】 抓好招商引资、招才引智、招“亲”引贤三大行动，持续优化营商环境，制定《建始县招商引资六项政策清单》《建始县招商引资工业项目入驻优惠政策十二条（试行）》，统筹发挥珠三角、长三角、福建省三个招商联络处前沿阵地作用，招商引资综合优势和总体效益明显提升。全年签约招商项目15个，概算总投资25亿元，新开工亿元以上项目14个，省外到位资金23.6亿元。坚持项目带动，切实建好项目谋划库、储备库、建设库，全年开工5000万元以上重点项目83个，完成投资56亿元。国家和省级预算内投资项目25个全部开工建设。

【基础设施建设】 按照资金全面统筹、项目全面安排、程序简便化、决策靠前化的原则，全面补齐基础设施短板。全县整合资金3130万元，建成295处集中供水工程和120个行政村的分散供水工程。投资2亿元提档升级农村电网，新增和更换配变515台，新建和改造配电网路1002千米，供电可靠率、综合电压合格率分别提升到99.88%、97.9%。建成20户以上农村公路通畅工程454千米、全域旅游公路生命防护工程（第二期）595千米，完成公路养护1922千米，花坪镇被评为省级“四好农村路”示范乡镇；先后完成460省道高坪至三里改扩建工程、465省道天竹坝至云桂桥段改扩建工程、339省道红岩寺至官店段改扩建工程、青里坝至店子坪公路黑色化工程等；金建大道稳步推进。累计投入9700万元用于信息基础设施建设，完成4G基站398个，农村家庭宽带普及率达62.17%，通光纤宽带规模自然村达382个。

【生态建设】 牢固树立绿水青山就是金山银山的发展理念，做好生态修复、环境保护、绿色发展三篇文章。坚持“党政同责、一岗双责”，落实生态环境保护责任制，持续巩固河库长制、山长制成果，加快环境监测监察执法机构垂直管理制度改革，生态文明建设示范县创建和省级森林城市创建工作通过省级考核验收。推进美丽乡村建设，全州乡村振兴示范点青里坝村已完成农业产业建设、田园景观工程、游客接待中心大楼、迎宾大道的路面硬化及绿化带施工；红岩寺镇凉水埠村被命名为2019年度湖北“绿色乡村”；全县10座污水处理厂建成运营。坚持景城一体、景镇一体、景村一体，以棚户区改造和易地扶贫搬迁为契机，以“六城”同创为抓手，全面加强城乡规划建设管理工作，加紧实施县城老城区“瘦身”行动和新城区“强体”行动，县城棚户区改造工程共兑现安置补偿资金6.04亿元、拆除面积10.86万平方米，新建、续建市政建设项目13个、完成投资5.52亿元，广润河亲水走廊已建成投用，茨泉广场及地下停车场、人民医院地下停车场及人防地下室等一批配套基础设施正在建设之中。特色集镇建设步伐加快，花坪葡萄小镇有序推进，龙坪乡、三里乡集镇综合改造全面完成。

【社会事业发展】 深化教育信息化改革和城乡义务教育均衡化发展改革，推动学前教育、义务教育、高中中职教育协调发展，全县各类学校办学条件和教育质量明显提升，区域教育信息化入围全国2019年度基础教育信息化应用典型案例；推进教育扶贫，投入3185万元启动“薄改”项目28个，发放2641万元资助建档立卡贫困学生37296人次，免除普通高中、中职贫困学生学费940.51万元，办理贫困学生生源地助学贷款458.99万元，发放贫困家庭子女职业教育“雨露计划”补助共2008.5万元。加快县医疗共同体建设改革，完成县中医院、县妇幼保健计划生育服务中心（儿童医院）、县优抚医院、县疾控中心业务综合楼建设，启动县人民医院医技大楼建设。县人民医院被评为省级“法治建设示范医院”，茅田乡“全国卫生乡镇”通过初审；健康扶贫政策全面落实，贫困人口家庭医生签约服务覆盖率稳定达到90%以上，重点人群签约服务覆盖率达60%以上。全年结算健康扶贫资金15781万元，惠及贫困人口35571人次。全民健身活动中心、县文化体育活动中心项目有序建设，“村村响”、“户户通”、广播电视无线数字化覆盖稳步推进，公共文化服务体系不断完善。社会保障上，城镇新增就业5970人，城镇登记失业率为2.34%，社会保障卡持卡人数达48.5万人；发放低保、特困、临时救助等各类民政救助资金1.8亿元。落实全县退役军人及其优抚对象经费保障2400.4万元。

【民主法治建设】 初步建立县委对重大工作的领导体制机制，组建县监察委及全面依法治县、网络安全和信息化、财经、外事等9个县委议事协调机构，强化县委职能部门的统一归口协调管理职能。深化行政执法体制改革，整合组建市场监管、生态环境保护、文化市场、交通运输、农业等领域综合执法队伍。事业单位分类改革稳步推进。积极支持人大、政府、政协和监察委、法院、检察院依法按章程履行职能、开展工作、发挥作用。巩固发展爱国统一战线，共建大统战工作格局，切实发挥好群团组织的桥梁纽带作用，持续巩固全国民族团结进步创建示范县成果，全面加强与各人民团体、工商联和无党派人士的团结合作，重点做好党外知识分子和新社会阶层人士工作，积极促进非公经济人士健康成长。高坪镇青里坝村党支部书记唐瑛被评为省级民族团结进步先进个人，县教育局被评为省级民族团结进步先进集体，县总工会荣获“全省推动非公有制企业工会建设先进单位”。坚持法治建始、法治政府、法治社会一体建设，加快政府法律顾问工作规范化建设，加大行政复议应诉工作力度，推动重大行政决策合法性审查机制常态化。已建成公共法律服务中心1个、乡镇公共法律服务工作站10个、村（社区）公共法律服务工作室200个；茅田乡三道岩村被评为全国基层治理示范村，长梁镇白云村通过全国民主法治示范村复核，茅田乡人民调解委员会、长梁镇火龙村何显电分别被省司法厅通报表扬为模范人民调解委员会、模范人民调解员。积极开展信访积案攻坚行动。全年办结销号上级部门交办的155件案件。建立健全应急处理机制，重点抓好煤矿、非煤矿山、危险化学品、烟花爆竹、道路交通、建筑施工、学校等重点行业领域的安全监管工作，有效防范应对防汛抗旱、地质灾害、森林防火、食品药品安全等应急事件，全年未发生较大及以上安全事故。进一步加大违法犯罪行为打击力度，深入开展扫黄打赌“断链行动”和“飓风扫毒”专项打击行动，纵深掘进扫黑除恶专项斗争，扎实开展线索查结清零、案件攻坚清零行动，社会治安环境持续优化，人民群众安全感大幅提升。

组织工作

【基层党组织建设】 县委书记带头，建立县级党员干部“五个一”党建工作联系点，结合双联双促、共驻共建、千企帮千村，带动县乡机关单位、“两新”组织与村（社区）结对共建。建立每月提醒、双月调度、阶段督查、半年互学互比互查等制度，落实基层党组织书记抓基层党建述职评议考核全覆盖，强化“明责、督责、考责”管理。坚持整改问题和补齐短板一体推进，对中央第二巡视组脱贫攻坚专项巡视等巡视巡察反馈的问题坚持立行立改、全面整改和长期整改相结合，针对农村党员年龄老化、集体经济发展成效不佳、村级无人可选无人可用3个重点难点问题提级管理，靶向施策。深入开展“不忘初心、牢记使命”主题教育，把《纲要》《摘编》作为全体党员必学、必检、必查内容。采取“请进来、走出去”相结合的办法，依托东西部协作杭州对口帮扶等各类资源，组织了村（社区）党组织书记、第一书记、两委委员等7个主体（专题）培训班，选派优秀村党组织书记参加上级培训，实现360名第一书记、2144名村（社区）“两委”干部和1298名后备干部培训全覆盖。在“不忘初心、牢记使命”主题教育期间，整顿转化33个软弱涣散村党组织，清理村级各类挂牌3800余块。建立半年互学互比互查制度，推动支部整体水平提升。开展村级班子运行情况半年评估暨换届回头看，落实县级备案管理和县级联审制度，推行ABC分类评价和负面情况纪实管理。实施村“‘两委’后备干部培养计划”和“乡土人才储备计划”，储备党组织书记后备干部411人、“两委”后备干部887人，乡土人才1276人。实行发展党员倾斜计划和戴帽指标计划，新发展党员350人，其中35岁以下234人。县级财政预算4956万元用于村干部待遇保障、村级组织日常运行和提高离任村干部补贴。制定《关于规范全县村级组织运转经费使用管理的通知》，规范村级组织运转经费使用；整合留存党费578万元，用于57个党员群众服务中心提档升级和扶持23个村集体经济发展。按照“抽硬人、硬抽人”的要求，向贫困村、软弱涣散村、集体经济薄弱村选派360名驻村第一书记并兼任党建指导员。

【机关党建】 切实加强思想政治建设，树牢“四个意识”，坚定“四个自信”，做到“两个维护”，发挥机关党建“表率”作用。全年先后举办5期主体培训班，培训党组织书记、党务干部和新党员共600多人次。顺应改革变化，及时调整组织设置，规范组织选举，批准新成立党组织37个、撤销党组织44个、更名党组织22个、转隶党组织12个，完成126个党组织的选举工作，其中换届选举85个，严格请示批复制度。严把党员发展关口。坚持“525”发展流程，严格落实政治审查制度，严把发展党员政治关。2019年县直单位发展预备党员33名，预备党员转正47名。提升组织生活质量，推动“两学一做”学习教育常态化制度化。全年各支部开展支部主题党日14次，按照县委要求统一召开2次民主生活会，2次组织生活会。规范党费收缴和管理。2019年共收缴党费105万元，按规定及时上划，指导离退休党支部做好返还党费的使用。切实抓好巡视巡察问题整改。指导县直11个单位完成州委第三巡察组“回头看”反馈问题整改，将17个基层党建问题逐一销号整改落实到位。举一反三，认真开展自查自纠工作。扎实开展“不忘初心、牢记使命”主题教育。按照总要求，围绕五个目标，统筹运用四项重要措施，收到良好成效。县直单位领导班子成员确定调研课题240余个，开展调研1600余次，建立“立行立改、即知即改”问题清单400余个并全部清零，为群众办好事3000余件，讲授专题党课200余场次。做好党内激励关怀。协助县委开展纪念建党98周年活动，推荐县委表扬“先锋共产党员”44名；走访慰问中华人民共和国成立前老党员、生活困难党员和离退休党员40人次，慰问资金4.6万元。评选出红旗党支部10个，五星级党支部31个，四星级党支部76个，三星级党支部81个。扩大先进支部增量，提升中间支部水平，整顿后进支部，对5个软弱涣散党组织书记进行提醒谈话，实地指导整改工作；着力发挥机关党建的引领作用。抓党建促脱贫攻坚，按照“抽硬人”的要求配齐配强驻村工作队和第一书记，为脱贫攻坚提供坚强组织保障；进社区开展共驻共建，按照“四个一”要求，为社区群众完成微心愿300多个，开展大型志愿活动11次，社区召开联席会议11次，帮助社区解决难题17个；进“两新”组织促健康发展，县直单位共选派“两新”组织指导员214人，指导相关企业和组织开展党的活动，履行行业主管部门职责。

【“两新”党建】 2019年以来，完成7个党组织的设置调整和选举工作，严格请示批复制度，保证程序的规范性。突出重点领域和行业，强化资源整合，做到每个律师事务所都有党的组织或党员纳入党的组织规范管理，律师行业新组建党支部2个。依托县民政局全面落实社会组织章程中增加党建有关内容。按照培训全覆盖的要求组织“两新”党组织书记、党建指导员培训班，共培训96人；9月，经县委组织部研究，调整选派214人到县内326家纳入党建统计基数和建立党组织的非公有制经济组织、社会组织担任党建指导员。2019年发展18名预备党员，预备党员转正12名。提出“以点带面、点面结合”的工作思路，按照“点上出亮点、面上出成绩”的原则，在行业内树标杆、立旗帜，持续打造党建示范点，在巩固2018年10个党建示范点的基础上，2019年新建立了5个党建示范点，涵盖了律师事务所、学校、乡镇。开展全县“两新”组织“中国梦·劳动美——与共和国同成长·与时代齐奋进”主题演讲比赛。在全县“两新”组织中开展“颂歌献祖国·经典咏传唱”活动，全县81家非公经济组织和13家社会组织中的1000多名党员和职工自发唱响《我和我的祖国》，满腔热忱向祖国“声”情告白，向祖国致敬献礼。

【干部管理】 坚持把脱贫攻坚、项目建设、招商引资和信访工作等“四个一线”作为培养锻炼和选拔使用干部的主阵地，锻造干部向一线输送、在一线锻炼、从一线选拔的成长链。2019年，从“四个一线”提拔重用干部93人，其中扶贫一线提拔重用干部59人（驻村干部、“尖刀班”成员14人）。先后选派6名干部赴杭州滨江挂职学习；选派1名干部到省委组织部挂职；24名干部到县直重要部门和乡镇一线挂职锻炼；安排9名选调生到贫困村工作。出台《中共建始县委关于进一步激励干部担当作为、干事创业的实施意见》《激励干部奋发有为十二条措施》，乡镇干部年度考核优秀等次比例提高到20%，提高乡镇工作补贴，龙坪、官店由每月400元提高到800元，其他乡镇由300元提高到600元，加大对脱贫攻坚一线干部人身安全保障，按照每人保额100万元的标准为乡镇干部、村（社区）定补干部、驻村“第一书记”、派聘村党组织书记、驻村工作队员购买人身意外伤害保险。解决异地交流干部往返交通费。建立干部身心健康档案，健全谈心谈话制度；坚持严管与厚爱结合、激励与约束并重，建立健全政策待遇保障和身心健康关怀的工作机制。深入推进“年轻干部成长工程”，积极拓宽干部培养渠道，统筹推进年轻干部、女干部、少数民族干部和党外干部培养选拔。共提拔35岁以下年轻干部42人，提拔女干部39人，非党员干部19人。加大企事业单位与行政单位干部交流力度，交流16名企事业单位领导干部到行政单位任职。

【人才工作】 2019年选派8名党政干部到滨江区挂职学习，选派38名专技人才到滨江区交流学习，借助东西部扶贫协作资源共开展培训18期，共计1596人次。组织实施了“一村多名大学生”计划，招录学员60人。在全县各乡镇累计组织养殖技术培训9场次，培训贫困户1800人次，选派“三区”人才35人，服务于全县26家企业。通过多种形式深入开展“弘扬爱国奋斗精神、建功立业新时代”活动，强化人才政治引领。继续深化党委联系服务专家，对全县15名专家和优秀人才开展走访慰问、休假疗养和健康体检活动。印发《关于落实博士服务团成员、州外选派挂职干部相关待遇的通知》，落实博士服务团成员和州外挂职干部的交通费、生活补助费、艰苦边远地区津贴等补助，激发挂职干部人才活力。实施科技企业创业与培育工程，培育发展州级“星创天地”1家，申报了木艺邦“三年化碧”文化工匠项目、枸杞产业重点人才培养实验与示范基地、恩施州园艺产业人才培训基地等3个州级重点人才项目。组织了恩施州第一届人才创新创业大赛，建始县推选项目分别获创意组二等奖、优胜奖和成长组一等奖。鼓励企业科技创新，完成1个成果转化，转化金额210万元，对枸杞珍酒业等8家企业开展科技创新及新科技成果转化运用的企业给予51万元资金奖励。

【公务员管理】 全县机构改革工作启动以后，积极谋划，配合做好协调沟通、组织动员和业务培训等工作。党委机构由原来的12个调整为10个，减少2个，精减16.7%；政府机构由原来的28个调整为27个，减少1个，精减3.6%；党委政府直属事业单位由原来的10个调整为8个，减少2个，精减20%。涉改单位职责、人员、所属事业单位均转隶到位，其中人员246人，所属事业单位21个。落实公务员职务与职级并行制度，完成全县综合管理类公务员职级套转1050人。上报备案《建始县较高职级职数设置方案》，核定全县三、四级主任科员职数507个。整体推进行政执法类和法官、检察官、法官助理、检察官助理、执法勤务警员、警务技术职务序列改革工作。2019年全县综合管理类共晋升76人，县公安局警员职务共晋升196人。2019年，共招录公务员66名。其中选调生7名，面向村干部招录2名。严格按照《新录用公务员任职定级规定》对93名试用期满公务员任职定级。严格按照《公务员公开遴选办法》等相关规定对2019年省直机关遴选报名人员进行资格审查。按照年度考核的程序、标准和要求开展科级领导干部2018年考核工作。参加2018年年度考核的共680人，评为优秀等次的有136人，评为称职等次的有536人，评为不定等次的有8人。严格执行公务员奖励相关规定。对干部因年度考核优秀、因连续三年考核优秀给予嘉奖和记三等功的奖励，并发放一次性奖金。开展及时奖励工作，申报王光国为“湖北省人民满意的公务员”荣誉称号。严格执行公务员奖励惩处相关规定。及时掌握全县公务员受处理处分情况，并将其作为开展公务员年度考核的重要依据。严格按照处理处分决定进行工资待遇调整。全年办理受处分降低工资待遇2人，受开除处分取消工资待遇12人。严格执行国家和省出台的工资福利政策，严肃发放纪律，无违规发放津贴补贴等情况。严格把握公务员进、管、出等主要环节，按照规定做好辞职、辞退和退休审批工作。2019年，无公务员辞职辞退情况，到龄退休59人，提前退休4人。按照《中华人民共和国公务员法》《公务员登记实施办法》等相关规定，及时申报办理公务员（参公人员）登记手续，无错登漏登、违法登记的情况。按要求开展全县公务员信息系统更新和年报统计工作。

【党员教育管理】 2019年，建始县党员教育培训工作，主要采取“引导集中培训、倡导集体学习、主导自主学习”的方式，扩大学习覆盖面，增强学习实效性。坚持抓好党员领导干部这个“关键少数”，推动以上率下，发挥示范表率作用。依托省委、州委、县委党校、湖北店子坪红色教育基地和杭州市淳安县委党校，采取“请进来、走出去”相结合的办法，开展引导性培训。选派15名优秀村党组织书记到北京、深圳、武汉等地学习，实现360名第一书记、2144名村（社区）“两委”干部和1298名后备干部培训全覆盖；本着“按需施教、学以致用、注重实效”的原则，全年举办党员发展对象、农村创业致富带头人、农村脱贫就业技能等专题培训班27个，受训人员4200人；结合开展第二批“不忘初心、牢记使命”主题教育，把主题教育相关要求贯穿于全县各级党组织教育培训工作任务中；深入推进“两学一做”学习教育常态化制度化，认真落实中央基层减负年要求，依托学习强国、湖北省干部在线学习中心、法宣在线等平台，推动党员学在日常、学在经常、学在平常。

【“不忘初心、牢记使命”主题教育】“不忘初心、牢记使命”主题教育自9月12日开展以来，全县各级党组织同步推进，以县处级以上领导干部为重点，广大党员整体联动，紧扣主题主线高起点布局、高标准推进、高质量整改，较好地实现了理论学习有收获、思想政治受洗礼、干事创业敢担当、为民服务解难题、清正廉洁作表率的目标任务。8月26日工作专班正式组建，逐步形成“1+5+15”的组织机构，成立15个指导组，对主题教育单位实现分类指导全覆盖。建立党员7项工作机制，召开县委常委会会议4次，办公室主任会议3次、指导组培训会议5次，业务培训3次，多层发力高质推进。省委主题教育简报采用建始工作做法5次。在全州率先开设主题教育网络专栏，运用媒体矩阵刊发810余条，平台累计点击量近20万次。协调湖北日报等上级媒体刊发新闻报道40余条。利用“村村响”广播，开展理论宣讲80期，累计时长600余分钟。先学先改打基础，广泛开展“学习英雄张富清、坚守初心担使命”“党旗领航中国梦·脱贫攻坚当先锋”等系列活动“先学起来”。对照专项整治工作重点，摸排为民服务等方面存在的问题短板，梳理确定并整改完成先改事项179个。学习教育强武装，县委常委会建立“思想引领、学习在先”机制。依托湖北店子坪当代红色教育基地、照京坪红色革命文化基地、县档案馆建始记忆展厅等红色资源，320个单位、13000多人接受革命传统教育。党员县领导、各级党组织书记通过辅导学习的形式传达十九届四中全会精神400余场。调查研究践初心，各级领导班子共开展2000多次调研，形成专题调研报告483份；深入基层一线讲党课近700次。检视问题真剖析，结合“精准扶贫话变化·自强不息感党恩”活动，收集问题建议3900余条，覆盖党员群众4万余人次。各级领导班子和成员检视问题2200多个，列出“即知即改、立行立改”问题609个，其中整改扶贫领域问题231个；对照党章党规找出差距不足近5000个。整改落实求实效，持续开展“不忘初心担使命、我为群众办件事”活动，返回家乡、深入帮扶村开展志愿服务3100多次，为民服务解难题8800多件，长梁镇推动“扶贫车间”进小区的做法得到《人民日报》推介。结合脱贫攻坚工作分四次梳理查找专项整治相关问题212个，完成整改问题201个，完成率95%。排查民生领域信访突出问题54个，已完成47个，剩余7个取得重大进展。高质量开展好“不忘初心、牢记使命”专题民主生活会、组织生活会和民主评议党员。

【老干部工作】 2019年3月，根据县级机构改革的统一部署，将县委老干部局由县委组织部管理的机关调整为在县委组织部挂牌，不再保留单设的县委老干部局，在县委组织部内设老干部股。新成立了县委组织部老干部党支部，有党员16人。2月1日，组织召开“喜迎新春、共谋发展”全县离退休干部座谈会；5月，邀请退休干部、地方史志专家讲解《建始红色历史检索》公共课，近300名离退休干部参与学习；9月27日，在船儿岛宣传文化中心举办“与祖国同行，向祖国敬礼”为主题的建始县“风范长者”表扬仪式暨离退休干部庆祝新中国成立70周年系列庆典活动。全年共评选出6名州级“风范长者”和10名县级“风范长者”；9月10—12日，参加州老干局举办的全州离退休象棋比赛，团体获得全州第二名，代小平个人获第二名；10月17日，邀请建始县人民医院、恩施慧益眼科医院组织部开展健康大讲堂进校园公共课暨老年性疾病义诊活动；10月18日，组织全县离休、副县级以上及组织部退休干部到官店镇照京坪“红军村”参观扶贫成果，缅怀老一辈革命先烈。并围绕“回望红色历史，牢记初心使命，践行老有所为”为主题召开座谈会；12月17日，召开2019年度老干部形势通报会。县委书记向红林主持，县长张渊平作经济形势通报，组织部长李世祥汇报老干部工作情况；11月6—8日，在县委党校举办全县老干部工作者、离退休干部党支部委员培训班，86人参加培训。围绕“回望红色历史，牢记初心使命，践行老有所为”和“如何做好老干部工作”为主题召开座谈会。与县教育局联合开展2019年和美建始“生态小公民”暨实践育人主题教育实践活动和“我的家训”征文活动。共评选35篇优秀文章，并从关工委的资金中挤出6000元用于购置奖品。县老年大学坚持政治立校，采取寓教于乐的形式，合理安排教学课程，共开设交谊舞、民族舞、民乐、声乐、京剧、二胡、模特班共7个班，276名在校学员，8名教师，组建了县老年大学夕阳红乐团；建立健全各项管理制度，特别是建立了结业制度，使全县所有老干部均公平享有社会公共资源的权利；同时坚持活动兴校。组织所有学员开展学习讨论“战斗英雄”“时代楷模”离休老干部张富清的先进事迹活动，并撰写心得体会。组织开展县老年大学2019年度“四优”评选表扬活动。举办了县老年大学“迎新年走进小康、夕阳红放飞梦想”——2020年新春元旦文艺汇演。组织学员们参与精准扶贫关爱留守儿童和促进旅游经济出境观光，支持州级口岸建设。

【湖北店子坪红色教育基地】 基地工作始终把政治建设放在首位，突出政治功能、坚定政治方向、坚守政治原则、担当政治责任，以习近平新时代中国特色社会主义思想为指导，认真学习宣传贯彻党的十九大和十九届二中、三中、四中全会精神，逐渐走出了一条以红色教育推动党性锻炼、助推湖北高质量发展的新路子。2019年6月8日，州委书记柯俊专程调研店子坪基地，要求店子坪基地在新时代要彰显新内涵、新作为、新影响，在巩固、提升“三个基地”的基础上，着力将店子坪村打造成全州乃至全省的乡村振兴示范村。县委书记向红林明确提出“要举全县之力支持办好店子坪红色教育基地”，全年先后10余次现场指导、督办建设和教学工作，确保了建设项目按期完成，教学工作有序开展。2019年州委、县委先后整合州、县财政资金和留存党费1700余万元，推进党建氛围营造、茶盐古道维修、“愚公”凿路场景、村级主干道黑色化、农业产业调整和文体场馆、村史馆建设等20余个基地后续项目。2019年3月，基地成功入围“省委组织部专题研讨班培训资格”3年合同期招标单位。2019年10月，湖北店子坪当代红色教育基地培训学校更名为“湖北店子坪红色教育基地”，被中组部列入省（部）级党委（党组）批准的干部党性教育基地备案目录。2019年基地承接培训学员7083人次。

（张弟彩）

宣传工作

【概　况】 2019年，全县宣传思想文化工作坚持以习近平新时代中国特色社会主义思想为指导，牢固树立“四个意识”，坚定“四个自信”，做到“两个维护”，按照党中央、省委、州委的决策部署，以庆祝新中国成立70周年为主线，围绕县委、县政府中心工作，自觉承担起举旗帜、聚民心、育新人、兴文化、展形象的使命任务，为打赢“四大战役”、建设“和美建始”提供坚强思想保证和强大精神力量。

【宣传思想文化工作】 深入学习宣传贯彻习近平新时代中国特色社会主义思想，推动党的创新理论走深走心走实。坚持以习近平新时代中国特色社会主义思想为引领，以“不忘初心、牢记使命”主题教育为契机，以县委理论学习中心组为主抓手，结合实际开展集中学习18次，集中研讨6次，请专家授课3次；实现“双宣讲”活动全覆盖，开展党的十九届四中全会精神宣讲16场次；聚焦精准扶贫、精准脱贫，在村（社区）组织开展840多场“精准扶贫话变化、自强不息感党恩”等百姓宣讲活动。宣讲工作成为州委宣传部表扬建始县的又一特色亮点工作。加强理论研究，在州委党校、州社科联主办的研讨会上，各两篇论文获得一、二等奖；建始县“学习强国”平台推广使用在省委宣传部《宣传工作》上刊发。

【意识形态工作】 牢牢掌握意识形态工作领导权、主导权和话语权。县委全会审议通过《建始县防范化解意识形态领域重大风险工作方案》，县委常委会研究部署意识形态相关工作10次；严格落实“五纳入三报告”制度，严格执行联席会议、风险研判制度，全年召开4次联席会议，对意识形态领域风险研判11次，对“3·14”专案等重点事项建立专项联合研判机制。开展关键信息基础设施网络安全风险排查整改和网络生态综合治理专项行动，开展网络安全宣传教育，研判处置工作机制，全年形成专报20期，月报8期，周报18期。在疫情防控期间，积极拓宽群众诉求渠道，主动收集社情民意，在全州率先开设求助平台，处理群众关注热点难点问题2863个。发挥网信部门分析、预警作用，每天将当日诉求处置情况汇总形成专报，提出工作建议，为防控指挥决策提供参考，共形成专报66期。

【舆论引导】 以庆祝新中国成立70周年为主线，以融媒体中心建设为抓手，聚焦“三大攻坚战”，讲好“建始故事”，传播“建始声音”，进一步凝聚人气，提振士气。坚持典型示范，做大做强向上级推荐报送先进典型的“摇篮”，持续开展“建始好人”评选表彰活动，袁金芝被评为“中国好人”，王光国被评为“第七届湖北省道德模范”，段丙英获评“感动恩施”年度人物，万其珍获“第七届全国道德模范”提名奖，李小英、赵师伟夫妇获2019年“感动恩施年度人物”提名奖。坚持舆论引领，唱响建始主旋律，和上级主流媒体衔接，有重大选题主动联系建始，推出了一批有影响的外宣报道。《学习强国》刊发建始县《“声”情告白湖北建始儿女：我爱你，中国！》，《焦点访谈》栏目专题采访报道百年义渡事迹，《湖北日报》专栏宣传王光国的先进事迹，省两会期间县人大代表接受湖北日报融媒体访谈，中央网信办主办的“看美丽乡村　庆70华诞”斗鱼直播节目走进店子坪红色教育基地，中国青年报社、网易集团联合对外推出的融媒体视听节目《乡间的行者》走进建始县进行实景拍摄录制。全年在中央级主流媒体推出64条，省级主流媒体推出110条，州级媒体推出3100条，融媒体中心在州级媒体用稿排名前进3位。

【新时代文明实践】 推进乡风文明建设持续有效深入开展。坚持培育和践行社会主义核心价值观，围绕新时代文明实践活动，出台实施方案，在全县范围内组建“1个总队+3个志愿团队（思想引领志愿团队、爱心帮扶志愿团队、文明养成志愿团队）”的文明实践志愿服务队伍，围绕“五聚焦”重点内容，紧扣人居环境整治，推进乡风文明建设。茅田乡、县档案馆、县残联、县医保局、县人民医院、县中医院等根据地域、行业特点成立的志愿服务队深入村（社区）积极开展志愿服务活动，得到广大人民群众认可。高坪镇“文明银行”做法在《恩施州推进乡风文明建设三年行动方案》中推广，并被省文明办作为经验亮点向中央文明办报告。2019年7月17—18日，省委常委、宣传部长王艳玲赴建始县调研宣传思想文化工作，对“两个中心”建设工作给予了肯定。

【提供高质量文化产品】 组织“文艺轻骑兵”送戏下乡演出75场，开展群众文化活动800余场。完成农村公益电影放映4428场次。在全县开展“讲好建始故事”活动，在“讲好恩施故事”活动中获一等奖。土家音乐剧《黄四姐》获得湖北省第十届精神文明建设“屈原文艺”优秀奖；组织州级非遗项目高腔山歌《没得鞋穿问哪个》到中央电视台进行录制播出；创作制作红色革命歌曲4首。组织参加恩施州在深圳举办的文化招商活动，推介文化产业招商项目1个；新增文化产业进规入统项目2个，全民健身文化活动中心正在抓紧建设，文化产业增加值占GDP的比重同比增长13%。检查经营单位110多家次；牵头组织开展“扫黄打非”五大专项行动，开展“扫黄打非”进基层活动，创建省级规范化试点1个。

（房　青、高　洁）

统战工作

【概　况】 2019年，全县统战工作以习近平新时代中国特色社会主义思想为引领，牢固树立“四个意识”，坚定“四个自信”，做到“两个维护”，全面贯彻落实全国、全省、全州统战部长会议精神，不断完善工作体制机制，积极破解重点难点问题，切实推进统战各领域工作，为推动建始经济社会高质量发展贡献统战力量。

【健全工作机制】 全县机构改革后，及时调整了以县委书记为组长的统战工作、对台工作、宗教工作等领导小组，开展党员领导干部与非公企业、非公经济人士、党外干部、新的社会阶层人士等联谊交友活动，统战工作联席会议、民主政治协商、政治引领教育、督办检查考核等工作制度机制运转有效，统战基层工作网络进一步健全。

【强化政治引领】 始终把政治性作为第一属性，牢牢把握统战工作正确政治方向，突出教育培训和政治引领，不断夯实团结奋斗的共同思想政治基础。举办主体班一期，深入企业宣讲政策理论及法律法规5次，开展调研8次，召开党外知识分子领导班子座谈会1次，组织3名非公经济代表人士参加北京支持西部地区人才培训班，推荐4名党外干部参加2019年秋季学期党外干部培训班，推荐7名副科级以上党外干部参加全州2019年度党外干部培训班，推荐3名新的社会阶层人士赴杭州参加党外人士专题培训。

【代表队伍建设】 更新完善党外代表人士人才库和党外干部名录，全县共储备非党后备干部140人，其中副科级以上非党领导干部28人，选配非党领导干部任政府组阁局局长、人大办副主任、政协办副秘书长各1人。推荐2名非公经济人士增补为县政协委员；县法院、检察院领导班子按要求各配备了1名党外干部。加强党外知识分子和新的社会阶层人士队伍建设。成立新的社会阶层人士联谊会并召开第一次会员大会，截至年底，共有59名会员。县知联会“潇潇”读书会举办读书活动32期，参加学习人员达1300人，联合县民族医院举办健康扶贫“百千万”主题义诊活动，让更多的健康扶贫相关政策惠及农村建档立卡贫困人口，助力全县脱贫攻坚。

【助力招商】 积极探索“统战招商”新模式，加强指导乡镇商会、行业商会建设，充分发挥异地恩施商会建始籍会员的桥梁、纽带作用引资引智引才，开展以商招商，县委统战部部长先后8次赴北京等地开展招商引资活动，推荐建始县优质项目及宣传建始县招商引资等相关政策，热情接待到建始考察投资兴业人士。指导各个乡镇成立商会，成立建始县非公经济投诉服务中心，举办建始籍在外代表人士“同心筑梦·助力建始”新春联谊会，为全县招商引资牵线搭桥。对“千企帮千村”精准扶贫行动进行全覆盖督查1次。

【民族宗教工作】 巩固提升“全国民族团结进步创建活动示范县”成果，加强对318国道示范长廊巩固提升改造，加大209国道示范创建长廊和大茅田、石门河、青里坝等村的特色村寨建设。加强“616”工程和对口支援市沟通对接，积极争取结对帮扶项目落实落地。加大民族民间文化弘扬传承力度。将宗教工作纳入全县意识形态、大党建和综治工作考核的内容；将宗教理论、方针政策、法律法规纳入县委党校（行政学校）主体班教学培训内容，培训3期学员。编印《宗教政策法规读本》等学习资料3000余册，分发到全各乡镇、村宗教工作干部、宗教教职人员和宗教活动场所；组织全县党员干部开展宗教知识测试1次；开展宗教工作督查2次，进一步做好中央宗教工作督查“回头看”反馈意见整改工作。

【港澳台及海外统战工作】 坚持“和平统一、一国两制”方针，推动两岸关系和平发展。加强“国台办惠台31条”“省台办惠台62条”措施和居住证办理等惠台政策学习宣传，推进两岸民间交流交往，促进心灵契合。优化服务水平，走访慰问“三胞三属”24户、发放慰问金1.4万元。热情接待港澳台同胞19人，到台企深入调研2次，为台胞台属提供服务5次，为台胞马某解决临时救助金2000元；积极协调台企（亿科田园）在建始落地，协调景阳镇、县自然资源和规划局、县招商中心等部门办理台企落地手续。

县委办公室

【概　况】 2019年，县委办公室围绕县委中心工作，狠抓精细化管理，务实重行，开拓创新，在参谋辅政、精文减会、机要保密、脱贫攻坚等方面做了大量的工作，较好地完成了各项目标任务，为推进县委各项工作、助推县域经济高质量发展作出应有的贡献。

【基层减负】 贯彻落实党中央关于“基层减负年”的相关要求，紧盯文山会海、督查检查考核过多过滥等问题，牵头开展形式主义、官僚主义问题专项整治，扎实开展减文、减会、减督查考核、减陪同等工作。全年县委及县委办公室下行文同比下降49.5%，县委召开会议同比下降33.3%，全县督查检查考评事项由2018年度的134项精简为51项，下降61.9%；全县责任书（状）签订、“一票否决”事项设置、基层挂牌等事项全面规范，为基层减负取得实质效果。

【督查考评】 坚持把跟踪督办、狠抓落实作为办公室工作的重中之重，充分发挥督查考评“指挥棒”和“风向标”作用，强力推动县委决策部署落到实处。建立县领导领衔督查和县委督查室列席县委常委会、参与县委领导调研检查等制度，构建“一把手”亲自督、督“一把手”的督办机制；根据省委、州委2019年督查工作计划，紧扣全县重点、难点、焦点问题和领导交办的重大事项，超前部署、超前谋划、超前安排，将深入推进全面从严治党、全面深化改革、意识形态、脱贫攻坚等51项重点工作纳入督查计划；坚持明察暗访与回访督查相结合、专项督查与联合督查相结合，改进督查方式，强化督查震慑，全年共开展各类督查137次。同时，高度重视上级交办件督查办理，共办结县级以上领导批示件65件次，办结率97%（其中2件因涉法涉诉未办结）。

【脱贫攻坚】 认真落实县直机关扶贫牵头责任，带领16个县直单位结对帮扶业州镇。县委办公室机关干部驻村帮扶业州镇当阳坝村、杉木村，严格落实主要负责人“3+2”工作制度，帮扶责任人自9月起落实“两天一夜”驻村帮扶责任，紧扣“两不愁三保障”脱贫标准，全面落实各项扶贫政策，新派驻村帮扶干部2名，扎实整改上级巡视巡察反馈和自查自纠问题，帮助当阳坝村苹果桃产业实现丰产丰收畅销。认真组织“精准扶贫话变化·自强不息感党恩”等活动，2019年，所驻两个村全部达到“两不愁三保障”“两个确保”脱贫要求，顺利通过贫困县退出州级初审。圆满完成全国易迁工作现场会长梁参观点协调等工作。

县委政策研究室

【政研工作】 2019年，完成《中共建始县委关于进一步激励干部担当作为、干事创业的实施意见》起草，并在县委十五届六次全会审议通过；坚持发展第一要务、安全第一责任，深入开展调查研究，围绕防范化解重大风险召开县委全会，并协调组织各相关单位制定具体工作方案；围绕县委重大决策部署，高质量完成全县经济工作、脱贫攻坚、政法工作、教育工作、党建工作、“不忘初心、牢记使命”主题教育等重要文稿起草100余篇。

【改革工作】 坚持“四个亲自”，聚焦“四个着力”，狠抓“三督三察”，突出责任落实、突出问题导向、突出督察推进、突出经验推介、突出精准发力、突出红利共享，破解发展瓶颈，释放改革动力，扎实推进全面深化改革工作。2019年谋划的92项改革事项全面展开，全年基本实现年度改革目标。

【财经工作】 全面对标党政机构改革工作要求，在县委主要领导的亲自部署、亲自协调下，组建县委财经委，建立健全党委抓经济工作体制机制，制定《中共建始县委财经委员会工作规则》《中共建始县委财经委员会办公室工作细则》，召开财经委员会研究部署全县经济工作，把方向、管大局、定政策，压紧压实党对经济工作的领导责任。充分发挥县委财经办公室“中枢”作用，及时、准确、全面地掌握各级经济工作方针和决策部署，准确把握经济发展大势，紧密结合本县实际，提出贯彻落实建议。做好重大经济工作的推动落实、重大经济问题的化解处理、重点任务的跟踪督办、专题调研的组织协调，确保政策落地、任务落地、责任落地。

（曾煜彤）

巡察工作

【概　况】 2019年，县委巡察工作以十九届中央巡视工作要求和全国市县巡察工作推进会精神为指导，深入贯彻《关于推进全省巡视巡察工作高质量发展的意见》，坚定不移深化政治巡察，充分发挥巡察利剑作用，推动巡察工作高质量发展。

【落实巡察主体责任】 2019年，县委常委会12次研究部署巡视巡察工作，传达学习全国、全省巡视巡察工作会议及有关领导重要指示批示精神，县委中心组5次集中学习巡视巡察新精神新要求。督促建立县领导参加巡察反馈会制度。选优配强巡察办和3个巡察组人员，安排县委巡察办主任常规列席县委常委会，及时掌握县委决策部署，有力推进政治监督。

【政治巡察】 推进巡察全覆盖。按照《关于推进全省村（社区）党组织巡察全覆盖的指导意见（试行）》要求，制定县委《2017—2021年巡察工作规划》，将本届县委巡察全覆盖的81个巡察对象分年度计划实施，自2016年巡察启动以来，已开展8轮常规巡察和3轮专项巡察，完成37个县直单位党组织和10个乡镇（295个村、社区）的巡察，全覆盖率达58%。坚持“三个聚焦”，精准发现问题。2019年，县委各巡察组聚焦“贯彻落实党的路线方针政策和党中央决策部署情况，聚焦群众身边腐败问题和不正之风，聚焦基层党组织软弱涣散、组织力欠缺”开展巡察监督。2019年开展3轮常规巡察，着力发现被巡察党组织贯彻落实上级决策部署不到位、领导核心作用发挥不充分、基层组织建设薄弱、党内政治生活不严肃、形式主义、不作为慢作为等问题481个，向县纪委监委移交问题线索12件。按照《关于建立巡视巡察上下联动监督网的指导意见（试行）》要求，州委统筹、上下联动，县委组建5个巡察组抽调140人开展精准扶贫、脱贫攻坚、基层党建专项巡察“回头看”，深入10个乡镇295个村，座谈931人次，召开屋场会、村民小组会56次，发现基础设施建设短板、人居环境整治不力、易迁拆旧复垦不到位、政策落实不力等方面问题1696个，向县纪委监委移交问题线索8件，完成对乡镇、村（社区）全覆盖任务。巡察组充分运用“互联网+精准扶贫监督平台”“全面从严治党主体责任监督平台”“检举举报平台”，发现县残联残疾人两项补贴发放不规范、县经管局农村集体经济组织成员身份确认把关不严等问题线索。

【巡察整改】 落实分管县领导出席反馈会制度，及时向分管县领导反馈巡察情况，向被巡察单位党组织书记和领导班子反馈巡察意见，压实被巡察单位党组织整改主体责任和书记第一责任人责任，问题线索移交县纪委监委，巡察建议交办相关部门。综合整改完成率达94%，确保整改实效。对上级巡视巡察反馈问题整改情况督查督办。针对中央脱贫攻坚专项巡视反馈湖北省的“4类14项56种表现形式”，举一反三，在全县摸排出38个方面1148个点上问题，全部整改完成；2019年州委第三巡察组精准扶贫、基层党建专项巡察“回头看”向建始县反馈1602个问题，整改1433个，整改完成率89.5%。对本级巡察反馈意见整改情况回访督查。2016年以来县委各巡察组向37个县直单位10个乡镇党组织反馈面上问题2879个，督促整改2506个，373个正在整改（其中向县直单位党组织反馈1183个，整改994个，189个正在整改；向各乡镇党委反馈1696个，整改1512个，184个正在整改），整改完成率87%，提出巡察建议256条，指导修订完善制度482项，退赔资金12.29万元，无敷衍整改、虚假整改。巡察工作启动以来，县纪委监委根据巡察移交的144件问题线索组织处理75人，立案审查25人，党纪政纪处分19人。

【专项治理】 督促各被巡单位全面整改、立行立改，推动开展专项治理，改革创新，把巡察成果落实落地。县粮食局加强国有资产管理，加快机关综合办公楼还建工程进度，缴纳2.97万元城市基础设施配套费，确保国有资产不流失。县民政局对民政系统干部及直系亲属享受民政救助政策开展专项治理，涉及民政干部25名，主动退缴资金8.6万元，移交纪委追责6人，其中严重警告2人，开除党籍1人。县供销社加强社有资产管理，对无偿占用办公用房及时清理腾退，对闲置办公用房实行有偿租用，化解历史遗留问题。针对巡察反馈“跨年度审批救助不精准”问题，指导县总工会在全州率先对救助对象进行大数据比对，全面清理核查，全额追回救助资金2.4万元上缴专户。县自然资源和规划局关闭非法采石打砂点114处，移送司法机关2人，收缴罚没款25万元，建立打非治违长效机制，全县矿产资源开发管理秩序得到根本性好转。

【巡察宣传】 加大对巡察工作宣传，积极争取社会各界对巡察工作的理解和支持。对巡察发现的形式主义、官僚主义问题开展专项整治，不断提高困难群众幸福感获得感，巡察成果在恩施州《风清气正看恩施·大力整治形式主义、官僚主义，推动脱贫攻坚落地见效》栏目推广。通过开展师德师风专项巡察，2019年全县中考成绩达到恩施高中线214人，比2018年增加122人，增长133%，高考上一本线397人，比2018年增加108人，增长37%，社会各界对全县教育满意度明显提升，巡察成果在恩施州《风清气正看恩施·巡察带来的师德师风之变》栏目播出。在全国第一期县级巡察办主任培训班研讨交流会上，将恩施州及建始县的好作法与各位代表交流，汇报涉及群众身边不正之风和腐败问题案例即建始“农饮”项目专项巡察成效初显，被作为湖北和安徽两省五个特色案例之一上报到中巡办。

县委党校、建始县行政学校

【主题教育培训】 2019年，围绕决战决胜脱贫攻坚战、庆祝建国70周年、开展“不忘初心、牢记使命”主题教育大局，积极发挥理论宣传主阵地、干部培训主渠道、党性锻炼大熔炉的作用，举办村（社区）党组织书记培训班、党员发展对象培训班、团干部教育培训班、党政干部履职能力提升培训班等16个班次的培训，共培训学员2716人，为历年来最多班次、最多人数。党的理论教育和党性教育课时占到总课时的70%以上，其中党性教育占比超过了20%。

【自身建设】 为了提升校内师资教学水平，校委会通过实践调研、原著研讨、备课讲评等有效方式，组织全体教师看现场、读原著、开展集体备课，对经济社会发展中的突出问题与难题，进行研究与思考。2019年，在中共恩施州委党校、恩施州社会科学界联合会联合主办乡村振兴与高质量发展暨党校系统第30届理论研讨会上申报论文13篇，获一等奖2篇、二等奖2篇、三等奖6篇的优良成绩。在2019年恩施州党校系统科研课题上申报6篇，取得立项5篇，结题5篇的优异成绩。与此同时，学校教师以研促教，将调研内容、学习内容很好的转化为党校课堂知识，不论是最新的四中全会精神，还是乡村振兴中的新变化，党校课堂专题更新率比往年有较大提升，参训学员一致反馈授课内容紧跟新时代发展脉搏。

【精准扶贫】 为保障后塘村全体村民吃上干净的自来水，组织资金10余万元，维修水池1口、修建单户水窖26个、配送管网2500米。协助实施农网改造工程，新增变压器1台，更换破损电线杆32根，解决100多农户生产生活用电不稳问题。开展路面硬化、公路改造5.3千米，56户农户摆脱了常年走泥巴路的困境，硬化3条村小组循环路，村民出行更为便捷，维修改造2条村小组主干路，平整2千米路基，周边村组村民出行更安全。

【开展培训】 3月10日，县委组织部与县委党校联合举办为期3天的2019年村（社区）党组织书记主体培训班，培训学员403人。4月11日，县委组织部与党校共同举办为期2天的村（社区）两委培训班，培训学员986人。5月14日，为期2天的全县人民陪审员培训班在党校举办，培训学员119人。5月16日，全县青年干部专题集中研讨座谈会在县委党校召开。6月12日，为期3天的2019年度第一期党员发展对象培训班在党校举行，培训学员42人。6月20日，为期2天的党政领导干部生态环境主体责任培训班在党校举行，培训学员54人。6月25日，为期3天的2019年女干部履职能力培训班在党校举行，培训学员77人。8月21日，由党校承办，为期3天的2019年县直单位党组织书记及派聘村党组织书记主体培训班在县文化宣传中心（船儿岛）举行，培训学员294人。9月16日，为期4天的2019年全县非公有制经济组织和社会组织党建指导员、党组织书记培训班在党校举行，培训学员91人。9月16日，由党校承办，为期1天的民族宗教政策法规培训班在县民宗局举行，培训学员60人。9月22—28日，为期7天的杭州市滨江区与建始县东西部协作党组织书记、第一书记主体培训班在杭州市滨江区市委党校举行，培训学员97人。10月29日，为期2天的2019年度团干部教育培训班在党校举行，培训学员68人。11月6日，为期3天的2019年老干部工作者、离退休干部（老年）党支部委员培训班在党校举行，培训学员85人。11月6日，为期3天的2019年度第二期党员发展对象培训班在党校举行，培训学员36人。11月7日，由党校承办，为期4天的纪检监察干部能力提升培训班在县纪委举行，培训学员127人。11月

12日，为期5天的党政干部履职能力提升培训班在党校举行，培训学员82人。

（聂佳怡）

信访工作

【概　况】 2019年，到县上访共1030批2655人次，同比分别下降6.02%、上升41.22%；到州上访共43批56人次，同比分别下降53.76%、50%；赴省上访41批47人次，同比分别下降54.94%、65.18%；进京访共74批80人次，同比有所上升。

【推行“只访一次”】 印发《建始县“让信访群众只跑一次”工作实施方案（试行）》，最大程度缩短信访群众上访路径，最大力度化解群众合理诉求。立足于有问必答、有求必应、有难必帮，全面优化网上信访工作流程。对一般性政策咨询类问题及时解答。对求决类问题，依据相关政策，通过信息平台，及时转交责任单位进行办理和回复。对反映的重大问题，通过网上交办、电话交办等形式处理，并跟踪督办，确保信访人反映的问题得到及时处理和回复。对所有经过甄别的有效的网上投诉，全部及时回复。对初次网上投诉事项实行全程跟踪，督促处理。转办一周内通过网上或电话了解掌握案件的受理情况，一个月内调度一次办理情况，两个月内进行实地督导检查，并明确办理结果。对重复网上投诉事项，要求首办责任人在第一时间了解掌握属地办理情况，并每周调度一次，根据办理情况，提出指导意见。紧盯精准扶贫、劳动保障、征地拆迁、房地产开发等重点领域突出问题，通过“请上来”听汇报或“走下去”实地督导，有效传导工作压力，压实属地责任和责任单位的化解责任，提高办结率。2019年，在湖北省阳光信访工作平台登记各类信访件1486件，其中国家局登记252件，省信访局登记316件，网上信访件1160件，网信占比78%，较2018年同期上升3%，“数据多跑路，群众少跑腿”的目标基本达成。及时受理率、按期办结率、信访事项办理回访属实率均为100%，责任单位满意率97.55%，信访部门满意率97.14%。

【开展积案攻坚】 2019年，通过梳理，勾选出了信访积案144件（含州县主要领导“双签双交”28件），经县委常委会议审核通过并行文包案。2019年以来，上级通过各种渠道交办案件155件，其中国家信访局、省局、州局在阳光信访平台交办31件（其中国家局督办件2件、省局督办件5件、州局督办件4件），省委巡视组交办105件（剔除重复件，有效案件69件），恩施州纪委监委纸质交办6件，州信访局纸质交办双签双交事项13件（含州领导包案6件）。上述155件均按照“一案一卷”“一案一报告”的工作要求向国家、省、州回告办结，其中州级双签双交、州纪委交办案件、各级平台交办案件化解率全部为100%，化解率比去年同期高出25%。2019年县本级通过阳光信访工作平台勾选，梳理出24件矛盾攻坚事项并交办到相关责任单位，全部办结销号，化解率100%。

【推进领导“三访”活动】 2019年度，持续开展领导干部“三访”（领导接访、干部下访、党员走访）活动，30名县领导值班接访292次，共接待411批695人次，现场签批交办16批，受理转办56件，领导下访约访212人次，对群众反映强烈的重点疑难信访问题，通过召集各部门联合接访或牵头协调现场处置294件。同时，实行重点信访事项县领导包案处理工作机制，对144件信访突出问题交由县领导包案、督办和化解。县委、县政府领导牵头召开专题会议18次，研究具体案件44件；县信访工作领导小组专题研究信访工作、信访案件6次，研究案件100余件，出台会议纪要28份，使用解难资金40余万元，解决30件疑难复杂信访问题（其中21件使用解难资金）。

【助力平安】 信访矛盾排查形成常态，按照“属地管理、分级负责，谁主管、谁负责”的原则，全县各级各部门定期开展矛盾纠纷，在“建国七十周年大庆”“军运会”等重要节日、会议期间，对诉求具有一定合理性但尚未完全化解的信访积案进行全面梳理，交由相关乡镇和职能部门限期化解，对县委常委会议、县政府常务会议、县信访工作领导小组已经研究议定的事项，由县委县政府组织专班督办落实。

机构编制

【全县机构改革】 2月27日召开建始县机构改革协调会和动员会，2月28日中共建始县委、建始县人民政府印发《关于建始县县级机构改革实施意见》，3月底全县党政机构改革基本完成。根据《关于建始县县级机构改革实施意见》，党委机构由原来的12个调整为10个，减少2个；政府机构由原来的28个调整为27个，减少1个；党委政府直属事业单位由原来的10个调整为8个，减少2个。机构改革后，全县共设置行政机构65个，其中县直行政机关55个，包括党委部门20个（含设在党委部门的议事协调机构的办事机构10个），县政府工作机构27个，县人大常委会机关1个，县政协机关1个，群团机关6个；乡镇行政机关10个。全县共设置事业机构446个（其中正科级机构30个，副科级机构27个）；参公事业单位31个（其中县委、县政府直属事业单位4个、部门直属事业单位27个）；普通事业单位334个（其中县委、县政府直属事业单位4个，部门直属事业单位157个，乡镇直属事业单位10个，部门管理乡镇事业单位60个，乡镇中小学103个）；乡镇公益性服务机构（乡镇改革转制事业单位）81个。

【人员编制】 全县核定编制总数为10561名。核定行政编制1893名，其中县直党政群机关行政编制738名、政法专项编制370名（公安297名、司法48名、森林公安局25名）、乡镇党委政府行政编制785名（含待分配编制210名）。核定工勤编制34名。核定事业编制8634名，其中全额事业编制6871名、差额事业编制1308名、自费事业编制（含上级拨款事业编制）455名。全县行政机关、事业单位和乡镇公益性服务组织实有人员9463人。党政机关实有人员1685人（在职在编人员1618人、非在编人员67人），其中党群系统在职在编1241人，政法系统在职在编实有人员343人。事业单位实有人员7320人，其中参公事业单位实有在编人员269人，普通事业单位实有人员6593人（在职在编人员6557人，非在编人员36人），乡镇公益性服务机构（乡镇改革转制事业单位）实有人员（非在编）458人。

【机构编制管理】 执行中央、省、州关于严格机构编制管理的各项规定，不断加强和完善机构编制管理工作，严肃机构编制纪律。牢固树立为全县经济社会发展服务、为重点行业和重点领域服务的工作理念，在认真调查研究、准确掌握实情的基础上，积极推行“总量控制、动态管理”的编制管理机制，全县各单位、各类编制均实现了总量不突破、人员不超编的目标。遵守机构编制相关政策和规定，严格控制上级核定的县、乡机构编制总量的同时，根据全县重点工作总体部署和部门职能变化，适时调整、优化原有机构编制核定方案，优化事业单位布局结构，用好用活编制资源，做到控制与调整并重、管理与服务并重，充分发挥机构编制工作在经济社会发展中独特的“杠杆作用”。2019年召开3次县编委会议，就全县机构改革等事项进行研究，研究审定了县级机构改革需要进一步明确的机构编制事项，明确县直行政机关工勤编制及部分事业单位的编制事项，综合行政执法队伍改革等，研究审定了部分单位呈报的43项机构编制事宜，形成县编委会议纪要3份。共办理招考录用、转业军人安置、县外调入、在职人员调动调编手续等259批次，办理调出县外、离退休等下编手续410人次。

【编制政务公开】 每月对湖北省机构编制信息公开平台上传更新机构编制信息一次，更新内容主要有机构编制总体情况及机构编制和实有人员增减变化情况。人员信息变更、出错信息更正等23人次。接待、解答、处理人民群众的查询、咨询、质疑及投诉，通过答复处理网上咨询投诉，让网民感到自己的意见得到重视，在互动中宣传和引导网民理解党和国家的各项方针政策，为群众及时了解相关信息提供方便。

【统一社会信用代码办理】 2019年，全县继续全面实行事业单位网上统一登记管理，事业单位在申请设立登记、变更登记、注销登记、证书补（换）领和年度报告前，到县事业单位登记管理机关领取登录二维码，采用图片管理的方式登录“事业单位在线”网站，按程序填报相关申请资料；县事业单位登记管理局对事业单位的登记申请进行受理、审核、核准，通过后通知事业单位携纸质资料办理材料复核的换发证书事宜。县事业单位登记管理局办理事业单位设立登记时，使用新版“事业单位法人证书”，按“代码制度建设总体方案”的要求，赋予事业单位法人存续期间保持不变的统一社会信用代码；全县事业单位实行年度报告直接公示。2019年，全县已完成379个单位的年度报告，设立登记13个单位、变更登记73个单位、注销登记3个单位。

【单位改革】 2月27日，县委召开建始县机构改革动员会。28日，中共建始县委、建始县人民政府印发《关于建始县县级机构改革实施意见》。3月12日，对新组建、重新组建21个单位进行了集体挂牌。3月15日，对涉改单位下发《人员转隶通知》，将职责、人员、所属事业单位转隶到位。涉及人员转隶共246人（其中党政部门涉及144人，直属事业单位涉及102人），涉及随职责整体划转相关单位所属的事业单位21个。

（刘艳华）

建始县人民代表大会

重要会议

【县十八届人民代表大会第四次会议】 12月17—19日，建始县第十八届人民代表大会第四次会议召开。会议通过县人民政府工作报告和县人大常委会、县人民法院、县人民检察院的工作报告以及其他报告，作出相应的决议、决定。补选县监察委员会主任、县第十八届人民代表大会常务委员会委员。当选的县监察委员会主任和县第十八届人大常委会委员进行宪法宣誓。会议对事关全县改革发展稳定大局和人民群众切身利益的重大问题，提出许多十分宝贵的意见和建议。会议还对乡镇、县直部门进行民主测评，通报表扬2019年代表建议办理优秀单位和先进个人。

【县人大常委会会议】 2019年3月29日，县十八届人大常委会第20会议召开。会议听取和审议了县人大常委会2019年工作要点（草案）、县人民政府关于农村饮水安全工作的报告和县人大常委会执法检查组关于检查《湖北省乡镇人民代表大会工作条例》贯彻实施情况的报告，会议还审议了人事任免议案。

2019年5月31日，县第十八届人大常委会第21次会议召开。会议审议了人事任免议案，任命周和平为县监察委员会副主任、代理主任，万方荣为县自然资源和规划局局长，免去李世祥的县人民政府副县长职务。

2019年7月30日，县第十八届人大常委会第22次会议召开。会议学习了习近平总书记对地方人大及其常委会工作的重要指示，传达学习了全省“代表行动”推进会精神，听取和审议了县人民政府关于2019年上半年国民经济和社会发展计划执行情况的报告、2019年上半年财政预算执行情况的报告以及2019年预算调整的议案，会议还审议了县人民政府关于建始县城市规划总体规划（2012—2030，2016年修改）的议案和部分人大代表辞去县人大代表职务的请求，审议通过了人事任免议案。会议决定接受曾玉平辞去县第十八届人民代表大会常务委员会副主任职务，接受赵学成、赵诗菊辞去县第十八届人民代表大会代表职务。会议任命曾玉平为县人民政府副县长；免去崔绍才县第十八届人民代表大会常务委员会办公室副主任职务。

2019年10月31日，县第十八届人大常委会第23次会议召开。会议传达了州人大常委会关于全州民生实事项目人大代表票决制工作会议精神；审议并批准了县人民政府关于2018年县级财政决算、2019年预算调整的议案；听取和审议了县人民政府关于2018年度预算执行和其他财政收支的审计工作报告、县十八届人大三次会议代表建议办理情况的报告；审议了县人民政府关于建始县县树县花的议案并作出决定；审议通过了县人大常委会《关于确定补选县乡两级人大代表选举日的决定》；审议了人事任免议案。决定任命：柳运清为县第十八届人民代表大会常务委员会农业农村工作委员会副主任，刘涛为县人民法院审判员，向巍为县人民法院审判员。决定免去：刘红英县第十八届人民代表大会常务委员会农业农村工作委员会副主任职务；汪海涛的县人民检察院检察员职务；蒋明辉的县人民检察院检察员职务；黄建军的县人民检察院检察员职务；王祖顺的县人民检察院检察员职务；戴兵的县人民检察院检察员职务；雷方才的县人民检察院检察员职务；周志的县人民检察院检察员职务；彭成坤的县人民检察院检察员职务；刘灵怡的县人民检察院检察员职务；谭黎明的县人民检察院检察员职务；熊晓燕的县人民检察院检察委员会委员、检察员职务；万小龙的县人民法院审判员、红岩寺人民法庭副庭长职务；刘有平的县人民法院审判员职务；张景凡的县人民法院审判员职务；黄海军的县人民法院审判员职务。

2019 年 11 月 29 日，县第十八届人大常委会第 24 次会议召开。会议审议并批准县人民政府关于 2019 年预算调整的议案；审议通过《县人大常委会加强国有资产监督工作实施办法》；审议调整县第十八届人大常委会代表资格审查委员会组成人员；听取关于补选代表的代表资格审查情况的报告；审议通过关于召开县第十八届人民代表大会第四次会议的决定；听取县第十八届人大四次会议筹备工作报告；审议县十八届人大四次会议议程和日程及相关名单（草案）；听取和审议 2019 年度拟受表扬的代表建议办理工作先进单位和先进工作者的建议名单、县人大常委会工作报告（送审稿）和人事任免议案。决定任命：赖栋才为县人民政府副县长；田小林为县监察委员会委员；庹庆庸为县监察委员会委员。决定免去：余建军的县人民政府副县长职务；覃舜虎的县监察委员会委员职务。决定撤销郑江的县人民检察院检委会委员职务。

2019 年 12 月 16 日，县第十八届人大常委会第 25 次会议召开。会议审议通过关于接受覃正炜辞去恩施州第八届人民代表大会代表职务的请求；补选沈浩然为恩施州第八届人民代表大会代表；审议人事任免议案，决定任命李明桥为县人民检察院检察员。

人大工作

【工作概述】 2019 年，县人大常委会坚持把思想政治建设放在首位，不断用党的理论武装头脑。把传达学习习近平总书记重要讲话精神、中央、省委、州委重要会议和重要文件精神，县委重大决策部署作为党组会议、主任会议第一项议程，第一时间推动落实。部署开展学习、贯彻习近平总书记关于坚持和完善人民代表大会制度重要思想的专题活动。扎实开展“不忘初心、牢记使命”主题教育，召开主题教育专题党课、调研成果交流会等。领导班子成员上党课 10 次，形成专题研讨报告 5 篇。认真落实意识形态工作责任制，严格执行“五纳入三报告”制度和重大风险排查制度。坚持民主集中制，对重大事项集体研究把关，切实履行把方向、管大局、保落实的政治领导责任。县人大常委会始终把人大工作置于县委的领导之下，在指导思想上，工作部署上，不折不扣执行县委决定。监督工作、代表工作、人事任免、重要会议等都体现与县委思想同心、政治同向、行动同步。作出决议决定、组织重大活动、开展重要工作及时向县委请示报告。县人大常委会 2019 年工作要点、“代表行动”活动、人大加强国有资产监督、民生项目人大代表票决制等，提请县委研究批准，把对党负责和对人民负责有机结合起来。县人大常委会紧紧围绕县委的总体要求，以推动发展为使命。常委会班子成员按照县委安排，积极参与脱贫攻坚、信访工作、重点项目、棚户区改造、六城同创等工作，主动融入、加强协调、积极作为，以实际行动推进县委重点工作的落实。

【监督工作】 2019年，常委会科学选择议题，强化监督职能。听取和审议“一府两院”专项工作报告10项，组织视察、调研活动9次。加强经济运行监督，听取和审议县政府经济社会计划执行情况、财政预算执行情况、预算执行和其他财政收支审计等工作报告，并提出意见建议。实时查询分析各部门的预算执行数据，发挥预算联网监督平台作用。完成省人大交办的预算内投资项目督促整改工作。关注全县国有资产管理。加强民生热点监督，配合全国人大在建始县对深度贫困地区“两不愁三保障”调研。开展对全县农村安全饮水、全域旅游创建、清江流域水生态环境保护等工作的调查和视察。持续开展“民族团结进步荆楚行”“环保世纪行”活动。加强法律执行监督。推进规范性文件备案审查工作，促进依法行政。开展对乡镇人大工作条例、再生能源法、监察法贯彻实施情况的执法检查。就清江流域保护条例草案、省宗教事务条例修订草案、州饮用水水源地保护条例草案征求意见和提出建议。协助红岩寺镇建立基层立法联系点。高度关注扫黑除恶工作。加强人民群众来信来访的交办和督办工作。

【代表工作】 县人大常委会尊重代表主体地位，加强政治引领、履职管理和服务保障。坚持“民有所呼、我有所应”，不断推动解决人民群众的操心事、烦心事，让人民群众有更多的获得感、幸福感。组织人大代表参加省人大常委会民族工作培训、杭州学习培训，参加渝黔湘鄂、长江流域部分县（市区）人大工作联席会议。邀请代表列席人大常委会会议、视察检查等活动，扩大代表参与常委会工作的广度和深度。推荐代表参加有关单位座谈会、听证会、法院庭审旁听、司法行政系统开放日等活动。健全和完善“双联系”制度，加强常委会组成人员与人大代表的联系。建立代表履职档案，开展代表履职考评。注重加强与乡镇人大的联系，指导乡镇人大主席团对各级人大代表进行履职培训。把提高代表建议办成率作为尊重和支持代表行使职权的重要内容，力求建议提得好、交得准、办得成。县十八届人大三次会议期间，代表共提出建议66件，其中交由县政府办理63件。县人大常委会通过召开交办会议集中交办、常委会领导重点催办、听取办理情况报告、回访办理成效等举措，推动办理工作取得实效。开展代表建议督办月活动，加大代表建议的督办力度。代表建议办复率100%，已解决或基本解决的占60.3%，正在解决或列入计划解决的占33.3%，代表满意率95.2%。按照省、州人大常委会部署，继续开展建始县“聚力脱贫攻坚、人大代表在行动”活动。活动以聚焦脱贫人口“回头看”为主题，推动各级巡视反馈问题整改落实，推进州委和县委任务落地见效，推进各项扶贫政策全面落实。活动开展以来，897名各级人大代表深入选区进行“十看村”“十看户”，了解脱贫人口的真实情况。走访贫困户26146户，对发现的问题边提交边整改，形成意见建议17件交有关部门办理。

决定和人事任免

【重大事项决定】 县人大常委会坚持抓重点、议大事、求实效，深入开展调查研究，作出决议决定。2019年，分别作出关于批准本级财政决算、财政预算调整、县树县花确定、城市规划修改等多项决议决定。为打造阳光财政，先后听取和审议县政府关于预算调整、财政决算的议案，并作出相应决定。按照预算法的要求，不断加强对预算决算的审查监督，推进财政预决算编制、执行和管理的规范化。

【人事任免】 坚持党管干部与人大依法行使任免权相结合，使党组织推荐的人选通过法定程序成为地方国家政权机关的领导人员。坚持主任会议审议、任前法律考试、宪法宣誓等制度。全年共组织任前法律考试13人次。依法做好县委提名和涉及监察体制改革等重要人事任免工作，依法任命国家机关工作人员29人次、免职39人次、撤职1人，接受代表辞职3人，补选州县人大代表5人。

（龚秀才）

建始县人民政府

综　述

【概　况】 2019年，县人民政府坚持把思想政治建设放在首位，以“不忘初心、牢记使命”主题教育为契机，不断用党的创新理论武装党员干部头脑，切实增强“四个意识”，坚定“四个自信”，坚决做到“两个维护”。自觉做到在思想上对标对表、行动上紧跟紧随、执行上坚定坚决，较好地完成了年度各项目标任务。

【思想理论学习】 坚持把“学习议题”作为县政府常务会议、党组会议常设议题，全年通过这两个会议和“支部主题党日”、县委“不忘初心、牢记使命”主题教育“读书班”等平台，共30多次集中学习近平新时代中国特色社会主义思想、习近平总书记系列重要讲话、党的十九大和十九届二中、三中、四中全会精神等重要内容和上级文件精神，确保第一时间学习领会和部署落实。同时，充分利用“学习强国”“湖北省领导干部在线”“法治在线”等平台自学。进一步引导广大党员干部学深悟透、学以致用，切实增强推进党的政治建设自觉性和坚定性，努力成为党的政治建设的引领者、实践者和推动者。

【意识形态管控】 县政府党组坚持每月分析研判一次意识形态工作，党组成员定期分析研判分管单位和部门意识形态工作。年初对县政府系统重大风险隐患进行排查，对生态环境、社会稳定等6个领域14个风险隐患点明确责任单位、责任领导和防范化解措施；成功处置永恒太阳能集团涉嫌传销案；认真落实“三访”制度，确保社会大局稳定。切实加强网络意识形态安全管控，重视和支持全县网络宣传管理机构建设，全力支持县融媒体中心建设，建强新闻舆论宣传主阵地；将政府网站整合到州级平台建设，配备3名专业人员维护；根据人员调整及时清理县政府办公室QQ工作群、微信工作群，及时解散临时性工作群，网络办公进一步规范；严格执行意识形态工作“五纳入三报告”“书记上讲台”等制度，全年党组成员共讲党课31次；认真做好联系知识分子的团结引导服务工作，认真落实交心谈心制度。全年召开县政府常务会议先后2次研究民族宗教工作，制定出台外来少数民族建始交流和维权的管理办法，加强对宗教界人士和信教群众、各类宗教活动的引导管理，坚决打击利用宗教进行意识形态渗透的行为，全国民族团结进步示范县创建工作强力推进。

【推进经济社会发展】 坚持发展第一要务，以“不忘初心、牢记使命”主题教育为动力，县域经济社会发展在经济持续下行大环境下实现稳中有进的局面。实现地区生产总值120.48亿元，同比增长6.8%；地方一般公共预算收入6.88亿元，同比增长10%，其中地方税收收入5.14亿元，同比增长6.8%；规模以上工业增加值增速

5.7%；社会消费品零售总额76.95亿元，同比增长11.4%；其他主要经济指标都实现了既定目标任务。围绕贫困县摘帽总目标，以攻坚拔寨的决心和滚石上山的韧劲，坚决打好脱贫攻坚战，全年25个贫困村、12345户、35963人如期脱贫出列，通过州级初审，贫困发生率降低到0.35%，群众认可度达99.25%，达到贫困县退出标准，为全面推进乡村振兴打下了坚实基础。全年实施5000万元以上重点项目83个，完成投资56亿元，其中宜万铁路高坪站、金建大道等15个州级重点项目完成投资20.7亿元，完成州定目标的161%。省级重点项目青花田园综合体完成年度计划的223%；全年新签约项目15个，到位省外资金23.6亿元；加大向上争取资金力度，全年到位中央和省补助资金33.46亿。申报2020年中央和省预算内投资项目25个，申报资金4.55亿元。

【产业建设】 农业基础不断夯实，实现农林牧渔业总产值24.33亿元，增长3.7%；粮食总产量20.64万吨。花坪镇入选“全国农业产业强镇”。工业投资增长18%，技改投资增长147.2%；圆通生物、民森木业等5家企业成功进规；新登记各类市场主体5008户。县城易迁产业园建设有序推进，标准化厂房启动建设；红岩寺、业州金竹园等扶贫小微产业园基本建成；智泰科技、固特给排水建成投产；新型建材、阀门制造等项目相继落地。全域旅游持续推进。全年接待游客500万人次，实现旅游综合收入35亿元，分别增长19%、23%。建始县国家全域旅游示范区创建以及野三峡、地心谷联创国家AAAAA级旅游景区工作扎实推进。

【城乡建设】 城镇综合功能进一步完善。广润河滨河走廊建成投入使用；北环南路、玉峰路建成通车；广润路、龙七路、沿河北路完成升级改造；龙坪、三里、花坪集镇综合改造全面开展。统筹整合三年财政资金18.3亿元，实施农村公路、水利及公共服务项目1305个；465省道云天公路建始段、460省道高三公路全面建成；业州镇苏家坪至四十二坝等5条省际断头路打通；木桥河水库，茅田封竹淌、刺竹坪水源性工程建成供水；乡镇污水处理厂、垃圾中转站建成投入运行。全面启动垃圾分类工作，“户分类、组保洁、村收集、镇转运、县处理”工作体系基本形成。

【生态文明建设】 集中力量打好污染防治攻坚战和长江大保护十大标志性战役，狠抓中央、省环保督察反馈问题整改落实，全面落实河（库）长制、山长制，深入推进“四个三重大生态工程”建设，完成新一轮退耕还林340公顷、天然林扩面2.67万公顷。荣获“省级森林城市”称号；省级生态文明建设示范县通过验收；省级卫生县城通过复评；县域空气质量稳居全省前十，城区空气质量优良天数达352天，优良率97.6%。

【改革创新】 改革动力持续增强，供给侧结构性改革成果进一步巩固。创新能力逐步提高，培育省级“星创天地”2家、州级“众创空间”2个，申报州级工程技术研究中心1个；申请专利157件，授权专利89件；完成科技成果转化4个。市民之家和“12345”热线平台基本建成；深入推进“3550+100”改革，实施工业项目“先建后验”，服务效能进一步提升；持续改善金融环境，连续9年获评全省“金融信用县（市）”。

【改善民生】 累计投入40.2亿元着力改善民生，医疗卫生、社会救助等保障能力全面加强；新增城镇就业6402人，城镇登记失业率2.3%；退役军人三级服务体系基本建成，城镇和农村常住居民可支配收入分别达到29680元、11560元，分别增长9.02%、10.76%。累计投入3185万元改善办学条件，教育教学质量明显提升。民族团结进步工作内涵不断丰富，中央民族歌舞团走进建始。县域医共体建设加快推进；县社会福利综合服务中心、第三医院建成投用。纵深掘进“扫黑除恶”专项斗争，破获涉黑涉恶案件66起；持续推进多元化纠纷调解机制，有效化解矛盾纠纷2300余件；认真落实“三访”机制，信访总量持续下降；化解重大风险97个，依法处置永恒太阳能集团涉嫌组织领导传销案；投入资金2300余万元加强校园安全工作；重大动植物疫情防控有力；统筹推进煤矿、非煤矿山、道路交通、食品药品、森林防火、工程建设、消防等重点领域安全工作，全县社会大局平安稳定。

【党风廉政建设】 把党风廉政建设与经济社会发展同部署、同落实、同检查、同考评。在全年召开的13次党组（扩大）会议和县政府系统党风廉政建设会议上及时传达学习和安排落实各级关于党风廉政建设新部署新要求。认真贯彻落实省州政府廉政工作会议精神，印发《贯彻落实省州县政府廉政工作会议精神责任清单》到各部门抓落实。扎实开展党风廉政建设“两个责任”落实情况“讲、评、议”活动和第二十个党风廉政建设宣传教育月活动；县政府党组成员到乡镇、村（社区）和部门督办党风廉政建设和党建工作平均都在20次以上，到乡镇、部门、村（社区）指导开展“支部主题党日”平均都在4次以上；对分管领域和单位采取集中和单独方式进行“两个责任”约谈和廉政教育谈话全覆盖，确保了主体责任落地生根。带头按照县委下发的《建始县解决形式主义官僚主义突出问题为基层减负工作责任清单》逐项抓好整改落实。执行“公文处理五个一律”要求，全年以县人民政府和县政府办公室名义下发的三大精减类文件（规范性、议事协调机构类、通报类文件）同比下降46%，以县政府名义召集的会议次数同比下降30%；带头践行“一线工作法”，县领导每月到基层调研督办都在8天以上；进一步统筹规范督查检查，严格落实下乡调研和检查工作等相关要求，切实减轻基层负担。推进“七五”普法，“律师三进”活动常态化，法律顾问实现全覆盖；成立1个县级公共法律服务中心、10个乡镇公共法律服务工作站，50%以上的行政村建成公共法律服务工作室；出台《县人民政府及县政府各部门任命国家工作人员宪法宣誓实施办法》，激励和教育国家机关工作人员忠于、遵守和维护宪法；严格落实“三重一大”集体决策和主要负责人“四个不直接分管”制度；坚持将重大事项提交县政府常务会、党组会和专题会议研究决策，并按程序将有关事项上报县委常委会或提交县人大常委会集中讨论决定。2019年在县政府常务会、党组会和专题会议上议定的180多个事项，都进行了合法性审查，坚决做到依法、科学和民主决策。加强制度建设，切实管住关键事、管到关键处、管好关键人。对县财政投资评审管理试行办法等14个规范性文件清理修订；出台扶贫小额贷款贴息管理办法等18个制度性文件，切实加强事中事后监管。

县政府办公室

【概　况】 2019年，县人民政府办公室紧紧围绕全县中心工作，立足参谋服务、统筹协调、办文办会、督查督办、服务保障等五大职能，进一步创新工作方法，完善工作机制，切实保障县政府机关高效运转，较好完成全年各项目标任务。

【精准扶贫】 按照县委、县政府对精准扶贫工作的统一安排部署，县政府办公室帮扶长梁镇鹿鸣塘村、景阳镇桐梓沟村。切实做到干部力量下沉，办公室抽调1名机关党组成员和5名机关干部从事精准扶贫工作，紧扣“两不愁三保障”脱贫标准，按照责任落实、政策落实、工作落实的具体要求，坚定不移落实好党中央决策部署和省委、州委、县委的工作安排，全力补齐短板，圆满完成年度脱贫工作目标任务。

【调查研究】 紧紧围绕全县经济社会发展大局、县委县政府重大工作部署和各阶段难点工作深入开展调查研究。县政府研究室开展了以物流业发展、财源建设、乡村振兴、精准扶贫易地搬迁、教育卫生发展、融媒体发展为主题的专题调研，并取得了有价值的调研成果，为领导科学决策提供依据；持续办好《调研与决策》刊物，调研成果得到推广运用，所撰写的《关于加快建始县物流业发展的调研报告》得到县委书记向红林的批示；在开展“不忘初心、牢记使命”主题教育期间，机关党组成员共撰写《关于开展乡村振兴有关问题研究》等专题调研报告7篇，并进行了成果交流。

【检查督办】 进一步优化督查机制，按照“清单运行、当月调度、双月督办、销号管理”的模式开展督办检查。围绕中心工作，开展全面督查，全年紧紧围绕2019年政府工作报告和全县半年经济形势分析会确定的目标要求开展全面督查，及时了解工作进度和存在的困难和问题，确保中心工作推进落实。围绕重点事项，开展专项督查。针对精准扶贫、固定资产投资、重点项目建设、灾后重建、经济责任目标考评等开展专项督查和重点督查，确保重点工作有序推进。围绕领导决策，开展跟踪督查。对环境突出问题整改、校园安全、县乡目标责任完成情况等，及时安排专班开展跟踪督办检查，确保了领导决策得以贯彻落实。全年共牵头开展9次督查，为领导全面掌握工作情况提供了翔实资料，确保了政令畅通和重点工作的落实落地。围绕建议提案，开展经常督查。进一步建立健全督办联系网络，明确各承办单位联络员，对任务繁重的单位，进行专项督办检查，提高了办理的速度和质量。

【改革创新】 按照县委改革领导小组办公室的统一安排，县政府办公室承担“探索财力建设新机制”的改革任务。通过在项目建设、振兴实体经济、优化营商环境、招商引资、落实协税护税等方面着力强化措施，在财源建设上取得较好成效。制定《2019年财税增收工作计划方案》《建始县农业信用贷款担保推荐管理办法》等文件。

【环境保护】 严格落实生态环境保护工作责任，及时组织传达学习生态环境保护有关会议和文件精神，统筹协调抓好生态环境问题整改落实；带头开展垃圾分类工作，县政府机关购置了50个分类垃圾桶，在院内规范设置中转箱，组织干部职工到联系村开展环境整治工作。

【防范化解政府债务风险】 积极做好防范化解政府债务风险，加强地方政府性债务管理，按照预算法规定和国务院加强地方政府性债务管理的意见要求，认真落实债务限额管理、预算管理和风险控制等一系列制度规定，加快建立规范的政府举债融资新机制，有效防范和化解财政风险。

【廉政建设】 严格执行党风廉政建设责任制，认真落实“一岗双责”，扛起“两个责任”。组织学习《习近平关于党风廉政建设和反腐败工作论述摘编》、“一党章两准则四条例”等重要内容和各级纪委会议精神。在主题教育期间，组织全体党员干部前往县档案馆“建始记忆”展厅、烈士陵园开展革命传统教育；开展“学习英雄张富清、坚守初心担使命”活动；组织观看《重整行装利剑反腐》《蜕变之鉴》警示教育片，开展警示教育。落实谈心谈话制度，对机构改革后调整岗位的干部、新任干部开展廉政谈话，经常性对干部职工开展集体廉政谈话，随时绷紧制度纪律这根弦。贯彻落实《中国共产党重大事项请示报告制度》及县委《关于加强和规范重大事项请示报告工作的通知》精神，落实好重大事项报告制度；组织机关党员干部参观叶挺纪念馆、重温入党誓词、上党课，组织党员干部参加“庆祝新中国成立70周年·讲好建始故事”主题演讲比赛，推进“两学一做”学习教育制度化常态化。落实“三会一课”、民主生活会、组织生活会、民主评议党员、党支部和党员双指数管理、党员领导干部双重组织生活等制度，全年组织召开2次专题民主生活会，2次专题组织生活会。

机关事务

【公务用车管理】 坚持法定节假日公务用车使用提前报备制度，在法定节假日期间利用公安天眼系统对记录的公车卡口信息进行核实调查。在春节开展公车私用明察暗访检查活动，对本县范围内旅游景点、度假村镇、宾馆饭店、娱乐场所、商场超市、居民小区等地附近公车私用情况进行检查。对部分行政事业单位私车公养、违规驾驶公车情况进行检查，对使用公车的单位要求出具情况说明。通过公开招标确定公务用车租赁协议服务商，明确公务用车租赁的方式、程序，确立租赁价格上限，提高公务租车出行安全保障，有效规避私车公养的涉廉风险，加强日常监管，进一步规范全县公务用车租赁行为。建始县共有非参公事业单位439个，公务用车216台，专职司勤人员128人。完成事业单位公务用车制度改革指导意见的出台和启动工作。6月13日，召开建始县非参公事业单位公务用车制度改革专题会议。6月17日，县政府召开非参公事业单位公务用车制度改革专题会议，6月27日，县委常委会议专题研究事业单位公车改革工作，11月21日印发《建始县事业单位公务用车制度改革指导意见》，全面启动并在12月内完成全县事业单位车改工作。为保障全县精准扶贫、乡风文明检查、党建考核、进村开展支部主题党日、项目督办、厕所革命、非洲猪瘟防控等公务活动调用车辆4459次，安全行驶658173千米，用车单位满意度达到99%，有效保障州、县督查工作用车以及全县其他大型活动的用车需要。

【办公用房管理】 2019年3月在充分利用城区行政事业单位办公用房的前提下，对机构改革29家单位办公用房进行调配。全县县直党政机关办公楼共有76栋216个行政事业单位，土地使用面积181233.8平方米，建筑面积162330.38平方米，办公用房建筑面积118919.89平方米，技术业务用房建筑面积43410.47平方米，基本办公用房使用面积69256.5平方米。

【政务接待】 落实中央八项规定，省、州“六条意见”和“七严禁”规定，严格执行《党政机关国内公务接待管理规定》《建始县公务接待管理细则》，继续按照“逐步实现接待工作制度化、规范化、程序化、专业化”的要求，不断更新工作理念，创新工作方法。做好接待链上的每个要素和各个环节，做到周到细致、不出纰漏，不断提升接待水平，突出接待工作地方特色。全年接待来宾156批次，共1592人，其中接待国家级领导2次，部级领导6次，厅级领导62次，大型活动3次。

【后勤保障】 建立健全食堂管理制度，办职工满意食堂，制定食堂管理方案和食堂管理人员岗位职责，规范机关食堂管理和提升其服务能力，营造了良好的就餐环境，规范了食堂收支日常管理。2019年5月实施县委大院停车场建设工程，增加车位28个，对县委大院进行了美化，对县人大、政协办公楼屋面进行了防水处理。对易地调动干部6人次进行周转住房安排。

（袁霜潇）

政务服务

【政务服务改革】 县、乡、村电子政务外网基本全覆盖。统筹实现县级所有政务服务实施部门和政务服务实体大厅的政务外网全覆盖，410个村（社区）电子政务外网覆盖368个，覆盖率90%，统一全省政务服务“一张网”五级联通、线上线下畅通运行。政务服务网办事项可网办率显著提升。目前办事群众直接通过湖北政务服务网申请的办件为3559件。高频事项公开发布并实现一次办好。并且大力推进政务服务邮政快递送达，截至2019年10月政务服务快递达1324件，5000余名办事群众享受这一便利。国家一体化在线政务服务平台和“互联网 + 监管”对接工作有序推进。全县政务服务事项管理系统依法申请事项和公共服务事项已认领发布 1017 项，在三季度优化营商环境评价指标排名中恩施州政务服务评分 87.5 分，排名全省第二。国家“互联网 + 监管”系统中已认领监管事项 715 项，23 个执法部门已录入执法人员信息 710 条，录入检查行为 399 条、处罚行为 46 条、强制行为 5 条、其他行为 20 条，共计 470 条。优化窗口布局，落实“三集中三到位”。充分依托湖北省政务服务平台和恩施州智慧服务网络平台，精简材料、优化流程，全面实现了办事群众可在湖北政务服务网上提交办件，也可到服务大厅窗口提交资料，在资料完整、要件齐全、符合法律法规的前提下，实现 3 个工作日内办理不动产登记和 1 个工作日办理车辆登记的工作目标。

【帮办代办】 机构改革工作后，及时和相关改革部门对接事项，并先后牵头召开联席会议 9 次，对 25 个项目进行预研预判和现场勘查，取得了工作经验，帮办代办服务人员走访企业 37 次，电话回访 92 次，了解企业项目进展情况和在生产经营过程中的实际困难。德林沃药业项目、建始固泰建材科技有限公司（泰丰水泥厂）年产 70 万平方米新型墙体材料项目和长梁桂花建材有限公司绿色建材综合利用项目按照“先建后验”程序，分别于 10 月 11 日、11 月 18 日、11 月 18 日取得了施工通知单，进入施工阶段。工程项目联合验收办法和工业项目先建后验操作细则已于 11 月 6 日提交县政府常务会议研究通过。

【“12345”民情热线建设】 2019 年 8 月 9 日，在县公共资源交易中心开标，中国联合网络通信有限公司恩施州分公司为第一中标候选人，中标金额为 1458628 元，合同已签订，后期建设正在快速推进，确保能与市民之家统一运行。做好培训与动员工作。为加快“12345”民情热线的建设进程，集思广益，统一思想，于 2019 年 11 月 1 日召开“12345”民情热线动员暨培训大会，安排部署“12345”热线整合和知识库建设相关工作。

【电子印章采集】 为加快推进州电子印章系统与省统电子印章系统对接，实现加盖电子印章的电子证照和电子材料合法有效，确保在省一体化政务服务平台互信互认，于 2019 年 9 月对全县 23 个单位进行电子印章采集。

【培训政务信息共享平台和电子证照库】 为加快县信息化建设工作，促进全县政务资源共享，高质量地完成州“一张网”考核，于 2019 年 11 月组织各相关单位开展培训，截至 11 月 29 日统计数据，已上传各类证照 253 个，居全州县市第三，目前正在加快推进，确保各类证照产生 24 小时内进行上传，做到及时完整。

【“三清单一目录”统计】 为加快推进政务信息系统整合、数据集中和共享，提升政务服务“一网通办”水平，于 2019 年 9 月 27 日通知要求各单位参照湖北省级三清单目录和恩施州级三清单目录，编制形成数据共享责任清单、需求清单、负面清单和政务信息资源目录（统称“三清单一目录”）。

【交易监管专项整治】 易迁项目专项整治。为了扎实开展中央第二巡视组、省委第九巡视组反馈易地扶贫搬迁项目招投标问题整改工作，先后于 3 月、10 月两次牵头组织开展整治工作。整治以应招未招、围标串标、转包、违法分包、低价中标高价结算、未办理工程建设项目相关手续等为重点，采取全面摸排和随机抽查相结合的方式，全面排查 2016 年以来全县易地扶贫搬迁项目。招投标领域违法违规专项整治。按照招投标法规定，对 2018 年以来的建设项目逐一进行清理，筛选出强制招标的项目，录入省“双随机、一公开”网络平台，同时，结合数据录入，同步对上年度录入数据进行核对，修正不规范信息 11 条，新录入项目 97 个。根据全州工程建设招投标违法违规专项整治的情况通报，开展扫黑除恶，有效打击招投标领域黑恶势力。根据县扫黑办的要求，结合实际，把扫黑除恶线索征集同步纳入招投标领域营商环境专项整治范畴，在县政府网站公开发布线索征集公告，做到同部署、同实施，广泛征集线索，把以暴力、威胁、利诱等手段强迫他人参与或者退出投标，聚众围堵开、评标现场，威胁、强迫、利诱中标人放弃中标或转包等八类行为作为线索征集和打击的重点。

应急管理

【概 况】 2019 年，全县共发生生产安全事故 5 起，死亡 5 人，事故起数和死亡人数与上年同比分别增加 4 起、4 人，直接经济损失 436.5 万元，未发生较大及以上事故。除建筑施工、交通运输领域外，其他工矿商贸等行业领域没有发生生产安全事故。重要时段安全生产形势平稳，春节和两会、“五一”等重要时段，全县没有发生影响较大的事故。2019 年，全县遭受 1 次山体崩塌、1 次干旱、3 轮强降雨和 4 次风雹灾害，全县 10 个乡镇不同程度受灾，受灾人口 201557 人次，共转移安置 60 人次，需紧急生活救助 22 人。倒损房屋 351 户 665 间，其中倒塌 20 户 56 间，严重损坏 112 户 255 间，一般损坏 219 户 354 间。农作物受灾面积 14623.2 公顷，其中成灾 8147 公顷，绝收 4164 公顷。因灾直接经济损失 5718.2 万元。共发生森林火灾 2 起，过火面积 1.6 公顷，无人员伤亡。

【推进改革】 明确“三定”方案，职能、人员转隶完成，班子配备到位，内部股室设置及人员调整到位，相关应急指挥机构和议事协调机构陆续调整或理顺。探索运行机制。准确把握“统”与“分”、“防”与“救”，突出防汛抗旱、地质灾害防治等重点领域，厘清部门职责，初步探索了信息共享、监测预警、会商研判等运行机制。改革创新有突破。全县应急救援队伍体系建设框架已初步形成。

【安全生产】 县人民政府办公室印发《关于调整县安委会和安全生产专业委员会的通知》，对县安委会成员单位进行调整，明确 17 个专业委员会成员单位和职责。县编办制发《关于重新调整和明确县直相关单位安全生产工作职责的通知》，进一步明确县直各部门安全生产工作职责、明确工作目标。县委、县政府主要领导高度重视安全生产工作，多次调研督办并深入一线检查指导；县委常委会、县政府常务会多次听取安全生产工作汇报，研究安全生产工作，解决工作中的困难和问题；定期召开安全生产工作例会，县委、县政府主要领导亲自参加，2019 年共组织召开 4 次安全生产工作例会。

【安全监管】 全县共检查煤矿 39 矿次，排查整改隐患 333 处，检查非煤矿山 41 矿次，排查整改隐患 103 处；检查烟花爆竹企业（零售点）230 家，制作并下发现场检查记录 230 份，责令改正指令书 35 份，发现并消除隐患 78 个。共组织开展了 3 次综合督查，对各乡镇及安全生产专业委员会安全生产、森林防火及防汛工作进行检查；对部分在建工程、矿山企业、旅游景区、学校进行安全检查；强化整改督办，抓好上级部门交办问题的整改落实，2019 年，共交办各类问题 72 个，已整改 65 个。加大执法力度，共立案查处 31 起，共处罚款 93.9 万元，与 2018 年同期相比分别增加 100%、14.7%。加强“春节”“五一”“国庆”等法定节假日和汛期、森林防火重点期、两会、“军运”等重点特殊时段的安全监管，确保“关键期”平安稳定。

【应对自然灾害】 共制发灾情报告 35 期，在上报灾情信息方面，做到及时、准确，没有迟报、漏报、瞒报的现象。扎实开展灾情核查，迅速启动恢复重建工作。2019 年度核定因灾倒损住房需重建 40 户，全部竣工验收，需修缮 142 户，竣工验收136户，下拨恢复重建救助资金119万元。与砂石料厂、编织袋厂和水泥厂签订物资预储协议，及时补充采购防汛救灾工作中需要的物资和装备，共计9.6万元；招标采购救灾棉被2500床、棉衣500件，共计40万元。房屋重建、修缮资金105万元（其中省级50万元，州级55万元），占全州救灾资金总数的18%，已按要求拨付。争取旱灾资金298万元，占全州800万元的37.25%，自然灾害生活补助资金790万元。

【应急救援】 开展应急资源普查，掌握队伍、物资、装备、预案现状。修订完善应急预案，认真组织应急救援演练，共组织综合应急演练2次。加强日常检查督办，排除各类风险和隐患。强化应急准备，加强值班值守，全力以赴做好森林防火、防汛抗旱、救灾备灾工作。加强应急救援队伍体系建设。成立县应急救援大队，安排7名退役军人充实应急救援大队力量；组建27支应急救援队伍（社会化救援队伍和志愿者队伍除外）。

【宣传教育培训】 组织开展集中宣传。5月10日，在京桥国际广场开展“5·12”防灾减灾日宣传活动；6月14日，在老政府广场集中开展“安全生产月”宣传咨询日活动。通过在电视台滚动播放警示标语，在建始网刊发安全知识，在人口密集场所悬挂、喷涂宣传标语等方式进行宣传。宣传发动社会各界人士积极参加湖北省安全生产知识网络竞赛，全县共19862人参加答题，位居全州第一。分期分批对全县应急管理干部进行业务培训；以节后复工复产检查为契机，对生产经营单位负责人、企业从业人员进行培训。全县各单位发放各类宣传单24500余份，张贴宣传图画、标语2300余份，提升人民群众安全意识和自防自救能力。

消防救援

【概　况】 2019年，建始县消防救援大队坚持以习近平总书记“忠诚可靠，纪律严明，赴汤蹈火，竭诚为民”四句话总要求为指引，教育引导全体指战员坚决服从改革大局，坚定正确的政治方向，保证改革过渡期间思想不乱、工作不断、队伍不散、干劲不减，实现火灾“零”亡人、队伍“零”事故。

【实战练兵】 坚持岗位练兵，大队党委研究训练工作12次，贯彻“分岗施训，逐级考核，人人过关”总要求，坚持“按打仗的方式训练”，推进“三化”融合训练。从严落实“周测试、月考核、季度比武”练兵措施，将操法学习、战术研讨搬到训练场，充分调动指战员练兵习武热情。聘请专业教练规范动作、制定训练计划，选拔1名指挥员参加全国首届“火焰蓝”业务技能比武，班组操法获得全国第七名；选送2名指战员代表恩施支队参加湖北总队比武，取得团体第三名；大队在全州第一阶段岗位练兵比武中获得团体第三名，在第二阶段比武竞赛中荣获团体第四名。多种形式消防队伍管训以联合执勤、联合“六熟悉”、联合演练、联合指挥作战为重点，加大联勤联训工作力度，抽查拉动专职队85次，微型消防站425次，多种消防队伍与现役力量“联勤、联训、联战”，做到“一点报警、多点调度、多线出击”。组织专班对8个多种形式消防队伍训练管理工作进行一次检查指导与考核，全年累计指导培训24次，举行了全县多种形式消防队伍比武竞赛活动。9支政府专职队全年处置火灾50余起，救援成功率100%。组织对辖区3处老街开展供水测试和实战演练，对部分巷道在午夜开展道路熟悉2次；落实熟悉演练规定动作，组织开展大型综合体演练1次，大队全勤指挥部熟悉演练15次，中队熟悉演练117次，编制数字化预案100份。全年共发生火灾125起，无人员伤亡。大队全年共接警出动189起，出动警力1786人次，出动车辆313次，抢救疏散人员32人，抢救财产直接价值130余万元。

【火灾防控】 全年联合县各职能部门对各乡镇、派出所及社会单位开展联合检查13次。督促重大火灾隐患单位花坪卫生院完成隐患整改工作，县广润集贸市场整改大部分隐患，符合降级条件。联合各派出所、各社区对“十小场所”、老旧居民区开展逐户摸排，提出整改意见，做到全方位、无死角消防安全检查。提升消防安全主体责任意识，提请县政府召开全县重点工作推进会暨新修订《中华人民共和国消防法》宣贯培训会及全县今冬明春火灾防控工作会议，明确重要时间段的工作任务及目标。全年约谈消防安全管理人800余人次，对全县80余名消防控制室值班值守人员开展业务培训，强化消防安全主体责任意识。坚持开展每日一查、每周一查及“双随机、一公开”检查，全年大队共检查单位1649家，发现火灾隐患2012处，督促整改火灾隐患1838处，下发责令改正通知书1133份，责令“三停”4家，临时查封17处，行政处罚24家，罚款69710元。

【消防宣传和培训】 开展消防知识“开学第一课”“开学进军训进校园”活动，并持续开展“流动课堂”进单位、进社区、进乡镇等培训，有效提升了辖区群众的消防安全意识。全年共开展各类培训240余家次，各单位2000余消防安全管理人员接受培训；在老旧小区、沿街商铺、十小场所共发放和张贴消防宣传资料5万余份，印制发放农村消防知识挂历12万份；结合军运安保制作发放“三自主两公开一承诺”公示牌230块，督促重点单位加强自主管理；“流动课堂”培训，让5万人受益；举办“119消防宣传月”启动仪式，印制消防提示标语的美团外卖马甲100件及箱贴100个、太阳帽1000顶；积极组织县教育系统参与全州暑期消防宣传绘画、作文及授课评比活动，全县共获得二等奖2名，三等奖6名；在节假日发送消防安全知识短信20万余条。

中国人民政治协商会议建始县委员会

参政议政

【概　况】 2019年，县政协及其常委会坚持发扬民主和增进团结相互贯通、建言资政和凝聚共识双向发力，坚定不移地把坚持党的领导贯穿政协工作全过程，始终做到与县委思想同心、目标同向、工作同步，不断夯实团结奋斗的共同思想政治基础，严格遵循政协章程，坚持团结和民主两大主题，团结带领全县政协委员、政协工作者履行职能，积极投身到推动县域经济社会发展的主战场，有力推动各项工作取得良好成效。

【推进协商民主】 14名委员围绕旅游扶贫、特色产业发展、乡风文明建设等专题，在九届三次全会期间大会发言。全体委员在分组讨论时与县委、县政府领导面对面交流，围绕建始经济社会发展充分发表意见和建议。委员们围绕脱贫攻坚、文旅融合、村集体经济发展等专题，与相关职能部门开展对口协商，同时参与省、州政协组织的网络协商议政等履职活动。民主监督力度切实加强。组织委员围绕文物保护、农村垃圾处理、重点项目推进等方面开展专题视察，针对发现的问题提出解决意见和建议。选派委员对全县工作人员招录选聘、易地扶贫搬迁安置房摇号、重大项目建设招投标等工作进行现场监督，对乡镇和县直部门相关工作进行民主测评，以人民监督员、人民陪审员身份，对检察院涉法涉诉案件的信访接待、法院案件审判全过程等实施监督，推动构建公开公平公正的法治环境，促进政风、行风持续好转。

【参政议政成果转化】 抓严抓实提案提出、审查立案、交办及重点提案遴选等环节，持续实施县领导领办重点提案制度，协同县委办、县政府办开展督办，加强重点提案专题视察，有效推动提案由数量型向质量型转变、提案办理由答复型向落实型转变。全年累计收到提案56件，审查立案53件。截至2019年底，53件提案已全部办理并回复，见面率、办复率均为100%。其中，张开珍、刘少坤委员提出的《关于解决三里民族初级中学学生宿舍安全隐患的提案》，得到县政府高度重视，安排300万元资金新建学生宿舍，目前已完成招投标工作。围绕农村电网建设、安全饮水、农村公路等22个专题深入开展调查研究，形成调研报告并提交省、州政协和县委、县政府。其中，《新形势下加强和改进县级政协工作的思考》获省政协肯定，在全省县市级政协主席会议上作交流发言。关于农村电网和安全饮水的调研成果获县委、县政府高度重视，投入资金1865万元解决了景阳镇8个村968户3560人的安全饮水、10个村低电压、21个村入户线路安全隐患问题。同时对全县非物质文化遗产开展深入调研，编撰出版13.8万字的《建始非物质文化遗产》文史资料专辑，助推了全县非遗传承保护工作和文化建设繁荣发展。全年共收集社情民意信息48条，并将代表性强、关乎群众切身利益的信息上报省、州政协和县委、县政府领导。其中，田杰、陈雪玲委员报送的《关于解决高坪集镇部分小学一年级适龄儿童入学难问题的建议》，推动了高坪集镇部分适龄儿童入学难问题得到解决。

【精准扶贫】 2019年，持续推进委员参与精准扶贫，委员共结对帮扶贫困户182户、贫困学生186名、农民专业合作社10个。委员主动与贫困户对接，谋划致富门路，制定帮扶措施，积极解决生产生活困难，帮扶贫困户脱贫致富。如史习林委员与官店竹园坝村贫困户签订《贫困户帮扶协议书》，为30户贫困户免费提供种羊、养殖技术等，并承诺对出栏的商品羊以每斤高于市场价1元回收，帮助每户年均增收8000元左右。张建卫委员投入5000元资金，为茅田刺竹坪村农户定制乡风文明公约牌、购买垃圾桶，改善人居环境，推动乡风文明建设。郑锦洲、黄嘉山等委员先后组织4家爱心企业，捐赠近4万元物资，解决三里小洪、河坪等村困难群众实际困难。委员尽心尽力，多种方式关心关爱贫困学生的学习和生活，累计捐赠衣物、学习用具、书籍等物资和资金价值20万元以上。如崔应朝、张建卫、黄国华、朱和平等委员，坚持每月向贫困学生提供1000元左右资助，并承诺资助至大学毕业。樊友明、王嵩等委员通过社会扶贫网，为贫困学生募捐衣物、学习用具及图书等。杨春芜委员主动当起龙坪初中留守学生的“爱心妈妈”，经常性交心谈心，鼓励他们自信自强。帮助做好技术指导、市场对接等工作，推动农民专业合作社高质量发展，完善专业合作社与贫困户利益链接机制，带动贫困户增收。如朱和平委员在全县9个乡镇28个村引导发展富硒枸杞446.67公顷，成功带动1100户贫困户稳定增收。通过“三大工程”，全县政协委员同人民群众的联系更加紧密、感情更加深厚。

联络联谊

【县级联谊活动】 经常性走访工商联、各社会团体和无党派人士，加大重要事项沟通、重大问题协商力度，主动邀请社会各界人士参与政协重要会议或重大活动。加强与党外知识分子、新社会阶层人士的沟通联系，积极搭建团结一心合作共事履职平台。联系配合社会团体、爱心企业到建始县爱心捐赠30多万元的物品和助学金。以庆祝新中国和人民政协成立70周年为主题，组织政协委员和政协工作者同唱爱国歌曲、开展演讲比赛、追忆发展历史、接受革命传统和爱国主义教育，与贫困村群众一起“迎国庆·话变化·感党恩”，学习张富清、万其珍、王光国等人的先进事迹，激发全体政协委员、政协工作者和各族各界人士担当作为、干事创业的政治热情。加强政协委员和政协工作者与人民群众的密切联系，通过入户走访、文艺汇演、群众会、屋场会等形式，宣讲党的历史功绩、实践成就和创新理论，做好增信释疑、化解矛盾等工作，引导群众听党话、感党恩、跟党走。积极参与省、州政协组织的各类会议和活动。在2019年州政协全会上，州政协驻建始联络组提交提案12件，2名委员大会发言，所提意见、建议获州领导肯定和重视。积极参加湘鄂黔渝边区、武陵山片区等政协工作联系会，聚焦脱贫攻坚、全域旅游等议题，呼吁国家政策支持，助力武陵山区连片发展。全力配合上级政协8批84人次到建始开展视察调研，积极协助外地政协组织19批178人次到建始考察调研，推介建始厚重人文底蕴和富硒绿色生态资源，增进建始与外界的交流。

【乡镇联络】 景阳、茅田、龙坪联络组结合“双十看”，深入到重点贫困村开展“大走访、大联系”活动，解决慢性病申报、义务教育复学、贫困户安全饮水等问题40余件。茅田联络组针对边缘村卫生室村医不足、设备欠缺等问题，协助争取政策、资金及设备，建言采取“边缘村约时服务，中心村覆盖诊疗”机制，助力全乡28个村（社区）卫生室的正常运转。三里、红岩联络组通过走访贫困户、致富带头人、村民代表等重点人群，围绕养殖业环境污染、秸秆焚烧、校园周边食品安全、矿山复绿等问题，收集反映社情民意信息，引起了党委政府和相关部门高度重视，促使群众关心的热点问题得到解决。长梁联络组围绕项目建设进展、职能部门履职情况开展视察调研，针对发现的问题，提出《关于解决长梁镇白云村幺河口低电压的建议》《关于改善长梁卫生院天生分院基础设施的提案》。幺河口低电压问题得到全面解决，天生卫生院已进入设计程序。

【县政协九届四次全会】 12月16—18日，中国人民政治协商会议建始县第九届委员会第四次全体会议召开。会议通过县政协九届四次全会提案审查情况报告、县政协九届四次全会关于常务委员会工作报告的决议、县政协九届四次全会政治决议，协商讨论《政府工作报告》及其他报告，通报表扬优秀提案、提案承办先进单位。

重要会议

【主席会议】 1月8日，召开县政协九届26次党组（主席）扩大会议。研究县政协主席会议成员及县级领导干部分工相关事宜，研究政协委员相关资格撤销事宜，研究驻村工作队相关事宜，开展集中学习和班子集体廉政谈话。1月29日，召开县政协九届27次党组（主席）扩大会议。研究通过《关于加强新时代全县政协党的建设的实施方案》，部署县政协党建、党风廉政建设和反腐败工作，研究县政协机关2019年思想政治建设工作要点，部署县政协宣传思想政治工作和意识形态工作，研究2019年度精准扶贫工作，研究讨论《县政协党组中心组学习计划》，协商确定《县政协各专门委员会及乡镇联络组组成人员名单》，协商通过县政协九届三次会议重点提案建议名单，研究县政协相关人事任免事项和改非人员定岗定责事宜，研究县政协九届十二次常委会议相关事项。5月14日，召开县政协九届第28次党组（主席）扩大会。研究部署县政协党建、精准扶贫后勤保障等工作，审议通过《县政协机关二十一项工作领导小组的通知》，协商通过2018年度委员履职情况的通报，开展班子成员集中廉政谈话。6月28日，召开县政协九届第29次党组（主席）扩大会。围绕“向张富清同志学什么”“学习张富清同志怎样做”开展集中讨论，研究精准扶贫、招商引资等工作，协商县政协九届十三次常委会相关事宜，协商通过县政协庆祝政协成立70周年实施方案。8月9日，召开县政协九届第30次党组（主席）扩大会。研究机关精准扶贫、机关车辆管理工作。9月2日，召开县政协九届第31次党组（主席）扩大会。研究部署政协意识形态、机关党建工作。11月13日，召开县政协九届第32次党组（主席）扩大会。研究县政协九届四次全会筹备工作方案、会议议程、常委会工作报告框架，听取第22辑文史资料编撰情况、文旅融合外出考察情况汇报，研究增补政协委员相关事宜，研究意识形态等工作。11月27日，召开县政协九届第33次党组（主席）扩大会。协商决定召开县政协九届四次全会有关事宜，审议通过拟表扬优秀提案及提案办理先进单位名单，通过有关人事事宜，协商决定九届十四次常委会有关事宜。12月4日，召开县政协九届第34次党组（主席）扩大会。研究属于棚户区改造范围的政协办公楼及其附属设施处置事宜。12月18日，召开县政协九届第35次党组（主席）扩大会。听取各讨论组召集人关于全会分组讨论情况的汇报，审议通过提案审查情况报告、常委会工作报告决议和政治决议。

【常委会议】 1月9日，召开县政协九届十一次常委会议，协商通过《政协建始县第九届委员会关于撤销陈训县政协委员资格的决定》。3月29日，召开县政协九届十二次常委会议，协商通过《政协建始县委员会常委会2019年工作要点》，协商通过有关人事任免事项，部署县政协委员参与精准扶贫“三大工程”相关工作。7月4日，召开县政协九届十三次常委会议，开展集中学习，协商通过有关人事任免事项，安排提案工作。12月4日，召开县政协九届十四次常委会议，听取县人民政府关于县政协九届三次会议以来政协委员提案办理情况的汇报，协商通过有人委员调整事宜，协商通过县政协九届四次会议常委会工作报告，协商通过召开县政协九届四次会议事宜。12月18日，召开县政协九届十五次常委会议，听取各组召集人分组讨论情况汇报，通过《县政协九届四次全会提案审查情况报告（草案）》《县政协九届四次全会关于常委会工作报告的决议（草案）》《县政协九届四次全会政治决议》。

纪检监察

从严治党

【概　况】 2019年，在州纪委监委和县委的坚强领导下，建始县纪委监委深入学习贯彻习近平新时代中国特色社会主义思想，认真贯彻落实各级纪委全会精神，围绕中心、服务大局，坚持稳中求进、实事求是、依规依纪依法，推动纪检监察工作坚定稳妥、扎实有效。全县党风廉政建设民意调查满意度全州排名前进2位，县纪委监委获全州纪检监察机关2019年度工作考核优胜单位。

【党的理论武装】 把学习习近平新时代中国特色社会主义思想作为加强政治建设的源头活水。研究工作先学习习近平总书记重要论述和重要指示批示精神，纪委常委会、中心组、支部主题党日28次集中学习习近平总书记关于全面从严治党、党风廉政建设和反腐败斗争重要论述和重要指示批示精神。开展“不忘初心、牢记使命”主题教育，班子成员带头制定学习计划、开展调查研究、讲专题党课，举办5天读书班，开展理想信念教育、革命传统教育，举办“初心不改、奋斗最美”报告会暨青年论坛，老中青三代纪检监察人讲述坚守初心、不懈奋斗的故事，召开对照党章党规找差距专题会、专题民主生活会，深入整改落实。落实“两为主”要求，向州纪委请示报告重要工作、重大案件、重要事项93次，请示报告具体化、程序化、制度化。协助县委履行全面从严治党主体责任，县委常委会10次专题研究全面从严治党、党风廉政建设、纪检监察工作，开展党风廉政建设“两个责任”落实“讲、评、议”，自查自纠问题412个；约谈4名党风廉政建设责任制排名靠后党组织负责人，向党委（党组）书记发函28件，解决突出问题。

监督治理

【纠治“四风”】 查处违反中央八项规定精神问题50个，处理52人；深入推进形式主义官僚主义专项整治，查处问题108个，处理173人；落实“基层减负年”要求，全县发文同比下降43.56%，会议下降34.19%，督查下降65.75%。放大省纪委监委“坚决向形式主义官僚主义亮剑”电视问政效果，县纪委监委提出整改意见报县委常委会专题研究，召开县乡村视频会专题部署，对16个曝光问题，举一反三、全面自查、深入整改。聚焦三大攻坚战，查处三里乡扎鱼口村原党支部书记向某某在易地扶贫搬迁中严重违纪违法问题，“一案双查”6人，督促三里乡党委、县发改局召开专题民主生活会，深刻剖析，对全县分散安置易迁项目开展专项整治。办结中央、省环保督查交办信访件2件，查处环保领域问题5个，处理10人。

【专项督查易迁项目】 县脱贫攻坚督战队、县住建局联合组建督查专班，采取实地察看、入户走访、查阅资料、群众座谈等办法，于3月10日至4月10日，对全县78个易迁安置点的工程进度、工程质量、住房面积、资金使用、安全管理、拆旧复垦等工作进行专项督查。针对督查发现的不按图施工、屋面防水、墙体裂缝等建筑质量问题，施工现场电线私拉乱接、高空作业无防护措施等安全隐患问题，督查组现场下达整改通知书，并责令所在乡镇履行好建设单位主体责任，对施工项目部、监理部关键岗位和关键施工人员进行履职管控，督促参建单位对工程关键部位跟踪督查验收。共下达质量和安全隐患整改通知书14份，责令整改问题14个。

【生态环保重点项目建设监督】 组建工作专班，对城乡垃圾处理、乡镇集镇雨污分流、畜禽养殖废弃物资源化利用、风力发电、废旧汽车拆除利用等24个生态环保重点项目推进落实情况进行走访调查。采取实地查看、走访座谈、查阅资料等方式，察看项目建设进展、安全管理、生产环境和新建项目业主单位前期准备工作情况。通过询问项目审批、工程管理等部门在担当作为、优化服务、整体联动等方面的现实表现，深挖不作为、慢作为、乱作为问题，听取项目施工单位对建设环境、服务效率方面的意见建议。现场了解的情况与固定资产投资报送、项目APP审批监管平台使用情况进行比对分析，与乡镇、部门、企业交换意见，就强化履职尽责、问题整改、纪律作风等提出具体意见。共发现问题9个，全部反馈至相关单位进行全面整改。

【人防系统腐败问题专项治理】 成立专项治理工作领导小组，聚焦工程建设、费用收缴、资金管理等关键环节，对履行主体责任不力、派驻纪工委履行监督责任不力、作风和腐败问题、违纪违法突出问题开展专项治理，并对近年来关于人防系统的信访举报和问题线索“大起底”“大筛查”，对已了结问题线索“回头看”，对办理不到位的问题线索重新处置并追究相关责任，实行问题线索销号管理制度。通过实地检查、查阅资料、个别座谈等方式，对人防系统自查自纠及问题整改情况进行监督检查，共发现问题20个，督促整改15个。

【招标投标领域突出问题专项治理】 成立专班，对2013年来已实施招投标项目基础数据“大起底”“大过筛”，对围标串标、借用资质等六大突出问题“全面扫描”，通过单位自查、查阅资料、现场查看、走访调研、专项考核等方式，对项目审批、管理及运行监管等重点环节进行监督检查，一一列出有问题疑点的投标人、招标代理公司、评标专家等，逐一调查核实。针对“扫描”发现的借用资质、转包分包、履约不力和党员干部以权谋私、监管不力等问题线索，坚持分类处置，既整改个案、问责相关责任人，又责成职能部门建章立制、堵塞漏洞，并组织市场主体、代理机构等开展培训整顿，建立健全教育预防、监管监督、行业自律、纠正惩治的长效机制。推动全县政府投资公共资源招投标项目“大数据库”建设，拓展建强“互联网+监督”平台，牢织“大数据+云分析”监督网，该平台可查询比对8大类工程项目招投标相关信息。严把市场准入关、严格执行项目四制、强化事中事后监管和标后履约检查等措施，规范行业管理，持续净化招投标市场环境。共清查招投标项目2305个，发现并处置、整改问题线索111个，13家违规违法投标企业被处罚金42万元，2家企业被禁止一年内参与县域内项目招投标，21名党员干部被问责。

【“不忘初心、牢记使命”主题教育专项整治】 发现问题212个，整改206个，排查民生领域信访突出问题54个，清退资金9.61万元。深入开展重点项目建设、营商环境整治、非洲猪瘟、“一卡通”、人防系统腐败问题等专项监督、专项治理。

基础工作

【基层基础工作】 依靠党委书记抓、纪委书记直接抓、抓工作规范化精准化制度化、抓县乡村纪检监察队伍建设、抓纪检监察工作高质量发展、抓作风转变“六抓”工作机制，夯实基层基础。县委常委会专题研究，为县纪委监委解决编制26个，公开招考选调39人，8个派出纪检监察组成立运行；安排200万元建设高标准、信息化留置专区，在全省留置专区率先使用谛听系统；投入110万元解决乡镇纪委保密设备、电脑配置、人员培训等困难。班子成员深入乡镇纪委、村（社区）全覆盖式调研，形成简明调研报告16份，发现问题、研究问题、解决问题，县纪委监委班子成员、纪检组长、部室主任下乡与乡镇纪委书记、纪委委员、村纪检委员面对面交流指导，听取意见建议，从下乡一律在食堂就餐做起，带头转理念、转作风。调整乡镇纪委监察室干部10名，按要求配齐39名专职干部，建立乡镇纪委委员月例会制度，提升乡镇纪委规范化水平。建立村纪检委员“季度培训、半年述职、年度考核、严格监督、动态调整”管理制度，调优配强15人，推动村纪检委员全过程参与、全覆盖走访、全领域监督，持续开展村纪检委员履职故事专题宣传，汇编《清廉故事》1650册，发放给县乡纪检监察干部和村纪检委员，长梁镇沙坝村纪检委员谢先梅荣获建始县第四届“建始好人”称号，龙坪乡崔家坪村纪检委员李远香，受到州委主要领导高度肯定，一批村纪检委员受到各级各类表彰肯定。

【信访工作】 县乡纪委书记阅批每一件信访件，把群众工作、思想政治工作和宣传教育工作贯穿始终，形成干部接访下访、信访“清零”、分析研判函告提醒、实名反馈、澄清正名、打击诬告陷害“六个常态化”，实现“两下降”“两上升”，信访举报总量下降，初次举报下降，办信办件质量上升，人民群众满意度上升。全年受理群众信访举报374件，同比下降8.7%；初次举报同比下降14.5%。开展村纪检委员遍访活动，全县村纪检委员走访群众28058户，解决问题和宣传政策1413个（次）。花坪镇三岔槽村纪检委员阳新春化解村民唐某、万某连续三年上访，《中国纪检监察报》、省纪委网站等媒体进行报道。信访秩序持续向好，2019年下半年受理举报件126件，比上半年下降45%。

【鼓励保护干部干事创业】 落实“鄂纪励十二条”，对14人从轻、减轻处理。对信访举报内容不具体、问题明显轻微的，综合考虑干部一贯表现，直接通过谈话提醒等方式处理2件4人。准确把握运用“四种形态”处理712人次，“第一种形态”529人次，占比74.3%。加大澄清正名力度，在支部主题党日为受不实举报的34名党员干部公开澄清正名，中国纪检监察报、中央纪委国家监委网站等媒体跟进报道官店镇毛家槽村党支部书记李发珂感谢组织的故事。打击诬告陷害，对长期诬告陷害干部的陈某，督促政法机关依法予以打击，陈某被判处有期徒刑1年3个月。关心关爱受处分干部，回访教育164人，县委书记带头开展谈心谈话，鼓励受处分干部挂彩之后再出彩，7名受处分干部影响期满后得到重用。

反腐倡廉

【反腐败斗争】 落实“全员办案”要求，县乡纪委书记“一线指挥办案”。全县纪检监察机关共处置问题线索603件；立案250件，留置7人；党纪政务处分222人。落实“走读式”谈话主要领导审批、分管领导全程指挥参与、“手递手”接送等制度，班子成员深入警示教育基地、留置专区24小时值班值守，对乡镇、部室审调安全开展4轮专项检查，发现并整改问题42个。深入推进扫黑除恶、惩腐毁“伞”，开展县乡扫黑除恶惩腐毁“伞”大接访，查处涉黑涉恶腐败和“保护伞”问题。有力有序有效推进“4·11”专案，依规依纪依法查处49人涉案人员。

【纪法宣传教育】 深入推进“十进十建”，形成纪法宣传教育常态化机制，集中开展党章党规党纪和监察法“学讲考”等活动，组织1.1万余人观看《重整行装利剑反腐》《蜕变之鉴》等警示教育片。利用普纪普法“大篷车”等载体，送纪送法到群众会场、农家屋场、社区广场，播放廉政类电影195场次，送廉政节目下乡69场次。推进清廉村居建设、社区廉政文化建设、乡风文明中的廉政文化建设，把廉政文化融入店子坪当代红色教育基地建设，依托茶盐古道、愚公支书纪念馆、店子坪培训学校等载体，讲好店子坪绝壁凿路故事、王光国家风故事、村纪检委员刘英监督故事，开展讲廉、看廉、唱廉活动，让法纪教育走进培训课堂，9800多人次接受教育，省州纪委监委10批次150人到店子坪接受教育。推动“一案五用”细化、具体化，建立案件剖析、监察建议、民主生活会、组织生活会、典型案例通报、警示教育片、以案促改、跟踪回访常态机制，宣布处分决定143人次，督促召开专题民主生活会5次，发监察建议书18份。持续强化宣传，州级以上媒体用稿484篇（国家级媒体29篇，省级媒体85篇），排名全州前三。

群众团体

总工会

【概　况】2019年，建始县总工会在县委和省、州总工会的领导下，深入学习贯彻党的十九大精神，扎实开展“不忘初心、牢记使命”主题教育，认真履行全面从严治党主体责任，紧紧围绕服务中心、服务职工两大重点，履职尽责，改革创新，实现全县工会工作再上新台阶。

【职工活动】紧紧围绕全县职工，以丰富的活动内容，和新颖的活动形式，推进劳动竞赛、技能比武、文化体育活动等。2019年4月，县总工会先后组织开展了全县公务用车驾驶员技能大比武；与县机关事务服务中心联合举办职工趣味运动会；主办建始县第三届“文明杯”职工男子篮球赛，全县共31支代表队参加了为期30余天的赛事活动；举办第二届“泰丰杯”职工乒乓球锦标赛，全县近30个单位参赛。6月，举办“中国梦·劳动美——与共和国同成长·与时代齐奋进”主题演讲比赛，33名选手参加预赛，12名选手进入决赛，决出一等奖1名、二等奖2名、三等奖3名，6名选手获优秀奖，县教育局等6个单位荣获优秀组织奖。11月先后组织开展了第二届中小学教师教学技能暨基本功竞赛，324名教师参赛；组织开展“长鑫杯”首届建筑行业技能大赛，16家建筑行业施工企业、15支代表队120名选手同台竞技，角逐架子工、钢筋工等5个竞赛项目，陈宏军等9人分获一等奖，同时被授予建始县“五一劳动奖章”荣誉称号。

【推进工会改革】根据县委出台的《关于推进全县乡镇、工业园区工会改革创新的实施方案》，将2019年确定为全县乡镇及工业园区工会换届选举年，从安排部署、业务指导、检查督办、领导包乡镇等方面加大工作力度。截至5月31日，圆满完成10个乡镇、建始工业园区工会联合会换届选举工作，配齐配强班子，工会主席由党委班子成员兼任，配备专职副主席和专（兼）职工会干部，配齐经费审查委员会和女职工委员会。2019年是货车司机、快递员、保安员等“八大员”集中入会工作的推进年，县总工会组织工作专班先后深入快递物流企业、保安公司及相关行业主管部门，宣传工会法及企业建会入会的好处，做好建会入会工作。

【服务中心建设】坚持“会、站、家”一体化，发挥“爱心驿站”服务功能，建设职工服务网点435个，新建“爱心驿站”2个，拟建1个。全县建成26个职工书屋、职工之家，其中全国级职工书屋1个，国家级职工之家1个，省级职工书屋4个。国网建始供电公司获评全国总工会“职工书屋”示范点；恩施晨龙精密制造公司荣获2018年“全国模范职工之家”称号。成功申报省、州“职工书屋”5家（省级1家、州级4家）。继续深入开展“强补增”集中行动，突出抓好100人以上企业建会工作，扎实推进25人以上企业应建尽建，持续推进“两新”组织建会和系统行业工会建设。加大“智慧工会”建设力度，积极创建“互联网+”职工服务体系。开通职工网上服务平台，对工会会员进行实名制管理，已录入工会组织357个、会员16673人。用好工会微信公众号、云MS信息发布平台，适时发布服务信息。新增24家优质商户加入特惠商户行列，进一步拓展工会组织服务会员职工的领域和功能，为职工群众提供普惠制服务。发挥技工院校和劳模工作室作用，加强技能人才培养创新项目，增强产业工人队伍的创造力、创新力和活力。2019年，县人民医院刘孜劳模创新工作室被省总工会命名为2019年“湖北省职工（劳模、工匠）创新工作室”；建始双大鞋业苏建敏劳模创新工作室被州总工会命名为“恩施州劳模创新工作室”，建始根雕大师朱祖旭、茨泉宾馆一级中式烹饪师李军武被州总工会命名为“技能大师工作室”。在县中等职业技术学校挂牌成立“县产业工人队伍建设培训基地”，县内产业工人队伍培训工作在该校办班，由职高提供教室、食宿等培训硬件设施及授课教师，县总工会在全县基地建设经费中解决培训补助。建始县内涌现出了一大批先进典型。食达好“高山富硒萝卜深加工”项目荣获湖北省第二届“工友杯”职工创业创新大赛创业组“十佳”及“最受欢迎项目”。茨泉宾馆厨师李军武当选为第三届“荆楚工匠”。朱祖旭、向勇参加2019年湖北省民间工艺技能大赛，分别荣获根雕项目金奖和铜奖。建始双大鞋业针车组在省总工会开展的“当好主人翁、建功新时代”主题劳动竞赛活动中被授予“工人先锋号”荣誉称号。湖北省劳动竞赛委员会命名建始县茨泉宾馆餐饮部为2019年全省劳动竞赛先进班组，恩施长鑫建设有限公司总经理胡桉为先进个人。建始县中医院制剂室主任邱承权等11人被州委州政府表彰为2019年恩施州劳动模范。建始县总工会荣获“全省推动非公有制企业工会建设先进单位”，湖北枸杞珍酒业有限公司工会获“全省非公有制企业工会工作先进单位”荣誉称号。

【职工权益】 坚持“四送”活动常态化。“春送岗位”活动，配合人社等部门举办服务农民工和东西部扶贫协作招聘会，提供就业岗位1万余个，近千名农民工找到就业岗位。“夏送清凉”活动，县总工会出资近10万元，为重点工程建设项目的职工、城管综合执法队员及快递小哥送清凉，将1000余份装有晴雨伞、水杯、毛巾的清凉袋，送到一线职工手中。“秋送学费”活动，2019年秋有110名建档立卡贫困户和城镇困难职工家庭新录取大学生共享受助学金33万元。“冬送温暖”活动，2019年春节期间，开展“进千企入万户”联帮促活动，组织专班到建始双达鞋业、枸杞珍、硒姑娘酒业等企业走访调研，开展送温暖活动，走访慰问困难职工240名，帮扶救助21名特殊困难职工，提供帮扶资金34.5万元。组织国家、省部、州三级劳模及一线职工88名参加免费健康体检。组织20名劳动模范佩戴绶带，观看中央民族歌舞团慰问演出。组织基层工会工作者、州县级劳模、州县级工匠20人到县检察院开展“‘我将无我’奋斗，不负人民重托——共和国建设者走进建始检察机关”为主题的工作开放日活动。“六一”期间，到精准扶贫帮扶村慰问留守农民工子女62名，送去学习用品。中秋节组织在职党员进社区开展共驻共建，为5户困难家庭（单亲、残疾）送去食用油、面条、大米等慰问品。9月，邀请县人民医院医护人员到金家湾村开展“送医送药送健康”活动，为农民工进行体检，送去需要的药品。11月，携当地企业工会赴福建莆田市福恩鞋业生产车间走访慰问建始籍农民工，送去家乡土特产，倾听他们心声，宣传建始返乡创业惠民政策。

【东西部协作】 5月，县总工会主要领导拜访滨江区总工会，落实对接东西部扶贫协作，共同敲定2019年帮扶计划。全年先后组织3批次100名工会干部赴杭州参加业务培训；落实“春风助学”计划110名，救助一本学生99名，二本学生11名，助学资金33万元；接受滨江区总工会对口帮扶资金15万元；配合完成31批次791名滨江区职工到建始疗休养。

【经费监督管理】 组织全县基层工会对近三年会费缴纳、收支、管理情况开展自查整改，并对5个单位开展工会经费收支管理专项审计工作，确保工会经费规范使用；整合监督力量，与县纪委等部门组成检查组，紧盯关键节点，形成逢节必查的工作常态。建始县总工会帮扶资金和送温暖资金使用和发放上，接受省审计厅民生资金审计、第三方审计及县委巡察，没有发生违纪违规行为。

共青团

【概　况】 2019年，共青团建始县委深入贯彻落实习近平总书记关于共青团工作系列重要讲话和团的十八届二中、三中全会、团省委十四届三次全会精神及团州委七届二、三次全会精神，认真履行引领凝聚青年、组织动员青年、联系服务青年的职责使命，坚持五个“围绕”抓工作，为县域经济高质量发展贡献青春力量。

【青年思想工作】 坚持不懈用党的理论和习近平新时代中国特色社会主义思想武装全团、教育青少年。常态化开展“青春心向党 · 建功新时代”等主题团（队）日活动，把爱国主义教育、社会主义核心价值观等贯穿始终。到官店红色革命教育基地开展“不忘初心、牢记使命”特别主题团日活动，培养青年对党和国家的朴素情感。在全县开展“弘扬五四精神 · 彰显青年担当”专题研讨，认真学习贯彻习近平总书记五四重要讲话精神。大力推进“青年大学习”进支部、进社团、进团课，全年累计参与线上学习人数超过1万人次。持续开展“五四青年奖章”“两红两优”“青年文明号”评选活动，用身边的先进榜样引领青年。2019年，共有3名个人、4个集体获得州级表彰。在全县五四青年干部大会上，对12名优秀青年进行通报表扬。落实全面从严治团要求，把政治上要严放在首位。以县委巡察团县委为契机，开展全县团组织整顿。深化党建带团建，把团组织“三会两课一制”开展情况纳入全县大党建考核内容。开展全县共青团工作督导，由班子成员带队，对学校团员入团志愿书填写情况进行检查，把牢团员青年人生“第一份政治档案”。开展全县信教团员清理排查，强化团员青年政治意识和身份自觉。

【关爱青少年儿童】 推进实施关爱留守儿童“双结双促”活动，围绕“四个一”，累计通话关爱2135次，完成微心愿748个，物资帮扶636次，走访慰问623人次。争取周黑鸭集团等知名企业和高校团组织支持关爱留守儿童资金合计40余万元。开展“圆梦微心愿”筹款活动，为400名留守儿童完成筹款4万元。争取“点亮中国偏乡”“希望书屋”等公益项目，深入实施“希望伴飞”“向阳花助医”等公益活动，帮扶困难青少年儿童12人，争取资金55200元。暑假期间，开设“希望家园”活动站点9个，招募志愿者92人，为600余名农村留守儿童提供暑期陪伴。开展向日葵“筑梦计划”，免费为热爱美术的留守儿童提供美术教育。联合县民政局、教育局、妇联开展关爱留守儿童专项督导暨工作培训，覆盖全县十个乡镇。深化与滨江团区委东西部扶贫协作机制，共同开展关爱贫困学生和困境青少年的活动项目。争取“杭州助学”“十六助”“国酒茅台”“知音同行”等助学项目、省青基会助学政策、爱心人士和青年企业家团体，帮扶建始县496名贫困大中小学生享受关爱福利，累计帮扶资金达到66余万元。依托县义工协会和青年志愿者协会组织开展春运服务、学雷锋、义务植树、垃圾分类、文明交通、保护母亲河、高考护航、助残义诊义剪、"公益课堂"等各类志愿服务。全年共开展活动60余场次，参与志愿者1200余人次，志愿服务累计时长1万余小时。

【基层组织建设】 完成全县410个村（社区）团组织换届选举。指导1家两新组织，2家国有企业建立团支部。全面摸清团员底数，对2017年以来新发展团员录入"智慧团建"。持续开展"软弱涣散"团组织整顿工作，对违规发展团员的9名学校团委书记进行工作约谈。举办团干部专题培训班，印发基层团组织工作指导手册、团务手册及工作清单，全面提升团干部的政治素质和履职能力。加强团教协作，全县所有中学、中职均已以校党组织名义出台校级共青团改革实施方案。严格入团政治标准，抓好团前教育和推优入团，规范智慧团建团组织关系接转和团的仪式教育等工作。继续实施总量调控和发展团员编号制度，严控各校团青比，全年新发展团员1200名，无违规发展情况。认真落实少先队组织工作办法，组织召开建始县第二次少先队代表大会，按照规定完成少工委换届并召开少工委二届一次全会。把少先队工作纳入教育督导和学校党建考核内容。

【创建"青年"平台】 始终把传递党的温暖、服务青年发展作为重要职责，让团组织成为联系和服务青年的坚强堡垒。广泛发动优秀创业青年参与各级创业大赛，争取各类创业就业扶持资金。2019年度共有3个项目入围省级决赛，建始食达好公司荣获省农业农村组银奖；3个项目入围全州创业大赛决赛，并分别荣获企业成长组一等奖、创意组二等奖、优秀奖。全年组织开展新媒体操作技能等各类就业培训、沙龙等活动30余次。申报累计获得各类创业扶持资金近15万元。积极申报致富"领头雁"计划，秦娥荣获"全国农村青年致富带头人"称号。倡导文明婚恋观相亲活动，举办第三届建始青年相亲联谊活动，帮助建始青年引领社会新风尚、践行正确婚恋观。发挥预防青少年违法犯罪领导小组和未成年人保护委员会工作力量，利用"12355"平台，采取部门联动方式，全年开展预防青少年违法犯罪、预防校园暴力、普法、禁毒等宣传活动10余场次。融入党委"大宣传"，在县委重要活动中发出"青年之声"。联合县委宣传部开展"庆祝新中国成立70周年·讲好建始故事"演讲比赛，联合县委组织部、县委宣传部组建县级青年讲师团，已开展习近平总书记五四讲话、十九届四中全会等宣讲3场次，覆盖青年500余人。联合县纪委监委开展廉洁教育宣传新春行活动，为广大党员干部送"廉"到家。多点宣传，多管齐下，做到既抓新媒体，也关注传统媒体。全年在建始网、恩施日报、恩施电视台、湖北日报等媒体发表各类新闻40余篇。强化"互联网+"思维，活用"双微"平台，打造团属文化产品，组织全县各领域青年拍摄的《我和我的祖国》宣传片告白祖国，获得2万转发；少先队主题文创记录产品《你好，少代会》，获得好评。

（吴　帆）

妇女联合会

【概　况】 2019年，县妇联始终以习近平新时代中国特色社会主义思想为指导，深入学习贯彻习近平总书记系列重要讲话精神和对群团改革、妇联改革的重要指示，以联系妇女、服务妇女、教育妇女、维护妇女儿童合法权益为工作主线，围绕中心抓服务、重点突出抓特色、上下联动抓落实，团结带领全县广大妇女开创了妇女工作新局面。

【特色扶贫】 广泛发动扶贫"扶智"活动。争取国家扶贫办友成基金会"乡村女性赋能计划"落地建始，150名乡村女性参加电商扶贫能力培训，以培植孵化"领头雁"的方式来带动脱贫、带动增收、带动致富；依托“愚公巧手”妇女手工创业基地，在龙坪乡店子坪村开展手工编织、手工刺绣、木艺及西兰卡普织锦技能培训4期；开展农村留守妇女家政及母婴培训6期，派出优秀女性创业者50余名，赴杭州参与网络创业、经营管理、育婴、养老护理等培训，帮助提高参训人员的就业创业技能。开展留守妇儿关爱服务工作。指导乡（镇）、村（社区）妇联组织从扶持创业致富、实施家庭关爱、维护合法权益、开展志愿服务等方面入手，做好关爱服务工作；组织开展“爱心妈妈”“巾帼志愿者”“义工协会”等社会公益组织参与留守妇女儿童的关爱帮扶活动；依托乡镇留守儿童之家，组织开展家庭教育公益巡讲10场、“东西部扶贫协作——‘守护花开’留守女童防性侵安全自护教育”公益巡讲20场；完成8900名贫困妇女“两癌”免费筛查任务，29名贫困妇女“两癌”救助金发放任务，17名应届贫困女大学生“金凤工程”资助金发放任务。

【维护妇儿合法权益】 联合县司法局等部门，宣传《中华人民共和国反家庭暴力法》《中华人民共和国妇女权益保障法》《中华人民共和国未成年人保护法》，为群众提供法律咨询，发放《建始县妇女儿童法律知识宣传单》1000余份；组织乡镇妇联在农村广泛宣传和普及法律法规，预防和制止家庭暴力；与县法院联合开展“妇女法律大讲堂”活动，深入乡镇开展普法宣传；在禁毒日发出“不让毒品进我家，争创禁毒好家庭”倡议书，呼吁全县广大妇女及家庭积极投身到禁毒工作中。协调县法律援助中心无偿为妇女提供法律援助，切实为弱势群体提供法律保障，确保“12338”维权热线正常运行；全年共接待妇女信访123起，其中家庭调解类66起，法律维权类5起，其他类52起，“12338”妇女维权服务热线接听数量为436件，“家调委”共受理调解案件6件。

【发挥优秀典型示范作用】 评选出2019年度“县级最美家庭”10户，赵师伟家庭被授予“州级最美家庭”荣誉称号，廖开军家庭被授予“州级最美家庭提名奖”荣誉称号。积极培育女性创业带头人，成功打造巾帼脱贫示范基地2个，评选出县级“三八红旗集体”3个、“三八红旗手”10名、“平安家庭”10户、“最美妇联人”10人。县义工协会副会长冯玉琴被省妇联表彰为“2017—2018年湖北省儿童公益项目优秀志愿者”，德溢民生态农业开发有限公司法人秦娥被授予“全国巾帼建功标兵”荣誉称号，高坪镇妇联主席黄美清被推选为全省“最美妇联人”人选，长梁镇龙潭村妇联主席李忠香被推选为全省妇联系统劳动模范人选。

科学技术协会

【概　况】 2019年，县科协贯彻落实党的十九届四中全会精神和习近平总书记系列重要讲话精神，紧紧围绕县委、县政府中心工作，深入推进《全民科学素质行动计划纲要》实施，推进基层科协组织力“3+1”试点工作，扎实开展“不忘初心、牢记使命”主题教育，县科协领导班子团结带领全体党员干部职工围绕中心服务大局，勇于担当作为，落实全面从严治党主体责任，切实履行职能职责，基层党建工作、驻村精准脱贫、科协系统重点工作齐头并进。2019年12月县科协在湖北省全国科普日活动中被评为“优秀组织单位”，唐文海被评为“先进个人”。

【深化系统改革】 围绕县委、县政府中心工作，以提升基层科协组织力“3+1”试点工作为抓手，不断巩固和深化科协系统改革成果，提升全民科学素质，促进科协事业健康发展。4月1日，中国科协简报推介建始县科协试点工作经验。2019年10月18日，建始县科协作为湖北省唯一的市县科协代表参加在江苏南京举办的全国基层科协“三长”论坛，并作大会交流发言。

【建强组织体系】 立足延伸拓展，拉长手臂，构建科协系统组织网络体系，推动组织建设从有形覆盖到有效覆盖。纵向建立县、乡镇、村（社区）三级科协组织体系，全县10个乡镇均成立乡镇科协，并在基层组织建设好、产业发展基础好、乡风文明建设好的村（社区）建立科普小组；横向加强县级学会、企业科协和农技协等基层科协组织建设。新成立景阳椪柑种植专业技术协会、建始县蜂业协会等，全县基层农技协组织达到17家。

【“1+X”科普阵地建设】 创新科普服务方式，提升公共服务能力。“1”，加强县科技馆科普教育实践主阵地建设，提升科普场馆服务功能。新增了基础科学、智能机器人互动体验、前沿科技互动体验以及机械传动等类别的展教设备43件。在数字科技馆建设方面新增了触控屏电脑和LED大屏。新展厅建成以来，吸引了大批群众特别是中小学生参观体验。2019年3月，建始科技馆被省科协评定为“湖北省科普教育基地（2019—2023年度）”；“X”，创建了“红岩寺镇甜柿‘滴灌’科普基地”、“建始县良繁中心特色产业科普基地”、“恩施地心谷”旅游科普基地、县民族实验中学“创客空间”科普教育实践基地等一批基层科普教育阵地，为公众提供多样化、高质量的科普服务，满足不同群体的科普需求。2019年3月，“恩施地心谷”旅游景区被评定为“湖北省科普教育基地（2019—2023年度）”，成为恩施州唯一的被评定为省级科普教育基地的旅游景区。2019年7月，县科协争取省科协支持，成立湖北省农函大建始分校，并在良繁中心、枸杞珍酒业公司建起了教学点，组织开展辐射到周边县市农户和农技人员的农业技术培训。立足虚拟空间和实体阵地相结合，推进科普信息化建设，逐步构建多维交互的全媒体互动空间。加强社区科普大屏的利用和管理，结合科技周、科普月以及相关节日，播放防灾减灾、气象科普、健康知识等科普“微视频”。对“科普建始”微信公众号进行功能升级，针对农业特色产业、农业科技新技术推广应用等开展宣传，助力特色产业发展。7月，县科协与融媒体中心、农业农村局、卫建局、气象局、州生态环保局建始分局等部门联合开办了“建始科普之声”广播宣传栏目，每周定期录播相关科普知识，结合群众关注的热点问题，不定期邀请专家进行科普知识讲座或专题访谈。

【建强队伍】 全县科协系统在深化改革过程中，一批各行各业的专家能人被吸纳进县乡科协组织。五届县科协委员中，基层一线科技工作者占比达到75%以上，全县10个乡镇均完成“三长”进入乡镇科协领导机构增补工作，进一步优化了队伍结构。同时，围绕优化生态环境、发展特色产业、硒资源科普、乡风文明建设等，从社区、企业、农村聘请了一批“富强建始、活力建始、绿色建始、幸福建始”义务科普员。结合“科普+旅游”，聘请了一批义务科普导游。积极对接新时代文明实践中心建设，组建了科普志愿服务小分队。

【科普服务】 开展以“五进三助”（进农村、进学校、进社区、进机关、进企业；助力精准扶贫、助力乡风文明、助力全民科学素质提升）为主题的系列科普活动，在实践中创新载体，打造科普服务品牌，彰显科协服务职能。坚持把科技助力精准扶贫作为重点，立足整合资源联动、项目推进拉动、扶贫扶智促动，发动科协组织和广大科技工作者积极投身脱贫攻坚主战场。县科协充分发挥科协组织的人才资源优势，调动兼职副主席和科协委员的主观能动性，整合农业、林业、畜牧、医疗卫生、旅游、气象、劳动就业等部门的资源和力量，针对不同产业组建科技助力精准扶贫专家服务团队，并与华中农业大学对口帮扶建始县的专家团队实行对接。借助专家团队的优势资源，以协会为依托、以基地为示范、以科技为支撑，走“公司+基地+农户”，“协会+

农场+农户”的发展路子，组织开展科技服务，培养科技致富明白人和带头人。同时，加大科普惠农项目实施，注重项目实施的绩效管理。在科技周、科普月、扶贫日等活动期间，县科协组织开展以移风易俗、反邪教、禁毒品、心理健康咨询等为主要内容的“和美建始”乡风文明科普巡展。与相关部门联合，开展了“科普文艺惠农—助力精准扶贫”、义诊送健康、科普知识有奖竞答等活动，深受群众欢迎。

【丰富活动】 先后组织开展“科技服务促春耕—助推精准扶贫”、科技周、“防灾减灾、食品安全、燃气安全知识进社区”、“科普进校园—暑期安全科普报告会”、“关注女性健康—构建和谐家庭”科普报告会等系列活动。为助力旅游产业发展，县科协积极探索“科普+旅游”的新路子，4月，结合举办国际始祖文化旅游节，在石门河旅游景区开展“全景石门河—魅力科普行”科普旅游活动，宣传推介建始神秘而丰富的科考旅游资源，深受国内外游客喜爱，众多媒体以及省科协网站进行了宣传报道。在“全国科普日—建始科普月”活动中，建始县科协通过“展、讲、赛、训、诊”开展一系列形式多样、内容丰富的科普活动。

（匡厚胜）

工商业联合会

【概　况】 2019年，县工商联以“千企帮千村”、东西部协作和基层商会改革等工作为重点，紧紧围绕县委、县政府的中心工作，充分发挥桥梁、纽带和助手作用，引导全县民营经济人士提振发展信心，集聚民营经济发展活力，为加快建始绿色发展和决胜全面建成小康社会作出积极贡献。

【“千企帮千村”】 按照《“千企帮千村脱贫奔小康”精准扶贫精准脱贫行动实施方案》的要求，2019年进一步细化措施，深入开展村企对接，实行“千企帮千村”精准扶贫行动跟踪问效。截至2019年12月底，全县共有117企业结对帮扶92个村，村企对接全覆盖。受帮扶人口7923人，共投入资金1.4亿元，其中产业帮扶和公益帮扶效果显著。截至2019年5月30日，全县产业帮扶投入总额11680.4万元，涉及贫困人口5713人，其中商贸投入资金821.3万元，涉及贫困人口1125人。在公益帮扶行动中，截至2019年12月，全县共有45家非公有制企业积极参与公益扶贫，捐资修路投入22万元，开展贫困人口慰问及送医送药下乡等活动投入35万元，开展捐资助学投入95万元，共资助贫困学生122名。

【东西部扶贫协作】 在县委、县政府的统一组织下，县工商联积极与杭州市滨江区工商联和杭州恩施商会进行对接联络，就商会交流机制、杭州企业及商会会员企业建始考察对接、公益帮扶等工作进行深入交流沟通，重点开展“走村连心1+5”活动，即帮扶企业负责人担任帮扶村名誉村长；做好五件实事：带强一个组织（指导村级新型合作组织提高经营水平）、壮大一个产业（帮助村里发展一个主导产业）、办成一件实事（帮助结对村办一件安全饮水、住房安全、医疗和教育等方面的民生实事）、奉献一份爱心（开展一项助老助残助弱的公益活动）、带动一批消费（开展以购代捐、以买代帮消费扶贫活动）。在开展上述活动的同时，鼓励引导结对的企业和组织与贫困村开展党支部共驻共建，帮助提高贫困村党支部的凝聚力和战斗力。大力宣传开展“走村连心1+5”活动的重要意义，进一步传递帮扶声音，弘扬企业和各类组织的社会责任感，营造良好的社会舆论氛围，引导更多企业及其他社会组织投身到东西部扶贫协作中来。截至2019年，杭州滨江区14家企业结对帮扶建始14个深度贫困村累计帮扶款物589万元。

【乡镇商会改革】 为贯彻落实中央办公厅、国务院办公厅《关于促进工商联所属商会改革和发展的实施意见》和省委办公厅、省政府办公厅《关于促进全省工商联所属商会改革和发展的实施意见》精神，县工商联从10月初开始基层商会的登记工作。县级工商联切实加强对10个乡镇商会名称、宗旨、业务范围、发起人和拟任负责人的把关，支持符合条件的商会依法成立。明确乡镇商会的业务范围主要包括五个方面：一是宣传党和政府法规、方针政策，开展商会发展情况调研，提出有关政策建议；二是组织开展专业培训、信息交流、会展招商等活动；三是开展诚信自律建设，制定并负责实施商会内争议处理规则，协调本商会与其他行业或者组织的相关生产经营事宜；四是维护会员合法权益，反映会员的意见，协调会员关系；五是承办政府及有关部门委托的业务事项。各乡镇要成立以书记为组长的商会改革工作领导小组，负责牵头抓好商会改革工作。商会要按照党中央关于加强社会组织党建工作的部署和党章规定建立党的组织，新成立的商会同步建立党组织。原则上由乡镇统战委员或党员干部兼任乡镇商会党组织负责人，发挥好基层商会作为统战组织的重要作用。要提供必要的办公条件，全县乡镇商会原则上在乡镇党委政府所在地办公，工作纪律上接受乡镇统一管理。

【投诉服务中心建设】 按照“全省一张网、三级全覆盖”的思路已建立了非公有制企业投诉服务中心。县工联充分认识到非公有制企业投诉服务中心运行的重要性，积极开展投诉中心的建设，并以投诉服务中心建设运行为抓手，进一步丰富服务手段，提升服务水平，用好用足县民营经济发展领导小组、诉求事项办理联络员等沟通协调机制，借助政府部门的职能优势，合力解决非公企业合法权益诉求和实际困难。

残疾人联合会

【概　况】 截至2019年12月31日，建始县有持证残疾人19838人，其中一级1600人、二级7146人、三级5745人、四级5347人。2019年以来，在县委、县政府的领导下，建始县残联深入贯彻落实习近平新时代中国特色社会主义思想和党的十九大精神，贯彻落实习近平总书记对残疾人事业发展的一系列重要论述和上级部门对残疾人工作的安排部署，始终坚持以人民为中心，聚焦残疾人脱贫攻坚，切实转变工作作风，服务基层、服务广大残疾朋友，各项工作都取得了新的成绩，在2019年度全省残联系统年度考核中被评为全省残疾人职业培训工作先进单位，为2017—2018年度州级最佳文明单位。

【“扶贫车间”技术培训】 在总结提升2018年开设残疾人培训“扶贫车间”经验的基础上，整合县人社、扶贫等部门资源，加大残疾人就业、培训及扶贫基地建设力度。以双达鞋业残疾人实用技术培训基地为阵地，以操作技能、仓库材料管理等实操培训为主要内容，推动订单培训、定向就业，培育残疾人培训、就业品牌和服务品牌，2019年已于4月8日、4月15日、5月6日举办了3期“杭州市滨江区·恩施州建始县东西部劳务协作残疾人技能培训班”，已培训残疾人125人；7月15日，承办恩施州东西部协作残疾人实用技术培训班2期，利川、建始、来凤、鹤峰等县市共139名残疾人参加培训。通过培训，目前已有17名残疾人在双大公司就业，月增收1280元。

【拓宽视力残疾人就业渠道】 为了从根本上帮助残疾人摆脱贫困，7月22日至9月20日，建始县残联将“扶贫车间”延伸到杭州市西湖区，先后选派7名盲人赴杭州市残疾人康复职业培训中心进行为期2个月的盲人按摩培训，培训完毕后成功就业。

【办理残疾证】 2019年3月28日下发《关于全面开展残疾人证换领等工作的通知》（建残联发〔2019〕10号），取消乡镇、村（社区）两级证明环节，残疾人证办理进一步优化。各村尖刀班全面走访排查，建立村级残疾人持证、未办证、享受两补、未享受两补四种名册，做到了底数清、情况明。在此基础上，针对部分重度肢体残疾人确实无法到定点评残医院进行残疾评定的实际，从2019年5月20日开始，充分利用第29次全国助残日活动节点，县残联组织县人民医院、县中医院评残专家，深入到全县10个乡镇开展“自强脱贫 助残共享”乡村在行动系列助残活动，以现场集中评残和上门入户评残推动作风转变，以实际行动服务广大残疾人。活动期间，评残专班到全县10个乡镇开展现场评残专项服务10场次，据统计，现场参与残疾评定1507人、办证及换证672人，评残专家还到83个村178户特殊困难群众家中开展上门评残服务，定级155人。为切实解决精神、智力残疾评定痛点，县残联将精神、智力残疾评定作为“不忘初心、牢记使命”主题教育的具体实践，10月14—31日，县残联邀请州优抚医院5名专家到10个乡镇开展了13场次集中精神、智力现场评残和56次入户评残活动，283人次参加评定，定级91人。其中评定智力残疾71人、精神残疾20人。此外，还与县委宣传部组建新时代文明实践志愿服务队，开展点穴式入户评残，11月12—20日，深入到6个乡镇21个村86户和3个乡镇福利院开展上门评残服务，换证和办理残疾证112个，得到各级领导和广大人民群众的一致好评，《人民日报》、《湖北日报》、州纪委监委网站、云上恩施、《恩施日报》、州残联网、建始新闻网、建始要情等媒体均作了推介或宣传报道。

【扶残助残】 在省残联、州残联和县委统战部的带领下，于5月28日赴杭州市滨江区开展对接，与滨江区残联达成了东西部扶贫协作框架协议，就残疾人培训、创业、康复、文体、干部交流等6个方面达成初步共识。7月5日、7月24日，先后又与滨江区残联在建始县茨泉宾馆、恩施华农村开展交流对接，滨江区残联向建始县捐残疾人创业就业基地建设项目资金50万元。建始县残联实地走访了全县所有的残疾人自强创业基地，在5家具备“造血”功能、带动残疾人就业人数多、市场前景广阔的残疾人创业或培训就业基地开设“扶贫车间”，通过开展资金或物资帮扶，更新设备或购买农资，进一步增强“扶贫车间”的“造血”功能，让他们不仅能够自食其力，还能让更多的残疾人自力更生，从而辐射带动了周围大批残疾人家庭一起脱贫致富。据初步统计，由滨江区残联与建始县残联开设的5个“扶贫车间”，已安置残疾人就业95人，带动贫困户脱贫277人。浙江省残联、湖北省残联主要领导实地调研后，对建始县以“扶贫车间”推进东西部协作工作予以了充分肯定。根据省残联、省民政厅、省财政厅文件要求，积极配合民政部门于6月30日前完成残疾人“两补”机制调整，由民政牵头、残联配合完成残疾人“两项补贴”申报、审核与发放工作，确保符合政策持证残疾人应享尽享。截至2019年12月，全县共有7350人享受困难残疾人生活补贴、7789人享受重度残疾人护理补贴，累计发放残疾人两项补贴资金1314万元。此外，县残联还联合县直相关部门，聚焦残疾人脱贫摘帽，充分利用“助残日”“残疾预防日”等重要节点开展专家义诊、辅具适配、政策咨询、志愿服务、健康讲座、无障碍信息交流等系列助残、爱残、扶残活动，发放《残疾人服务手册》《残疾预防宣传手册》20000多份，实施0—10岁贫困残疾儿童抢救性康复45例，完成假肢安装14例，为精神病人提供免费药物106例，发放轮椅、腋杖、拐杖、盲杖、助听器等560件，启动57户残疾人无障碍改造，全社会助残、爱残、扶残氛围日益浓厚。

【托养康复项目建设】 全面加快县残疾人托养中心建设步伐，主体工程已完工。积极探索残疾人托养中心与医疗机构联合发展开展康复、托养和残疾业务工作新路子，确保残疾人托养中心建成后能充分发挥功能，并创建成有影响、有特色的建始托养品牌。按照省、州残联相关要求，残疾人康复中心建设项目建设总规模 4137.28 平方米，计划总投资 1157.82 万元（其中中央投资 800 万元），先后两次向省残联汇报争取，已向省发改委、省残联申报项目，已划拨土地 1139.4 平方米，批准建筑占地面积 616 平方米。省残联拟重点支持建始县残疾人康复中心项目建设，力争尽快立项并投入建设。

【系统改革】 年初，及时向县委常委会汇报残联工作情况，积极主动争取县委、县政府对残联工作的重视与支持，县委将残联改革纳入全县承接上级改革责任清单，并将残联改革纳入群团组织改革范畴。省政府办公厅已于 11 月下发改革文件，待州政府办公室出台改革文件后实施，已做好乡镇残联工作者人员结构调查，并作好了改革相关准备。

（刘友菊）

法 治

政法委及综治

【概　况】 2019年以来，县委政法委围绕“为庆祝建国70周年和第七届世界军人运动会在武汉召开营造安全稳定的社会环境”主线，以习近平新时代中国特色社会主义思想为指引，贯彻落实党中央和省委、州委、县委的决策部署，统筹推进扫黑除恶专项斗争、基层社会治理、平安建设、司法体制改革、精准扶贫等重点工作，人民的安全感、满意度进一步提升，为全县营造了平安稳定的社会环境。

【防范社会治安风险】 全县没有发生较大邪教案件和不良影响。依法查处永恒太阳能涉嫌传销案，抓获犯罪嫌疑人29人，查扣车辆7辆，冻结资金500余万元。以“迎大庆、保军运”安全稳定为主线，坚持以上率下、层层压责，紧盯第一责任和第一责任人，压实县、乡、村（社区）三级书记抓稳定的政治责任，形成横向到边、纵向到底的工作格局，成立工作领导小组，先后完成“全国两会”“3・14永恒太阳能涉传”“6・4”“迎大庆、保军运”“4・11专案”“十九届四中全会”等敏感节点、重大事项的安保工作，圆满完成各项工作任务，全面实现在重大时节“零登记、零非访”和“六个不发生”的工作目标。

【信访工作】 全面落实涉法涉诉信访制度，做到有诉必理，共接待来访97件340人次，化解一般信访矛盾130件次，参与疑难信访案件化解34件次，办理刑事申诉案件1件，国家赔偿案件3件。认真开展司法救助工作，对涉案信访人家庭困难、符合司法救助条件的，积极做好困难帮扶，救助资金21.2万元，为经济困难的当事人缓减免诉讼费16件3.2万元。防范化解重大社会风险。严格落实“三到位一处理”原则、涉稳风险隐患排查管控责任制度，扎实抓好“三访”工作，坚持排查在前，化解在前，防止新旧矛盾交织叠加。召开专题会议分析研判有化解空间的积案20件，确保风险可控、隐患消除。

【扫黑除恶】 组织开展“线索查结清零”行动，对问题线索台账进行全面清理。至2019年底，共摸排受理线索44条，对2018年来州交办的15条逾期未办结线索下发线索督办通知书。同时，对已查结的68条自办线索核查情况进行综合评判，规范完善相关档案资料，牵头对省交办的2条查否线索进行了复查，对全县摸排受理线索215条中还未查结的55条线索进一步督查复核。组织开展案件“攻坚清零”行动，逮捕涉黑涉恶案件14件29人，审查起诉2件8人。3次组织召开专题会议研究部署三里乡崔某某涉恶犯罪集团案和鹤峰“11・15”案办理，统一执法思想，推进侦查、起诉、审判程序有效衔接，加快诉讼进度，提升执法效能。崔某某涉恶集团案已移送审判机关，正在补充侦查。“11・15”案已报立刑事案件26起，抓获犯罪嫌疑人27人。坚持从重点案件中深挖差查处涉黑恶“保护伞”，“11·15”案中向纪委监委移送问题线索17条16人。始终坚持依法依规，充分运用扣押、追缴、没收、判处财产刑等多种手段，在“缴财断血”上下功夫，捣毁黑恶势力经济命脉、摧毁其造血功能。最大限度地挤压涉黑涉恶犯罪的滋生空间。2019年以来，共计冻结涉黑涉恶资金355万元，查封房产67套，扣押车辆16辆，核实债权1224万元。强力推进对“黄赌毒”和黑恶势力听之任之、失职失责甚至包庇纵容充当“保护伞”问题专项整治，持续开展扫黄打赌“断链行动”和“飓风扫毒”专项打击行动，全面排查黄赌毒线索，实施精准打击，不断完善社区戒毒、社区康复、社区关爱三位一体的戒毒康复体系。2019年，全县共开展11次治安大清查，出动警力1540人次，清查各类场所385家，侦办涉黄刑事案件1起，刑事拘留1人；办理涉赌刑事案件1起，刑事拘留1人；办理涉毒刑事案件77起，刑事拘留7人。办理涉黄赌毒行政案件55件，行政拘留74人，移送党员干部、公职人员涉黄赌毒问题线索11条，纪委监委立案调查11人。

【平安建设】 明确综治中心机构编制、工作职责，印发《建始县综治中心规范化建设的实施方案》，从机构名称、阵地建设、力量整合、联网运用、工作流程等方面进行规范。实行“受理—分流—承办—办结—督办”的工作流程，进行“日排查、日研判、日交办、日督办、日反馈”，切实履行矛盾纠纷排查、情报信息研判、责任分解、信息报送四大职能，实现平安稳定工作全流程管控、全过程监控，确保问题及时发现，隐患及时处置。推进矛盾纠纷多元化解。印发《建始县人民调解案件补贴实施办法》，规范人民调解案件补贴工作。11月，县人民法院调解平台业务正式上线，特邀调解组织8个，通过法院认证的特邀调解员58人，通过调解平台实现在线制作调解协议和在线司法确认，集合法院审判资源和社会调解资源，打通线上线下多种渠道，灵活组织开展调解工作，切实提高调解效率。全年共排查各类矛盾纠纷2100件，调解成功2016件，成功率达96%，全年未发生因调处不及时导致的民转刑及上访事件。湖北省司法厅等七省联合发文通报表扬化解边界矛盾纠纷模范人民调解委员会和模范人民调解委员，全州共3个调解组织和2名调解员受到表彰，建始县茅田乡人民调解委员会被评为模范人民调解委员会，长梁乡火龙村何显电被表彰为模范人民调解员。开展安全隐患排查整治。积极组织开展铁路沿线安全隐患排查专项整治、寄递渠道安全管理、精神障碍患者“春防”行动、校园环境周边治理及社会治安问题等专项排查整治活动。共排查整改铁路沿线安全隐患115处，下发隐患整改通知书20份，考核通知书3份，整改辖区铁路沿线危树隐患95处，查处危害铁路运输安全案件5起、打击处理9人；共开展消防安全检查1565家，督促整改火灾隐患1764处，临时查封17家，行政处罚17家，责令“三停”单位4家。对357名严重精神障碍患者监护人发放“以奖代补”资金85.68万元。组织开展了2019年全县学校安全及校园周边环境综合整治“百日行动”专项行动，共排查安全隐患2638处，已整改2623处；县政府解决资金500万元用于提高公办学校安保人员工资待遇，全县165所学校共配备保安336人，并全员进行了岗前培训；完成56所校园封闭工作；撤并教学点25个，分流教师25人、学生200名；安装一键报警装置168个，共投资386万元整改增加视频监控3000多个，实现“校园封闭管理、一键报警装置、保安配备”三个100%。推进政法智能化建设。以“雪亮工程”为抓手，加强立体化防控建设。大力推进“雪亮工程”建设，建设方案已通过州公安局审核，正在筹备招投标过程中。在公共场所、重点区域、重要卡口、重要单位建成

A类探头2100余个，在铁路沿线实现了防侵入智能语音报警全覆盖，在教育系统实现了监控报警全覆盖。以红岩寺镇为试点的立体化防控体系初见成效。各类交通违法大幅减少，交通堵塞得到缓解；违法犯罪率明显下降，治安形势得到明显改善。科技助力平安建设成效明显，全县治安刑事案件较以往大幅下降，人民群众的安全感明显提升。大力推进“智慧平安小区”建设。2019年以来，政法委牵头召开3次专题会议，研究部署智慧小区建设。

【司法体制改革】 召开2次深化改革工作联络会，专题听取汇报和研究部署改革工作，切实推动党中央和省委、州委关于全面深化改革的决策部署落实落地。牵头召开3次司法体制改革联络会、推进会、督查调度会，就改革项目进度、存在的困难和问题、下一步工作措施听取专题汇报，安排部署下一阶段工作。由县委政法委牵头的司法责任制改革、司法体制综合配套改革、以审判为中心的刑事诉讼制度改革3个改革项目均按上级要求有序推进中，其中以审判为中心的刑事诉讼制度改革已近完成，涉及司法责任制改革、司法体制综合配套改革的县检察院已全面完成人员分类管理，县法院已完成法官单独职务序列。

公　安

【概　况】 2019年，全县公安机关紧扣中心、服务大局，在三大攻坚战的主战场、在改革发展稳定的最前沿，无私奉献、冲锋在前、担当有为，有力维护全县社会大局稳定。在维护全县平安稳定、防范化解重大风险方面成效突出，确保全县大局稳定。攻克多起大要案，其中“3·14”永恒太阳能集团组织领导传销犯罪案件、鹤峰县“11·15”涉黑专案为典型代表；全年共发命案3起，破3起。实现连续8年命案全破。全年共抓获逃犯50名，其中抓获本年度上网追逃的在逃人员33人，抓获2012—2018年上网追逃的在逃人员14人，抓获2011年（含）前上网追逃的在逃人员3人（其中1名为省督逃犯），还剩在逃人员5名。“云剑行动”和扫黑除恶百日追逃工作在全州名列前茅。共处理非正常死亡58起，其中交通事故16起，命案3起。无一起引起炒作、群体性事件等情形发生。

【维护稳定】 圆满完成春节、春运、全国两会、全省两会、高考、国庆七十周年、武汉军运会等重大活动，重大节庆、重要敏感节点的安保任务。

【扫黑除恶】 2019年，县公安局共接处警12125起。刑事立案673起，刑事拘留193人，逮捕186人，取保候审17人，移送起诉321人；共受理行政案件1360起，行政拘留525人，罚款133人，行政拘留并罚款255人，强制隔离戒毒35人。始终保持严打的高压态势，严厉打击违法犯罪行为，纵深掘进扫黑除恶专项斗争，主办的鹤峰“11·15”涉黑案立刑事案件31起，破案31起；逮捕29人，起诉31人；移送起诉线索19条18人，冻结资金324万元，查封房产67处，涉案资金9600万元，扣押车辆14辆。对黄某某、陈某某等7人予以刑事打处；行政拘留32人、警告2人。涉黄立刑事案件4起，移送起诉3人，刑事拘留1人；办理涉黄行政案件30起，行政处罚70人。涉赌立刑事案件6起，刑事拘留6人，移送起诉5人；办理涉赌行政案件23起，罚款38人，行政拘留98人。涉毒立刑事案件23起，刑事拘留26人，移送起诉20人；办理治安案件105起，治安查处128人；缴获毒品400余克。共办理经济犯罪案件15起，起诉42人。侦办湖北永恒太阳能集团公司涉嫌组织领导传销案、“云联惠”传销案；办理蔡某某销售假冒注册商标的商品案，徐某等人销毁会计凭证案，饶某挪用单位资金等侵犯公司、企业合法权益案件；办理解某某串通投标案，陈某某、覃某串通投标案。

【保障社会治安】 全县公共安全监管有力，安全形势总体平稳。2019年共检查各类车辆116465辆，共录入各类交通违法行为55122起，办理交通行政案件189起，办理交通刑事案件96起，查获酒驾267起，查获醉驾47起，吊销驾驶证57起，注销驾驶证12起；共排查337处道路安全隐患并整理上报县政府，全年完成公路生命安全防护工程1325千米，安装防撞软墙11000米；全年发生交通事故5727起，比2018年同期5335起增加392起，其中发生亡人交通事故14起死亡14人，亡人交通事故连续三年呈下降趋势。对内部治安重点保卫单位建档升级，全面提升内保基层基础工作水平，大力推进“平安校园”“平安金融”“平安医院”建设。重点是加强校园安全工作，县委、县政府投入2300余万元加强校园安全工作，达到三个100%，即全县所有校园全封闭达到100%，保安配备合格率达到100%，校（园）视频监控、一键报警装置安装率达到100%；统一制定了全县学校安全管理13个方面的制度、4本工作台账。重点加强对煤矿井下民爆物品的监管，成立专职爆破组；对所有煤矿涉爆人员实行“双证”管理；所有煤矿使用民爆物品数量，由安监、国土依据煤矿井下开采工程量据实提供参考数据，报公安机关备案后使用；全力推进民爆物品“可视化”管理，对爆破作业单位作业现场实施“4G”传输。确保民爆物品“不炸响、不流失”。落实“万群千眼”工作。看守所、拘留所以“铁桶工程”建设为契机，不断强化安全管理，看守所全年累计羁押犯罪嫌疑人369人，押解至宜昌监狱罪犯124人，看守所日均关押量200人左右；拘留所全年共收拘750人，其中行政拘留686人，司法拘留64人，收拘吸毒人员49人，共化解矛盾纠纷38起。在风险防控方面，以侦办“3·14”永恒太阳能涉嫌组织领导传销犯罪案件为契机，切实加强风险防控、维护稳定工作；以派出所落实民警辅警包村为抓手，将矛盾纠纷排查化解、风险隐患排查上报和防控落实到基层，12个派出所共有159名民警辅警共包村409个。在污染防治方面，交警大队与城管、运管、路政等部门配合，在城区开展综合整治，对沿途抛撒滴漏、带泥行驶等违章行为一律实行严管重罚；查扣流动加油车1台，罚款2600元；加强黄标车淘汰工作；治安大队、特警大队和各派出所加强和巩固禁鞭工作成效。各派出所实现民警辅警包村包校，共有81名民警、80名辅警包村409个、包校161个，关注重点人员104个。推进“智慧平安小区”的建设：探索建立基础数据汇聚应用新机制，已建成1个（京桥华府小区）；在建6个（金城1号小区、江屿华庭小区、璞玉岛B区、阳光时代豪庭小区、红岩泰安城小区、花坪镇西湖庄园小区）。

【为民服务】 主动融入全县发展大局，稳步推进公安改革，服务质效大幅提升，在行政审批方面，不断创新工作机制，简化办事程序，优化服务流程，结合实际，在户政、交管、出入境、消防窗口因情施策，全面梳理窗口办理事项，通过简流程、除限制、精设置、提服务、广宣传，有效提升群众获得感与满意度，真正实现“数据多跑路、群众少跑腿”，接力群众办事“最后一公里”。

检 察

【概 况】 2019年，建始县人民检察院在县委和上级检察机关的正确领导下，以习近平新时代中国特色社会主义思想为指导，深入学习贯彻党的十九大、十九届四中全会精神，牢牢把握“讲政治、顾大局、谋发展、重自强”的总体要求，坚持“依法履职尽责、服务保障大局”的工作主线，着力防范化解重大风险，全面履行法律监督职责，持续深化司法体制改革，深入推动过硬队伍建设，各项检察工作取得新成效。

【批捕起诉】 充分发挥批捕、起诉等职能，有效防范化解政治领域风险、经济领域风险、社会领域风险、生态领域风险和队伍自身风险。共受理审查逮捕案件121件191人，经审查批准逮捕109件173人；受理审查起诉案件242件325人，经审查提起公诉182件255人，全力维护安全稳定。严厉打击严重暴力犯罪，依法惩治黄赌毒、盗抢骗等犯罪，共受理严重暴力犯罪案件18件18人，抢劫、盗窃、诈骗等侵财犯罪案件36件51人，危害公共安全类犯罪案件93件93人，毒品犯罪案件9件15人，切实维护社会秩序稳定和人民群众合法权益。坚持和发展新时代“枫桥经验”，充分发挥12309检察服务中心作用，共受理来信来访65件86人，检察长接访32件53人，办理刑事申诉案件1件，国家赔偿案件3件，积极、妥善化解涉检信访和矛盾纠纷，切实做到“群众来信件件有回复”。

【扫黑除恶】 坚持严打深挖、除恶务尽，在“打伞破网”“打财断血”上下功夫，提高办案质量和效果，坚决维护社会安全稳定。共批准逮捕涉黑涉恶案件14件29人，审查起诉2件8人，成功审查起诉以崔某某为首的恶势力犯罪团伙案件。集中检力办好鹤峰“11·15”涉黑专案，该案涉案人员30余人，涉及组织、领导、参加黑社会性质组织、诈骗、故意伤害、非法拘禁、串通投标等10多个罪名，案情复杂重大。检察院为此成立“11·15”专案组，一名副检察长带领6名业务过硬办案人员坚持在办案一线，开展提前介入，引导侦查取证，该案正在审查起诉阶段。

【三大攻坚战】 严厉打击非法集资、网络传销等违法犯罪。湖北永恒太阳能集团公司丁某某等人涉嫌组织、领导传销活动案发后，根据县委统一部署，及时成立“3·14”专案组，一名副检察长带领3名入额检察官和3名检察官助理坚持在办案一线，提前介入、提前部署案件进入诉讼环节后的审查批捕、起诉工作。4月19日对丁某某等28名犯罪嫌疑人依法以涉嫌组织、领导传销活动罪批准逮捕，10月16日以丁某某、刘某某、万某某等28人涉嫌组织、领导传销活动罪，刘某某、万某某涉嫌故意销毁会计凭证罪向建始县人民法院提起公诉，维护了人民群众合法权益和经济秩序。全面压实脱贫攻坚政治责任，积极投入脱贫攻坚工作，坚决完成“六个清零”和“六个全覆盖”的工作任务。深入推进乡风文明建设，与黄岩、箭楼村联合开展支部主题党日4次，联合华中农业大学开展“党建1+1：大手牵小手，见证新时代”活动，让山里娃走出大山，开展“百岗助百村、百企帮百村”岗村联建活动，通过评选“脱贫先锋”“最美庭院”“致富带头人”等模范村民代表，激发贫困群众脱贫内生动力。充分运用司法救助助力精准扶贫，防止和减少因案致贫、因案返贫。依职权主动办理3件司法救助案件，共支付救助金6.7万元。继续强化“保护生态环境、促进绿色发展”“长江流域生态保护公益诉讼”等专项工作。严厉惩治各种破坏环境资源犯罪17件23人，其中办理非法收购、滥伐、盗伐林木犯罪案件10件10人。

【服务民营经济】 狠抓新“鄂检十条”的落实，通过开展支持民营经济发展政策宣传周，举办“检察护航民企发展”公众开放日等活动，积极为民营企业发展排忧解难。助力县域营商环境的优化，依法从严从快办理扰乱企业经营秩序的犯罪案件4件6人；对涉及非公企业法定代表人、实际控制人、主要经营管理人员以及关键岗位工作人员等“四类人员”涉案犯罪的，可捕可不捕的不捕，可诉可不诉的不诉，切实落实“司法不忘大局，办案考虑发展”的工作理念。

【“四大检察”】 加强对刑事侦查环节的监督，共监督侦查机关立案2件2人，纠正漏捕1人，提前介入、引导公安机关侦查取证案件30件，参与重大案件讨论35件，向公安机关发出纠正违法通知书3份，追诉漏罪8人、漏犯6人。强化刑事审判监督，纠正审理违法案件1件1人，依法提请抗诉案件2件7人，由该院提请抗诉的刘某某猥亵儿童一案，二审法院依法将原判有期徒刑11年改判为有期徒刑15年，切实保障了被害人合法权益，维护了司法公平和正义，该案被湖北省人民检察院作为全省十大精品案件之一推荐到最高人民检察院表彰。深化刑事执行监督，监督纠正刑罚执行和监管活动不规范11件次，纠正监外执行和社区矫正不规范行为8件次，积极开展羁押必要性审查，向办案机关提出变更强制措施建议5人。创未成年人检察工作特色品牌，受理审查起诉未成年人案件14件19人，提起公诉11件12人，不起诉2件2人，附条件不起诉1件1人，提供法律援助4次，开展社会调查4次。开展法治教育宣传，到中小学校开展“法治进校园”巡讲活动5次，覆盖3000余名学生，发放宣传册500余册。开展“携手关爱，共护明天”为主题的公众开放日活动，邀请县妇联、团县委、关工委、教育局、部分人大代表、政协委员、师生、家长代表等70余人参加，增进了社会各界和人民群众对未成年人检察工作的了解和支持。领导干部带头担任法治副校长，积极参与学校法治教育。认真贯彻落实最高检“一号检察建议”，与县教育局相关负责领导召开联席会议，做好学校（园）安全、预防性侵害等工作。结合办理的性侵未成年人案件情况，针对校园安全管理方面暴露出来的问题，及时向教育主管部门提出针对性强的检察建议，有效预防在校学生被侵害案件的发生，保障和维护在校学生的身心健康。全年共办理民事诉讼监督案件5件，其中民事裁判结果监督案件4件，民事执行活动监督案件1件。办理的州检察院指定管辖的巴东县野三关镇居民田某某民间借贷虚假诉讼系列案件，诉讼标的额高达900余万元，办好该案系全州扫黑除恶工作推进的重要部署。该院依法审查后向人民法院发出再审检察建议2件，均被人民法院采纳并裁定再审，该案的办理依法打击了虚假诉讼违法犯罪行为，维护了司法秩序和司法公信力。在监督的重点领域方面，紧扣与群众切身利益密切相关的资源保护、生态环境保护、城乡建设管理、交通运输管理等领域，忠实履行行政检察职能，促进解决县委、县政府关注、人民群众关心的突出问题。在监督手段和方式方法上，坚持办案模式与办事模式相结合、事后监督与事中介入相结合、非诉方式与诉讼方式相结合、行政路径与民事路径相结合，充分运用检察建议或提请抗诉等法定手段，积极采取个案监督和类案监督、联合督办和跟进督办等方式方法，推动相关问题从机制上得以破解。做好公益诉讼检察工作。牢固树立“双赢多赢共赢”的理念，以公益保护为核心，通过办案实现“办理一案、治理一片”的社会效果。共受理行政公益诉讼案件39件，发出诉前检察建议30份，终结审查1件，发出的检察建议均已收到行政机关书面回复并积极整改。监督相关行政单位收回国有资金65.09万元，清理河道垃圾5万多立方米，整改或关停环境污染严重的养殖场、小作坊等10余家。

【深化改革】 围绕高检院印发的2018—2022年检察改革规划，认真落实各项改革举措，让改革在巩固中深化，在深化中巩固。主动稳妥完成好内设机构改革，根据改革方案，院内设机构整合为9个部门，刑事检察工作实行“捕诉一体”。深入推进司法责任制落细落实，认真落实入额院领导办案制度，入额院领导办案159件，人均办案31件。扎实推进认罪认罚从宽制度落实，共办理认罪认罚案件58件75人，量刑建议采纳率为98.3%。

法 院

【概　况】 2019年，县人民法院着力加强司法能力建设，加强审判管理，持续做好案件流程管理、案件评查工作，提升案件质效。审判工作中，坚持调解优先，妥善处理婚姻家庭、劳动争议、侵权赔偿、融资租赁等大量社会矛盾；依法依规开展司法救助，保护未成年人和妇女等弱势群体的合法权益，弘扬传统美德，促进家风家教建设。深入开展扫黑除恶，依法彻底摧毁黑恶势力犯罪的经济基础。全年共受理各类案件6921件，结案6645件，结案率96.01%。受理执行案件2748件，结案2573件。持续加大对失信被执行人惩戒力度；强化信访维稳的政治责任与担当，做到有诉必理，来信必复，致力于维护社会稳定，为经济建设保驾护航。

【审执工作】 共受理各类案件6921件，同比增加1218件，增幅22.5%，结案6645件，结案率96.01%。法官人均结案190件，同比增加40件。受理刑事案件262件，审结245件。审结涉环境资源类犯罪案件7件，助力生态环境改善，筑牢司法保护屏障。依法打击违法上访行为，以寻衅滋事罪判处被告人李某某有期徒刑三年，以扰乱国家机关工作秩序罪判处被告人陈某某有期徒刑一年三个月。受理民商事案件3624件，结案3547件。坚持调解优先，注重案结事了，妥善处理婚姻家庭、劳动争议、侵权赔偿、融资租赁等大量社会矛盾。依法对两起家暴案件发出人身安全保护令，切实保护未成年人和妇女等弱势群体的合法权益。审结赡养纠纷19件，弘扬传统美德，促进家风家教建设。受理行政案件277件，结案270件，行政机关负责人出庭应诉率达86.54%。推进行政争议的实质解决，通过与行政机关协调，使当事人的权益及时得到保护。对环保类非诉执行案件畅通"绿色通道"，及时审查并作出准予强制执行裁定。受理190件县税务局申请执行因房屋出租获得收益的税款追缴案件，促使当事人自动履行132件，对未履行的及时下发准予执行裁定，维护行政机关执法权威。

受理执行案件2748件，结案2573件。各组分工合作，全力推进执行工作。将执行实施阶段的评估拍卖工作从执行实施环节单列，纳入执行指挥中心由专人负责，五个执行实施组负责执行实施案件的执行。狠抓规范管理，通过规范财产保全、案件办理流程、终本案件管理等，对案件办理进一步规范管控，有效提升了执行案件的质效。持续加大对失信被执行人惩戒力度，发布失信被执行人信息692例，限制高消费1230人，对有能力履行而逃避执行、拒不履行的被执行人，果断采取强制措施，拘留失信被执行人105人，审查立案拒执刑事自诉案件1件，判处被告人龙某某有期徒刑1年，强力敦促被执行人履行义务。全年共接待来访238人次，处理来信24件。做到有诉必理，来信必复。坚持信访专职人员每天接访、院领导周三接访的工作制度。切实开展"三访"活动，院领导多次带案下访，通过深入细致做工作，解决朱某某长达十八年的信访问题。依法依规开展司法救助工作，对家庭困难且符合司法救助条件的信访人，积极做好困难帮扶。

【服务大局】 院党组多次专题研究，调优配强驻村工作队伍，召开全院干警大会和帮扶责任人会议，进行具体安排部署，聚焦"三个责任"（单位、驻村工作队和帮扶责任人），强化责任担当。聚焦农村长远发展，狠抓基层组织建设、基础设施建设和产业发展；聚焦"两不愁""三保障"，确保建档立卡的贫困户如期脱贫；聚焦检查发现的突出问题，深入解剖、逐一化解。深入开展扫黑除恶。强化责任担当，按照上级有关部门的要求，多次为扫黑除恶工作提出建设性意见。加大对涉黑恶等刑事案件财产刑执行力度，依法彻底摧毁黑恶势力犯罪的经济基础，全面落实"打财断血"有关要求。通过开展业务培训、观摩涉黑恶案件庭审，不断加强专业化审判能力建设。党组多次专题研究扫黑除恶工作，抽调四人到刑庭工作，组建专案组，加强涉黑恶案件的审判力量。开展法警技能集训，制定安保预案，提前谋划部署指定涉黑恶案件审理工作。依法助推社会治理。严厉打击非法集资、金融诈骗等违法犯罪活动，妥善审理民间借贷纠纷案件，全力防范化解金融风险。积极践行“绿水青山就是金山银山”理念，加强环境资源审判工作，严厉打击滥伐林木、非法采矿等行为。认真落实中央、省、州、县关于优化营商环境的工作部署，妥善解决商事纠纷，倡导诚实守信，营造公平有序市场环境。开展“青春自护·平安校园”法治宣传教育活动，围绕防治校园暴力主题开展演讲，增强师生的法治意识和安全防范意识。认真践行为民宗旨。搭建“人民法院调解平台”，通过法院和社会纠纷化解资源的整合，打通线下线上渠道，当事人可在线申请调解，满足人民群众便捷高效化解纠纷的需求。立案缴费“提速”，县农行工作人员常驻诉讼服务大厅，增加支付宝、微信、银行卡等缴费方式，让诉讼缴费更便捷、更省事。应用四大平台，构建开放、动态、透明、亲民的阳光司法机制。公开裁判文书6991件，庭审直播210场。及时发布工作动态和重大案件进展情况，增强司法透明度。

【司法改革】 圆满完成内设机构改革任务，将原来的17个内设机构精简为10个，其中审执业务机构7个，同步进行人事调整，不断提升人案配比科学性。优化繁简分流机制，在机关民商事案件综合审判团队内部，以民一庭为基础组建简案快审速裁团队。立案庭采取随机分案，按照繁简3∶7的比例进行分流，建立“分流标准化、转办流程化、送达便捷化、庭审优质化、文书简易化”的民商事简案快审机制。简案团队成立以来，新收案件1412件，结案1407件，结案率99.65%，平均结案天数较去年缩短9天。

司法行政

【概　况】 2019年，县司法局在全县开展普法宣传教育活动，“法律六进”主题法治宣传活动，“法律进校园”主题活动，创办“法治讲堂”，推进法治文化阵地建设，创建法治文化广场、文化长廊、文化街道等，提高群众的法治意识，促进“法治建始”建设。加强人民调解工作，全年共排查各类矛盾纠纷2100件，调解成功2016件，成功率96%。加强社区矫正工作管理，开展集中教育整训，预防社区服刑人员脱管、漏管及重新违法犯罪。组建扫黑除恶工作专班，对各司法所落实扫黑除恶工作情况进行专项督办。搭建公共法律服务平台，直接面向人民群众提供法律服务，推进依法治县进程。

【法治宣传】 持续深化开展“法律六进”主题法治宣传活动。推动落实国家工作人员学法用法、领导班子和领导干部年度述法工作，把遵法学法守法用法情况列入公务员年度考核重要内容；组织督促全县的无纸化在线学法工作，实现全县在编在岗的公职人员、教师学法全覆盖；加强与相关部门的协作配合，采取多种形式，深化“法律进校园”主题活动，各单位共开展送法进校园普法活动100余次，印制法律进校园宣传手册5000册；持续深入开展“三学三知”宣传教育行动，共开展进村（社区）送法100余次，与县电视台联合创办“法治讲堂”，利用村村响进行普法，半年共播放“普法微课堂”200余次，印制普法文化衫100余件，印制普法雨伞300余把，印制普法宣传帽100个，印制扫黑除恶宣传手册5000册；印制法律进企业宣传手册1000册，对企业经营管理人员进行法律知识培训，共开展企业法治培训40余次。运用新媒体新技术开展法治宣传教育，2019年，在“建始普法”微信公众号推文42期，共转载普法文章200余篇，报道建始县法治工作动态，发表原创文章100余篇。“建始普法”微信公众号粉丝达到4000余人。利用电子屏幕、出租车LED屏、滚动灯箱、宣传橱窗、公益性广告牌等载体，有针对性地开展宪法、监察法等普法宣传。

推进法治文化阵地建设，创建法治文化广场、文化长廊、文化街道，建设好村法治书屋，完善基层法治文化公共设施。落实“谁执法谁普法”责任制。建立普法责任清单，落实各执法单位的普法责任。利用植树节、“三八”妇女节、党风廉政建设宣传月、安全生产月、“六一”儿童节等多个时间节点进行普法，共开展普法宣传活动800余次、展出普法宣传展板200余块、观看市民8万多人次、发放宣传资料4万余份、提供各类咨询400多人次。利用“12·4”国家宪法日，组织各乡镇、县直各部门开展系列普法宣传活动，积极推进法治宣传教育月活动开展，加强法治宣传队伍建设，提高群众的遵宪意识，积极促进“法治建始”建设。

【调解工作】 全年共排查各类矛盾纠纷2100件，调解成功2016件，成功率96%。全年未发生因调处不及时导致的民转刑及上访事件，有效保证辖区内安全稳定。选拔政治立场过硬、工作经验丰富、法律法规知晓度高的1145人参与到人民调解组织。共组织全县人民调解员集中培训12场次。建立社会治理数据库，健全大调解体系，在交通、医疗、劳资、环保、拆迁等领域高效化解矛盾纠纷，打造“枫桥经验”建始版，提高社会治理社会化、法治化、专业化水平。在县法院设立调解室，庭前进行案件分流，调解矛盾，有效实现诉调对接。不断完善调解档案，确保案卷补贴落实落地。4月，县人民政府办公室印发《建始县人民调解案件补贴实施办法》的通知（建政办发〔2019〕7号），按照补贴实施办法督促各乡镇基层人民调解组织及时录入调解案卷，按照“一案一补”的原则予以实施。

【社区矫正】 县社矫局采取多种措施多管齐下，严格管控辖区内社区矫正人员。2019年，共计接收社区服刑人员172人，解除矫正169人，在册179人，办理审前调查87件，居住地变更迁出14人（转入3人，转出11人），对违反管理规定给予书面警告处分14人次，全面开展执法监督检查3次。4月、10月，集中开展业务培训会，就档案管理、请销假制度等进行专题业务培训。4月、8月，县社矫局和县检察院实现10个司法所联合执法监督检查全覆盖，对检查中发现的问题限期整改落实；县社区矫正管理教育中心共计开展集中教育整训十期。为有效预防社区服刑人员脱管、漏管及重新违法犯罪，已完成业州、长梁、三里3个乡镇40名社区服刑人员电子腕带佩戴。

【安置帮教】 严格按照接收程序登记造册，建立相应档案，成立帮教小组，严格落实高危对象“一人一专班”“一天一研判”，BC类对象“一月一走访”，一般帮教对象“一季度一走访”制度。利用刑释人员信息管理平台软件，坚持做好服刑在教人员信息核查和反馈工作，印发《建始县司法局安置帮教和社区矫正工作实施方案》，细化责任分工，层层压实责任。

【法律援助】 县法律援助中心全年共提供法律援助咨询解答事项5200余人次，受理审核指派各类法律援助案件709件，办理办结580件，为城乡低保对象提供法律援助案件51件，结案39件，为受援对象避免和挽回各类经济损失共计1400万余元。

【公证工作】 县公证处办理公证案件461件，为留守老人提供上门服务10余次，为贫困户、残疾人、军人军属及困难家庭办理法律援助公证案件113件，减免公证费用35350元。

【公共法律服务和法律顾问】 搭建服务平台。已建成公共法律服务中心1个，乡（镇）公共法律服务工作站10个，村（社区）公共法律服务工作室200个。推进法治进程。10月，县政府审议通过《建始县行政事业单位统一聘请法律顾问工作实施方案》《建始县法律顾问工作管理办法》，将县委、县人大、县政府、县政协，乡（镇）及县直所有正科级以上行政事业单位，纳入统一聘请法律顾问单位范围，实行“统一聘请、指派服务、合同约定、联合管理、考核付酬”模式，创新工作机制，促进依法行政，推进全县法治化建设进程。拓展服务领域。设立法律援助值班室，推进律师参与化解和代理涉法涉诉信访工作规范化建设，全年律师共化解一般信访矛盾130件次，参与疑难信访案件化解34件次，出具法律意见书26件次。根据《最高人民法院、司法部关于扩大刑事案件律师辩护全覆盖试点范围的通知》的有关要求，配合公检法办案部门做好刑事辩护全覆盖工作，在扫黑除恶的有关案件的审理过程中，协调指派四家律所的律师为案件中的被告人、被害人提供刑事辩护和代理，维护被害人的合法权益。协调选派律师前往北京、武汉做好信访接访工作，保障两会顺利召开。5月，先后组织10余名律师参与永恒太阳能集团公司传销案信访值守工作，现场解答法律问题。

【行政复议】 及时督促行政复议答复机关按照《行政复议答复通知书》规定的期限向行政复议机关提交答复书、作出具体行政行为的证据、依据以及与案件有关的其他材料，对所提交材料的规范性、完整性作出具体要求，对存在证据不充分、程序出现瑕疵、法律适用不准确等问题的行政行为坚决予以撤销，对促进行政机关依法行政起到了积极的作用。代表县人民政府积极参与行政诉讼案件办理，督促全县机关落实负责人出庭应诉义务。各级机关严格按照《恩施州行政机关负责人出庭应诉规定》执行，今年发生的诉讼案件，行政机关负责人均出庭应诉。

【规范性文件审查】 推进重大行政决策合法性审查机制常态化。按照《重大行政决策程序暂行条例》相关规定，县人民政府所涉重大决策，均按照公众参与、专家论证、风险评估、合法性审查、集体讨论决定等程序进行，县政府法律顾问列席了全部政府常务会议。全年，对51件规范性文件及其他行政公文进行了合法性审查，审查修改县政府交办的招商引资合同、特许协议52件，提出法律建议160条，参与县政府组织的政府采购协议谈判4次，为县政府的重大决策、民事和行政行为出具法律意见15书，帮助国有企业处理重大涉法事务2件。

【扫黑除恶】 4月26日，县司法局党组举行扫黑除恶专题学习会，重点传达《恩施州司法局2019年扫黑除恶专项斗争工作要点》及县扫黑办有关扫黑除恶文件精神，要求充分发挥职能优势，强化线索排查。7月，组织专班就四项制度落实情况、执业权利保障等情况对4家律师事务所进行了专项检查。8月，印发《2019年县司法局扫黑除恶工作要点》，调整县司法局扫黑除恶工作领导小组成员，下发《建始县司法局落实中央扫黑除恶督导“回头看”反馈意见整改工作责任清单》。8月上旬，组建扫黑除恶工作专班，对各司法所落实扫黑除恶工作情况进行专项督办。8月28日，召开司法所长、局机关股室负责人、律所及司法鉴定所主任会议，对中央、省扫黑除恶专项斗争工作电视电话会精神进行了传达，学习《关于律师办理黑恶势力犯罪案件辩护代理工作若干意见》等相关规定，印发《开展扫黑除恶专项斗争自查整改迎接中央扫黑除恶专项斗争督导具体实施方案责任清单》。9月，组织印发《扫黑除恶应知应会知识读本》5000本。

（陈世坪）

军　事

人民武装

【概　况】 2019 年，县人武部根据上级指示精神，结合所处地区的实际环境，先后组织抗洪抢险演练、民兵整组训练、学生军训、国庆和军运会期间的社会安保活动，各项工作圆满完成。

【拥军建设】 4 月，县人武部会同县退役军人事务局，开展“光荣之家”挂牌活动。在业州大道西段建起“拥军一条街”，10 余家店铺组成“免单阵线联盟”，提出“现役军人消防战士进店免单”口号，相关报道在《中国民兵》《楚天都市报》《湖北卫视》等军地媒体刊发。县人武部开展“传承红色基因、担当强军重任”和“不忘初心、牢记使命”主题教育，把学习张富清老英雄活动作为主要内容，充分运用驻地红色资源，采取“走出去、请进来”的方式，推进教育深化普及，推选 1 名民兵党员参加省军区“学习张富清先进事迹”演讲比赛，获二等奖。在官店镇红军村开展支部主题党日，主动参与制作《红色记忆》《永不褪色的记忆》等历史资料和专题片，邀请开国大将王树声女儿王宇红到建始官店革命老区讲红色故事，组织民兵队员集体宣誓。

【民兵改革】 4 月，县人武部民兵加快改革有效落实，组织走访 46 个县直单位、乡镇、社区和企业，完成 52 家企业、20 个行业的信息录入，按要求编建基干名兵队伍和应急专业分队。

【民兵训练】 5 月，县民兵应急连开展防暴、救护和轻武器操作等课目训练，指导各编兵单位完成应急力量 2 天的出入队训练和专业力量 12 天的自训。5 月 16—18 日，县人武部带县应急连在小溪口水库组织一期防汛救灾军地联合演练，完成预定抢险救援任务。官店、业州、红岩等乡镇先后完成防汛救灾应急演练。

【精准扶贫】 以州军分区“131”扶贫模式为指导，积极投身脱贫攻坚一线，全县建立民兵扶贫小分队，重点在攻克产业发展和危房整治等堡垒中发挥积极作用。县人武部积极开展“协调爱心人士助力革命老区贫困儿童教育”工作，先后为山区小学筹建 10 所“春苗”图书室，结对帮扶 34 名困难学生，协调天津景华基金会为官店红军小学捐建了科技实验室。

（苏永华）

武警建始县中队

【概　况】 武警建始中队在支队党委和县委、县政府的关心和指导下，认真学习贯彻习近平总书记系列重要讲话和三级党委（扩大）会议精神，狠抓经常性工作落实，不断强化责任意识、精品意识，紧盯“争创先进中队”的年度工作目标，秉承“人无我有，人有我优，人优我新”的发展理念，全面贯彻“忠诚团结、爱队如家、厚德精武、争创一流”的队魂精神，不断抓班子带队伍，中队支部班子团结、官兵思想稳定、内外关系和谐、任务完成圆满、建设稳步发展。2019 年，武警建始中队在恩施支队党委的坚强领导下，在县委、县政府的大力支持下，坚持抓经常打基础、强能力保中心、抓安全促稳定，全体官兵团结拼搏、开拓创新，圆满完成以执勤、处突为中心的各项任务。

【执勤和押解任务】 坚持内强素质、外树形象，突出新兵训练这个重点，按照“认清现状、把握重点、循序渐进、不断提高”的训练思路，着力加强体能、技能训练，提高能力素质。大力开展形势任务教育和优良传统教育，激发全体官兵身为革命战士的光荣感、使命感和责任感，督促全体官兵充分认清形势，增强搞好训练的紧迫感，树牢实战意识和“练为战”的思想。坚持以任务为牵引，大力开展专勤专训，专哨专训，情况处置等科目的训练，提高中队的执勤训练水平。2019 年度，中队先后协助建始看守所完成武装押解任务三十余起。中队精心挑选政治思想好、军事技术硬、执勤能力强、心理素质好、责任心强的官兵担负押解勤务。

【“五防一体化”建设】 强化“中心居中”的意识，加大资金投入，增加科含量，强化军事素质，稳步推进执勤中的人防、物防、技防、联防、犬防一体化建设，确保看守目标的绝对安全。中队认真研究分析当前中队执勤工作中存在的薄弱环节，对值班室进行升级改造，对空调、探照灯、执勤电话等执勤设施逐一进行排查，登记挂号，对照整改并协调地方专业人员进行维护。同时，对官兵执勤能力、情况处置、方案演练、执勤理论等进行训练考核。进一步筑牢执勤工作的安全屏障，增强官兵的执勤阵地意识，为确保中心任务圆满完成打下坚实的基础。

【从严治军】 为提升部队战斗力，践行“全心全意为人民服务”的宗旨，维护社会稳定，中队突出抓好以下管理：一是抓好内部管理这个热点。内部管理以密切内部关系教育为突破口，着力整治因内部关系不和谐而引发的各类矛盾。二是抓好枪弹管理这个难点。认真落实枪弹管理“十条禁令”，把住军械员管理这个关口。三是抓住安全管理这个难点。通过安全大检查及隐患整改和安全管理不重视，忧患意识不强的实行“末位淘汰”制度，严格按照“日常考察、竞职演讲、素质考核、群众评议、研究上报”五个步骤，做好选拔工作，选拔出一批优秀骨干，受到群众好评。

【双拥共建】 2019 年，中队与县卫健局、县文化旅游局、县移动公司等单位开展了大量的军民共建活动，县“鱼水情深·拥军队”坚持每月到中队为官兵过一次集体生日，举办一场联谊晚会。通过互访交流、文艺联欢等活动，展示武警部队的风采。

【实战化训练】 坚持从难、从严、从实际出发的要求，突出抓好狙击步枪对劫持人质靶隐显射击、手枪（步枪）速精度射击、限时射击、突入识别射击、擒敌术基本动作、400 米障碍、班组战术、攀登、木马、500 米综合演练、5000 米全副武装越野长跑等训练。中队在各类考核比武中成绩优异，受到了上级领导的一致肯定，为维护建始安全稳定提供了有力的武装支撑。

文化　旅游　传媒

文　化

【概　况】2019年3月，县文化体育新闻出版广电局与县旅游局合并为县文化和旅游局，加挂县广播电视局、县体育局、县文物局牌子，保留县文学艺术界联合会。县文化馆加挂县非物质文化遗产保护中心牌子，增加非物质文化遗产保护职责。县非物质文化遗产保护传承展演中心更名为县非物质文化遗产传承展演中心。

【项目建设】全民健身活动中心开发建设项目优化后总建筑面积上升到46653.91平方米，主要建设内容包括：以全民健身活动中心、妇女儿童活动中心、室内运动场馆、多功能健身场地、屋面空中健身步道、地下停车场、配套的设备用房及沿街商业门店为一体的大型场馆。项目总投资2.4亿元。6月8日正式开工建设，已完成土方开挖，基坑支护，桩基工程，地下车库底板（含地梁）及50%的地下车库顶板、地下室挡土墙工程，80%钢结构工程，完成工程总产值6500万元。

【文体活动】组织举办罗家坝桃花节、当阳坝乡村旅游推介活动；省文联高坪镇扶贫慰问演出、全省健身广场舞公益大课堂进建始、中央民族歌舞团建始慰问演出等活动；开展湖北潜江花鼓戏研究院扶贫慰问演出及乡镇、社区、扶贫村送文化下乡等活动；组队参加2019全省广场舞大赛黄冈蕲春站比赛（获一等奖，取得进入全省总决赛资格）、2019年中国广场舞大赛湖北潜江站比赛（取得第8名）、2019年全省广场舞大赛利川站比赛（获特等奖，取得进入全省总决赛资格）、2019年中国（宣恩）内陆河水上运动会暨武陵山区龙舟争霸赛活动（建始代表队荣获优秀组织奖，女子气排球获第三名，男子气排球获第五名，游泳接力赛男子4×70米获第六名，女子4×70米获第六名，男女混合4×70米获第五名，亲子游2×70米游获第五名，获奖数超过往届）、“2019年恩施州青少年运动会”等赛事活动，在全省广场舞大赛中获一等奖一个、特等奖一个，在全国广场舞大赛中分别获第6名和第8名，在恩施州青少年运动会奖牌数位列全州第五；基层群众体育协会蓬勃发展，有老年人体育协会、羽毛球协会、自行车协会、乒乓球俱乐部、冬泳协会、气排球协会6个协会，拥有1380名会员，训练人数达到10500人，协会经常举办各种赛事活动，群众体育活动参加人数达10万多人次。

【文化工作】完成文化志、体育志、广电志组稿编写任务；为店子坪创作《四姐新唱》歌曲一首；扶持中国作协会员陈步松开展精品创作和公开出书；开展送文化下乡、送戏曲进校园进乡村50场次、群文辅导培训60场次，红色革命歌曲创作4首。开展官店革命文物展陈、文庙周边环境整治、石柱观文物场所维修、直立人荆楚大遗址公园规划立项等工作。

【非遗工作】 开展建始丝弦锣鼓高坪镇展演、高坪南乡锣鼓全州非遗展演，举办建始县第二届丝弦锣鼓大赛及三里乡黄四姐非遗文艺演出，开设建始根木雕培训班、高坪南乡锣鼓培训班；完成建始县第五批县级非遗代表性传承人和代表性项目评审公布，完成第六批州级代表性传承人推荐申报，开展第五批国家级非遗项目建始丝弦锣鼓申报；完成县政协非遗文化保护传承专题调研，组织非遗丛书组稿编纂；组织州级非遗项目高腔山歌《没得鞋穿问哪个》到中央电视台进行录制播出。

【文联工作】 完成第20个党风廉政宣教月廉政书画展、州老年大学庆祝建国70周年书画摄影作品展；指导成立全县丝弦锣鼓协会、全县广场舞推广协会；组织县摄影家协会完成建始红色文化摄影作品、美丽乡村摄影作品结集成册。

【体育工作】 2019年，申报乡镇村级48个新全民示范工程文体广场项目，完成41个村的农体工程建设，体育产业发展上，引导有实力的社会体育公司发展体育产业（如花坪鸡公岭飞拉达体育发展有限公司、景江生态旅游开发有限公司），完成体育场地统计调查工作。

档　案

【概　况】 2019年，县档案馆紧紧围绕县委、县政府工作大局，贯彻省、州档案史志工作会议精神，继续加强档案规范化管理工作，扎实开展“两学一做”学习教育实践活动，努力推进档案史志事业新发展，全县档案史志工作呈现出科学发展的良好态势。2019年，建始县档案馆被省人力资源和社会保障厅、省档案局表彰为“2014—2017年度全省档案工作先进集体”（鄂人社奖〔2019〕11号）。

【机构改革】 2019年3月，按照《中共建始县委建始县人民政府关于建始县县级机构改革实施意见》（建发〔2019〕4号）文件要求，原档案局与原史志办合并组建县档案馆，为县委直属正科级事业单位，对外加挂县史志研究中心牌子。县档案馆（县史志研究中心）参公事业编制21名，设馆长1名，副馆长3名，总编审1名（副科级）；县档案馆共内设机构7个：办公室（党建办）、馆藏服务股（政务服务股）、宣教综合股、档案发展股、党建党史股、方志年鉴股、现行文件股。

【档案查阅服务】 全年共接待查阅利用档案69924人次，查阅档案资料14562卷次、2114件次，复印打印资料14209页；增设档案查询志愿服务岗和湖北省档案馆查档业务建始县代办点，使群众在本馆就可查阅省档案馆保存的涉及学历等方面的民生档案，共接待异地查档2人次。

【信息化建设】 全面核查及报送档案管理系统内文书档案（含中华人民共和国成立前）及开发目录数据，加强档案信息资源开发利用，省域内档案信息资源共享，对接湖北省政务服务事项管理系统、湖北省行政职权和服务事项管理系统、湖北省政务服务事项管理系统3.0平台、国家“互联网+监管”平台以及建始县“12345”民情热线数据采集等，进一步适应“互联网+政务服务”的需要。

【档案基础工作】 2019年4月，完成退伍军人档案数字化工作，共完成扫描296178页，录入条目11373条，提高了本馆档案数字化率；5月，顺利完成2018年档案年报统计工作。为进一步满足查阅需求，对查阅大厅进行重新规划改造，增加查阅电脑，方便群众查阅档案，搞好便民服务。争取上级档案部门支持，多方整合资金，启动店子坪村档案馆建设。

【法治宣传教育】 在“6·9”国际档案日期间采取电视、网络、布展板等形式，对档案法律、法规进行广泛宣传，提高了群众对档案的认识。完成对23家县直企事业单位的档案登记及10家档案中介服务机构的审核备案。开放“建始记忆”

红色教育基地及韦君宜档案馆，在“不忘初心、牢记使命”主题教育期间，共接待全县52家机关、企事业单位1200余人次，有效地宣传建始县域文化、历史，传承红色革命精神。

【党史及方志年鉴工作】 启动《中共建始县党史》第三卷编纂工作，年底完成资料收集。根据湖北省文化旅游厅下发的“两全目标”要求，对《建始年鉴·2019》进行公开出版。完成《湖北省年鉴》（建始篇）、《恩施州年鉴》（建始篇）文字资料和图片资料收集整理；推进长梁镇、茅田乡、高坪镇3个试点乡镇的乡镇志及试点村的村志撰写工作，高坪镇已完成评审稿，《长梁镇志》初稿基本完成。积极配合县老区革命发展史的编纂工作。

（鲁微微）

旅　游

【国家全域旅游示范区创建】 按照《建始县国家全域旅游示范区创建任务清单》，将8大项509小项工作任务，分解到38个县直部门、10个乡镇和相关旅游企业。基本完成有317项，没完成的还有192项；加快游客集散中心、旅游标识系统、智慧旅游大数据平台等配套设施建设。在永昌运输集团有限公司红岩客运站启动游客集散中心建设。

【旅游资源开发项目清理整改】 对涉及全县资源统筹“四个一批”中的18个项目，按谁引进、谁负责和属地管理的原则进行责任分解，明确相关部门任务，确保各项工作的顺利推进。野三峡—地心谷景区联合推动国家AAAAA级旅游景区创建工作，正在筹备国家AAAAA级旅游景区提档升级总体规划评审、宣传片拍摄工作；野三峡旅游区的蝴蝶岩景区修复绿化工作已完成70%，小西湖大酒店投入500多万元提档升级，西湖庄园12月底完成装修工作，黄鹤峰林景区正在做安全防护、绿化等提档升级工作；石门河景区已投入30多万元全面更新了具有直立人文化元素的旅游标识标牌，投入500多万元正在建设智慧旅游景区大数据平台；积极筹备花天河修建性详规的评审工作；高坪镇青花田园综合体引进了中铁十三局专业施工队伍，已完成了游客接待中心主体工程建设及区域内的场地平整、绿化、路网施工、河堤治理美化等。协助景江生态文化旅游区项目、鸡公岭飞拉达攀岩训练基地、百年信义旅游项目完成了预审预判、投资强度、无绩效退出谈判等工作，完善报州的申报资料，积极筹备州级评审；县人民政府常务会议专题研讨了旅游资源经营权有偿转让和资源占用费收取额度等相关问题。

【文物保护】 2019年，聘请3位中国顶级古建筑专家担任全国重点文物保护单位推荐人，为五阳书院申报全国重点文物保护单位作出了评估推荐意见，完成省级评审，由湖北省文化和旅游厅签发推荐文件，于2月28日报送国家文物局。石柱观修缮工程于2019年3月1日动工，10月22日通过州文化和旅游局专家验收组现场验收。委托北京锐合凯达工程设计有限公司编制了《五阳书院陈列布展设计方案》并组织了省级专家评审，按专家评审意见进行了优化设计。设计方案已报省文化和旅游厅，并通过省文化和旅游厅专家评审组评审。3月18日，配合县融媒体中心在五阳书院、建始文庙拍摄文物保护单位消防工程专题片。4月25日，配合县团委在五阳书院录制“我和我的祖国”MTV。5月16—18日，恩施州文化和旅游局、州展览联盟组织开展全州文物图片巡展，建始文物图片展板40块到恩施市第一中学、咸丰县君欣皇城广场进行展出。6月4—5日，参加全州文化和自然遗产日革命文物图片展，制作建始革命文物图片展板10块在恩施文化广场展出。6月8日，县文化和旅游局在花坪小西湖开展建始县文化和自然遗产日文化活动，举行建始县第二届丝弦锣鼓大赛。县文物局组织专业技术骨干力量进驻官店照京坪，协助指导陈列布展工作，先后到鹤峰、长阳、荆州等地进行考察和展品征集、复制。通过共同努力，官店革命历史陈列馆陈列布展工程如期完成。筹措资金为五阳书院、石柱观、建始文庙、石垭子老街四处重点古建筑配置微型消防站。7 月 9 日，配合中央电视台专题部记者到建始直立人遗址采访，查找直立人遗址攀登项目 1999—2000 年发掘时的照片。7 月 26 日，配合硒都影客在五阳书院拍摄五阳书院专题片。11 月 9 日，参加“书画建始 · 写生清江”活动的 16 名全国知名画家到建始文庙进行书画展览，在五阳书院举行画家笔会。

【文物发掘】 4 月，实施业州镇北环路道路改造工程时发现双拱石桥一座，县文物局邀请州博物馆专家到现场进行勘察认定，该桥是清末至民国间的一座双拱石桥，具有一定的历史价值和人文价值。通过和住建部门协调将防洪涵线路向北侧移动，拆除该桥北侧拱券，保存南侧拱券，使石桥得到最大限度保护。长梁镇下坝村五组村民黄金甫家收藏清康熙三十三年（1694 年）“巡抚四川都察院条约碑”一通。该碑系“巡抚四川都察院条约碑”，碑文为四川都察院颁布的垦荒管理八条条约，清康熙三十三年夔州府建始知县李新命奉立，保存基本完好，记载事件基本清楚，填补了建始县清早期文献资料的空白，具有重要的历史价值和文献价值。

【市场营销】 在西安、郑州、天津等重点客源地城市举办“call 响全世界，醉游金建始”旅游推介活动；通过中国交通广播、楚天交通广播、短信旅游广告、邮政快递封面、武汉户外 LED 广告屏、火车站户外广告开展旅游形象宣传；在罗家坝举办建始县第二届桃花节，打造踏青赏花、农耕体验游，助推黄桃、苹果桃等产业发展；在当阳坝片区开展乡村旅游推介活动及民宿旅游培训；在石牌湖举办了以“洁净家园，莓彩缤纷”为主题的第三届蓝莓节；在石门村举办了红脆李采摘节；开展湖北省荆楚红色文艺轻骑兵慰问演出暨 2019 年建始县文化旅游采风活动；在石门河景区开展百媚千红网红直播活动；与途牛网合作开展网络达人、国际友人看建始活动；完善“醉美建始”微信公众平台，开通抖音号并投入运行。

【旅游人才培训】 4 月和 5 月，分别在花坪、高坪镇组织景区、宾馆、旅行社、农家乐、民宿等方面的旅游从业人员，开展了旅游服务礼仪、旅游安全、旅游服务技能等专题培训，全力打造建始旅游服务形象品牌；9 月和 10 月，分别在建始县城、杭州滨江区对全县 16 个旅游扶贫重点村村干部、致富带头人、民宿农家乐业主开展文旅融合、乡村旅游建设、民宿建设与运营管理、食品安全规范操作、民俗文化与民间艺术、安全应急处理等课程培训。

【旅游扶贫】 按照“核心景区辐射一批、产业融合共享一批、创业就业发展一批、休闲度假惠及一批、乡村旅游扶持一批”的思路，实施旅游扶贫工程。野三峡、恩施地心谷 2 个国家 AAAA 级旅游景区共带动景区周边 5 个乡镇 47 个村依托景区发展旅游，吸纳景区周边村民到景区直接就业 500 多人，带动周边农户开办特色农家乐及民宿 500 多家，新建经济型酒店 30 多家，新建中高端民宿 10 多家，带动 10000 多人就业。大力推进农旅、商旅、工旅、体旅等融合发展，在花坪镇村坊及周边 15 个村以关口葡萄专业合作社为依托，发展关口葡萄 660 多公顷，共带动 750 户农户 2000 多人脱贫致富。立足资源优势，通过政策支持、创优环境、示范引导、企业帮扶等形式，鼓励农民依托旅游脱贫致富，鼓励返乡创业人员带动农民发展致富。店子坪村采用“1+4”带动扶贫，即 1 个民宿带动周边 4 户及以上农户就业，周边农户通过自己劳作，满足了自己的需求，还提供自家的土豆、蔬菜、土鸡、腊肉、水果等给民宿，这样就实现了在家也能致富的梦想。店子坪现有特色民宿 32 户，按照每户带动周边 4 户农户间接就业，带动了128户，400名农民间接就业。凭借优良的生态、凉爽的气候，发展了一批特色农家乐、生态农庄、高端民宿、度假酒店，激活了农村发展活力，促进了村民增收，带动了旅游扶贫，巩固了脱贫成效。花坪小西湖和周边15个村在近3年时间里，共发展民宿及家庭宾馆300多家，每年接纳避暑度假游客10万多人次，仅靠自家房屋、粮食、蔬菜和关口葡萄、土家腊肉等特色产品“坐地发财”的就有近500多户，村民依托休闲度假实现旅游年均增收达3000多万元。通过发展乡村旅游和旅游扶贫村建设，实现了旅游脱贫。石牌湖村的恩施州牧童蓝莓科技有限公司，租地20公顷发展蓝莓产业，旅游采摘收入近100万元，每年到石牌湖旅游采摘、休闲垂钓的游客逾万人次，综合收入与2014年相比较增长了25%。

【旅游厕所革命】 州级下达建始旅游厕所目标任务数7座，已开工建设11座，完工6座，其中AAA级旅游厕所达4座，已现场录入2015—2019年旅游厕所65座，已上线63座旅游厕所，上线率达96.92%，位列全州第一，实现了旅游厕所建设和管理服务的信息化、智能化。

【国家级景区创建及管理】 继续推进野三峡、恩施地心谷景区联合创建国家AAAAA级旅游景区的工作，多次到店子坪按照《旅游景区质量等级划分与评定》标准指导国家AAA级旅游景区创建工作。按照省厅文件要求，成立景区复核工作领导小组、组建工作专班，深入国家A级旅游景区开展质量等级自查整改、强化质量提升，最终通过省级复核。针对管理上存在的不足，又聘请专业机构对野三峡、地心谷2个国家AAAA级旅游景区开展全方位“体检”和整改。

融媒体

【概　况】 2019年，县融媒体中心紧紧围绕县委、县政府的总体部署，积极推动媒体融合发展，充分发挥媒体融合共振效应，不断提高引导群众、服务群众能力，为打赢四大战役、建设和美建始提供了坚强的思想保证和强大精神力量。

【媒体资源整合】 2019年3月12日，县融媒体中心挂牌成立，对原新闻中心、原电视台和县人民政府门户网公共媒体资源进行整合，对“台、网、微、端”等平台进行流程优化。基本实现信息内容、技术应用、平台终端、管理手段共融互通，基本建成全县集新闻宣传、政策发布、政务服务、生活服务等功能为一体的融媒体格局。县融媒体中心按照“分类管理、科学设岗、统筹兼顾、明确职责”的总体要求，制定部室及人员设置方案，对融媒体人员进行重组和精编，实现定岗定员定责。出台融媒体中心绩效考核方案，实现多劳多得、质高多得，切实激发干部职工的积极性、主动性和创造性。利用华中农业大学共建青花田园综合体新闻传播学习实践基地，采取走出去请进来的办法提升新闻从业人员能力水平，指定老记者对新记者一对一进行指导，以实战演练方式定期开展业务研讨和作品点评活动。

【平台搭建】 制定《县融媒体中心平台建设方案》，“云上建始”客户端已与“云上恩施”有效对接；新版“云上建始”平台正加紧建设。本地内容生产平台以实用为原则，已结合本中心实际情况与多家设备供应商、云上恩施洽谈，充分了解设备性能，按上级要求，10—11月完成招标工作，12月开工建设。服务方面，创新“媒体+服务”模式，已开通网上挂号、电子餐票、长轿约车等新业务，拟开通“智慧旅游”“智慧招商”平台；创新“两个中心”融合机制，把融媒体中心与新时代文明实践中心一体谋划、整体推进、深度融合。

【融合成效】 融媒体中心组建运行后，至12月底建始网发布各类新闻4200条，微信公众号780条；为各部门、企业及个人提供专业化的活动策划、采访报道、新闻宣传等，创收 80 万元；发布便民、招聘等公共服务类信息 700 多条。通过恩施电视台在州级媒体发布新闻 2000 条（比去年增长 135%），恩施日报采用 350 条；新媒体方面，利用长江云平台对建始的多场活动进行融媒体直播，新华社 APP 多次对我们的活动进行推介，《学习强国》平台用稿 7 条，在全州宣传工作的位次大幅提升。

（王启凤）

教　育

综　述

【概　况】 2019年建始县教育系统共有各级各类学校234所，其中中职1所，普通高中3所，初级中学17所（含九年一贯制学校1所），小学144所（有学生的77所），其中教学点76所（有学生的9所），特校1所，幼儿园68所（含公办5所）。在校学生63354人，其中中职2828人，普通高中7570人，初级中学14226人，小学27450人，特校69人，幼儿园11211人，其中公办幼儿园2204人（含附设幼儿班448人），民办幼儿园9007人。全县教职工5118人，其中在编人员3632人，专任教师4349人（其中在编专任教师3612人）。2019年，“两考”成绩取得突破。高考创佳绩，建始一中2人被清华大学录取，普通高中一本上线397人，本科上线1430人；职校本科上线28人，专科上线395人，综合成绩在全州名列前茅；中考、会考综合位次全州第四。

【引导各类教育发展】 为补齐学前教育发展短板，积极做好办园行为指导，严格办园行为管理，拓宽幼儿入园范围。夯实义务教育发展成果。巩固普及教育成果，2019—2020学年度适龄儿童、少年入学率均为100%。妥善解决入学难问题。各学校对各种有求学需求的学生做到应收尽收。化解超级大班。2019年全县大班额只剩下149个，大班额比例下降到13.9%。协调推进高中中职教育。全面落实计划招生，保证毛入学率达标。初中应届毕业生人数为4522人，进入高中就读4482人，年度毛入学率为99.11%，超过省标准。其中建始一中招生1238人，县民族高中招生1368人，县职校招生1364人。

【教育扶贫】 2019年，全县共资助建档立卡学生39553人次，发放资助资金2601.98万元，普通高中、中职免学费939.56万元。为573名贫困学生办理生源地助学贷款，贷款合同金额459.8万元。为292名大学新生发放路费补助17万元。273名大学新生享受泛海助学资助项目，发放资金136.5万元。194名普通高中学生享受滋蕙计划资助，发放资金38.8万元。全年项目总资金达4193.6万元。东西合作不断加强。2019年，完成5批次共140名教师和管理人员赴杭州滨江区跟岗学习，县内“滨江—建始”签约结对28所学校中已有11所学校开展活动，滨江各校55人赴建始结对学校支教送教；建立滨江与建始教研协作共同体，联合举办相关领域教学研讨活动。

【师德建设】 县委、县政府表扬尊师重教优胜单位9个、“好教师”30名、“好班主任”30名、“好校长”11名、“好教育工作者”12名及“师德优秀个人”5名。更新学校后备干部库信息，新增学校后备干部60余人。对全县基层党建负责人暨学校校长培训共100人次。推进校长教师交流，2019年县域内义务教育教师校际交流130余人，其中校长（含副校长）交流22人。

【提供教育保障】 2019年启动项目28个，总投资3185万元；完成《建始县义务教育薄弱环节改善与能力提升规划（2019—2020年）》编制，共计25个，总投资3880万元。2019年东西部协作援建项目9个，共457万元。后勤保障基础夯实。2019年度中央安排专项资金2451.81万元（含历年结余资金199.81万元）。县级配套资金100万元，安排教师陪餐资金10万元，用于营养改善计划。全县学校（园）共有学生食堂156个，有138个学生食堂达到“明厨亮灶”建设标准，达标完成率88.5%。其中中小学“明厨亮灶”完成率97.6%。全县10所学校被评为第五批州级“绿色学校”。严格落实安全“三个100%”。撤并存在重大安全隐患的教学点25个，平稳分流安置学生200人，消除安全薄弱学校。

（陈艳丽）

建始县第一中学

【概　况】 建始一中2019年被华中科技大学、武汉理工大学、中南财经政法大学、华中师范大学、中国地质大学、华中农业大学、武汉纺织大学、湖北工业大学、湖北民族大学等高校授予“优质生源基地”称号。2019年高考，一本上线367人，同比增长94人，其中黄兆博、舒亚玲两位同学考入清华大学。本科上线1042人。

【改善办学条件】 为消除安全隐患，拆除D级危房（西区旧教学楼、东区旧女生宿舍）；全面维修中师楼；新建西区教学楼一栋，完成相应的附属设施建设，计划2020年秋季学期投入使用；升级改造西区篮球场；维修改造东区田径场；完成心理咨询室、健康小屋建设且投入使用；启动学生体能训练室建设项目和科技楼通用技术教室建设项目。进一步完善网阅系统和云教室建设，网阅系统和云教室通过网络安全二级整保测试并获得州公安局颁发的二级整保证书。

【学校文化建设】 挖掘和拓展“平民教育”的内涵，使广大师生更好地了解和理解“平民教育”的实质和核心。自觉将“平民教育”理念融入教育教学和学校管理的各个方面，面向全体学生，关注每个孩子的健康成长。践行“实施平民教育，锻造精英品质”的办学理念。加强“责任”文化教育。从“学校”“教师”“学生”三个层面构建独特的“责任”文化。通过橱窗、校园景观石、电子显示屏、学生公寓、食堂以及教室、寝室文化建设，营造责任文化氛围。学校教育战略文化理念深入人心，年级文化、班级文化、寝室文化等特色文化建设框架已成。

【师资队伍建设】 学校有在岗特级教师1人，高级教师91人，研究生学历教师17人。学校认真组织参加恩施州首届教师技能竞赛，积极参与恩施州四校联盟和武昌实验中学同课异构活动。积极关心青年教师成长，推行“青蓝结对”“导师制”“名师示教”“师生同考”等制度，为青年教师成长搭建平台。召开青年教师座谈会，鼓励青年教师参加校际交流活动，全方位指导青年教师在专业上迅速成长。组织教学基本功竞赛，教研室主任上示范课，骨干教师上优质课，青年教师上汇报课，提升教学能力。积极组织、支持教师参加各级教研活动，营造教研氛围，以研促教，积极向上。

【德育体系建设】 遵循教育发展规律，结合学校实际，把学校培养目标确定为“为社会培养合格公民，为高校输送优质生源”。围绕这个目标，正确理解学生习惯与成绩、品行与分数的关系，落实德育为首、品学兼修的教育思想，践行“不放弃一个学生，让每个孩子健康成长”的德育理念，贯彻“熏陶、引领、激励、管理”的德育工作方法，落实校领导蹲年级、年级主任蹲备课组制度、三级值日制度、国旗下讲话制度。军训、远足、韵律操、红歌赛、成人礼、“12·9”演讲赛、经典诵读大赛、主持人大赛、元旦晚会、主题团日、主题班会等成为学校固定的活动，让学生在丰富多彩的活动中陶冶情操，享受学习、生活的快乐。感恩、责任、励志教育，“三比”活动，文明班级评选，三好学生、优秀学生干部、优秀团员表彰，校园“文艺”“体育”之星评选等，丰富了德育内容，创新了德育形式，增强了德育实效。

【教学教研建设】 2019 年，学校教学教研成效显著，日常听评课进一步落实，以备课组为单位落实，相互听评课开展得有声有色。以“同课异构”为平台，积极参与四校联盟的各项活动，一年以来，九大学科的所有老师都参与了同课异构活动。各种教研成果进一步提质增效，“一师一优课、一课一名师”优课突破了零的纪录，并获得一个省优，9 个州优的好成绩；“湖北好课堂”获得两个省级一等奖，一个省级二等奖；州第二届教师技能竞赛一等奖一个，二等奖若干；州实验课一个一等奖，一个二等奖。积极撰写教育教学论文，在各级各类教学期刊发表文章 80 多篇。加强继续教育培训，20 多人次参加国培省培，多次组织校本培训，提升全体教师素质。

【拓宽资助渠道】 2019 年资助学生 4255 人次，资助金额 542.36 万元。其中国家专项资助 1904 人次，金额 285.6 万元；免学费 1904 人次，金额 171.36 万元；学校资助 161 人次，金额 32.2 万元；社会资助 120 人次，金额 42.8 万元；资助路费 166 人次，金额 10.4 万元。

（余以华）

中等职业技术学校

【概　况】 县中等职业技术学校位于龙苑社区（建始大道出口），是国家级重点中等职业学校、湖北省示范中等职业学校。2019 年在编在岗教职工 189 人，43 个教学班，在校学生 2819 人，开设 11 个专业，有 1 个省级品牌专业、2 个省级重点专业、2 个国家级实训基地、1 个省级示范实训基地，有 73 个设施优良的实训室。同时建有国家开放大学建始分校、全国普通话等级考试考点、无人机飞手班培训、精准扶贫农业植保飞行员培训等教育培训机构。

【硬件建设】 2019 年，学校抢抓机遇，加快发展，不断提升硬件建设水平，硬件设施建设投入资金超过 800 余万元。利用中职引导奖补资金 160 万元，添置实习实训设备；投入中职引导奖补资金近 80 万元用于校园标识标牌的采购；投入中职引导奖补资金近 500 万元用于学校基础设施建设，改善办学条件；投入 20 多万元对学校绿化进行改造，让学校环境更美丽。

【立德树人】 本着“以人为本，德育为先”的育人理念，由教务室、学生管理办公室和校团委三室联合，开设德育课程，制定德育主题活动月计划。制定关爱学困生、德困生制度，全校教师与个性学生开展结对帮助，关爱学生成长。引导学生爱国爱家常感恩，做立德立志新青年。举行系列活动，举办道德讲堂、业余团校，爱国主义教育、国防教育、传承优秀传统文化等教育深入人心。教育学生行为习惯讲文明，言谈举止树新风。抓行为习惯养成教育，以清洁卫生为抓手，推进食堂就餐光盘行动，建设无烟校园，推进礼仪礼节教育。法治教育进校园，引导学生遵纪守法保平安。通过多次举办法治安全教育专题讲座，以案说法，以及“学习党章党规党纪，做遵纪守法好青年”“青春自护，平安春节”等主题团日，引导学生牢固树立法纪安全意识。鼓励师生乐学敬业强技能，培养广泛兴趣。以第二课堂活动为阵地，开设各类课外兴趣班，建设学生会，重要节日庆祝活动、秋季运动会、校园开放日、职业教育活动周、篮球、足球等体育活动，培养学生健康积极的兴趣爱好。学生参加建始县第十九届青少年爱国主义教育读书活动演讲比赛获二等奖。教育学生诚信做人立根本，友善待人促和谐。通过“四德”教育、诚信应考主题班会、学雷锋活动月、爱心捐款、“六城”同创、“关爱留守儿童，助力精准脱贫”等活动，大力推行诚信教育。学生参加9月8—16日举办的第十一届全国少数民族传统体育运动会，表演项目《闪溜嘎儿》获全国二等奖。

【教育教学】 学校突出技能教育特色，立足培养德技双修的技能型人才，参加2019年技能大赛，学生获省级二等奖5人，三等奖17人次；州级一等奖11人，二等奖12人，三等奖8人，优秀奖3人。参加省“工匠杯”技能大赛，职工组一等奖1人，二等奖2人，1人入围国赛；学生组二等奖2人，三等奖2人。2019年5月8日取得民用无人机驾驶员职业教育培训中心合格证，正在积极申报无人机专业。现有无人机飞行实训场1个。技能高考上线率100%，其中本科上线39人（含恩施州农村小学全科教师及公办幼儿园教师定向委培资格考试录取10人），本科上线率9.21%。

【平安创建】 学校学生食堂评为省级放心食堂，确保舌尖上的安全；健全完善安全管理制度，强化责任落实；安全工作党建引领；安全管理过程重常态，抓细节，早部署，零失误；排查安全隐患常态化，安全演练常态化；建立内保工作机制，警校联动确保平安；切实加大“三防”投入，投资130余万元建成监控中心，397个摄像头实现校园监控全覆盖，校门门禁系统投入使用，门卫室更新“八件套”，配备六名保安，以年轻体育教师为骨干建立学校教师护校队。确立以“六进校园”为主的安全教育模式，探索形成“一健二创三防四联动”工作机制，实现“三稳定两提高”，加强学生法治意识，开展交通、禁毒、防暴反恐、消防、食品安全教育进校园活动，确保教育教学工作秩序稳定有序，教育教学质量不断提高。

【队伍建设】 学校以师德师风建设为抓手，以制度建设为保障，以作风建设为手段，以业务培训为主体，着力创建德厚业精绩优的教师队伍。实行“传帮带”活动培养青年教师，班主任定期培训，16人次参与了12个项目，国培、省培、州培达50多人次，3人到高校和企业跟岗实习培训，邀请高校和企业3人到学校指导授课，与高校建立中高职协同发展合作关系，与州内3所中职学校开展学术交流。成功申报本年度校本研修项目申报和录入。培养学科骨干力量，组织听课评课30余节次。创建电子技术、电工技术两个名师工作室，还有三个名师工作室正在创建中。参加建始县教育局组织的信息化考试，合格率达95%以上。

【产教融合】 贯彻落实十九大精神，推进职业教育改革，深化产教融合，服务地方经济，助力精准扶贫，与湖北雅进智能环保有限公司共同开办机器人班、无人机班，并在农学信息系开办信息化班、飞防药剂班，在机电工程系开办自动化班、工业模具班，建立巩固脱贫成果、预防返贫的长效机制。本着“以就业为导向，以技能为核心”的理念，加大学生实习工作开展力度，统一组织高三年级410人、高二年级120人到企业实习。

【社会培训】 自2017年12月，与湖北雅进智能环保有限公司合作，开办无人机飞手培训班。到学校扶贫村开展技术服务，送科技下乡，传授嫁接技术，用无人机为烟叶种植大户服务。提升学历教育，电大教务室春季学期招生85人，其中本科17人，专科68人；秋季学期招生88人，其中本科19人，专科69人。全年共招生173人，超额完成学校和上级电大下达的120人的招生任务。毕业学生118人，其中春季61人，秋季57人；毕业证全部按期办理并发放，学员满意度高。

（向梅珍）

建始县民族高级中学

【概　况】2019年，建始民高共有教师238人，其中在编在岗135人，学生4028人。2019年学校本科上线468人，同比增长28人。一本33人，同比增长6人。

【提升教师素养】建始民高将教师人文素养提升作为一项系统工程，把教师人文素养提升与师德养成、课堂教学能力提升等结合起来。组织全校师生实施读书工程，创设读书环境，引导教师拓宽视野，提升教育能力与品质。建立图书馆、阅览室，举办读书交流活动，成立“启明星”读书会，在学习、掌握扎实的专业知识的基础上，有效更新教学方法，提升人文素养。

把教师专业技能提升作为实施新时代教师素养提升行动计划的重要内容之一，强化“三字一话”（钢笔字、毛笔字、粉笔字、普通话）基本功，以教学设计、授课能力作为新教师岗前培训的必备项目，并定期组织同学科、同年龄段教师进行展示，有针对性地开展“以用代训、以做代学、以考促用”的比赛，提升教师综合素养和学科育人能力。通过组织开展“上有质量的课”，改变课堂结构，改变“一支粉笔＋一块黑板＋一张嘴”的传统教学模式，变“一言堂”“满堂灌”为“启发式”“互动式”教学，增强课堂教学吸引力；转变教育观念，突出教师主导和学生主体的作用，强调学生在学习过程中的体验、感悟、发现、探究，培育学生的核心素养；抓用心教学，全面优化教学设计、教学过程、作业设计、课后辅导等教学环节，强化薄弱环节跟踪管理与提升，推广好的教学方法和教学模式，提高课堂教育教学效率；促建章立制，形成“研究—推动—应用”的教研活动体系和“监测—反馈—评价”的教学管理机制，积极调动教师不断探索“上有质量的课”新路子，构建开放、互动、动态、多元的有质量的课堂。建始民高注重教师信息素养的提升。一方面，以德化教育管理公共服务平台和教师发展研修平台为着力点，整合相关资源，构建以互联网、云平台、大数据等为技术支撑的新平台，为一线教师提供高效、稳定、便捷、安全的教育教学资源；另一方面，组建教育信息化服务团队，开展现代教育技术“订单式”“校本化”培训，引导教师转变观念，练好“互联网＋教育”基本功，掌握PPT、电子白板以及各学科必要的信息技术工具和软件，掌握数字教育教学资源的获取、加工方法，强化信息技术应用能力的提升，促进信息技术与学科教学的深度融合。

【创新特色发展】建始民高以创建特色为突破口和切入点、以点带面、以核心带全局，以局部带整体，全面推动学校各项工作的规范化发展。保证全体学生达到“合格”的基础上，创造满足学生个性和特长发展所需要的条件，培养学生的特长和爱好，促进学生成才。建始民高多年来形成的办学理念是“创新思变、开拓进取、诚实守信、善谋实干”。形成的校风是“尊师爱生、文明守纪”；形成的教风是“严谨善诱、团结奉献”；形成的学风是“学用结合、德智并举”。这些个性鲜明的办学理念是学校教育思想的结晶，是关于学校办学的方向选择、目标定位、特色所在的理想和价值追求，也是引领学校朝着特色化、个性化方向发展的行动指南。十分注重对学生实践能力的培养，有目的地组织学生进行社会调查，把“社会视察和调查”作为一门重要的教育教学内容，以此培养学生观察和解决社会问题的能力。通过建立有特色的课外活动来补充课堂教学的不足，为使课外活动能够正常开展，把课外活动纳入教学计划。每天统一规定时间，开设了微机班、绘画班，每学期还举办英语演讲比赛、校园艺术周等活动。这些活动极大地丰富了校园文化生活，并逐步形成了有特色的课外学习活动体系。抓好每周的集体备课、研究课、探讨课等形式的教研活动。坚持抓好教师教学基本功的训练，开展“五个一”比赛活动，即上一节优质课、写一份好教案、写一篇好的教育教学经验总结或论文、制作一个好课件、写一手漂亮的粉笔字。坚持不懈地组织教师广泛开展教育科研。切实抓好教师的现代教育技术和信息技术的学习培训。组织教师学习现代教育理论，参加以校本培训为载体的继续教育学习，鼓励支持教师参加提高学历学识水平的考试学习。

（伍齐国）

卫　生

卫生综述

【概　况】 2019年末，建始县卫生健康局内设9个股室，有县直医疗卫生健康单位9个，乡镇卫生院（妇幼保健计划生育服务站）10个，民营医疗机构（建始民族医院）1个，个体诊所及门诊部24个，村卫生室360个。

【医药卫生体制改革】 县人民政府办公室出台《建始县医疗共同体建设工作实施方案》（建政办发〔2019〕21号），启动建设以县人民医院、中医医院为牵头单位，乡镇卫生院及辖区内的村卫生室为成员单位的两个医共体，其中县人民医院与长梁、茅田、三里、花坪、景阳、官店联合，县中医医院与业州、红岩、高坪、龙坪联合；中医院与县域内各医疗机构组建中医专科联盟。

【疾病预防控制】 全年无突发公共卫生事件。全年报告法定传染病5299例，总发病率1261.07/10万，无甲类传染病报告，完成国家免疫规划疫苗的常规接种，无接种事故发生，规范上报处置本辖区22起聚集性疫情。无死亡病例，无食源性疾病禁发事件报告。成功创建“省级健康促进县”，茅田乡迎接“国家卫生乡镇”评审，龙坪乡迎接“省级卫生乡镇”复审。建始县爱卫办卫生健康宣传作品“熊孩子个人卫生养成计”，获得健康湖北首届科普大赛（平面设计类）优秀奖。

【农村和社区卫生】 家庭医生签约服务覆盖率稳定在30%以上，重点人群签约服务覆盖率60%以上，工作重点向提质增效转变。“优质服务基层行”活动取得新突破，业州镇卫生院达到推荐标准，并通过社区医院试点建设评审，高坪镇卫生院达到基本标准。乡村医生实现老有所养。县人民政府出台《建始县乡村医生养老保障实施方案》，以养老保险和养老补助相结合的养老制度，完善养老政策，保障村医待遇。

【妇幼保健和计划生育服务】 2019年，全县产妇总数4043人，活产数4069人，婴儿死亡率为2.77‰，5岁以下儿童死亡率为3.44‰。为提升妇幼健康服务能力，建始县召开了专题会议讨论并印发《建始县控制孕产妇死亡率工作实施方案》，举办孕产妇管理工作培训会，严格落实首诊医生负责制、落实高危当天报送制度、落实高危分级转诊制度、落实责任追究制度，2019年高危孕产妇管理率100%，妇女儿童健康水平持续提高。

【医政管理】 加强质控管理。成立了县护理质量管理控制中心，承办了湖北省医疗安全警示基层行第一期培训班。开展无偿献血工作，全年无偿献血940900毫升，临床用血958600毫升，占比为98%。在全县卫生健康系统范围内开展了“庆祝建国70年，树立卫健新形象”专项活动，表扬2019年度优秀医务工作者系列活动，通过负面清单和正向激励激发干部职工仁心仁术、护佑健康。

【中医中药】 开展中医药村村行活动，全年在8个乡镇32个村推广中医体质辨识，传授中医药健康教育知识，充分发挥中医药在“治未病”养生保健及康复中的作用。积极申报创建省级中医药先进单位，成立领导小组和工作专班，以“强龙头、壮枢纽、固网底”的发展思路，强化基层中医药服务网络建设，全面提升基层中医药服务能力。

【卫生计生综合行政执法】 从重点监管公立医疗卫生机构转向全行业监管，加强公共场所监督，全年共出动监督员720人次对县城324家公共场所开展了监督检查；加强生活饮用水监督，水质合格率结果按水样为86.67%。启动职业病监测，县疾控中心与卫生监督局联合对35家被监督单位进行了职业病防治的监督检查。严格监督执法，全年共实施行政处罚13起，其中，公共场所简易程序行政处罚5起；查处消毒产品违法案件1起，罚款3000元；职业健康简易程序行政处罚5起；查处非法行医案件2起，罚款3000元，没收违法所得600元。

【计划生育服务管理】 2019年，全县共出生4332人，其中一孩出生1881人，二孩出生2128人，多孩出生323人，政策外多孩率为2%。当年出生人口性别比为111.64（女为100）。计划生育奖励扶助政策落实和资金发放到位率均达到100%，计划生育特殊家庭就医绿色通道开通率和联系人制度落实率均达到100%。推进关爱计生家庭女孩助学行动，共计资助42名计生家庭女孩。8月，承办省计生协会第六届关爱计生家庭助学仪式暨主题教育工作培训班。

【健康扶贫】 全年县域内贫困人口住院36767人次，医疗总费用15572万元，政策范围内费用15019万元，“四位一体”共报销14186万元，报销比例达94.45%；实施农村建档立卡贫困人口个人缴费补贴资助政策，农村建档立卡贫困人口参保全覆盖；实施先诊疗后付费“一站式、一票制”结算，落实住院、大病门诊医疗费用“985”报销政策；开展农村贫困人口25种大病筛查工作和农村贫困人口慢病签约服务工作，大病（门诊重症）发生门诊医疗874人次，医疗总费用839万元，政策范围内费用821万元，“四位一体”共报销779万元，报销比例达94.88%，精准扶贫对象签约服务覆盖率90%以上。

（丁媛媛）

人民医院

【概　况】 2019年有省级临床重点专科8个，州级临床重点专科28个。拥有美国GE1.5T新一代ECO磁共振、美国GE64排128层CT、飞利浦IU22三维彩超、西门子医用血管造影X射线机、GEE10四维彩色多普勒超声诊断仪、变频高频电刀、日本欧林巴斯放大胃镜和超声内镜、耳鼻喉电子内镜、美国施乐辉关节镜、美国史托斯内窥镜、美国史赛克宫腹腔镜、二氧化碳激光治疗仪、强脉冲光治疗仪、YAG激光治疗仪、德国罗氏MODULARPP全自动多功能生化分析仪等国内外高、精、尖诊疗设备500余台件。2019年，医院总收入30282.73万元，较2018年同期上升9.61%，其中医疗收入27982.71万元，较2018年同期上升8.16%；门急诊人次333980人次，较2018年同期上升6.8%；入院31796人次，较2018年同期下降0.41%；出院31770人次，较2018年同期下降0.60%；120出诊2224人次，较2018年同期下降0.04%。医院规模、基础设施、人才队伍、技术水平和院容院貌等综合实力居恩施州县级综合医院前列。1月30日，医院被湖北省爱国卫生运动委员会命名为“湖北省卫生先进单位”；6月，医院被命名为省级“法治建设示范医院”。

【完善三级质控体系】 严格执行《病历质控管理办法》，抓好一级质控，强化对一级质控工作落实情况的督查，重点质控纠纷隐患病历、不良事件上报病历、院感病历、输血病历、死亡病历、告病重病危病历内涵，一级质控工作持续改进，质控体系进一步完善。全年共质控运行病历4348份，终末病历6716份。强化各项质量管理指标管控，有效提高效率和质量。对各科室质量指标达标情况的定期检查督导，并对相关数据进行科学统计分析，对未达标指标限时整改。2019年，落实医疗核心制度，进一步规范诊疗行为，开展死亡病例讨论35例，有效提高了服务质量。

【医院感染管理】 严格医疗废物及其他固体废物管理。医院将医疗废物及其他固体废物管理作为重点管控的内容之一，每月不定期进行督查指导，针对问题限期整改并追踪整改情况，每季度分析反馈，基本实现了医疗废物处置制度化、常态化管理。加强重点部门的医院感染管理。每月不定期对新生儿室、ICU、手术室、血液透析室、CSSD、口腔科、内镜室、发热门诊、产房、感染性疾病区域等重部门进行督查，对发现的问题限时整改，跟踪督查。血液透析室、新生儿室、ICU医务人员行为规范性明显改善，手卫生依从性较前明显提高，环境物表清洁消毒工作能落到实处。加强多重耐药菌感染管理。全年共对232例多重耐药菌感染患者消毒隔离措施实施情况进行了督查，消毒隔离措施执行合格率达92%。强化手卫生管理。全年对504人进行手卫生知识考核，考核合格率达92%；开展手卫生依从性调查20964人次，依从率88.76%，洗手正确率86.23%。开展传染病感染防控指导。针对恩施州今年夏季流行的埃可病毒感染，及时组织院内防控培训，院感办与医务科联合组织开展了夏季肠道病毒感染防控演练，有效提高了医务人员感染防控意识。全年未发生感染暴发事件。

【优质护理服务】 持续开展优质护理服务示范工程活动，在稳步推进"一病一品"特色服务的同时，定期组织"孕妇学校""糖尿病""肾友联谊会"等系列主题沙龙、开展"温馨病区"评比、实行"导航服务"，通过不断改善住院服务设施、加强护理人才培训、坚持挂牌服务、探索护理人员绩效考核等措施，护理服务质量得到明显提升，病人及家属满意率逐步提高。一年来，共对27424名出院病人进行电话回访，电话回访率为98.47%，病人的满意率97.96%。

【公共卫生应急管理】 不断完善应急体系建设，规范传染病的报告与管理，注重应急救援队伍的日常训练，积极组织开展卫生应急演练活动，有效提高队伍综合素质和处置突发公共卫生事件的应急救援能力。11月24日，组建的2支急诊急救分队，在武汉大学中南医院医联体急救技能竞赛中，获得团体第一名的好成绩；6月25日，周一帆被县防汛抗旱指挥部表彰为"全县防汛应急综合演练暨大比武先进个人"；成功举办了第十一届技能节竞赛、第三届PDCA案例竞赛。

【提高综合素质和能力】 根据医院人才发展的总体规划，全年共招聘专业技术人员43人，其中事业单位编制人员12人、编外人员31人。选派业务骨干赴上级医院进修学习。全年共派出17名专业技术人员到武汉协和医院、上海交通大学附属第六医院、武汉同济医院、武汉大学中南医院、黄石市中心医院进修学习；选派14名专业技术人员到上级医院进行短期培训；选派12名护士长到中南医院学习护理管理；选派4名护理人员到浙江省淳安县人民医院交流学习护理管理及专科护理。

【开展学术活动】 进一步加强卫生技术人员培训和继续医学教育，全面提高医疗质量及医院综合服务能力，2019年，承办了四期省级继续教育项目、十六期州级继续教育项目，举办了50期院内培训，邀请院内外专家对全院职工进行了医保政策培训、医院感染、公共卫生、法律法规及医学基础等相关知识培训，全年共培训10294人次。

【重点专科建设】 根据医学发展趋势，立足长远发展的可能与需求，坚持成熟一个创建一个，逐步形成了以重点学科带动一般学科共同发展的趋势，初步形成了一个结构、比例较全面的科研体系。医院现有9个省级临床重点专科，24个州级临床重点专科。

【新业务、新技术】 2019年，以医联体建设为依托，进一步优化学科结构，不断提升专科的专业技术服务能力，多项专业技术领域在全州县级医院处于领先水平。6月3日，眼视光中心正式揭牌开诊；9月26日，医学美容科成立开诊；卒中中心建设已完成前期准备工作；与县民政局在建始县社会福利综合服务中心联合设立的医疗服务中心正式开诊。全年新开展了17项新业务，取得了较好的社会效益和经济效益，心内科开展的床旁检测心肌标志物、呼吸内科血气分析、医学检验科精子检测分析、干眼门诊开展、消化内科内镜下内痔硬化剂注射术、中医科冬病夏治三伏贴仅一个月就开展了300余例。

【教学科研工作】 制定奖励政策，鼓励职工撰写学术论文，今年发表国家级论文81篇，其中中国期刊数据库统计源期刊1篇，中国学术期刊综合评价数据库统计源期刊10篇；承担“人与动物血液细胞非接触式识别关键技术与装置研究”重大项目子课题：良恶性腹腔积液鉴别诊断拉曼光谱评价体系建立，经中国人民解放军第三军医大学课题组组织相关专家评审，2018年批准立项，2019年正式挂牌。

【落实医改政策】 严格执行药品零利润销售，全院临床科室共开展132种临床路径管理，39个常见病种实行按病种付费。11月29日，医院正式取消医用耗材加成；11月30日，正式执行恩施州2019年版物价收费标准。

【“医联体”“医共体”建设】 消化内科、眼科、神经内科、骨科等14个科室先后与华中科技大学同济医院、协和医院、武汉大学人民医院、中南医院、恩施州中心医院建立了33个专科联盟，被恩施州急诊医学质量控制中心确定为国家化学中毒救治（湖北）基地建始分基地；与武汉大学中南医院建立了紧密型医疗联合体，与6家乡镇卫生院建立县域内医疗共同体，召开了医共体建设推进座谈会，对医共体建设工作进行了详细部署。

【更新医疗设备】 2019年，医院千方百计筹措资金，购置了西门子医用血管造影X射线机、CEE10四维彩色多普勒超声诊断仪、医学美容科新增变频高频电刀台等大型医疗设备，全年共新增大小设备86台次，总金额1550万元。

【信息化建设】 医院信息化建设有序推进。启动了对HIS系统的大版本升级，电子病历系统正在更换过程中；医院银医通项目于10月30日正式启用门诊自助挂号缴费系统，患者可以借助手机微信、支付宝或银行卡，就能完成预约挂号、门诊建档、门诊缴费、门诊清单查询、网络取票、满意度评价、医院介绍、物价查询等就诊流程；职业病体检系统已上线运行。

【宣传工作】 在建始电视台、建始网、云上建始等媒体宣传平台，开展医疗特色、新技术、新项目以及医院的公益形象等系列化宣传；开辟“健康大讲堂”栏目，对全民普及健康教育、保持健康水平及健康管理起到了积极的促进作用。全年共发布宣传稿件183篇，其中省级13篇、州级60篇、县级110篇，在《恩施日报》发表了理论文章《党建引领打造人民满意医院》，撰写的《互联网+助力智慧医院》理论文章被人民日报出版社收录在《医疗改革创新发展与健康中国建设》中，报送《我和我的祖国》征文6篇。

中医院

【概　况】 2019年，医院严格按照三级公立中医医院绩效考核的标准，坚持以中医发展为主，以群众健康为出发点，进一步落实自身功能定位，提高医疗服务质量和效率，落实分级诊疗制度，推进现代医院管理制度建设。全年实现医疗收入16347.86万元，比去年同期增长11.44%，其中门诊收入3286万元，住院收入13061.86万元，药品收入4133.39万元，药占比25.28%，门诊20多万人次，住院病人2万多人次，手术5000余台次，天平均住院病人500人次以上，收入结构更加趋于合理，其他各项指标均有不同程度的增长。

【医疗质量管理和科研】 开展“三基”培训、考核等多种形式，加强业务学习，不断提高医疗质量整体水平；完善医疗管理制度，结合医院工作实际，狠抓医疗核心制度的落实，继续坚持每周一至周五的业务大查房，坚持每周一优质服务周总结长效提醒机制，继续严格执行医疗质量及医院工作月考核制度，并将考核结果计入科室月考核扣分。全面加强医疗质量工作，制定医院的医疗质量持续改进目标和措施，明确责任目标，在全院组织检查，每月对医疗质量检查情况进行通报，落实相关奖惩措施、定期进行医疗质量讲评。定期或不定期对医疗纠纷、医疗差错进行行为过失评价，并查找管理或制度上的问题，及时进行整改。进一步优化相关诊疗规范与管理办法，定期对临床用药情况进行检查，并进行合理用药点评。加强处方管理，定期对处方进行检查和开展处方点评。在抗菌药物管理方面，完善抗菌药物应用管理及辅助药物用药管理制度，严控高值耗材的使用，规范临床医生医疗行为。精心建设重点专科，提升专科技术，突出专科特色，拓展专科业务范畴。

【推进医改】 制定医疗保险工作违规处罚标准并加强了对医院医疗保障基金监管，规范医疗保障运行秩序，严厉打击医疗保障领域欺诈骗保行为，确保医疗保障基金安全、合理、有效运行。推进医联体、医共体建设，积极推进分级诊疗工作，形成多向转诊上下联动的医疗服务新格局。医院与恩施州中心医院、武汉大学人民医院医联体单位组建各大专科联盟，促进医联体建设的深度合作，实现资源共享。作为医共体牵头单位，以资源共享，人才下沉，技术协作为重点，与业州、红岩、高坪、龙坪5个乡镇卫生院优化资源配置，促进医院人才良性流动，转变广大患者的就诊模式，并给予业务技术上的指导，提高了地区的整体医疗水平。进一步优化绩效考核方案，完善管理机制，激发内部活力，2019年努力缩小药占比、例均费用、耗材占比、医疗服务费占比等与医改考核指标的差距。加强医疗纠纷调处，促进医患关系和谐。继续开展“平安医院”创建活动，依法维护正常的医疗服务秩序，严厉打击伤害医务人员和“医闹”等违法犯罪行为。

【人才队伍建设】 坚持以人才队伍建设为核心，实施人才战略，通过“请进来、送出去”的方式积极培养医疗业务专业人才。2019年派出到省部级医院进修学习和参加短期培训的医务人员200余人次；同时，医院在重视现有人才培养的基础上，通过公开招聘、实行高级人才津贴制度、青年人才成长津贴、大学生津贴等多种方式引进和留住人才，在全院营造浓厚的“尊重知识、尊重人才”氛围，在此基础上，邀请武汉市人民医院、湖北省中医院、武汉市一医院、恩施州中心医院专家、教授到院教学查房、举办学术讲座共10余次，开展院内教学培训共20余次。2019年在恩施州卫生健康委举办的第三批“中医大师”、“中医名师”评选活动中，张健、向大安荣获“恩施州中医大师”称号，侯著丰、石荣、郝淑莉、宋先贤荣获“恩施州中医名师”称号，获评人数居全州前列。2019年8月成为湖北中医药大学教学医院，承担湖北省中医药大学临床见习、毕业实习工作。

【义诊活动】 2019年，在全县范围内开展了“中医中药村村行”大型义诊活动，旨在进一步传承中医药文化，普及中医药科普知识，营造中医药事业发展的良好社会氛围，更好地为全县人民健康服务。自活动启动以来，累计开展义诊活动33

次，接诊群众6000多人次，投入经费近10万元，医疗骨干和志愿者300多人次参与。2月底，医务人员组成的志愿服务队先后到县电力公司、特殊学校、实验小学开展了以“关爱他人、关爱社会、关爱自然”为主题的学雷锋志愿服务系列活动。

【中医药服务】 建立名医堂、中医养生堂和“张健全国基层名老中医药专家传承工作室”，医院在原有基础上进一步做好名老中医药专家学术经验传承工作的基础上，整理、继承、推广名老中医药专家学术观点和临床经验，培养高层次的中医药人才。2019年，医院成功开展冬病夏治“三伏贴”治疗哮喘、慢性支气管炎、鼻炎等，取得显著疗效。2019年11月，举办以“传承精华、守正创新”为主题的第三届膏方养生文化节暨大型义诊活动。坚持举办一年一度的膏方节活动，旨在为广大群众普及和传播中医药祛病养生知识，打造中医药文化名片，全面推进建始县中医药事业健康发展。在全院倡导“西学中用”的思想，尤其是护理上要求全院护士掌握中医药基本理论知识和技术诊疗常规、技术操作规程、中医护理常规等，将培训工作纳入年度继续医学教育范畴予以考核，并在全院广泛开展中医特色护理和康复。

【东西部扶贫协作】 2019年，浙江省淳安中医院4位专家到建始中医院开展东西部协作对口支援工作。在帮扶期间4位专家不仅传达理念上新的认识，而且从专业技术上给予很大帮助和指导，4位专家还随同“中医中药村村行”义诊服务队、健康扶贫服务队先后到业州、长梁、茅田、花坪等乡镇的6个村开展义诊活动，义务为当地的百姓服务，传播健康知识。同时还针对相关科室的发展提出了合理建议，真正将扶贫协作工作落地落实。医院从口腔、针灸理疗科各派一名医生到淳安中医院学习先进的理念和技术，并将先进的服务理念和技术用于临床实践。

【信息化建设】 2019年县中医院在实现信息化系统全面提档升级，建设以电子病历和医院管理为重点的医院信息系统基础上，不断优化和完善信息功能和信息管理。2019年医院银医通的开通使用，很大程度改善了患者的就医体验以及就医流程的优化工作，从而方便患者就医，减少患者排队次数，缩短就医的时间，进一步改善门急诊诊疗秩序，让群众切实感受到深化医改带来的好处。

【空中救援】 2019年10月31日，县中医院一名心脏危重患者通过空中救援直升机转送至武汉亚心总医院救治。此次空中救援是建始县构建空中急救网络后，首次启动空、地联动救援机制，使用直升机紧急转运危重症患者。救援中，与武汉亚心总医院无缝衔接，为危重症患者打通了“空中生命线”，创建了一张陆空立体生命救治网络，为患者下一步的有效治疗赢得了宝贵时间和创造了有利条件。

民族医院

【概　况】 2019年，诊疗51506人次，比2018年38480人次增加13026人次，增长33.85%。其中住院患者19448人次（含血透患者12010人次），比2018年8243人次增加11205人次，增长135.93%；门诊就诊患者32058人次，比2018年30237人次增加1821人次，增长6.02%。业务总收入5600万元，在资金调度极为困难的情况下实现了收入与2018年持平。其中门诊收入672万元，比2018年增加147万元，增长28%；药品收入1256万元，药占比20.74%，与2018年持平；例均费用5218元，比2018年5946元下降728元，降幅12.24%；全年实施1341台手术，较2018年1495台减少154台，降幅10.3%；门诊平均处方值209.4元，比2018年173.54元增加35.86元。

【医疗质量管理】 2019年，在认真贯彻落实医疗、护理、院感核心制度及其他基本医疗制度、基本诊疗规范、常规和标准的前提下，重点加强基础质量、环节质量和终末质量管理，使医疗质量与安全工作有章可循，有据可依。全年没有出现一起医疗安全责任事故，患者满意率保持在95%以上。10月，医院成功入选中国医院协会民营医院管理分会2020—2022年“助力培优计划”公益活动，并于11月在贵阳参加了活动的启动会；被省医疗保障局确定为“湖北省基本医疗保险异地就医定点医疗机构”，为拓展外县、外省市场奠定了良好的基础。

【医院宣传】 2019年，组建健康宣教、义诊服务和爱心志愿服务分队，先后到天生片区、红岩镇红岩村、业州镇王河坡村、三里乡大牌村、花坪镇黄木垭村等村开展健康宣教和义诊服务，使3000多名村民受益。在医院内部常年开展为就诊对象提供健康咨询、开辟绿色通道、简化就诊流程为主的爱心志愿服务。按照县六城同创指挥部安排，从6月起，承担县住建局至熊家坪路段的城市环境卫生保洁工作，坚持做到日巡周检月评。加大对罗家嘴村的精准帮扶力度。充分运用网络媒体开展宣传。共组织开展活动5次，州、县级媒体宣传20余篇，在全县乡村公交站点设置固定宣传展板52幅。3月开展爱耳日宣传活动；5月开展白求恩·内分泌专项基金（湖北）基层行活动；6月举办“急性心肌梗死溶栓治疗”学术讲座，矮小症健康教育专题讲座等，为宣传民族医院起到了很直接的助推作用。加大医院微信公众号和LED户外显示屏的运用，已经制作并推出健康教育视频、文章共计10余篇；加大对LED大屏的利用率。在LED大屏上宣传时事新闻103条，专家推介29次，科室推介19次。加大医院网站、微信公众号的宣传率。在医院网站宣传新闻55条。医院LED大屏、企业微信医生在线排班共计26周，微信在线客服咨询49次。开展“优质服务月活动”。活动达到转变服务态度，语言文明、行为规范、流程便捷、提升形象、构建医患和谐关系、提高病人满意度的目的。打造了外二科、收费室两个示范样板。

妇幼保健院

【概　况】 2019年，全年门诊81574人次，住院人次3276人次，其中剖宫产365人次，顺产342人次；业务总收入2869万元。收入结构更加趋于合理，其他各项指标均有不同程度的增长。投入设备及物资共计21413元支援官店镇村卫生室规范化建设。投入260万元用于医院信息化建设，更新医院软件系统，方便患者的就医流程，提高了医务人员的工作效率。2019年6月成功完成州级最佳文明单位的创建工作。

【建强人才队伍】 坚持以人才队伍建设为核心，实施人才战略，通过“请进来、送出去”的方式积极培养医疗业务专业人才。2019年，派出到上级医院进修学习和参加短期培训的医务人员80余人次；同时，医院在重视现有人才培养的基础上，通过校园招聘、公开招考等多种方式引进和留住人才。

【信息化建设提档升级】 2019年，县妇幼保健院信息化系统全面提档升级，建设以电子病历和医院管理为重点的医院信息系统基础上，不断优化和完善信息功能和信息管理。

【医院整体搬迁】 建始县妇幼保健计划生育服务中心（儿童医院）业务楼主体工程已完工，坐落于建始县业州镇建始大道，建筑面积9938.34平方米，力争于2020年6月全部或部分功能投入使用。

【生殖健康服务】 以“关爱生殖健康、服务计划生育”的服务宗旨，主要负责全县农村人口的免费婚检、孕检；农村和城镇已婚育龄妇女的三查工作；免费避孕药具的发放工作。2019年，全年完成取环419例、B超孕检8582人次。2019年，共完成免费婚前医学检查项目1158人次（579

对）。其中城镇居民男性33人，女性30人；疾病检出人数17人。2019年完成免费孕前优生健康检查项目1733人次。其中城镇居民男性16人，女性12人；农村居民男性808人，女性897人，累计完成率72.2%，评估风险人数695人，早孕随访人次2136人，妊娠结局随访人次154人。采取多种渠道发放免费避孕药具，在保健院大厅和儿童医院大厅设立避孕药具自动发放机；在城乡社区、超市、药店及单位建立多个免费计划生育药具发放服务点；通过各种活动从事避孕药具咨询与发放。

【妇幼保健工作】 2019年，机构内共收集、送检血样2935人次，机构检测率100%，查出乙肝阳性124例、艾滋病2例，梅毒13例，考核年度内检测率97.35%。各种表册登记完全，按时上报信息数据，检测信息及时有效的反馈到各乡镇。为乙肝表面抗原阳性产妇所生新生儿全部注射乙肝免疫球蛋白，艾滋病阳性孕产妇及所生婴儿用药率100%，梅毒孕产妇用药率53.84%，所生婴儿用药率50.00%。送样1022人，机构检测率100%，筛查的乙肝阳性40例，艾滋病阳性2例，全部实行了母婴阻断，筛查的梅毒阳性6例，用药率50%。2019年，采购叶酸43788瓶，总计金额66557.76元，免费发放叶酸5286人，发放25680瓶。叶酸服用率93.51%，叶酸依从率89.44%，完成上级下达计划任务。同时对541名孕产妇发放叶酸3100瓶，都按要求签订了知情同意书及随访登记工作。2019年，全县新生儿疾病筛查2777人，新生儿疾病筛查率99.9%，可疑阳性101人，全部通知复查，已复查65人，其中G6PD确诊4人，地中海贫血确诊9人，均为轻型。2019年在全县范围内开展新生儿免费耳聋基因筛查项目，全县耳聋基因任务2040人，共筛查2055人，其中基因筛查未通过65人，全部建档追踪随访及通知复查，目前已复查50人。2019年新生儿听力筛查共筛查2660人，筛查率95.31%，未通过52人，全部通知复查。2019年4月开始在全县范围内启动2019年“两癌”项目筛查工作，“两癌”任务数8900人，全县县乡工作人员经过努力，共完成8990人初筛。宫颈癌筛查可疑阳性733人，已复查428人，其中CIN Ⅰ 67例，CIN Ⅱ 29例，治疗4例，乳腺癌筛查可疑阳性77人，钼靶复查66人，病检1例，其中纤维瘤1例，乳腺导管内乳头状瘤1例。加强出生医学证明发放管理工作。2019年度共申领出生医学证明4000份，共使用空白出生医学证明3103份，本期底库存897张。其中首次签发2984张、换发54张、补发32张、医疗机构外出生办理17张、打印或填写错误16张，年度废证率0.5%。2019年我县机构内新生儿活产数2791人，已办理出生医学证明的2653人，当年及时办证率95%，各项数据均严格控制在考核范围内。2019年全县产妇总数4541人，活产数4571人，孕早期建册3705人，早孕建册率81.59%；产后访视3560人，产后访视率87.49%；产后42天检查2983人，院外分娩3人，住院分娩率99.93%；孕产妇死亡1人，孕产妇死亡率22.02/10万；婴儿死亡12人，死亡率为2.63‰，5岁以下儿童死亡17人，死亡率3.72‰，除孕产妇死亡率外其他都控制在任务指标之内。孕早期管理1011人，孕中、晚期管理6402人，产后42天健康管理409人。2019年，开展了新生儿先天性心脏病筛查工作。全县共计筛查1172人，筛查率41.99%，暂无筛查阳性新生儿。2019年，共筛查出高危孕产妇494人，其中黄色402人，橙色58人，红色3人，紫色31人，都按要求登记、建卡转诊及随访。

【儿童健康工作】 2019年，共为11978名适龄儿童免费发放营养包29420盒，服用效果明显。营养包发放率91.98%，有效服用率85.43%。完成省下达的3900人的任务指标。营养包质量符合规定要求，发放规范，服务过程安全有效，极大地改善了儿童营养状况。其中保健院共为599人发放2685盒。重点加强对0—3岁儿童系统管理，儿童“四病”的防治及学龄前儿童体检工作。0—6岁以下儿童建册3975人，新生儿访视3586人，新生儿访视率88.13%，0—6岁儿童体检26231人，并给予健康指导，儿童健康管理率85.31%。其中满月管理和3月龄管理2905人，3岁内儿童健康管理8142人，4—6岁儿童健康管理101人，儿童中医药调养5083人。

（夏　娜）

社会生活

民　政

【概　况】 2019年，县民政局加强农村和城市低保工作，全县现有农村低保对象26982人，城市低保对象1506人，农村特困对象2602人，城市特困对象42人，共发放农村低保资金1.1亿元，城市低保资金1171万元，农村特困资金2400万元，城市特困资金72万元。加强弱势群体救助，全年发放残疾人补贴1313万元，救助生活无着人员资金71.4万元。同时开展留守儿童、困境儿童和农村留守老人关爱服务行动，切实保障留守人员的相关权益。"平安工程""冬暖工程"进一步落实，养老体系日趋完善。婚姻登记、收养登记、殡葬改革等工作逐步迈入正轨。

【城乡最低生活保障】 2019年全县农村低保保障标准调整为4380/人·年；城市低保保障标准调整为600/人·月；分散供养农村特困人员及集中供养具备生活能力的农村特困人员供养标准调整为7920元/人·年，集中供养部分丧失生活自理能力的农村特困人员供养标准调整为9120元/人·年，集中供养完全丧失生活自理能力的农村特困人员供养标准调整为22456元/人·年；分散供养城市特困人员及集中供养具备生活自理能力的城市特困人员供养标准调整为1200元/人·月，集中供养部分丧失生活自理能力的城市特困人员供养标准调整为1300元/人·月，集中供养完全丧失生活自理能力的城市特困人员供养标准调整为2176元/人·月。截至2019年底，全县现有农村低保对象26982人，城市低保对象1056人，农村特困对象2602人，城市特困对象42人；2019年发放农村低保资金1.1亿元，城市低保资金1171万元，农村特困资金2400万元，城市特困资金72万元。

【加强弱势群体救助】 截至2019年底，全县享受残疾人"两项补贴"对象15139人次，2019年发放资金1314万元；加大对孤儿的关爱保障力度，全年对118名孤儿发放基本生活费226万元；加大对生活无着人员的救助力度，积极开展"寒冬送温暖""暑期街头救助""救助管理机构寻亲服务主题开放日"等活动，全年救助生活无着人员454人次，救助71.4万元。发挥临时救助"救急难"作用。制定《建始县临时救助审核审批操作办法》，简化审核审批程序，设立临时救助备用金，对于急难性临时救助，开展"先行救助"，在2个工作日内将资金发放到位。2019年临时救助9118人次，救助1173万元，人均救助水平1286元。完善"三留守"关爱服务体系。截至2019年底，全县有农村留守儿童5151人、农村留守老人6094人、农村留守妇女2609人。全县建成"留守儿童关爱中心"10个，"留守儿童之家"410个、"老年人互助照料活动中心"及"居家养老服务中心"201个、"妇女之家"409个；

建立农村“三留守”人员关爱服务联席会议、定期探访等制度，开展留守儿童、困境儿童关爱保护行动，农村留守老人关爱服务行动，切实保障“三留守”人员的相关权益。

【福利事业】 投入8000余万元的县社会福利综合服务中心投入使用，投入近4000万元对农村福利院进行维修升级，投入400余万元实施“平安工程”，投入100万元实施“冬暖工程”，全县已建成2家社会化养老机构；开展“亮厨”、安全隐患“清零”等行动，加强福利院精细化管理；全县建成11个社区居家养老服务中心和193个农村老年人互助照料活动中心，依托老年人协会开展“敬老月”系列活动，在村（社区）开展“文明家庭”“最美媳妇”评选等活动，营造爱老、敬老氛围；全年对10971名高龄津贴对象发放高龄津贴960万元，发放经济困难的高龄、失能老人补贴74万元。全年募集慈善资金568万元，开展“癫痫病患者筛查救助”“亮眼行动”“慈善阳光班”“慈善医疗众筹”等，助学、助困、助医支出680万元（含上年结余112万元）；全年发起“幸福家园”村（社区）互助项目388个，筹款540万元。全县福彩累计销售6358万元。

【基层治理】 同组织部门积极开展换届选举“回头看”工作，通过联审机制对1511名村支“两委”成员再次进行审核，未发现不合格对象；深入推进“扫黑除恶”专项行动；圆满完成建始县第二次全国地名普查工作，积极推进地名标准化和不规范地名清理整治工作；完成鄂渝线第四轮省市县三级行政区域界线联合检查和建恩线第四轮行政区域界线联合检查。

【体制改革】 清理整顿社会组织273个，清理僵尸组织55个；全年办理婚姻登记4447对、收养登记14个；深入推进殡葬领域突出问题专项治理，整治殡葬领域突出问题6个，2019年，县殡葬服务中心办理丧事195场，火化58人，拨付惠民殡葬补助131万元。

人力资源和社会保障

【概　况】 2019年，建始县就业创业工作紧紧围绕更加充分、更高质量就业的总体目标要求，聚力脱贫攻坚，实施更加积极就业政策，建立工作机制，重点抓好就业岗位推送、专项招聘、技能培训、劳务输出基地建设等工作，不断深化东西部扶贫劳务协作；提高创业担保贷款额度、举办第二届创新创业大赛、实施创业项目扶持、开展免费创业培训，积极支持大学生、建档立卡贫困人员、城镇失业人员、农村创业者等群体自主创业；组织大学生积极参加实习实训和就业见习，以易迁安置点为重点积极开发公益性岗位、落实灵活就业人员社保补贴、开展“春风行动”等就业专项服务活动，对高校毕业生、建档立卡贫困人员、大龄失业人员等重点就业困难人员实施就业援助；认真落实稳岗补贴、技能提升补贴政策，积极支持企业降低人工成本稳定就业岗位；全年城镇新增就业6402人，城镇失业人员再就业796人，就业困难人员再就业595人，高校毕业生就业661人，新增返乡创业633人，城镇登记失业率2.3%，组织大学生参加实习实训3879人，开展补贴性职业技能培训13977人，为60家企业落实稳岗补贴177.84万元，确保全县就业局势持续保持稳定。

【社会保险】 5月起，单位养老保险缴费比例按16%执行。2019年，启动机关事业单位养老保险职业年金专项管理，全县累计上解省职业年金19364元；启用机关事业单位养老保险新办法计发过渡期“中人”退休待遇，涉及全县2014年10月至2018年12月的退休“中人”1203人，用新办法重新计算待遇并发放到位；全面启动机关事业养老保险实施准备期结算工作，对全县300家参保单位5770人进行结算，结算金额36309万元。全县机关事业单位养老保险参保单位300个共15499人，其中在职9468人，退休6031人。

全年总收入72219万元，其中征收收入21704万元、转移收入6万元、利息收入8万元、上级财政补助收入2250万元，本级财政补助收入11942万元、结算本级财政补助收入36309万元，全年总支出35829万元，其中待遇支出35660万元，转移支出169万元，上年累计结余-36232万元，本年基金累计结余158万元。全县企业职工养老保险参保单位654个共52713人，其中在职28729人，退休23984人。全年总收入55248万元，其中征收收入21619万元，转移收入2235万元，利息收入751万元，财政补助收入12881万元，上级补助收入17762万元，全年总支出53861万元，其中待遇支出47483万元，转移支出160万元，上解上级支出6218万元，基金累计结余52585万元。全县城乡居民基本养老保险累计参保27.6万人，60周岁以上享受城乡居保养老金领取条件的7.8万人，累计发放金额10553万元，发放率100%，领取待遇人员死亡2829人，支出丧葬补助费286万元；老农保享受待遇人员136人，支出养老金16万元；老被征地农民累计参保5514人，新被征地农民1665人，老被征地农民享受待遇836人，支出养老金487万元。全县工伤保险参保单位767个共27025人，全年总收入1431万元，其中征收收入1398万元，利息收入33万元，全年总支出1567万元，基金累计结余2319万元。全县失业保险参保单位598个共11700人，全年总收入593.08万元。为60家企业拨付稳岗补贴资金177.84万元，为390名失业人员落实失业保险金191.02万元，代缴医疗保险费51.21万元；为4人发放技能提升补贴政补贴5000元；为350名失业人员发放价格临时补贴18.23万元。开展全县社会保险基金管理风险警示教育活动，常态化开展基金监督检查，实现线上线下一体化监管，追回死亡冒领、重复领取养老保障待遇23.42万元。

【人才工作】 2019年全县事业单位招聘工作人员218人，招募“三支一扶”（支农、支教、支医和扶贫工作）人员38人。开展治理“吃空饷”问题和违规借调人员的专项清理督察工作，进一步规范人事管理，并对2013年以来受纪律处分人员的年度考核结果和岗位等次重新认定备案。对全县工程建设领域专业技术人员职业资格“挂证”等违法行为进行专项整治。推进“我选湖北·绿色恩施梦”计划，全县大学生实习实训3879人，拨付实习实训补贴398.83万元；就业见习187人，落实就业见习补贴71.09万元。

【劳动关系】 建立企业员工个人档案，做好用工登记，劳动合同签订率达90%以上；利用“双随机、一公开”“千名监察员服务万企”“千名仲裁员服务万企”等检查及活动降低用工风险。受理劳动保障监察案件24件，结案10件，法定期限内结案率100%，为劳动者讨薪28.31万元。农民工工资治欠保支“4+3”模式在建设领域基本全覆盖，实行拖欠农民工工资“黑名单”管理，有效发挥信用惩戒的作用。深入开展调解仲裁规范化、标准化、专业化、信息化“四化”建设；建立多角度、立体化、无缝隙的裁审衔接工作机制，提高劳动人事争议处理效能。立案受理劳动人事争议仲裁案件193件，结案180件，结案率97.22%；其他调解组织共计受理190件，调解190件，劳动人事争议案件调解成功率60.05%。

【就业扶贫】 印发《建始县2019年就业扶贫工作实施方案》，落实“八个一批”（壮大产业就地消化一批、激励主体就近吸纳一批、搭建供需平台对接一批、劳务协作转移输出一批、技能提升培训促进一批、扶持创业带动一批、公益岗位援助安置一批、重点企业定向输送一批）工作措施，推进就业扶贫全覆盖。开展贫困劳动力就业全覆盖调查统计工作，建立基础数据台账，实行动态管理。举办月嫂（育婴员）、家政服务、制鞋工、美容师等技能培训33个班次，培训建档立卡贫困人员509人。开展创业项目扶持支持贫困人员自主创业，共扶持60个创业项目，其中创业担保贷款项目3个，农家乐精准扶贫创业项目43个，精准扶贫就业创业专项扶持项目14个。开展就业服务专项活动推介贫困人员就业，为317名建档立卡贫困人员办理了就失业登记，已帮助243人实现就业。

【社保扶贫】 按照政策规定，通过城乡居保信息系统进行核查比对，确定符合代缴条件的建档立卡贫困人员20354人、已脱贫五保低保贫困人员2623人、重残人员2199人，协助税务、民政、残联等部门完成2019年度100元/人/年政府代缴工作。

【东西部劳务协作】 建始、滨江两地人社部门互设劳务协作工作站，建立联席会议共商协作、就业岗位共需对接、转移就业数据共享、劳务培训品牌共建、务工维权服务共抓五项劳务协作工作机制，组织开展建档立卡贫困人员就业全覆盖、建始籍在杭务工人员、在杭元素就业人员三项调查和信息核实工作，有序推进建始贫困劳动力转移就业。开展月嫂劳务品牌培训、东西部劳务协作转移就业技能培训，600名建档立卡贫困人员参训，转移就业300余人；开展农村创业致富带头人培训，带动贫困户211户增收。开辟东西部劳务协作企业招聘信息专区，及时为贫困人员推送岗位信息；联合举办2次东西部劳务协作专场招聘会；组织输送建档立卡人员到杭州就业，实现稳定就业67人。建立“建始—滨江劳务输出基地”，援助建始籍建档立卡贫困人员就业25人。依托杭州就业扶贫资金，建设就业扶贫车间2个，安置建档立卡贫困人员86人。组织输送贫困家庭学生到杭州市第一技师学院、杭州市轻工技术学院就读20人。为到杭州就业的19名建档立卡贫困人员拨付一次性交通补贴0.95万元。

医疗保障

【概　况】 2019年全县职工医保参保人数27768人，筹集资金13826万元；居民医保参保人数439108人，筹集资金37602万元；其中贫困人口参保率达到100%；生育保险参保人数12480人，筹集资金209万元。

【健康扶贫】 2019年全县贫困人口全年共计发生住院（医保系统数据）42725人次，医疗总费用22316万元，基本医疗保险报销14358万元，大病保险赔付1177万元，医疗救助2162万元（含系统外医疗救助100万元），健康扶贫报销2249万元（含系统外健康扶贫补偿525万元），医院分担263万元。其中：县域内住院36767人次，医疗总费用15572万元，政策范围内费用15019万元，“四位一体”共报销14186万元（基本医疗保险报销11393万元，大病保险赔付474万元，医疗救助1328万元，健康扶贫报销949万元，医院分担42万元），报销比例达94.45%；县域外住院5102人次，医疗总费用5891万元，政策范围内费用5075万元，“四位一体”共报销4369万元（基本医疗报销2401万元，大病保险赔付570万元，医疗救助651万元，健康扶贫报销527万元，医院分担220万元），报销比例达86.09%。

【保障慢病患者待遇】 县医疗保障局对全县相关工作人员进行了4次视频培训，并将讲义PPT发放到各乡镇医保工作站，由工作站的同志进一步宣传，印发宣传单及利用微信公众号进行政策问答，协调卫健部门加大宣传力度，让患者知晓慢性病政策和报销流程。2019年，联合县卫生健康成立建始县门诊特殊慢性疾病评审领导小组和建始县门诊特殊慢性疾病评审专家库，对门诊特殊慢性疾病采取集中和分散流动方式结合进行评审，共开展评审工作7次，对7034份资料进行了评审，累计享受慢性病人数为8637人，其中贫困人口3133人，为门诊特殊慢性疾病患者提供了更加高效、便捷的服务。

【医保基金安全】 以“打击欺诈骗取医保基金”

专项治理活动为重点，狠抓基金监管，规范医疗服务行为，强化门诊就医，提高门诊就医率和个人账户使用率，进一步理顺医保基金监管秩序，着力构建风清气正的医保健康业态，促使医保县域内二级医疗机构服务质量、服务水平明显提升。由县医疗保障局、公安局、卫生健康局、人力资源和社会保障局、市场监督管理局五部门联合成立建始县打击欺诈骗取医保基金专项治理工作领导小组，下发《关于印发〈建始县开展打击欺诈骗取医保基金专项治理工作方案〉的通知》（建医保发〔2019〕3号），明确职责、目标和任务。打击欺诈骗保活动开展以来，发现20家定点医药机构（其中包括3家二级公立医院、11家一级公立医院、1家二级民营医院、5家定点药店）存在账务不清、违规刷卡现象，依据定点医药机构协议的有关规定，追回医保基金本金47.213万元，并处违约金（缴入基金专户）共计68.483万元；对定点药店的违规行为，根据违规情节轻重暂停其医保刷卡服务3—6个月。共受理来电107人次，其中举报电话2人次，已按程序办结，追回参保人员（1人）违法违规基金1520元。

【医疗保障】 2019年全县职工（不含贫困人口）共计住院（含大病）13000人次，发生医疗总费用9067万元，共补偿7486万元（基本医疗报销6210万元，大额医疗保险报销97万元，补充医疗1141万元，住院期间医院分担38万元）。全县居民共计住院（含大病）101586人次，发生医疗总费用57504万元，“四位一体”共补偿40366万元（基本医疗报销32201万元，大病保险赔付2718万元，医疗救助2655万元，住院期间医院承担543万元，健康扶贫补充报销2249万元）。其中贫困人口（含职工）共计住院（含大病）42725人次，发生医疗总费用22316万元，“四位一体”共补偿20209万元（基本医疗报销14358万元，大病保险赔付1177万元，医疗救助2162万元，住院期间医院承担263万元，健康扶贫补充报销2249万元）。

（敖　苗）

公积金管理

【概　况】 2019年，全县住房公积金归集2.53亿元，目标完成率为104%，同比增长4%。2019年，全县新增单位开户14个，新增缴存职工778人，目标完成率达156%。全县缴存单位316个，涵盖行政事业单位、国有企业、民营企业等。2019年，全县有1530名职工提取公积金8400万元，发放住房公积金个人贷款448笔1.699亿元，任务完成率为75%。2019年，全县有12家楼盘获得公积金按揭准入资质，其中11家在城区，1家在集镇。

【政策调整】 2019年6月，州住房公积金管理委员会六届三次全体会议决定对个人提取、贷款相关政策进行调整。调整提取政策5项：第一，暂停因本人或家庭成员（夫妻、父母、子女）患重大疾病、发生不可预见重特大事故提取住房公积金；第二，“购买、建造、翻建、大修自住住房提取住房公积金”调整为“在恩施州境内或户籍地购买、建造、翻建、大修自住住房提取住房公积金”；第三，“偿还购买自住住房贷款本息提取住房公积金”调整为“偿还购买恩施州境内或户籍地自住住房贷款本息提取住房公积金”；第四，房屋买卖合同、商业银行借款合同或不动产登记证为夫妻一人单独所有的，其配偶不得提取住房公积金；第五，建立提取黑名单制度。调整贷款政策5项：第一，进一步规范贷款对象，个人住房公积金贷款用途仅限于缴存职工夫妻双方在恩施州境内或户籍地共同购买、建造、翻建、大修普通自住住房；第二，修改二套房认定标准，按照“认贷不认房”的原则执行二套房政策；第三，优化还款方式，取消“到期一次性还本付息”的还款方式；第四，明确信用状况审核标准；第五，提高按揭合作项目准入的工程形象进度要求。调整后，“二套房”政策为：按照“认贷不认房”的原则认定二套房，凡在2019年9月1日之前，借款人（含配偶）在州内使用过个人住房公积金贷款（含异地贷款、装修贷款、代际互助贷款等所有贷款）的，都一律认定为一套房，再次申请个人住房公积金贷款时，按照二套房政策执行。二套房的贷款利率在基准利率的基础上上调10%,首付款比例最低为30%。三套房贷款申请不予受理。

【服务企业提质年大走访活动】 2019年3月6—7日，建始县办事处工作专班走访了县城内5家房产开发商，上门宣传公积金按揭贷款政策，指导服务开发商提供准入资料，通过调研走访、召开座谈会等了解房产开发企业对公积金工作的意见与建议、房产开发企业在发展中存在的困难与诉求。走访具有代表性、覆盖性，企业提出了共性与个性需求，将九大反馈问题提交州住房公积金中心决策。

【综合柜员制】 2019年5月底，开始运行综合柜员制，实现归集提取贷款业务一个窗口办理，简化流程，提高效率。

【自助端口】 建始办事处向缴存职工宣传个人网厅、手机公积金app使用方法，让更多缴存职工了解政策、自助服务、少跑路。向单位专管员宣传单位网厅，实现缴存、封存、转移等业务由单位即时自行办理，用好大数据，减少工作量。

（周清先）

民族宗教

【概　况】 依据2011年全国第六次人口普查，全县总人口50.97万人中，汉族、土家族、苗族3个民族共409291人，占总数的99.34%，其中汉族258547人，占总数的62.75%，土家族144410人，占总数的35.05%，苗族6334人，占总数的1.54%。建始县有信奉佛教、道教、天主教、基督教的少量信徒。2019年8月20日，“建始县基督教固定服务处所”正式登记并取得登记证书，位于建始县业州镇南山路137号。

【民族团结进步示范】 2019年，不断巩固提升“全国民族团结进步创建活动示范县”成果。分别投入180万元、160万元重点创建龙坪乡楂树坪、长梁镇旋龙村民族团结进步示范点；12月7日，长梁镇旋龙村被省民宗委命名为2019年“全省民族团结进步创建示范单位”；县教育局荣获省级民族团结进步先进集体表彰，高坪镇青里坝村党支部书记唐瑛荣获省级民族团结进步先进个人表彰；认真筹备省人大“民族团结进步荆楚行”建始调研视察活动。

【“616”工程】 “616”（由1名省领导牵头、6个单位参与，对口支援1个民族县市，每年至少办6件实事）工程完成情况。2019年3月，县政府召开“616”工程成员单位会议，安排部署2019年工作；5月17日，省政府召开“616”工程对口支援建始县工作专题会议；6月28日，省人民政府下发《2019年省“616”工程对口支援建始县工作专题会议的纪要》。专题纪要确定帮扶事项35个，其中资金支持类项13个，涉及资金1145万元；政策支援类项目11个，涉及资金11170万元；智力支持类项目在10个，重点围绕产业技术、教改教研、人才培训、科研支持等方面。全年，资金支持类项目实到位资金6145万元；政策支持类项目到位资金11170万元；智力支持类项目帮扶成效显著，其中襄阳四中全力支持建始一中教育教学，建始一中2019年高考成绩优异，其中理科最高分681，文科最高分645，一本上线367人，本科上线1042人，文理科状元舒亚玲、黄兆博均被清华大学录取。

【咸宁对口帮扶】 12月24日，咸宁市对建始县2019年援建资金600万元到位。12月30日，咸宁市委常委、市委统战部长梁细林一行到建始就对口援建工作进行调研，实地了解援建项目的建设情况，并表示将加大援建力度，加强两地在招商、经贸、旅游推介等方面的交流合作。

【“武陵山试验区”工作】 2019年1—10月，鄂发〔2011〕25号文件明确的18个责任单位通过机构改革合并为15个，明确37个项目落实政策资金79686.6664万元。其中基础设施项目14个，落实资金29348万元，产业发展项目3个，落实资金1268万元，社会事业项目12个，落实资金3102.6664万元，其他项目8个，落实资金7628万元。

【少数民族村寨建设】 2019年，通过持续开展少数民族特色村寨建设，促进地方经济发展。坚持按照“统一规划、政策引导、群众自愿、注重特色、集中连片”思路，安排资金871万元，重点支持青里坝村、楂树坪村、旋龙村、新溪村、照京坪村建设“民居富有特色、人居环境优美、产业特色发展、民族文化繁荣、民族风情浓郁、民族团结进步”的特色村寨，同时提档升级凉水埠村、桃园村、闵仕坝村、大店子村等特色村寨老点，在全县打造一批少数民族特色村寨样板。茅田乡太和街村被国家民委命名为全国少数民族特色村寨。2019年，建始县有34家民贸企业获得省民宗委资格认定。

【民族文化、教育、体育工作】 2019年，建始县民族文化、教育、体育事业得到长足发展。加大民族民间文化挖掘、传承、发扬、保护力度，挖掘、整理了景阳民间故事，形成了约8万字的初稿。筹办了“中华民族一家亲·走进湖北金建始”中央民族歌舞团“弦歌逐梦”丝路之旅音乐会，组织全县各级劳模、脱贫攻坚先锋以及近6000名群众、学生观看音乐会，为全县人民带来一场视听盛宴，传播了民族文化，促进了民族团结。支持官店镇黄花坪村等20个村配备民族服装、道具、设备等，支持村级民族文化队伍建设和民族文化进乡村活动。建始县编排的综合类表演项目《闪溜嘎儿》，在全国第十一届民运会上获得湖北第一、全国二等奖的好成绩。深入推进“民族文化进校园”工作，修订印发《建始民族文化基础读本（试用）》7000册分发到全县各乡镇小学，不断传承建始县优秀的民族民间文化，铸牢中华民族共同体意识。

【宗教管理】 将宗教知识纳入全县支部主题党日、党委（党组）中心组及县委党校（行政学校）主体培训班的重要学习内容。邀请省民宗委专家在县委中心组进行了民族宗教意识形态专题讲座，县委统战部、县民宗局分别在县委党校举办的全县村（社区）书记培训班、申请入党积极分子培训班、2019年党政干部履职能力提升培训班开展了宗教知识培训，培训人次近600人。基督教活动场所获得“建始县基督教固定活动处所登记证”。

【精准扶贫】 从2019年中央少数民族发展资金1314万元中统筹近700万元用于全县精准扶贫工作。认真落实部门负责人“3+2”（在村工作3天，在单位工作2天）驻村工作制度，从少数民族发展资金中安排50多万元着力帮扶县民宗局对口帮扶的三里乡绿荫村、茅田乡小溪河村发展村主导产业、完善水电路等基础设施、开展乡风文明建设、优化易迁安置小区环境和解决困难群众生产生活。

移　民

【概　况】 2019年，建始县移民局全面贯彻习近平新时代中国特色社会主义思想和系列讲话精神，结合“不忘初心、牢记使命”主题教育，以“加快推进移民项目实施”为重点，全局团结一心，克难奋进，自觉适应新常态，践行新理念，确保社会稳定大局，各项工作顺利推进。

【移民后期扶持】 高度重视移民后期扶持，对项目进行全面检查督办。为全面掌握全县移民项目的实施情况，组建工作专班，深入8个项目实施乡镇，对2018年度及以前安排的移民项目进行检查督办，深入村组实地察看了120多个移民项目，督促项目业主加快项目建设进度，确保项目质量，对部分实施不规范的项目进行了调整，收回移民项目计划6个，资金515万元。规范项目实施流程。会同县财政局制定印发《建始县水库移民后期扶持项目和资金管理实施细则》，对项目的前期工作、项目计划、项目建设、资金使用和管理、监督检查、档案管理等各个环节都予以规范明确，所有的移民项目须按照《实施细则》严格实施。全年下达28个移民后期扶持项目，共计资金803万元。

【直补人口核查】 进一步清理直补人口，对全县直补人口5190人进行核查比对，摸清了全县直补人口的状况，为兑现直补资金提供真实可靠的依据。科学安全编制项目实施绩效。2019年，按照上级主管部门的要求，根据移民资金的用途，为充分发挥资金的经济效益和社会效益，与乡镇及时对接，按照项目实施轻重缓急的原则，从乡镇上报的项目库中，科学编制了2018年移民培训、小水库后期扶持、2019年大中型水库移民后期扶持及帮扶解困的绩效评价，并在规定的时间内向省水利厅上报了年度项目实施绩效。切实做好民生大数据审计整改工作。2019年1月，州审计局对民生大数据进行审核，指出移民资金存在两大类30个小问题，已全面完成整改。

【信访工作】 为切实保障移民合理合法的权利，解决移民合情合理的诉求，确保库区和移民安置区社会稳定和谐，积极开展移民信访化解工作。参与三峡移民信访的处理工作，配合乡镇做好移民信访的调查，督办乡镇做好移民信访的处理化解，引导移民按规范程序提出诉求。2019年，共收到信访件20多批次，其中来信来访18次，网信平台3次，共30多人，对每一个诉求都积极予以回应。

【精准扶贫】 根据州脱贫攻坚指挥部2019年1号令《恩施州2019年脱贫攻坚作战方案》的工作要求，落实“3+2”和“两天一夜”制度，有序推进补短板项目建设，全面落实惠民政策，推进产业就业，开展人居环境整治，切实抓好乡风文明建设。坚持经常走访，逐户逐人逐项核对，落实贫困家庭学生各类教育扶贫政策，实现贫困家庭学生应助尽助，实施政策性保障兜底，做到了应保尽保、应兜尽兜，确保不漏一户、不落一人。2019年，火田槽村认真落实残疾人生活补贴制度，共落实生活补贴6人、护理补贴11人，新申领残疾证1人。引进公司1家，专业合作社1家，在火田槽村发展蔬菜20公顷、药材6.7公顷，500头生猪大户1户，开业农家乐10户。

（刘凤英）

乡 镇

业州镇

【概　况】 业州镇地处建始县西北部，西与重庆市辖的巫山县、奉节县接壤，南与恩施市为邻，东与本县长梁、三里两个乡相通，地势呈西北向东南倾斜。业州镇距省会武汉 615 千米，距州府恩施 59 千米，宜万铁路、209 国道贯穿境内，构建了陆路大通道，具有优越的地理位置和经济文化发展环境。全镇区域总面积 372.64 平方千米，其中耕地面积 5823 公顷（水田 1467 公顷、旱地 4356 公顷），林地 21533 公顷，城镇村庄及工矿用地 9866.7 公顷。境内最高峰太平峰海拔 2090.1 米，城区最低海拔 410 米。全镇总人口 12 万余人。设 36 个行政村、18 个社区居民委员会，辖 496 个村民小组和 29 个城市小区；居住着汉族、土家族、苗族等 14 个民族，少数民族人口 25000 多人。2019 年，全镇实现国民生产总值 34.183 亿元，其中实现民营经济生产总值 30.3 亿元，农业生产总值 3.5 亿元，全镇工业总产值达到 20.8 亿元，实现固定资产投资 3.5 亿元。

【精准扶贫】 按照州脱贫攻坚指挥部一号令要求，全力推进脱贫攻坚。组建 50 个"尖刀班"，296 名"尖刀班"成员覆盖 50 个村（社区）。全镇对 18 户"边缘户"59 人和脱贫监测户 26 户 63 人，广泛深入走访，宣传解释政策，收集不能纳入建档立卡贫困户的佐证材料，并建立台账。2019 年新增贫困户 7 户 14 人。按照整户识别的要求，全镇增加 422 人，自然减少 544 人。全镇在水、路、村级阵地建设、易地搬迁集中安置小区及配套标准化厂房等项目上共统筹安排资金 7055.39 万元。发展生产脱贫 3343 户 10877 人；生态补偿 667 户 2049 人；2019 年春秋两季享受雨露计划 1001 人，金额共 250.25 万元；社会兜底保障累计 4681 户 6948 人，其中低保 2076 户 3797 人，五保户 502 户 502 人；全镇享受残疾补贴及生活补贴政策 2649 人。对省委巡视反馈的问题、州县领导扶贫领域暗访发现问题、州县督战队督战发现的问题、州委第三巡察组巡察发现的问题，召开专题会议研究整改措施，制定整改方案，明确责任人，限时整改，分管领导对所驻联系村进行了解剖，现场解决问题，成立了由镇纪委、扶贫办联合组成的整改督办专班，督促问题及时整改。在全镇范围内村（社区）张贴致老百姓的一封公开信，并利用屋场会、广播等广泛宣传各种惠民政策，让政策家喻户晓；自 7 月初开展核查工作以来，镇督查专班地毯式对所有村、社区开展的问题线索核查进行督办，做到条条线索被复核，做到政策把握严格、定性准确。截至 2019 年 11 月底，全镇有 4114 户 14084 人实现脱贫，8 个重点贫困村整村出列。

【农业生产】 充分围绕镇域优势，以农业特色化、品牌化、基地化、园区化建设为思路，大力培育引进农业产业和特色基地建设市场主体50余个，新增农民专业合作社11户，完成规范化精品果园36.7公顷、绿色茶园11.3公顷、百合基地26.7公顷、水生蔬菜基地13.3公顷、特色水果基地53.3公顷、油菜样板基地266.7公顷、辣椒基地133.3公顷、栀子基地100公顷、高规格蔬菜大棚30个，猕猴桃核心示范样板点20公顷，全年管护茶叶66.7公顷、苹果桃105.3公顷、空心李36.7公顷、猕猴桃113.3公顷、油茶17.8公顷、蔬菜80公顷、特色水果66.7公顷、药材100公顷。

【商业发展】 成功完成1家规模以上工业企业（建始县裕源自来水有限责任公司）的申报，解决就业人员20人左右。全镇27家限额以上商贸企业正常运转，新增限额以上商贸企业7家，发展村级电子商务网点17家。全年申报固定资产投资项目总计20个，累计完成投资3.5105亿元，完成总任务87.76%。招商引资累计金额3.05亿元，完成总任务102%。

【旅游发展】 依托自然资源优势，以“国家全域旅游示范区”创建为契机，加大对西漂湾的招商引资开发力度，对高岩子森林特色小镇进行概念性规划，将高岩子林场与西漂湾进行连片式开发，打造特色旅游路线。积极探索“旅游+扶贫”模式，利用罗家坝村黄桃产业成功举办了“全州旅游后备箱工程”系列活动，通过休闲旅游成功带动罗家及周边乡村旅游经济发展。围绕高山李子园、苹果桃、花海产业，依托鸿恩生态农业开发有限公司、城门水寨、廖开生态农庄等企业，在当阳、田家坪两村高质量推动“民房改民宿”工程，两村30余户民宿业户初步接待游客近5000人次，高山片区村民通过民宿增收效果初现。依托猫儿坪村产业基础，发展荷虾立体养殖，试营城郊特色品虾活动，依托亿科田园特色农业发展，举办首届彩虹跑和长桌宴试品活动，为城郊旅游休闲区奠定基础。

【基础设施建设】 全镇2019年计划总投资2249.39万元，新建村级公路46条54.253千米，已完工46条54.253千米；计划新建蓄水池21个，已完成蓄水池建设任务21个，新建管网134118米，单口水窖设计人口2110人。2019年完成进县城安置共计173户640人，其中第一批进县城安置25户92人；第二批进县城安置55户193人；第三批进县城第一次摇号安置56户210人，第三批进县城第二次摇号安置34户133人；进县城新增3户12人。拆旧复垦应拆1616户，已完成拆旧1384户，拆旧率85.6%，复垦1256户，复垦率77.7%。完成补短板情况：完成15个安置小区的农具储物间建设，现已验收完毕，完成22个安置小区30亩菜地建设。

【重点项目】 火车站油库拆迁安置工作基本结束，共征收土地78.7亩，山林97.6亩，拆迁房屋9栋，迁移坟墓109座，安置8户26人，解决家庭矛盾纠纷2起，共兑现征收补偿资金1082万元；东西部扶贫重点项目蛋鸡场在业州镇风吹坝村平稳落地，2019年共征土地23.272亩，山林11.758亩，涉及一村一社区（风吹坝村、大堰社区）共32户，共投入资金2200万元，兑现补偿资金108万元，第一期工程全部竣工，已经全部正常运行；松坝大道及兴城五路征地拆迁工作正式启动，共需征收土地235亩，山林180亩，拆迁房屋66栋，已签订协议40%，兑现资金2173万元；为银北高速通车保驾护航，完成改建道55条，总长32千米，涉及征地面积145亩；完成补征地50亩，涉及农户351户；协助中铁十九局、中铁十二局完成炮震炮损房屋补偿工作，签订协议538户，兑现补偿金额530万元；打占压补偿工作涉及农户150户，补偿金额55万元；完成房屋补拆9户；水网、电网、路网三改改迁全面完成，涉及农户480户；封网前征地40亩，涉及农户180户；金建大道征地拆迁工作有序进行，业州镇作为金建大道拆迁牵头部门，拆迁房屋130栋，征地66.7公顷，金建大道安置小区完成工程量的80%；完成龙七路全线167户的征地拆迁及协调工作。棚改工作有序推进。四大棚改工作战区推进迅速，业州镇从相关部门及社区抽调精干力量组建四个工作专班，完成了近710户棚改工作，同时，镇政府院内棚改工作已接近尾声，居民已经搬离。

【环境整治】 建立城乡生活垃圾处理长效机制，按照“户收集、村集中、镇转运”模式进行集中无害化处理，年收生活垃圾2000余吨，全镇生活垃圾清运处理覆盖率达100%；八大城市社区结对帮扶榨木水以上11个水源地村，确保业州人民“一汪清水”活动顺利开展；全面落实“河（库）长制”，镇域16条河流的生态环境监管治理实现常态化；秸秆、火土、机制木炭、烟花爆竹禁烧禁燃工作在全镇持续深入开展。

【乡村治理】 全面启动“厕所革命”工作，全镇计划建成无害化厕所6660座，完成6309座，计划建农村公共厕所12座，已完成12座；持续推进“六城同创”工作，按照“扫干净、摆整齐、保畅通”的工作要求，开展“八乱治理”专项行动，突出治理“三超”、乱停乱放、占道经营、出店经营等行为，加大对规划区范围内“两违”建筑的查处力度；全面开展殡葬领域突出问题专项整治行动，对违规开办殡葬服务的场所全部进行依法取缔。长期坚持开展农村人居环境整治工作，做好“五清一改”，即清理村内塘沟；清理畜禽养殖粪污等农业生产废弃物；清理乱搭乱建、乱堆乱放；清理废旧广告牌；清理无功能建筑，改变影响农村人居环境的不良习惯。

【社会保障事业】 2019年，新参保城乡居民养老保险368人。完成漆树垭村、雀儿笼村、杨柳池村、罗家坝村、大堰社区等10个村共计993人次精准扶贫农村劳动实用技术培训，组织大学生实习实训323人，向74人发放小额担保贷款，完成城镇新增劳动力就业1000多人。

【教育事业】 全镇所有学校（园）实行封闭管理，视频监控全覆盖，视频存储时间达到30天标准，视频监控主机64套，整改探头831个，新增探头715个，共有监控探头1546个，一键式报警器安装37个。2019年春季，资助义教阶段1642人，共计发放资助金925000元，学前阶段421人，共计发放资助金218625元；2019年秋季，资助义教阶段1621人，共计发放资助金936875元，学前阶段366人，共计发放资助金189250元。认真落实学生营养改善工程，2019春季，蛋奶模式人数258人，享受金额111848元，供餐模式人数4140人，享受金额1756528元；2019秋季，蛋奶模式人数30人，享受金额35216元，供餐模式人数4397人，享受金额1129476元。

【卫生和计划生育工作】 建立居民电子健康档案84841人，档案更新23015人，开展健康教育讲座12场次，开展大型健康咨询活动9次，开具健康教育处方28420份，健康教育资料发放150000余份，门诊患者健康教育率95%。儿童预防接种建卡、建证率达100%，完成一类疫苗接种8829人次。儿童、孕产妇、老年人、高血压、Ⅱ型糖尿病、重性精神疾病健康管理服务全面推进；已婚孕龄妇女生殖健康检查参检23769人次，参检率达96%，免费开展孕前优生检查360例。计生服务对象跟踪随访服务29671人次，对计生特殊家庭成员免费体检205人次。家庭医生签约服务重点人群、计生特殊家庭、贫困人口、残疾人及低保户、五保人口共39190人。传染病及突发公共卫生事件报告率100%，报告及时率100%，辖区内无传染病暴发流行。

【社会治理】 2019年全镇开展“平安业州”建设，进行“扫黑除恶”专项行动，有效遏制重点地区、重点行业、重点领域涉黑问题。广泛开展安全生产隐患大排查20余次，重点针对道路交通、消防和校园安全隐患等重点方面进行专项整治，保证各类重大安全事故零发生。针对各类矛盾纠纷开展排查化解专项行动，对排查出的矛盾纠纷103件实行领导包案分类管理。

【信访工作】 镇信访接待中心全年共接待群众来信来访 720 件，化解 716 件，化解率达 99.4%，其中化解涉及扶贫领域信访件 26 件，重点信访件 25 件，省阳光信息平台信访登记处理 95 件（其中领导信箱 28 件、来信 7 件、来访 30 件、网上投诉 30 件），专人盯网五率达标。全镇共受理各类民事纠纷案件共计 1215 件，调解成功 1213 件，其中镇人民调解委员会调解成功 609 件，村（社区）调解成功 604 件，调处成功率达 99.9%。

【政府自身建设】 加强政务服务，全镇在湖北政务服务网发布事项总数 180 项，可网办事项 163 项，村（社区）可网办事项 17 项。全年群众在湖北政务服务网申请办件 199 项，办结 199 项，在恩施州智慧政务服务平台办理各类服务事项 5786 件。依法行政，自觉接受人大法律监督和政协民主监督，办理人大代表建议 28 件，政协提案 2 件，回复率、办结率、满意率达到 100%。

（刘　琦）

长梁镇

【概　况】 长梁镇位于建始县城北部，209 国道、天二公路横贯境内，镇人民政府驻头坝堰，距建始县城 12 千米。东邻茅田乡、三里乡；西南与业州镇杉木、杜家村相邻；西北同重庆市奉节县、巫山县接壤；地势西北高，东北、东南低；区域总面积 420 平方千米。全镇共辖 7 个片区，66 个村（社区），569 个村（居）民小组，总人口 8 万多人，耕地面积 4995.13 公顷（含水田 1063.5 公顷、旱地 3931.63 公顷）。境内煤、铁、磷、硅、铜、铅等矿产资源丰富，是首批省级文化生态保护试验区，为湖北省民间文化艺术之乡。

【基层党建】 全面压实“两个责任”。镇党委切实担负管党治党主体责任，认真履行党委书记的第一责任，坚持严责任、严管理、严监督、严执纪、严问责，层层压紧压实主体责任，推动全面从严治党向纵深发展。持之以恒纠正“四风”。紧盯三大攻坚战、信访、扫黑除恶专项斗争、优化营商环境等重点工作和领域，加强督办检查及考核，从严查处“四风”问题，不担当、不作为、乱作为、患得患失和“微腐败”得到进一步治理。扎实开展作风建设。2019 年，对工作中作风不实、履职不力的人员进行提醒谈话、批评教育、责令书面检查、诫勉谈话等第一形态执纪 78 人次，镇纪委全年共立案 16 件，办结 13 件，力促廉洁政府建设落细落实。开展系列活动，全面提升党员党性修养。创新开展支部主题党日，优化“八事联动”的内容和方式，推进“支部主题党日+”，促进支部主题党日平台与精准扶贫、项目建设、环境整治、乡风文明、基层治理等深度融合；扎实开展“不忘初心、牢记使命”主题教育；广泛开展庆祝建党 98 周年、建国 70 周年系列活动。以群众会、唱红歌、演讲比赛、专题党课等形式回顾党的光辉历史，讴歌党的丰功伟绩，增强广大党员干部的责任感、使命感，增强广大群众的幸福感和获得感。强化党建引领，打造党建亮点。按照“硬件过硬、软件规范、特色鲜明、成效显著”的要求，分类指导、整体推进，促进党建工作全面提升。将支部建在绿色产业链上，大力发展茶叶、烤烟、富硒土豆、猕猴桃、空心李、玉皇柚、湖北黑猪、恩施山羊等“小而精”的特色产业，持续开展白云“六月雪梨”梨花节，推销特色品牌、搭建电商平台、助力乡村旅游，打造有党建元素、有产业支撑的“党建风景线”。

【精准扶贫】 全镇建档立卡贫困户 6835 户 21514 人，已脱贫 6716 户 21315 人，留存未脱贫 119 户 299 人。全面推行扶贫工厂进村庄，实现了贫困户产业就业全覆盖。累计实施易地扶贫搬迁 2730 户 6825 人；2019 年实施危房改造 470 户。各项指标均达到脱贫验收标准。全镇五大产业带（即后河两岸 200 公顷猕猴桃产业带，茶园河、三溪源、榨茨河200公顷老茶园改造产业带，火龙河下游100公顷玉皇柚产业带，火龙河上游66.7公顷空心李产业带，钟塘、天生片133.33公顷乌龙茶产业带）和六个特色产业基地（即富硒猕猴桃基地、茶叶基地、干鲜果基地、生态养殖基地、烟叶基地、马铃薯种薯基地）已初具规模，猕猴桃、六月雪梨、玉皇柚初步显现品牌辐射效应，已能够吸引社会的关注和投入意向；依托天生产业园入园企业在集中安置小区配置扶贫车间，解决了1200人的就业问题，实现了全镇村级集体经济收入“零的突破”，为乡村振兴做出了有益的探索。

【产业发展】 强农固本，打牢产业发展根基，全面完成沙坝和河坪老荫茶示范基地管护13.33公顷、独树子等7个村绿茶基地管护133.33公顷、双河口等六个村瓜蒌基地管护26.67公顷、杨家坦村木瓜基地管护13.33公顷、天生社区空心李管护6.67公顷，新建高标准山胡椒示范基地3.33公顷，火龙片玉皇柚管护100公顷，其中6.67公顷为高产优质示范园。猕猴桃产业完成老园提档升级40公顷，其中核心示范园6.67公顷，实施绿色防控技术93.33公顷。完成规模66.7公顷的乌龙茶“以销促产”试点项目，收购乌龙茶鲜叶25万公斤。进一步加强与龙头涉农企业合作，形成“公司＋基地＋贫困户”的利益链接机制，共带动农户1255户，其中贫困户455户1362人，预计可增加农业产值5000万元以上。

【乡风文明】 长梁3支代表队参加建始县第二届丝弦锣鼓大赛获得了一等奖、三等奖各1名的好成绩，陇里社区广场舞代表恩施州参加湖北省农民广场舞大赛荣获第二名，成功举办“我爱长梁，我的家”暨2018年度“十佳创业之星”颁奖晚会及“迎新春，送春联”等一系列文化活动，累计举办“精准扶贫话变化、喜迎国庆感党恩”主题活动55场次，群众精神文化活动不断丰富。全面完成村村响、户户通，并在全镇完成“七五”普法、“十进十建”、扫黑除恶等工作播报50余次，为乡风文明工作的开展营造了浓厚的氛围。通过召开群众会、屋场会、走访农户以及开展脱贫攻坚先进典型评选活动，着力破除“以贫为荣”倾向，培育群众脱贫主体意识。全镇干部组织召开群众会、屋场会1500余次，累计走访农户21000余次，不断加强社会主义核心价值观塑造。

【人居环境整治】 全面落实“河长制”，推进河流保护与治理。召集镇村两级河长进行述职述责，共同保护母亲河。将全镇12条河流，全长131.4千米，全部纳入“河长制”管理，建立了河道网格化管理制度，推进社会化服务。深入实施“厕所革命”三年攻坚行动，加快乡村厕所改造，完成农户无害化厕所新建、改建2044座，完成农村公共厕所建设52座。加大污染防治力度。已建成陇里、天生集镇污水处理厂并投入使用，完成了省级环保交办件的办理工作，逐步改变了群众露天焚烧秸秆的不良习惯。推行垃圾分类处理，以点带面，以线带片，以后三溪、双河口、白云等村垃圾分类试点辐射带动周边村，以209国道沿线村（社区）带动全镇。打造生态示范村，强化宣传引导，统筹生产、生活、生态三大布局，坚持保护优先、自然恢复为主，打造保护、治理、监管“三位一体”的生态建设体系。

【项目建设】 基本补齐民生短板，以木桥河供水管网项目、黄莲沟水厂项目建设为代表的安全饮水工程让全镇饮用水得到了进一步的保障；全面推动电网升级改造，天生片自茅田乡划回长梁镇电网后，解决了跨区域协调用电的困难，消除了全镇供电安全隐患；长梁抢抓脱贫攻坚的机遇，依托国省干线，加宽优化了全镇东西两大循环路，消除了各村通畅工程的历史欠账，修建硬化了到三里、茅田以及巫山县抱龙、官渡、红椿等地的断头路，提档升级了蒲双线、白云片旅游道路，全镇水泥路通村率达到100%，20户以上通组公路硬化率达到90%，常年有人居住的农户硬化路达 80%，部分村自来水、水泥路入户率已达 100%；持续强化宽带网络建设，实现了 4G 网络全覆盖。积极探索新思路，大力发展农旅项目建设。双河口田园综合体已建成种养殖示范区、民宿示范区，后河田园综合体基础设施初具规模，沙坝济华康养项目已取得开工许可。

【招商引资】 全镇现有规模企业 3 家，拟培育“小进规”企业 1 家，商贸企业 1 家。通过《灵秀长梁》宣传片广泛宣传、推介长梁，成功招引六家企业入驻长梁，陇里集镇综合开发、六朝生物肥料、中溢达建材产业园等项目已启动基础设施建设。利用“三乡工程”，助力招商引资。以各片区试点村向全镇辐射，以“乡亲、乡情、乡愁”着力引入“知根知底”返乡企业家扎根家乡投资，集聚人气、财气、灵气。进一步简化营商手续，提升证件办理效率；进一步提升基础设施建设，修建村级产业路，打造农副产品到加工企业的“直通车”，为本地企业崛起和外来企业发展营造更好的环境。

【平安建设】 强化安全监管不放松，严格落实“131”驻矿监管制度，对煤矿和非煤矿山企业每月不低于两次巡查；加强烟花爆竹、危险化学品、道路交通、消防安全监管，积极落实职业健康监管检查工作。组建一支 330 多人的群防群治队伍，着力构建城镇治安防控体系；推广应用“智慧恩施大数据网格化管理平台”，组织各级网格员业务培训 17 场次；结合扫黑除恶专项斗争，召开群众会 200 余场。

【信访工作】 全年共接待群众来访 131 批 187 人次，案件化解率达 96.9%，满意度达 95.4%；上级交办重点积案 28 件，化解 25 件，化解率达 89.2%；全年进京访登记 3 批 3 人次，较去年下降 40%，赴省访登记 3 批 3 人次，较去年下降 25%；到州访登记 1 批 1 人次，较 2018 年下降 87.5%。化解信访积案 8 件，较 2018 年上升 166.7%。2019 年全镇共受理各类矛盾纠纷 78 件，信访调解 14 起，突发事件 4 起，人民调解 17 起，村调解 36 起，调处成功率达 92%。

（冉茂姝）

茅田乡

【概　况】 茅田乡位于建始县东北部，属大巴山分支巫山余脉，与重庆巫山接壤。境内交通便利，209 国道自西向东穿越境内，集镇距县城 37 千米，距沪渝高速建始入口 40 千米，距重庆涪石港口 30 千米。全乡辖 29 个村（社区），232 个村民小组，7690 户，22926 人，全镇区域面积 220 平方千米，耕地面积 2804.48 公顷，森林面积 16422.7 公顷，平均海拔 1250 米。是全县烤烟种植大乡，境内“日本落叶松”“富硒皇菊”“阳坡茶”“子母茶”享有盛誉。

【党建工作】 结合中国共产党成立 98 周年、中华人民共和国成立 70 周年大背景，7 月 1 日、10 月 1 日支部书记讲党课实现全覆盖。积极探索农村无职党员管理新路径，全覆盖推广无职党员争创“六员”标兵，实行支部引导、积分管理、动态调整，全乡共设定“六员”275 人，选树“六员”标兵 83 人，党员的先锋模范作用得到充分发挥，“六员”经验做法得到州委、县委推介，被恩施日报、建始电视台广泛宣传，建始新闻专题报道茅田无职党员管理经验，建始网开辟专栏对茅田“六员”做法进行连续报道。结合茅田苗鼓之乡的发展定位，推进党建氛围和苗鼓文化深度融合，着力打造具有茅田特色的党建文化品牌。投资 33 万元完成 209 国道沿线和集镇易迁安置小区党建风景线和党建文化长廊建设。上半年，扎实开展基层党建“补短板”行动，6 月中旬，组建专班就基层党建“补短板”工作推进情况进行了自查评估、查漏补缺。下半年，组织各村（社区）书记和组织委员分阳坡片、太和片、封竹片开展互学互查互比行动，通过集体学习先进典型、分专班由分管领导牵头查找问题、党委会研究交办问题落实整改的方式，促进各村（社区）支部之间互学互鉴、查找问题、查漏补缺，促进党务工作者素质提升。严格落实发展党员全程纪实管理制度和党委组织员联系发展党员工作制度，全面使用《入党积极分子及发展对象培养考察表》《预备党员培养考察表》，对43个基层党支部2014年6月以来发展党员工作进行了“回头看”，共核查党员193人，查找整改各类发展党员过程资料问题共89个，取消预备党员资格2人，把严了党员入口关。2019年，新发展党员20人。抓实巡视巡察反馈问题整改这一重点。以中央第二巡视组反馈涉及组织部门问题整改工作为核心，统筹推进州委巡察组“回头看”工作，明确责任领导、整改措施、责任单位和责任人，实行清单整改、按月督办、跟踪问效。开展全覆盖督办检查2次，中央巡视组反馈问题已全部整改到位，州委第三巡察组“回头看”反馈问题70个，整改完成68个，完成率达97%。在为民服务解难题过程中，全乡各级党员干部累计为民办实事300余件。州委主题教育第6期简报推介茅田做法，县委主题教育第4期、第6期简报印发专刊推介茅田做法。

【精准扶贫】 后坡槽村、张大顶村两个重点贫困村顺利脱贫出列，680户2127人脱贫销号，贫困发生率由30.75%下降至0.47%，顺利通过县级和州级初审验收，配合完成了2019年贫困县退出专项评估检查和扶贫开发成效考核第三方评估。脱贫攻坚责任全面压实。在县委常委、县纪委书记周和平同志的领导下，成立了以县政协副主席柳毓廷同志为指挥长的前线指挥部，坚持每周调度、每日安排的工作机制，前线指挥部召开脱贫攻坚调度会59次，对全乡脱贫攻坚工作进行安排部署，明确了“尖刀班”成员164人覆盖全乡29个村（社区）232个村民小组，“3+2”驻村领导严格执行“3+2”驻村制度、包村领导每周不少于3天深入到村安排部署及督办精准扶贫相关工作的落实，确保精准扶贫工作落实落细。严格落实五级书记遍访贫困对象行动的工作要求，截至2019年12月31日，已走访全乡29个村（社区）1556户贫困户，走访覆盖率61.94%，29个村（社区）支部书记走访已全覆盖。把巡视反馈问题整改作为政治任务，作为推动工作、破解难点的有力抓手，从讲政治的高度来谋划和推动问题整改工作，召开班子会5次、专题会3次对整改工作作了全面安排部署，中央巡视反馈问题25个全部清零销号。将解决住房安全问题作为解决“两不愁三保障”突出问题的重点，全覆盖走访排查，分类施策，逐一解决。竭力攻坚易地扶贫搬迁，全面完成了三道岩、木桥、小茅田、小溪河和乡集镇二期易迁安置小区建设，完成县城集中安置213户、乡集镇二期集中安置138户易地扶贫搬迁群众实际入住，全乡13个安置小区1280户易地扶贫搬迁任务全部完成。加大投入实施危房改造。全年实施危房改造185户，解决“四类对象”外的住房维修110户，通过协调驻村单位帮扶、督促群众自建自修、寻求社会捐助等多种方式解决了380余户住房安全问题，确保“人不住危房，危房不住人”。安全饮水保障全面提升，为解决集镇供水困难，实施完成集镇增补供水工程；建设完成刺竹坪塘堰并投入使用，新启动封竹淌塘堰和要操门塘堰建设。投入资金190万元，新建水池共计1300立方米，建设单户小水窖40口，铺设饮水管网76千米。积极引导群众节水意识，组织各村成立供水协会20个，对供水协会管理人员进行业务培训，推动了村级用水规范化管理。义务教育保障全面落实，2019年春、秋两季共落实雨露计划407人次，义务教育阶段“两免一补”1375人次，发放补助748375元。基本医疗保障稳步推进，全乡健康扶贫对象8044人，建档率100%，贫困人口城乡居民医疗保险参保率100%，建档立卡贫困人口在乡内住院910人次，缴费实行“一站式”结算，报销比例达 90% 以上，家庭医生签约服务管理 1585 人，组织申报享受慢性病救助 578 人。行业扶贫扎实推进。全面推进落实生态扶贫，落实生态补偿政策，选任 73 名建档立卡贫困人口为生态护林员，共落实生态公益林补偿 5131.33 公顷，补助金额 105.83 万元；完成退耕还林 262.89 公顷，补助金额 103.6 万元，惠及贫困户 1051 户。扎实推进兜底保障，全面开展低保核查，共核查农村低保 915 户，新增低保 205 户，完成了低保标准调整工作。残疾人办证、换证 178 人，发放残疾人“两补”资金 53.93 万元；加大救灾救济力度，累计发放房屋救助金 11.1 万元，临时救助 106.37 万元；加大对“三留守”人员关爱力度，全乡共有“三留守”人员 704 人，全年落实关爱走访 30000 余人次。进一步加大产业扶持力度，支持 22 个无特色主导产业和产业相对薄弱村发展茶叶、药材、特色小水果等产业 181.33 公顷，落实产业奖补资金 76.2 万元。支持恩施神硒花茶有限公司、君诺茶叶专业合作社等 20 家合作社带动贫困户产业发展，市场主体对贫困户产业发展带动率达到 80%，贫困户主导产业覆盖率达到了 90%。扎实推进就业扶贫，全面推进“一户一个明白人”工程，累积开展贫困人口技能培训 27 次 4738 人次，落实就业培训补贴 956880 元；全乡共招聘公益性岗位人员 46 人；在小茅田工业厂房引进无纺布有限公司，便于贫困户就近就业。

【产业发展】 2019 年发展烤烟 356.67 公顷，收购烟叶 63.5 万公斤，收购金额 1940.56 万元。大力发展特色产业。在 22 个村新发展皇菊、青脆李、八月瓜、葛根等特色产业 52.67 公顷，管护皇菊、茶叶、甜柿、银杏等特色主导产业 127.33 公顷。引导鼓励避暑旅游。以乡集镇为核心区域，建成了全县首个文旅综合体，辐射带动小茅田、要操门、太和街、雪岩顶 4 个民俗旅游专业村。成立民俗旅游协会 5 个，发展商住一体企业 5 家，新建和改造民宿 30 余家、农家乐 20 余家，接待武汉、重庆避暑游客约 4000 人次。强化龙头带动。积极招引企业参与产业发展。新建成太和富硒野菇产业示范园，配套建设加工车间、清洗车间、冻库、高标准蘑菇种植大棚，可日产富硒蘑菇 350 余公斤。完成富硒皇菊产业示范园建设，完成田间配套基础设施及工业厂房。完成阳坡锦鲤养殖游乐园建设，新建标准化养殖池 44 口，配套建设 1000 平方米观光平台及游客接待中心。

【环境治理】 严守生态红线，加强生态保护，认真落实复垦复绿工作，完成矿山复垦复绿工程 4 处。严格按照“12345”（一村一机制，公路两旁绿，垃圾三分类，住房四标准，环境五个一）的工作要求，在 209 国道沿线增设垃圾池，村级主干道增设垃圾桶，全面改善农村公路环境。深入推进“六城同创”，完成了集镇污水处理厂、垃圾中转站、农贸市场、文化综合体、集镇游步道等项目建设，进一步完善了集镇功能。以雪岩顶村、小茅田村、三道岩村、大茅田社区为试点村，积极探索农村垃圾分类处理。扎实推进“三清一改”、“厕所革命”、生活污水治理、城乡生活垃圾无害化处理等重大生态工程，严格落实“河长制”，通过以奖代补的方式为 29 个村（社区）发放鲜花种 500 余公斤。通过人居环境专项治理，农村面貌焕然一新。

【国家卫生乡镇创建】 成立茅田乡六城同创工作领导小组，制定《茅田乡创建国家卫生乡镇实施方案》，召开创建卫生乡镇专题会，进一步明确职责和工作重点，全面落实创建任务，健全并完善了创建工作议事会、汇报、公示、达标等一系列制度，层层督查，狠抓落实，成功创建国家级卫生乡镇。开展健康教育知识讲座、专家咨询等活动，并在新闻媒体开辟了创建专栏，设立健康教育专栏 50 块，建立健康知识长廊和健康步道各 1 处，在主要路段设立 2 块宣传公益广告和 50 多处宣传栏，印发多份创建卫生乡镇的宣传材料，举办各类健康教育培训班、座谈会 20 场次。

投资400万元，建成一批规模大、品味高的园林绿化项目。新建、改建、扩建主次干道路1条，总长3千米。铺设排水主管道5千米。在健康公园、广场等处安装了20套100件健身器材，为群众创造了良好的健身条件。设置果皮箱130个，环卫基础设施逐步改善。加强卫生监督检查，坚持周末卫生日制度，每半月组织对全乡所有机关检查，并对检查结果进行评比通报，确保日常卫生的整洁。对沿街单位及商户严格落实“门前五包”责任制，沿街各单位卫生整洁、秩序井然。乡村联动，加强环境卫生整治。严格落实道路清扫和垃圾、粪便清运责任制。2019年，对集镇街道垃圾死角进行整治，清理建筑、生活垃圾、杂草510余吨。开展了以治理乱堆乱放、乱搭乱建、乱贴乱画的“三乱”和环境卫生整治活动，农村环境卫生状况明显好转。坚持开展市场经营秩序整治活动，对全乡的早夜市和瓜果摊进行了统一规划，限定经营范围和时间，制定卫生保洁制度，开展集贸市场综合整治，对农贸市场地摊划定界线，实行分摊经营；对市场违章占道摊点、机动车、非机动车乱停乱放进行整治，新建固定停车场2个，各单位改建停车场6个。除“四害”工作扎实开展，强化了除“四害”工作的长效管理，做到定期检测，查遗补漏，科学灭杀。

【基础设施建设】 完成集镇综合改造，建成集镇农贸市场、文化综合体、集镇至幼儿园大道，集镇游步道接近完工。新建群众文化活动中心，红色教育广场，三道岩、太和街、木桥、瓦渣坪群众文化活动广场，进一步完善了群众文化活动阵地；持续提升农村公路建设，新增铁厂、阳坡、太和街等5个村通畅工程10.2千米，完成路面硬化8.2千米；全力补齐电力基础设施短板。新建太和街110万千伏变电站，完成主变台吊运安装，完成10条10千伏支线建设，即将投入运营，彻底解决茅田乡“独肠子”供电现状。对全乡电路短板进行全面摸底排查，新启动农村电网补短板项目43个，全乡高压整改完成率达73%，完成低压整改53台。启动了兰鸿槽、把戏坨两个村低压全面整改，目前正在紧张施工；全面加强通信网络建设，新建铁塔2座，新建4G基站6个，升级改造通信基站16个，4G网络基本实现全覆盖。

【社会保障】 累计确认计划生育家庭奖扶对象614人，特别扶助对象46人。全面开展创业技术培训，累计培训1364人次，提供各类就业岗位800余个，完成适龄人员劳动就业信息采集1000人，发放贫困户创业补贴30万元，全面完成医保、养老保险征收工作。全面开展低保核查，共核查农村低保915户，新增低保205户，取消农村低保59户，完成了低保标准调整工作。残疾人办证、换证178人，发放残疾人“两补”资金53.93万元。全面加强退役军人服务管理工作，成立了乡、村退役军人事务管理服务站，组织开展了以关爱退役军人为主题的“慈善一日捐”活动，救助退役军人64人次，发放专项救助金10.5万元。落实贫困户“两不愁三保障”物资，累计发放棉衣棉被500余套。加大救灾救济力度，累计发放房屋救助金11.1万元，临时救助106.37万元。茅田初中宿舍楼、封竹小学宿舍楼即将建成投入使用，安石教学点平稳实现撤点并校，全乡7所学校全面提升校园安全建设，实现了物防、技防、人防“三个100%”，教育基础设施全面完善。

【乡风文明建设】 以推广三道岩村基层治理模式为载体，持续丰富村规民约，通过村规民约逐步打破陈规陋习，引导绿色环保健康生活方式。进一步做实乡风文明理事会，引导群众主动融入脱贫攻坚、产业发展、平安稳定建设各个方面。加强理论、政策宣传，组建“百姓宣讲团”，在29个村（社区）开展“全覆盖、巡回式、面对面”群众宣讲，极大地提升了群众素质和内生动力。成立茅田乡新时代文明实践所，探索开展多种形式的文明实践活动，整合各方资源，为群众发展产业、美化环境、致富增收提供精神和技术支持。开展庆祝建国70周年系列活动，各村（社区）广泛开展“最美”典型评选活动，全乡评选表彰“最美茅田人”163人，梦花岭村村民袁金芝获评“中国好人”，锣底村卫生室医生章荣凤荣获建始县第四届“建始好人”称号。大力宣传“铁厂精神”，发挥先进典型的示范带动作用，进一步激发贫困户自主脱贫的内生动力，群众满意度进一步增强。

【社会治安】 建立健全安全生产责任体系，细化安全生产管理环节，围绕煤矿及非煤矿山、在建工程、道路交通、危险化学物品、消防安全、校园安全、地质灾害、食品药品等行业领域，开展安全隐患大排查、大整改，持续压实安全生产责任。全年开展安全检查15次，排查整改安全隐患20余处。扎实推进“扫黑除恶”专项斗争，召开“扫黑除恶”专题群众会90余场次，发放《应知应会知识手册》2000余本，悬挂横幅40条，发放各类宣传资料10000余份。加大对非法集资宣传排查力度，开展了“防范非法集资”宣传活动98次，发放各类宣传资料360余份。认真抓好中华人民共和国成立七十周年庆祝活动、世界军运会、十九届四中全会等重要会议、活动及国家法定节假日期间社会稳控工作。进一步强化基层治理。加强基层自治建设，以三道岩村“一统三治”基层治理为试点，积极探索农村无职党员“六员”管理模式（党的声音传递员、邻里纠纷调解员、大小事务监督员、乡风文明倡导员、产业发展示范员、脱贫攻坚战斗员），充分发挥党员的先锋模范作用。多开群众会，广泛集中民智，引导广大人民群众积极参与村庄建设，形成民事民议、民事民办、民事民管的基层自治氛围。

【信访工作】 严格落实领导包案制度，坚持来访接待和带案下访，全年接待来访53批次，调处矛盾纠纷83件，办理信访件22件。

龙坪乡

【概　况】 龙坪乡位于建始县境东北部。南与高坪镇石门河隔河相望，西接茅田乡，北与重庆巫山县接壤，东与巴东县太和山、茅茸河为界，区域面积230平方千米。乡境属于巫山山脉余脉，地势从西北向东南逐渐降低，境内层峦叠嶂，沟壑纵横，多槽、坦和坡地。西北最高点尖峰山海拔1882米，东南最低点茅茸河谷海拔800米，平均海拔1400米左右。沿209国道距离巴东港63千米、距县城业州镇82千米。全乡29个村（社区），265个村（居）民小组。2019年，龙坪乡坚持以习近平新时代中国特色社会主义思想为指导，全面贯彻党的十九大和习近平系列重要讲话精神，在县委、县政府的坚强领导下，在龙坪乡三万人民同心拼搏下，以“三大攻坚战”为工作重点，不断提高人民群众获得感、幸福感，经济社会发展乘势而上，为乡村振兴打下了坚实基础。实现地区生产总值7.0897亿元，同比增长11%，完成固定资产投资总额8.92亿元，同比增长12%；完成招商引资近2亿元；农民人均可支配收入7306元，增长8.5%；实现税收1452万元。12月7日，建始县委组织部协调召开龙坪乡店子坪村产业发展对接会，敲定辣椒种植作为村农业主打产业发展，并以店子坪为核心区域带动周边村连片发展，形成133.33公顷以上的规模，助力龙坪乡产业廊道建设。

【精准扶贫】 龙坪乡在精准扶贫攻坚战中，层层压实责任，坚持领导干部带头、全体干部参与、整体联动，统筹安排相关帮扶资源，派驻29个村（社区）尖刀班到村，严格按照“三个在村”的工作要求做好精准扶贫工作；37个帮扶单位、858名帮扶干部结对全乡贫困户3523户11510人，实行全乡结对帮扶全覆盖，驻村帮扶工作实现有效对接。全面落实惠民政策。按照“六个清零、六个覆盖”的要求，严格落实“两不愁三保障”脱贫标准。强力推进易地扶贫搬迁小区建设，完成44个易地扶贫安置点建设，确保1552户5740人入住。按照“危房不住人、人不住危房”的要求分类施策，危房改造377户，确保住房安全有保障。2019年，资助学生2415人，其中学前教育231人，义务教育1590人，雨露计划594人，教育资助政策全部到位。2019年贫困人口住院1597人次，合规报销比例为92.81%，已申报通过慢性病救助419人，实现贫困户基本医疗保险财政代缴不漏一人。全乡低保997户2096人，特困供养人员138人，享受临时救助392户589人，享受高龄津贴507人，享受孤儿待遇10人，享受困难残疾人补贴450人，重度护理补贴对象421人，重点优抚对象62人。2019年落实产业奖补587户，享受产业奖补资金111.54万元。脱贫成效的巩固重在产业就业的稳定。2019年以来，新发展蔬菜大棚179个、硒土豆46.67公顷、药材100公顷、烟叶285.33公顷、高山小水果13.33公顷、高山芸豆13.33公顷、建成高山绿茶133.33公顷，对接龙头企业3个，新建厂房10000平方米。29个村（社区）成立农民专业合作社39个，组建村级集体经济经营公司29个，依托发展新型经济组织，积极对接市场需求，形成规模化种植。集镇厂房、魏家垭厂房、金盆淌马蹄大黄初加工厂房、楂树坪村厂房的建成并投入使用，将为贫困户提供稳定就业岗位。

【乡风文明建设】 以新场垭村、店子坪村为试点，建成垃圾处理“清、转、运”三级体系；对中央环保和省环保督查反馈问题，进行全面整改；畜禽养殖废弃物资源化利用第一批9个项目已完成并通过验收。以改厕、改厨、改圈，绿化、美化、亮化为重点，着力改善村容村貌。完成户改厕1851户，村级公厕8座，开放式公厕21座。龙坪乡花椒园、柳林荒等6个村被授予第二批县级生态村。以屋场会、小组会为基础，开展禁鞭、禁整无事酒、破除陈规陋习等乡风文明内容的宣传。29个村（社区）借助“精准扶贫话变化、喜迎国庆感党恩”群众大会，评选出村级“最美”及“十星级文明户”，通过村推荐、乡评选，共产生“最美家庭”2户，“最美龙坪人”5人，“最美庭院”5户。店子坪村支部书记王光国入围“全国最美奋斗者”。大力宣传扫黑除恶专项斗争，净化社会环境，加大违法犯罪人员的查处力度，全年共办理刑事案件30起，行政案件48起，行政拘留39人，治安调解15起，群众的平安感明显增强。

【基础设施建设】 2019年以来，全乡新建水池14口，小水窖实施345户，管网铺设12.57万米，投资300万元解决农村安全饮水问题；新建和整改电力项目58个；2019年完成公路硬化99千米，龙高公路改扩建16千米，店子坪村黑色化8千米，公路养护160千米；2019年网络宽带报建17个村，现已全面开通，4G网络建设（含改造升级）全面完工；2019年新建、改建群众文化服务中心13个，达到村级阵地建设全覆盖。8月，《建始县龙坪乡总体规划（2018—2035）》公布。根据职能选择与发展取向分析，并综合规划的发展定位，确定龙坪乡集镇的城镇性质为：龙坪乡政治、经济、文化中心，以生态观光、休闲度假、民宿体验为主的高山休闲避暑小镇。规划集镇为“一轴三区”的空间结构。

【民生保障】 加大对医疗、卫生、教育、福利设施等公共事业的投入。龙坪乡民族幼儿园项目正在有序建设，完成龙坪初中男生宿舍的整修，完成龙坪乡民族小学、楂树坪小学、龙坪初中院墙的整修，彻底解决了申酉坪小学封闭式管理，健全完善了校园安全体系。完成了龙坪乡卫生院的整修、申酉坪卫生分院正在加紧建设，建立村级卫生室，改善医疗条件和医务工作者的工作环境。完成福利院院区隐患排查整改和厨房改造，真正让五保老人“老有所养、老有所居、老有所依”。

【安全生产】 全面落实安全生产“一岗双责”，开展15次安全生产大检查，加大煤矿、非煤矿山巡查检查力度，落实“131”驻矿责任；加强对地质灾害点的监测和预警，制定应急预案，有效应对了新场垭村山体滑坡，保障了群众的生命财产安全；加强农村道路交通安全的排查力度，强化管理，交通安全方面保持较好态势；切实做好消防、食品药品、森林防火等其他安全生产领域工作。

【重点项目】 楂树坪美丽乡村建设有序实施，集镇风貌改造正在进行；“恩龙小镇”微商综合体正式开工建设；云顶寨新农村建设综合接待中心挂牌已完成；店子坪“四个基地”建设顺利推进；龙高公路全线通车；金滩坪水库招标完成，开始做开工前期准备工作；吕家坪塘堰主坝基本完工；完成高标准农田整治项目工作；133.33公顷高山绿茶连片产业基地，正在对接企业入驻；龙潭坪产业园引进恩施我饿了食品有限公司入驻。

（胡贻碧　邓　婷）

高坪镇

【概　况】 高坪位于县域东部，东与巴东县野三河隔河相望，西接茅田乡、三里乡、红岩寺镇，南邻花坪乡，东北与龙坪乡毗邻。区域面积261平方千米，耕地面积3635公顷，林地面积25万公顷，辖36个村，6个社区，345个村民小组。高坪立足文化旅游资源优势，抢抓旅游产业发展黄金时机，深入推进“旅游+”发展战略，着力打造以景区（点）为主，以乡村民宿、农庄、农家乐、农业采摘体验园、318自驾车营地、帐篷露营地等为补充的复合型旅游产品，随之带动的乌龙茶、猕猴桃、食用玫瑰、油用牡丹、高山水晶葡萄、羊肚菌、健康蔬菜等特色农产品适度规模发展，全域旅游格局已初具雏形。

【精准扶贫】 2019年高坪镇坚持目标导向，强化领导标杆，倾力攻坚拔寨，为确保如期摘帽，坚持一周一调度制度。全镇脱贫783户，1965人，已脱贫人口均已达到“两不愁三保障”，全镇综合贫困发生率为0.14%。镇脱贫指挥部下辖6个作战组共84人,42个村级“尖刀班”总计265人。各驻村单位“一把手”严格按照要求实行“3+2”工作模式加强驻村工作。全镇42个村（社区）单位驻村、干部联户全覆盖；组织扶贫干部外出培训学习累计100人次，树立党员致富带头人160余人，组织“感党恩、话变化”村级集体活动150余场，实现了全镇3627户贫困户11470人结对帮扶全覆盖，同时将问题整改落实作为提升工作质量的重要抓手，针对反馈问题对照销号。脱贫责任不断压实。

【产业发展】 2019年，全镇农业产业发展稳中有进。高坪镇现有茶叶353.33公顷，春茶生产情况正常，茶农收入亩均可达7000元。全镇有李子基地46.67公顷，实施主体采取租地模式运行，20公顷今年已试挂果，另有共计33公顷柑橘、白柚、甜柿、翠红李、金果梨已完成栽植待挂果；高标准抽模换土种植甜柿整地6.87公顷待栽苗；另有葡萄基地53.33公顷，已挂果，农户受益。2019年以来高坪从业户数达2496户，其中个体工商户达2146户、农业专业合作社121户，全镇民营经济实现总产值2.91亿元，增加值达7566万元，实现利税4365万元，工业经济实现总产值1.5亿元，工业增加值达3984万元。4500平方米的青花配套产业园现已完成主体建设且招商成功。全镇高山村因地制宜发展中药材产业，以贝母、杜仲、百合为主，现有贝母30公顷，百合133.33公顷。全镇现有小木桨基地13.33公顷、蔬菜基地30公顷、朝天椒23.33公顷。总的看来，全镇产业探索取得了一定成效，发展良好，各村（社区）都在积极寻找适合本村的产业。2019年，地心谷景区总接待人数31万人，总营业额3661.7万元，石门村民宿发展，形成了“景村融合”发展大格局，为进一步落实旅游乡镇建设，举办了7期助力脱贫攻坚旅游从业人员实用技术培训，培训400余人次，对九龙塘，柏杨坪，望坪等14个村（社区）进行了旅游资源摸底和乡村旅游调研，现民宿发展良好，望坪，土岭，石门村民宿户均纯利润增收4万余元，旅游产业发展在高坪有了良好发展基础。

【招商引资】 贯彻落实“创新、协调、绿色、开放、共享”五大发展理念，不断改进服务方式，杜绝粗放式加工业和“夕阳”企业入驻，加大招商引资力度，镇领导亲自向外推介高坪项目，坚持“请进来”现场推介，有数十家企业有意愿进驻，经过对各意愿企业进行综合评价和测评，引进基础条件良好的企业，从而有效保障招商质量；全年招商引资总到位资金4.3526亿元，完成预定任务。

【项目建设】 2019年，争取资金合计3681.63万元，共实施项目111个，其中公路建设项目34个，1682万元，新建道路60余千米，完成了257千米的常年养护及20户以上村组公路40.5千米的硬化工程；水利项目20个，378.63万元，改善了20个村的饮水条件；阵地建设项目19个，产业发展项目11个，共121万元资金，支持新发展主导产业133.33公顷；易迁补短板及配套项目111个，资金2281.63万元。易迁安置小区项目全面完工，有条件的小区配套建设了菜地、猪牛栏圈、公共厕所、杂物间等；扶贫补短板全面完工项目133个，资金3675.1万元。2019年，塘野公路、枫土公路、黄阴线、青望线、青里坝易迁厂房、两岔河小流域治理竣工。青花田园综合体建设速度加快。该项目总投资15亿元，已完成投资3.416亿元，完成了3000万元的农业产业建设，种植青钱柳10万株，中药材33.33公顷；完成5600万元的田园景观工程，包括3500米蓝河综合治理，4500米产业路、田间步游道，16000平方米荷花池等建设，完成该工程的70%；基本完成了游客接待中心大楼、生态停车场场平工程、迎宾大道的路面硬化及绿化带施工；安置小区进入房屋基础及市政工程施工；花溪谷温泉酒店、康养小区、温德姆酒店等建设已全面开工。宜万铁路高坪站施工进展有序。2019年，高坪站站内工程完成投资额4500万元，占总量的45%，计划年底完成总工程的80%；站外工程完成投资额4000万元，占总量的50%，共完成47栋房屋拆迁、27公顷征地。

【乡村振兴试点建设】 开展乡村振兴州级试点村建设。13.33公顷利川玉竹的药材基地、36个农业示范大棚、40公顷产业管护、8.87公顷花卉绿化基地、110户的特色民居改造一期、项目辐射区域垃圾处理已建设完毕，200余盏太阳能路灯、文化传承队的建设进入收尾阶段，农村公益性公墓一期工程近尾声，已迁坟300余座，其他工程有序开展。

【集镇建设】 年初启动高坪镇集镇、460省道、火车站等总体规划修编，确保规划先行；在完善规划的同时，完成了垃圾中转站的建设，垃圾收集共6条线路覆盖全镇92%以上的村（社区）；11月完成污水处理厂的建设，集镇污水得到有效处理；“厕所革命”推进有序，全年完成任务数2075户。加大“两违”打击力度，全年下发《停工通知书》6份，规劝和制止违章建设行为8起，规劝和制止集镇占道经营行为28起，开展扬尘污染的专项治理，加强市政运行安全的管理，没收小广告7000余份，结合武汉“军运会”这一契机，加大铁路、国道沿线环境整治力度，共拆除立式广告牌192个，大型喷绘广告187副，危房4栋。完成新一轮共计60公顷退耕还林，兑现退耕还林补助资金共计230余万元；利用“植树节”，组织200多人参与义务植树，栽植苗木5000余株，面积80余亩，落实、管理、考核全镇生态护林员105名，全镇森林覆盖率达70%以上；申报了1个省级生态村和6个县级生态村，同时以大气污染防治为重点，以秸秆禁烧为抓手，多措并举开展整治，全镇空气状况良好。贯彻落实“河长制”，开展河湖“清四乱”专项行动，聘请义务河长9名，结合乡风文明，“文明银行”这一载体对河道进行清洁和维护，以河湖“清四乱”专项行动为契机，组织镇水管站、公路中心等部门开展联合执法，及时上报各村小微水体台账，镇村两级河长全年共计开展了100余次巡河，对集中式饮用水源地二级保护区内排污企业进行综合整治，集中式饮用水源地水质达标率98%以上。

【社会民生】 全镇21所学校按照“校校有特色”的理念推进教学，组织200余人次参加县级以上各类培训，大力推行教育云平台，注册学习人数近300人，同时，全年组织200余名老师参加各类竞赛活动，学习先进的教学理念，2019年中考，高坪初中上建始一中线人数100人，上恩施高中线人数6人；望坪初中上建始一中线人数30人，上恩施高中线人数4人，中考成绩位居全县乡镇前列。全年组织精准扶贫农村实用技术培训11场，培训建档立卡贫困人口600人，组织对外劳务输出83人，办理发放社保卡4969张；全镇享受农村低保1324户2481人，共计发放低保金5820752元，解决临时困难达432人次，发放临时救助资金594640元。全镇享受重度残疾人护理补贴802人，享受高龄津贴1192人。镇卫生院积极申请扩大镇卫生院规模，利用东西部协作这一契机，争取先进医疗设备，2019年，镇卫生院全年总收入1223万元，同比2018年上升，全年门诊人次9万余人，享受健康扶贫政策住院1197人次；辖区内老年人体检人数达2909人次；贫困户签约人数11471人，签约率达到了100%；贫困户体检人数为9800人，体检率达到了85%；“两癌”筛查完成了700人次；达到了所有行政村村医执业全覆盖。先后组建南乡锣鼓队、闹年舞队等不同类型的民间文艺队伍28支，队伍共计200余人，开展表演指导等活动12次，外请老师32人次，轮训文艺队员2000人次，一年来开展活动百余场次，年参与活动达5000多人次。信访工作稳步开展，召开10余次信访专题会，对积案进行分析研判，全年共排查出矛盾纠纷231件，已处理216件；深入开展“雷霆扫毒”行动，积极排查道路隐患，落实“车长制”，开展“亮窗行动”；同时扫黑除恶专项斗争持续开展，在全镇范围内张贴“两高两部”通告400份、悬挂横幅100余条、下发扫黑知识小手册1200余本，同时广泛组织召开群众宣传会、培训会400余场，对全镇风险进行统一梳理，在全镇范围内开展风险排查。做好“非洲猪瘟”防控工作，加大食品药品管理，全年召开数次干部大会，发放各类告知书1.2万份，食品药品检查覆盖609家，针对餐饮服务单位以及农副产品完成食品快检602批次。对辖区内农村聚餐监管达220场次，检查食品经营户327家、餐饮服务127家、药店及卫生院（室）55家、教学点5所，与各单位签订相应的承诺书、告知书。完成日常食品安全监督抽样101批次，通过对食品、药品的监管，确保群众饭桌安全。

（何金蓉）

三里乡

【概　况】 三里乡地处建始县中部，东南邻红岩镇、高坪镇，西与业州镇接壤，北与长梁镇、茅田乡毗邻，南与恩施市崔坝镇相连，区域面积170平方千米，海拔适中，气候宜人。全乡辖37个行政村（社区），村、居民小组342个，共12629户，4.5万余人，属少数民族散居地区，少数民族以土家族和苗族为主，少数民族约占总人口30%。2018年末耕地面积为2.58千公顷，农林牧渔业总产值33258万元，粮食总产量19402吨、油料总产量1934.28吨、烟叶总产量201.62吨，生猪年末存栏10万余头，是全县粮食主产区和商品粮基地，素有“山上摇钱树、山下米粮仓”之美誉。三里乡是恩施州城乡统筹生态示范区建设地，是建始县商品粮基地和畜牧大乡，是世界经典民歌《黄四姐》的发源地；有“八年烽火育英才”的“省六高”遗址，有“百年义渡”万其珍等杰出代表。

【精准扶贫】 2019年，全乡3239户10962人顺利脱贫，综合贫困发生率降至0.26%，群众认可度达95%以上，重点贫困村白果村顺利通过州、县考核，脱贫攻坚取得明显成效。2019年，全乡共完成易地扶贫搬迁1018户3343人。全乡发展以空心李、金果梨为主的特色小水果基地80公顷，以绿茶、藤茶为主的茶叶基地66.67公顷，以蔬菜、红薯为主的特色农产品基地66.67公顷，完成985户2687人到户产业奖补，共计奖补金额97.6万元。全乡农村低保户1226户2290人，城市低保31户41人，特困对象236人，孤儿13人。享受残疾人生活补贴累计589人，享受残疾人护理补贴累计672人。资助建档立卡贫困学生774名，兑付补助资金42.21万元。“雨露计划”申报审核通过376人次，兑付补助资金94万元。聘任贫困户担任生态护林员93人，发放工资37.2万元；新一轮退耕还林覆盖贫困户187户，发放补助31.9万元；2019年健康扶贫住院2437人次，享受基金统筹金额950.03万元，健康扶贫专项金额736.17万元。抽调驻村帮扶工作干部108名，严格按照每月在村工作不少于20天的要求，指导开展贫困人口精准识别、精准帮扶、精准退出工作，参与实施“五个一批”等工作；帮扶责任人严格执行“两天一夜”工作制，进一步压实帮扶责任。

【特色产业】 在业红公路沿线巩固发展绿茶53.33公顷、藤茶23.33公顷，打造马坡沿线千亩茶园；在小屯沿线新增特色百合示范基地6.67公顷，在中坦沿线发展油用牡丹66.67公顷，发展油菜533.33公顷，打造万亩花海；在河坪村、孙家坝村沿线新发展特色小水果100公顷，打造千亩特色果园；沿中槐线科学布局，打造以藏香猪、土黑猪为主的畜禽产业带，全乡巩固发展生猪10万多头，藏香猪出栏5000余头；在槐坦沿线新发展以蔬菜、红薯为主的特色农产品基地166.67公顷，扩大红薯种植面积，通过“电商+”发展模式，打造“红三蜜薯”等优质品牌，全乡特色产业品牌得到广泛认可，“一村一品”产业格局基本形成。全面激发产业活力。开展以绿茶管护、生猪养殖等实用技术为主的产业技术培训26期，培训1359人次；水果春管63.33公顷，茶园管护66.67公顷；以马坡“白毫毛尖”获全州斗茶大赛金奖为契机，加大对特色品牌的宣传推介，有效提高空心李、蓝莓、藤茶、红薯等特色品牌的知名度。

【基础设施建设】 落实安全饮水巩固提升工程，在中槐、河坪、三里沿线，投资399.5万元完成安全饮水工程29个（包括新建13个村139口小水窖），解决了一万余人吃水难题；投资2000万余元落实落地配电网改造升级项目80余个，切实保障了农村生产生活用电；投资1300万元实施村组公路建设26条37.3千米，开展农村公路养护161.2千米，完成农村公路安防设施51千米；完成37个村（社区）4G网络全覆盖；完成四类重点对象危房改造260户，对3320户住房进行鉴定和安全等级认定，发放、张贴房屋安全标识牌3320块；在青树垭至小屯绕镇安装路灯325盏；不断盘活集体资产，拓展经营范围，实现了37个村集体经济收入零突破。脱贫攻坚成效持续提升，群众认可度显著提高。

【民生事业】 实现农村“三留守”人员动态信息监测和关爱服务全覆盖；申报州级残疾人自强创业扶持项目1个、省级残疾人自强创业扶持项目1个；2019年城乡居民养老保险征收工作按标完成，新增城乡居民社会养老保险待遇领取人数365人，完成比率100%。做好企业劳动社会保障工作。开展劳动和社会保障法律法规宣传，全年共调解用工矛盾3起，协助享受待遇人员家属领取死亡补助 13 件，准确率达 100%。在退役军人事务工作方面，成立乡、村（社区）两级退役军人服务站，建立健全退役军人及其他优抚对象个人档案，完成信息采集 934 人。认真落实抚恤优待政策，全年累计发放优抚资金 142.26 万元，加强退役军人荣誉体系建设，累计悬挂光荣牌 737 块。科教文卫协调发展。湖北汇农生物科技公司研发的微生物污水处理技术获湖北省科技成果专利；农村义务教育稳步推进，三里民族初级中学 2019 年中考州县重点高中上线率达 28.1%，其中恩施高中上线 11 人，通过整合资源，完善三里民族初级中学学生综合楼等教育设施，进一步提升规范办学水平；举办新时代文明实践志愿活动 100 余场，人民群众文体生活日益丰富；全年共完成孕优 257 人，妇检 725 人，婚检 198 人，享受奖扶政策 990 人，特扶政策 77 人，全年兑付奖特扶资金 54.49 万元。完善 35 个村级卫生室建设，实现村级卫生室医生业务培训全覆盖。家庭医生签约服务 12005 人，签约率 100%。全乡慢性病享受补助人数 871 人，2019 年新申报慢性病人数 594 人。内生活力逐步激发。超额完成就业再就业任务指标。2019 年新增就业 362 人，转移农村劳动力 1031 人，完成农村劳动力技能培训 1359 人，征收灵活就业人员养老保险费 135 万元；深入挖掘脱贫致富的先进典型。评选 128 名“脱贫之星”，营造群众自主脱贫、争先致富的良好氛围。

【平安建设】 推动平安建设进机关、进学校、进医院、进企业、进社区、进家庭，动员社会和人民群众广泛参与平安创建活动，切实提高广大群众对平安创建工作及“一感两度”的知晓率、参与率。建立部门、村（社区）和家属联合管理服务的新机制，全年救助重症精神病人 11 人次；新增精神病患者 4 名，“以奖代补”落实严重精神病患者监护责任人 10 名。积极推进扫黑除恶专项斗争。广泛宣传扫黑除恶专项斗争，深入开展黑恶线索摸排，合力营造良好的扫黑除恶社会氛围，有效震慑了各类黑恶犯罪。做好刑满释放人员安置帮教工作。坚持“各负其责、密切联系、相互配合”的原则，做好刑释解教人员回归社会衔接工作。2019 年共化解各类信访积案 7 件、调处各类矛盾纠纷 60 余件。定期排查铁路、道路交通安全隐患，开展铁路护路专项行动和道路安全巡查，治理铁路沿线违章建筑 8 处，裸土复绿 11 亩。坚持警钟长鸣，压实安全责任。紧盯非煤矿山，强化隐患排查及打非治违，关停非法开采非煤矿山 4 处；紧盯校园安全，发现并整改完成一般隐患 156 处，实现 12 所学校安保人员和监控设备全覆盖；紧盯道路交通安全，查处违法违规行为 600 余起，立案 21 起，刑事打击 21 人；紧盯其他重点行业，安监、市场监督管理等部门按行业管理要求认真履行职责，全年无安全事故发生。

【美丽乡村】 投资近 3000 万元，实施三里乡易地扶贫搬迁集镇改造项目，完成集镇范围路面黑色化。安装特色路灯 117 盏，集镇改建公厕 1 座，新建公厕 1 座、临时停车场 1 处，同步推进清污分流、弱电入地、电网改造、集镇亮化等配套工程，完善集镇功能；投资 230 万元修建黄四姐休闲文化广场，进一步推介抗战时期“省六高”与黄四姐故居文化，打造文化阵地；进一步优化集镇布局，投资 200 万元打通集镇老街与集镇新区。实现集镇面貌大改观，人居环境大提升。城乡管理换新貌。按照“干净、整齐、有序、畅通”的要求，加强对 S339 三里段、S460 三里段、三里坝集镇、河水坪集镇的日常管理，加大对出店占道经营、车辆乱停乱放、违规乱搭乱建等现象治理力度，全年共整治出店占道经营 185 处，纠正乱停乱放 205 车次，拆除乱搭乱建、违规广告、喷绘 210 余处，极大地改变了集镇和道路沿线环境。建成垃圾中转站，全乡生活垃圾做到收集、清运有序。新购垃圾清运车辆 4 台，垃圾桶 1200 个，基本实现“村收集、乡转运、县处理”

的治理模式。开展“六城同创”工作。查处渣土抛撒17车次，治理扬尘2处，油烟、噪声各1处，纠正各类违规行为170余次。厕所革命换新容。积极推进城乡厕所“四个一批”工程，全面完成农户无害化厕所4399座，农村公共厕所36座，集镇公共厕所2座，基本实现城乡公共卫生设施“数量充足、分布合理，管理有效、服务到位，卫生环保、如厕文明”的目标。乡风文明树新风。继续践行文明建设“一定、二选、三讲、四评、五加强、六形成、七助推”，细化工作举措。强化“最美”系列评选，以建始县石牌湖第三届牧童蓝莓采摘节为契机，发起《共建洁净家园倡议书》。新桥社区纳入湖北省2020年度美丽乡村建设试点村；万其珍获得第七届全国道德模范提名奖。以环境治理为抓手，成立乡污染防治办公室，切实做好污染防治工作。制定《三里乡农村生活垃圾治理实施方案》；对全乡195户规模养殖户实施畜禽养殖粪污综合治理，第一批完工27户，设施设备配套率100%，粪污资源化利用率90%；全乡12条河流全面落实“河长制”，强化属地管理，建立“一河一档”，定期检查督办；河道保洁实现公司化经营，规范河湖岸线管理，打击违法侵占岸线行为，拆除违章建筑；加大宣传力度，提高公众参与度；全力保护饮用水源地，投资18万元对中坦水厂进行维护。

【政府自身建设】 持之以恒正风肃纪，聚焦“三大攻坚战”、工程项目等重点领域，加大监督执纪力度，全年共立案查处7人，运用第一种形态处理27人，坚决整治查处侵害群众利益的不正之风和腐败问题。全面推进重大行政决定法制审核制度，落实“谁执法谁普法”责任制，依法行政水平显著提升；扎实开展湖北省第二十个党风廉政建设宣教月活动和“十进十建”活动，进一步增强党员干部和群众的规矩意识、法律意识；切实规范和监督权力运行，坚持把为人民谋发展、增福祉作为最大责任，自觉接受人大监督，办理县乡交办的人大建议8件，代表议案和建议全部答复到位，答复满意率100%。政府效能明显提高。全面提升政府治理能力和公共服务水平，不断完善和规范政府信息公开，自觉接受人大依法监督，牢固树立政府过“紧日子”思想。全乡便民服务事项办结率100%。

红岩寺镇

【概　况】 红岩寺镇地处318国道和天二公路交汇处，沪渝高速公路在此设有互通，宜万铁路、西气东输天然气管道穿境而过，是州城和建始县城“半小时交通圈”的交汇点，素有“川鄂咽喉”之称，交通区位优势十分明显。全镇面积86平方千米，其中耕地面积1048.8公顷，林地3574.52公顷。红岩寺镇凉水埠村被湖北省绿化委员会、湖北省林业局命名为2019年度湖北省“绿色乡村”。2019年，红岩寺镇在县委、县政府的正确领导下，在县直部门的大力支持下，紧紧围绕镇十届人大一次会议确定的目标和镇十届人大四次会议安排的工作任务，勇于担当，主动作为，全力推进经济发展和社会建设。

【精准扶贫】 2019年，实现191户442名贫困人口脱贫目标，全镇累计实现1274户4180人脱贫，贫困发生率降低至0.35%。“五个一批”政策全面落实。发放贫困生资助金114万元，惠及贫困学生1400多人次。累计发放各类社会保障资金477万元，实现“应保尽保、应兜尽兜”。参加基本医疗保障17576人，贫困户参保率100%。全镇村医实现全覆盖。贫困群众全年大病报销739人次，报销128万元，慢性病补助申报397人次，发放补贴64万元。易地扶贫搬迁桃园社区安置小区和红岩村安置小区配套设施完备，2019年红岩村安置小区21户已入住。2019年新增补短板项目资金201万元，涉及安全饮水、人居环境整治、危房改造、产业发展等方面，均已全面完成。全年“四类对象”危房改造46户，“非四类对象”危房改造54户，全面完成了危房改造“清零”工作。新建、改造农村厕所1159户。投入资金1800万元实施农村电网改造。4G网络实现全覆盖。围绕“两不愁三保障”，摸实情、办实事、解疑难，加强政策宣传，与群众沟通交流思想。镇领导班子、镇直单位负责人、村“尖刀班”坚持入户走访，累计遍访贫困户4000余户，非贫困户6000余户，组织召开群众大会144场，党员、村民代表会282场，小组会720场，化解矛盾纠纷206次，进一步增强了群众的认可度和满意度。坚持问题导向，全力攻坚，扎实推进各类问题整改，整改销号各级巡视巡察督办反馈饮水、供电等问题164个，问题得到解决落实，“两不愁三保障”目标全面实现。

【产业发展】 全镇有猕猴桃200公顷，其中贫困户669户54.5公顷；核桃260公顷，其中贫困户96户20.33公顷；甜柿80公顷，其中贫困户132户15.8公顷；李子等特色小水果66.67公顷，其中贫困户81户14.13公顷。全镇种植富硒土豆230公顷、硒玉米333.33公顷、烟叶42.5公顷。全镇有劳动能力的贫困户特色产业覆盖率达90%以上。特色产业已具规模。加强产业管护，开展技术培训。镇内各村进行技术指导200余次，分村集中召开管理技术培训20多场次，田间地头分散召开技术培训60多场次，参与者数千人次，培养本土化技术人才50余人。使近千户农民开始接触并掌握种植技术，确保特色产业持续健康稳定发展。大力支持建始县丰惠农业发展有限公司、建始县阳丰甜柿专业合作社等一批农业龙头企业组织，创建“施礼”等红岩农副产品公共品牌，做好富硒水果文章，逐步迈向利用品牌增加附加值的新型农业产业化道路。通过秋桂农业产业园作为全镇产业核心引擎带动，公司、合作社、能人大户增压带动，产业扶贫有机融合，使广大农户融入产业链条，分享产业红利。今年合作社销售猕猴桃12万公斤，甜柿15万公斤，其中线上销售猕猴桃2.5万多公斤，甜柿5万公斤，带动贫困户增收220万元，户均增收3000元以上。

【招商引资】 打造园区平台，储备经济发展动能。利用各种项目资金修建厂房，桃园易迁配套厂房、秋桂农业产业园，红岩村东西部协作（滨江—建始）产业园基本建成。大力招商引资，培育经济实体。福恩鞋业成功入驻东西部协作（滨江—建始）产业园1号厂房，全年产值可达1.8亿元，预计到2020年可提供就业岗位500余个。聚兴鞋业成功入驻桃园易地扶贫搬迁配套厂房，已带动周边四个村近200个家庭在家就业，为全镇以就业促脱贫注入强劲动能。瑞惠菌物公司已投产，为4个村的集体经济突破发展提供了良好平台。

【集镇建设】 持续开展“厕所革命”，进一步完善辖区公路硬化建设，实施低电压改造，确保农村电网供电安全稳定，补齐全镇农村饮水安全短板，全镇供水体系基本形成，尽管2019年遭受50年一遇的严重干旱，群众生活用水仍得到基本保障。集镇功能不断完善。新建全县第一个乡镇室内农贸市场，新建集镇公厕2座，新建泰安商住楼小区，配套修建地下停车场，集镇居住环境不断改善，居民生活幸福指数不断提升。持续开展“六城同创”，进行垃圾治理，集镇环境得到明显改善。启动红岩社区、金子墩村、凉水埠村、蒿坝村的农村生活垃圾分类试点工作，扎实开展八个专项治理行动。定点收集、定点倾倒、定时清运、集中处理农村垃圾。全面落实“河长制”，“山长制”。开展饮用水源地保护工作，饮用水抽检达标率100%。推进畜禽粪污资源化利用，凉水埠村被评为湖北省绿色乡村，金子墩村成为人居环境整治示范村。倡导文明新风，完善村规民约，广泛宣传移风易俗新理念，依托新时代文明实践站，在各村开展丰富多彩的送戏送文化送医疗三下乡活动，分村深入开展乡风文明建设暨人居环境整治“最美”评选表扬活动，在全镇营造了浓厚的学典型、倡文明、树新风氛围。

【民生事业】 新增贫困户就业1000多人，引导大学生就业实习实训120余人，组织开展农村实用技术培训1702人。发放城乡居民养老保险397.2万元。全年共办理2000余张社会保障卡。镇村（社区）两级退役军人服务站成立并挂牌。全镇退役军人和现役军人家庭悬挂“光荣之家”光荣牌，为退役军人落实“解四难”（看病难、住房难、生活难、岗位安置难）资金10万元。红岩寺镇农村福利院基础设施更完善，安防设施全覆盖。教学条件持续改善，教学质量全面提升。2019年红岩中学中考成绩位列全县公办初中第三名，民族小学获得乡镇直小学教学质量提升先进单位奖，落水小学获得村属教学质量提升先进单位奖。学校三大创建工作特色鲜明，红岩中学获得全州法制学校建设示范学校称号；民族小学获得全国足球特色学校称号。红岩寺镇卫生院医疗质量明显提升。深入开展“扫黑除恶”专项斗争，加大各类安全隐患排查处理，切实加强非煤矿山、食品药品、消防、道路交通、工程建设等安全专项治理。“雪亮工程”高效运行。重大动物疫情防控有力。投入资金20余万元，着力改善校园“三防”（人防、技防、物防）建设，“平安校园”初见成效。积极推进信访工作，认真落实信访首接制度，及时化解矛盾纠纷，全年有效化解矛盾纠纷190件，有效处理积案3件，刘家坪村连续4年无上访对象。

【党建工作】 切实加强党的建设，树牢“四个意识”、践行“两个维护”。深入开展党纪党规和监察法规“十进十建”活动，纠正“四风”问题；深入开展“两学一做”学习教育和“不忘初心、牢记使命”主题教育，加强和规范党内政治生活，认真开展全镇补短板“互学互比互查”活动，自觉接受人大、政协监督，办理人大代表建议2件，满意率100%，健全政府决策机制，深入实施政府法律顾问制度，严格执行权力清单，定期向社会公布财政预决算、公共资源配置、重大项目实施等领域的重要信息，确保行政权力公开透明。优化行政审批，完善政务服务体系，打通服务群众“最后一公里”，全镇便民服务办理事项共受理10118件次，办结率100%，接受群众来信来访咨询12511件次，其中村级8317件次。认真落实党风廉政建设主体责任和领导干部“一岗双责”，加强廉政教育，扎实开展第二十个党风廉政建设宣传教育月活动。强化监督检查，加大执纪审查力度，全年开展监督检查11次，采取批评教育、谈话提醒等方式处理16人，党纪立案审查7人，给予党纪处分3人。

（张　莉）

花坪镇

【概　况】 花坪镇位于建始县中南部，东南与巴东隔河相望，东北与高坪相邻，南与景阳接壤，西与景阳凤凰毗邻，北与红岩镇、恩施崔坝交界，距县城50千米，是古时“川盐入湘”的重要通道，镇域面积421平方千米，境内平均海拔1200米左右，平均气温20℃—23℃，素有“清爽花果坪、康养仙居地”之称。气候四季分明，冬季雨量较少，春有梅雨期，夏季伏旱较长，年总降雨量为1400—1500毫米。属亚热带季风气候，气温日差在6.5℃左右，年平均气温12℃。境内交通便利，“天二”公路纵贯刀背垭、大石板、三岔槽、新场、花果坪、小西湖、村坊等12个村，全镇农村公路总里程达1594.6千米。全镇56个村和1个社区，535个村民小组和5个居民小组，18050户，总人口55366人，其中农业人口52339人，劳动力32132人。全镇土地总面积40576.93公顷，最新耕地确权面积6850.52公顷，林地面积29450.8公顷，水面面积62.67公顷。2019年，花坪镇坚持以习近平新时代中国特色社会主义思想为指导，认真学习贯彻党的十九大及十九届二中、三中、四中全会精神，凝心聚力，攻坚克难，统筹推进“三大攻坚战”，全镇经济和社会各项事业发展态势良好。实现地区生产总值14亿元，完成固定资产投资4.3032亿元，招商引资到位资金1.367亿元，完成工业投资1020万元，农民人均纯收入达11385元，新申报限上商贸企业1家，实现旅游综合收入6亿元。

【党建发展】 全镇共有党员2100余名，共设置基层党组织78个，优化整顿软弱涣散党组织4个，实现了基层党组织全面覆盖全面优化；按照“双好双强”的标准优化提升支部书记能力素质，本着“分工明确，协同配合”的原则强化支部班子建设，选派第一书记54名，先后组织党支部书记、支部委员全覆盖培训5次，培养后备干部171人，纳新党员33人，预备党员转正35人，储备入党积极分子77人，发现培养乡土人才101人；按照“守初心、担使命，找差距、抓落实”的总要求开展“不忘初心、牢记使命”主题教育，全镇上下共领办民生实事388件，以“精准扶贫话变化、喜迎国庆感党恩”为主题，组织大型党员群众宣讲活动50余场次，小型屋场会、小组会400余场次；严格落实支部主题党日，“三会一课”、组织生活会及民主集中制等基本制度，班子成员、党支部书记、第一书记带头讲授党课248场次，全镇基层党组织落实制度规范有序；整合资金220余万元新建党员群众服务中心5个，改扩建2个，为17个村配备标准化办公设施，村定补干部由2018年的120人增加到193人，副职干部待遇实现翻番，主职干部工资得以保障，争取留存党费8.3万元慰问困难党员干部147人；创新探索“党建+”工作模式，通过支部引领、党费支持、党员带头、群众参与，不断强化抓党建促脱贫攻坚，小西湖村建立“红色驿站”，为13名无职党员量身定责，积极发挥无职党员在旅游发展中“指导员”和“服务员”作用，通过15户党员带头发展农家乐达到187户的规模，村坊村通过建设党员示范葡萄园，党员帮带葡萄园，强化党员在产业发展中的身份意识，通过设置技术指导岗、诚信监督岗、环境保护岗等确保葡萄产业发展优质长远，党费支持发展的后塘村稻虾养殖、崔家河村光伏发电、石板溪村冻库建设等，为全镇如期脱贫奠定了坚实的基础，抓党建促脱贫攻坚成效明显。创办1个新时代文明实践所和3个新时代文明实践站，组建政策宣讲、法律援助、乡风文明等7个志愿队，开展志愿服务44次；举办最美评选强化乡风文明建设，对10名脱贫之星、6名最美花坪人、6个最美家庭和3个最美庭院进行公开表扬，并在集镇入口路段进行事迹列展，充分发挥了先进典型的示范引领作用；积极推进商会换届，对辖区企业登记注册，组织“千企帮千村”，14家企业对口帮扶我镇11个贫困村；开展祠堂清理及民族宗教排查12次；牢牢把握网络媒体主动权，强化对新闻媒体的管控，2019年花坪镇在省级媒体用稿5篇、州级媒体用稿50余篇、县级媒体用稿120篇。巩固落实中央八项规定相关精神，紧盯“四风”问题不放松，切实清理形式主义、官僚主义突出问题，为基层减负，文件会议精简35%，清理各种形式主义挂牌187块，宣传海报163张；扎实开展党风廉政“宣教月”、纪检委员大走访试点和“两走四见”活动，有效解决群众身边腐败问题和作风问题，全镇共走访9251户，解决问题371个；充分运用各级巡视巡察和督办成果，强化执纪问责，推动工作落实，2019年共立案8件12人，结案7件9人，诫勉谈话2人，通报批评24人，工作约谈31人，书面检查4人。统筹做好党管武装，群团及老干部工作。

【精准扶贫】 2019年以来，花坪镇致力“合力攻坚”，坚持精准扶贫统揽全局，紧扣“两不愁三保障”硬指标，漆潦、五抱树、石板溪和崔家河4个贫困村、1741户5064人如期脱贫出列，顺利迎接了县验收和州初审。统筹财政资金202万元，由市场主体带动贫困户发展产业660多公顷，全面消除了村级产业“空白村”。全镇实施易地扶贫搬迁1700户6124人，完成拆旧复垦1603户，完成“四类对象”危房改造302户，“非四类对象”危房改造148户；建成了徐家坦、周唐、小坪和三岔溪4个易迁配套厂房；全面落实义务教育阶段学生生活补助政策，发放学前及义务教育阶段补助187.5万元，发放春秋季雨露计划补助258万元；全力做好残疾学生就读、送学和辍学劝返工作，全镇义务教育阶段适龄学生全部入学就读；享受生态公益林和退耕还林补偿贫困户2300户，发放生态补偿资金182.6万元，聘请生态护林员149名；发放金融扶贫小额贷款213万元、扶贫小额信贷贴息13万元；城乡基本医疗保险参保率97%，贫困户参保率100%，1025人享受慢性病政策；积极做好东西部协作、华中农业大学对口帮扶和千企帮千村工作；全力推进各级反馈问题整改销号。

【产业发展】 2019年，花坪镇坚持“产业强镇”战略，致力产业转型提效，不断提升产业发展质量。农业产业发展迅速，补植关口葡萄14.67公顷，实施高标准管护200公顷，新发展高标准猕猴桃种植观光示范园14.67公顷，完成老茶园改造20公顷，打造精品果园100公顷，进行牡丹观赏园提档升级36.67公顷，发展大马士革玫瑰26.67公顷、高山蔬菜200公顷、漆树90公顷、李子81.25公顷，超额完成烟叶生产任务，于7月入选全国农业产业强镇建设名录。旅游产业逐步壮大，野三峡、石门河联创国家AAAAA级旅游景区取得阶段性成果，小西湖省级旅游度假区创建工作稳步推进，飞拉达攀岩基地吸引中外游客前来体验探险；进一步完善旅游基础设施，提升旅游接待能力，建成旅游公厕14座，交通公厕1座；投资200多万元，实施小坪至村坊饮水工程，解决了村坊葡萄长廊、飞拉达等旅游景区安全饮水问题；成功举办了周唐玫瑰花节和第三届关口葡萄采摘节，通过抖音、微信、微博等自媒体广泛宣传，扩大影响，2019年，全镇接待游客110万人次，实现旅游综合收入6亿元，于12月成功创建湖北省旅游名镇。

【城乡建设】 2019年，花坪镇坚持区域统筹发展，着力加快新型城镇化建设，城乡基础不断夯实。特色小镇大道项目已于8月全面开工建设；集镇污水处理及管网铺设已基本完工；改造集镇人行道9千米；新修停车场3个；扩建集镇自来水厂，新增水泵2台，进一步提升了集镇供水能力；重拳出击“三违”行为，查处违法建设81起，现场控制8起，强制拆除4起，扣押施工设备5起，停水停电15家；定期开展露天禁烧监管和“打非治违”专项行动，关停非法开采点34处，积极开展生态文明示范区创建和生态村申报工作，严格执行“河（库）长制”和饮用水源保护制度，定期对辖区内的河流、水库进行巡查，全面完成各级环保督察反馈问题整改清零；投资85万余元，引进市场主体集中收集、转运农村生活垃圾，以石板溪村为试点，积极推行垃圾分类处理工作；完成农户改厕2481户，建成农村公厕5座，改造开放公厕28座；完成2个种植基地、13个养殖场废弃物资源化利用设施设备改造，兑现资金138.63万元。

【民生保障】 2019年，花坪镇坚持为民情怀，全力做好各项民生事业，群众的幸福感和获得感不断提升。投资237.94万元，硬化公路4.56千米，实施砂石路提升满意度工程40.6千米，于6月荣获湖北省“四好农村路”示范乡镇称号；投资448万元新建水池及前池26口，维修水池11口，管网延伸71.7千米，单户水窖685口；投入3506.56万元，实施电力补短板项目122个。义务教育均衡发展，调整优化学校布局，撤并黄木、田家坝和落水洞3所教学点，配齐学校安保人员和安保器材，安装一键式报警器和监控设备，全面完成学校封闭式围墙建设，强化师生及安保人员教育培训，提高了突发事件的处置能力。社会保障兜底有力有效，核定低保1286户2850人，特困供养人员335人，发放救助资金135.31万元，全面落实残疾人“两补”政策，落实护理补贴807人、生活补贴652人。规范化建设镇、村两级退役军人服务站，悬挂光荣牌1135块。公共文化服务标准化、均等化建设稳步推进，花坪火龙成功申报省级非物质文化遗产代表性项目。严格落实信访工作责任制，领导班子成员坚持每天坐班接访和带着问题下访，排查各类矛盾纠纷58起，化解54起，其中扶贫领域9件，已全部化解；严格落实安全生产“党政同责、一岗双责、齐抓共管、失职追责”制度，进一步压实了各专业安全生产领导小组职责，“七五”普法扎实推进，扫黑除恶、防汛抗旱、应急管理、非洲猪瘟防控等工作推进有力。

【政府建设】 2019年，花坪镇坚持依法行政，严字当头、实字托底，政府效能不断提升。深入推进法治政府建设，坚持重大事项依法决策，政府法律顾问实现了全覆盖；自觉接受人大法律监督、政协民主监督、社会监督和舆论监督，2019年，办理代表建议和政协提案30件；扎实开展“不忘初心、牢记使命”主题教育，认真学习党的十九大和十九届二中、三中、四中全会精神和习近平总书记系列重要讲话精神，切实增强了党员干部干事创业的精气神，打造了清正廉洁、干事担当的干部队伍；深入推进政府党风廉政建设和作风建设，果断向形式主义、官僚主义亮剑，严肃行政追责问责，政府形象不断提升。

（王金权）

景阳镇

【概　况】 景阳镇地处建始县南部，东接巴东县金果坪乡，西连恩施市红土乡，南靠官店镇，北邻花坪镇。辖2个社区、30个行政村、258个村（居）民小组。常住人口39330人，全镇地域面积164平方千米，其中耕地面积3593.3公顷，林地面积8544公顷。境内最高海拔1641米（位于南部的轿顶山），最低海拔401米（位于野三河与清江交汇处），海拔高差悬殊，是典型的河谷台地。全镇属亚热带季风湿润型山地气候，垂直变化大，立体气候十分明显，夏天酷热，冬天严寒，日照充足，四季分明，雨量充沛，温暖湿润。年平均气温在15℃—17℃，年降雨量为1300—1500毫米，适应多种经济作物增长。2019年，景阳镇深入学习贯彻党的十九大、十九届三中、四中全会精神，全面落实省、州、县系列部署和要求，真抓实干，克难奋进，聚力脱贫攻坚，奋力追赶超越，坚持“四镇建设”发展战略，抓产业、强基础、提质量，圆满完成镇第六届人大四次会议确定的各项目标任务。有力推进党的建设、脱贫攻坚、项目建设、乡风文明、乡村振兴、产业发展等工作，较好的完成各项工作任务，全镇经济持续发展、社会不断进步、民生不断改善。

【党建工作】 筹集资金200余万元对兴隆寺、郑家坦等9个村委会及便民服务室实施新建和整修改造；持续推进软弱涣散党组织整顿提升，实现栗子坪村、硝洞坪村、兴隆寺村3个党支部整改出列；对32个村（社区）的党务、村务公开栏进行规范完善；选优配强32个村（社区）党支部第一书记，从机关和镇直单位抽调32名同志参加驻村工作，形成责任明确、层层抓落实的工作格局，全镇共有3个党支部、15名共产党员受县委表彰。2019年共计发展党员25人，按期转正预备党员16人，培养入党积极分子57人。按照后备干部库的建立要求，全镇共培养后备干部132名，有32人参与“一村多名大学生”计划。同时，积极支持纪检部门开展监督执纪问责，全年党政纪立案9件，党纪处分9人，其中开除党籍3人，运用“四种形态”追责问责党员干部 27 人。

【精准扶贫】 全镇聚力脱贫攻坚，组建 8 人的“脱贫攻坚预备队”，调整 32 名机关干部与 201 名尖刀班成员共同参与驻村工作。紧盯“两不愁三保障”户脱贫、“三率一度”村出列脱贫标准，落实州委“八个到村到户”和“六个清零”“六个全覆盖”的决策部署。对照减贫任务，完成 3 个重点贫困村脱贫出列，1238 户 3719 人脱贫摘帽，贫困发生率从 2014 年的 32.44% 下降到 0.6%，高质量通过省、州、县复核验收。积极对接杭州市滨江区东西部扶贫协作，获得帮扶资金 243 万元，新增就业岗位 44 个。继续开展“聚力脱贫攻坚，人大代表、政协委员在行动”等活动，全镇 18 个代表小分队集中走访 180 户，贫困人口 698 人，发现问题 6 个，提出建议 8 条，汇聚了全镇脱贫攻坚压力层层传导、责任层层压实、工作闭环运行的强大合力。利用 137 万元产业扶贫资金，扶持 18 个村实施主导产业项目 26 个。兑现产业奖补到户资金 142 万元；完成易地扶贫搬迁安置扫尾工作，全镇累计实施易地扶贫搬迁 1145 户 4148 人；按照“危房不住人，人不住危房”要求，全年实施危房改造“四类对象”287 户、“非四类”对象 138 户；从全镇建档立卡贫困户中聘用 83 名生态护林员。严格按政策落实建档立卡贫困学生生活补助 2166 人、享受雨露计划 590 人，累计补助资金 313.6 万元，较好地完成控辍保学各项任务。继续加大对弱势群体的救助力度，不断扩大基本救助覆盖面。

【项目建设】 集镇文体活动中心广场、污水处理厂和农贸市场建成投用，乡镇集镇“五有”工程（有一个集贸市场、有 3 个以上公厕、有 3 个文化广场、有 200 个以上停车位、有污水和垃圾处理设施）全面建成。全年投资 275 万元实施 25 个安全饮水补短板项目，新建水池 12 口，整修水池 3 口，铺设管网 92820 米，实施单户水窖 109 户 545 人。投入 350 万元完成蒋家河引水项目和官店镇灯笼山至硝洞坪村引水项目工程，全镇水源性缺水和老百姓饮水难的问题得到根本性扭转。投资 1723 万元进行电网改造，实施电力补短板项目 85 个、技改项目 23 个，新增变台 51 台，完成了集镇 6.4 千米低电压线路更换。全年累计调运制式木杆 1000 根，基本解决了用电安全隐患问题，全镇基本实现“生活用电稳定，有生产用电需求的不卡口”的目标；投资 342 万元完成 5 个村 20 户以上通自然村公路硬化；顺利通过恩施州第三方 4G 网络测试，全镇宽带通村率、4G 网络覆盖率全面达标。稳步推进投资超过 1.2 亿元的 462 省道改扩建项目，全镇实现“一小时交通圈”建设目标。

【乡村治理】 扎实开展扬尘污染专项整治，全面落实河（库）长制，深入开展饮用水源地保护。大力实施“厕所革命”，编制三年改厕计划，以“三带头”工作机制，采取新建、改造、提升等方式，完成 2760 户户厕的整修和新建，建成公厕 32 所；全镇共有 19 户规模化种植基地、养殖场实施畜禽养殖废弃物综合利用；通过整合各类资金 55 万元，组建垃圾清运专班，以“户分类、村收集、镇转运、县处理”模式，对全镇 25 个村生活垃圾实施收集、转运处理。按照美丽乡村建设五年计划，启动龙家坝村“示范村”和大树垭村、双寨子村、白果树村、桐梓沟村、硝洞坪村、粟谷坝村“整治村”建设任务。

【乡风文明建设】 以乡风文明建设“五个三”的工作格局，将乡风文明建设作为基层党建的重要内容。各村（社区）深入开展“精准扶贫话变化、喜迎国庆感党恩”和《道德讲堂》系列活动 40 余场次，组织精准扶贫群众会、小组会 1200 余场次，发放宣传单 3000 余份，为乡风文明建设强化了群众意识形态引领。各村积极组建文艺宣传队，开展文艺演出，在全镇范围内形成乡风文明建设的浓厚氛围。2019 年，创新设立乡风文明理事会，针对燃放鞭炮、操办“无事酒”等问题进一步修改完善《村规民约》，操办“无事酒”等陈规陋习得到有效遏制。继续扎实开展扫黑除恶专项斗争，在“6·26”国际禁毒宣传日，全镇广泛动员开展“扫黑除恶·全民禁毒”的集中攻坚战。2019年下半年，圆满完成“迎大庆、保军运”等重点时段的平安稳定工作。

【农业产业】 全镇按照“一村一品”规模发展，形成以核桃1600公顷、水果853.33公顷、景阳鸡80000余羽、烟叶156公顷为主的四大特色产业，辐射带动32个村（社区）农户9968户，特色产业覆盖率达97.7%。2019年，后槽村33.33公顷雪梨试果、桐梓沟村33.33公顷金果挂果丰产，特色产业发展成效初显。全镇共有畜禽养殖户8970户，规模化种植（养殖）场39户，全年出栏生猪55600头，肉牛290头，山羊11747只，肉禽25万羽，肉类总产量53680吨，禽蛋547吨，创畜牧业综合总产值1.14亿元。以“旅游+”为引擎，推进传统产业转型，清江客货混装码头建设完成主体工程，待验收评估，蝴蝶岩核心景点品牌影响大幅提升。

【工业经济】 坚持以投资拉动，突出抓好招商引资，持续优化营商环境，着力发展镇域经济，招商引资到位资金达到3亿元，固定资产投资达到5000万元，完成总产值1.3亿元，实现民营经济营业收入1.85亿元，上缴利税1020万元。

【社会发展】 坚持“以人民为中心”的发展理念，努力让发展成果惠及全体村民，人民群众获得感、幸福感稳步提升。全面落实低保、医保、养老保险、失业保险、慢性病救助等政策，逐年加大了对农村困难群众的生活补助和最低生活保障金补助。全年实施低保1297户2795人，农村特困人口203人，为706名困难群众发放救助资金122.12万元。全镇享受残疾人护理补贴715人、生活补贴657人，全年累计发放补贴资金287.97万元。组织4次到村到户现场评残154人，切实为残疾人解决了办证难问题。全镇享受慢性病补贴631人，其中贫困户314人。

【搬迁工作】 实施清江水布垭库区地质灾害紧急避让搬迁128户499人，2019年底完成避让搬迁117户456人，实际到位安置补助资金2029万元。完成对1145户易地扶贫搬迁对象后续发展回访，持续关注贫困人口生产生活状况。

【江钓大赛】 成功举办2019中国建始第三届“景阳杯”清江江钓大赛，吸引全国各地80支队伍160名运动员参赛，是景阳镇全力打造“四镇”建设目标，奋力实现“绿色景阳”“生态景阳”“人文景阳”“魅力景阳”“幸福景阳”的重要举措。比赛期间，还对景阳核桃、金果梨、玉皇柚等特色农产品进行展销，推进景阳镇农旅、文旅互动发展。

官店镇

【概　况】 官店镇位于建始县最南端，西与恩施接壤，南与鹤峰相连，东与巴东毗邻，北与建始县景阳镇相依。集镇距县城100千米。版图整体状似荷叶，总面积372.06平方千米。镇境属武陵山余脉东延地带，地势层峦叠嶂。沟壑纵横，峡谷幽深，东部最低点尤家河，海拔318米，南部最高点原岭海拔2060米，全镇属典型的局部性高山气候，境内四季分明，气候垂直分布，雨热同期，降水量充沛，受季节风影响，高山和低山气候悬殊较大，具有发展农业、林业、畜牧业、土特产品的良好条件。全镇共有基层党组织65个［其中党委1个、党总支1个、机关事业单位党支部11个、村（社区）党支部49个、共有企业党支部2个、“两新”组织党支部1个］，党员1653名。2019年全镇上下深入学习贯彻党的十九大精神、十九届二中、三中、四中全会和习近平视察湖北时重要指示精神，以习近平新时代中国特色社会主义思想为指导，紧紧围绕全州“四大产业集群”和全县“四大战役”的总体部署，在县委的坚强领导下，抢抓脱贫攻坚、乡村振兴、“四县市五乡镇”高山片区综合扶贫开发等政策机遇，团结带领全镇广大党员干部群众加压奋进、负重前行，干部群众士气高涨，党的建设和经济社会发展各项工作迎来新的局面，取得可喜业绩。

【农业产业】 2019年官店镇继续围绕“五园一带”（果园、茶园、菜园、花园、药园，现代观光农业产业带），巩固培植道地药材、高山蔬菜、烟叶、茶叶、马铃薯等5个优势传统产业，传统产业高山富硒土豆“原岭原”等农产品品牌影响力不断扩大。新建特色产业发展项目10个，发展特色产业320公顷，新建照京坪冻库、照京坪菊花加工厂、猪耳河茶叶加工厂、百草池茶叶加工厂、长岭药材加工厂、三里荒阳荷加工厂、石斗坪农副产品集散中心7个厂（库房），引进恩施州我饿了食品有限公司、湖北硒谷神奇科技有限公司、恩施硒满多农业发展有限公司等企业发展高速蔬菜、药材、香菇、“熹妃藤茶”等特色产业。全力推进红色文化传承、保护与开发，照京坪红色教育基地一期项目建成投运，基础设施及配套服务不断完善，自7月以来累计接待州内外培训单位107个，近2500名党员干部接受红色教育，近30000名普通群众自行参观学习。互联网经济快速发展，巩固培育村级电商示范站点28个。

【乡村治理】 加快推进城乡一体化建设，促进脱贫攻坚与乡村振兴有效衔接，集镇功能不断完善。污水管网铺设累计完成4千米，覆盖2000多户；污水处理厂正式投入运行，污水治理能力明显加强；拉网式清理集镇及周边垃圾共700余吨，农村生活垃圾治理工作全面推进；垃圾中转站建成投产，“户分类、组保洁、村收集、镇转运、县处理”的垃圾处理模式初步形成；集镇综合管理多措并举，“六城同创”持续发力，油烟、露天扬尘、渣土车治理成效明显，车辆管控更严更紧，集镇秩序不断优化。厕所革命强力推进，建改各类公厕32座（含22座开放式公厕），完成农村户厕改造1432户，农村人居环境明显改善，严守生态环境保护和永久基本农田红线，实施天然林保护工程人造工造林33.33公顷，封山育林200公顷，配合中南林勘院完成了全国第五次森林资源调查工作，环保督察及“回头看”各类问题完成整改，打非治违、秸秆禁烧成效显著。照京坪成功申报为省级生态村，车营、长岭、中岭、鱼精坝、金家湾、雷家村成功创建第三批县级生态村，陈子山传统村落基础条件明显改善。

【平安建设】 建立完善综治工作服务体系，深入开展扫黑除恶专项斗争，推动禁毒宣传，加大违法犯罪人员的查处力度，全年共办理刑事案件36起，行政案件81起，行政拘留66人，治安调解25起，各类矛盾纠纷调解168起，群众的安全感明显增强，强化特殊人群管控，全年接收矫正对象12人，解除矫正14人，完成在册帮教192人。坚持“村片镇”三级层级调处原则，信访矛盾就地化解，共收到上级信访交办件77件，办结71件，办结率93%，接待初行初访196批次210人次，化解194批次208人次。改善办学条件，实现校园安全“三防”全覆盖，全镇实施改薄工程5个，拆并教学点3处，今年小升初成绩位居全县前列，中考上线152人，全县第三。加大金融扶贫小额信贷风险化解力度，区域金融风险总体可控。统筹推进煤矿、非煤矿山、道路交通、森林防火、工程建设、消防等重点领域安全工作，安全生产形势稳定有序。强化源头治理和过程管理，科学防控非洲猪瘟疫情，在全镇设立卡点五处，出动宣传车30余次。加强市场管理，严把食品药品安全关，出动专项整治行动27次，出动执法人员682人次，重点整治校外托管机构、学校食品安全。

【社会民生】 2019年全镇城乡居民医疗保险应参保50114人，实际参保48103人，参保率达96%；2019年居民养老保险参保人数17501人，实际参保率为90%。2019年发放民政保障资金2374.066万元（其中低保金1399.95万元、五保金192.1万元、临时救助金75.276万元、医疗救助金311.59万元、残疾人“两补”资金167.76万元、高龄津贴63.66万元、优抚金163.73万元）。健全国防和退役军人保障体系，加强国防动员，民兵预备役建设，成立退役军人事务办公室，更好地为退役军人服务。完成退役军人信息采集830余条，为311名优抚对象日常服务，利用“八一”和春节期间进行走访慰问，对退役军人的诉求及时办理，确保服务对象满意。对2014年以来的惠民政策落实情况逐村逐户进行了系统梳理，确保落实政策不漏项、执行政策不打折。

【红色旅游教育基地】 坚持高起点谋划，推进全域旅游。充分挖掘官店生态旅游、红色旅游资源，在观光产业发展、基础设施和公共服务设施建设上优先配套，为高位推进项目建设跟踪服务，为旅游景区开张营业积极创造条件。照京坪红色文化旅游区打造日趋完善，已经建成革命文化陈列馆、万人大会广场遗址、九烈士纪念园旧址3处核心景观点、1处停车场、1处旅游厕所，完善“赤湖”主题公园，修缮维护20余处红色遗迹，收集鉴定50余件珍贵文物，搜集整理40多个红军故事，《红色记忆》书籍和《多彩官店》画册完成初稿。照京坪村“党建示范村”“旅游扶贫示范村”“美丽乡村示范村”品牌初现。

【基础设施建设】 全镇累计投资2.045亿元改善基础设施，339省道官店至鹤峰段一期工程10千米已完成50%，县道原岭至门坎岩公路16.5千米基本建成，旅游公路小湾至陈子山6千米建成通车，完成通村公路硬化109.9千米、通组砂石路300千米，完成安全饮水补短板、巩固提升和安全饮水清零等项目，解决了4.2万农村人口饮水安全问题，成立供水协会并有效运行；实施电网改造升级项目131个，35千伏竹园配电站建成并投入使用；新建信号塔3个，实现网络宽带全覆盖；实施的“四类对象”危房改造272户，实施“非四类对象”住房安全改善104户。突出转移就业和就近就业，落实转移就业优惠政策，依托扶贫车间，就近吸纳500多人在家门口就业，推荐就业机会3000余人次，举办实用技术培训21次，受训人员达4000余人次。

【精准扶贫】 围绕精准脱贫的工作标准，完成七个重点贫困村出列、2501户8280人脱贫的年度任务，全镇综合贫困发生率由2014年的40.4%下降为0.6%，在镇脱贫攻坚指挥部的领导下，攻坚责任进一步压实，16名驻片领导下沉各村，及时解决突出问题，严格落实驻村工作队“三个在村”及一把手到村工作要求，全镇49支驻村工作队结对帮扶全覆盖，帮扶责任全面压实。做实产业扶贫，14个重点贫困村的市场经营主体均与80%以上的贫困户建立了利益链接机制，90%以上贫困人口通过特色产业增收，兑现主导产业发展财政资金奖补350万元，下达特色产业项目资金315万元，建成39个安置小区，1911户6868人全部搬迁入住，兑现生态扶贫资金332.2万元。聘请130名贫困人口为生态护林员，落实贫困家庭学生教育资助政策2366人，发放资金131.6万元，落实“雨露计划”985人，发放资金246.25万元，东西部扶贫协作、省“616”对口帮扶、华农定点扶贫工作共落实帮扶事项12个，兑现帮扶资金1273万元；农村低保、特困供养救助标准按期提标，实现应保尽保。

（唐传豆）

人　物

2019年度建始十大好人典型事迹

扶贫夫妻（李小英、赵师伟） 李小英和赵师伟是建始县一对80后夫妻，为决战脱贫攻坚，夫妻俩分别被组织选派为建始县当阳坝村和蔡家村第一书记、“尖刀班”班长。

2018年2月26日对赵师伟和李小英这对小夫妻来说是个难忘的日子。这一天，建始县委办公室干部赵师伟和建始县教育局干部李小英同时被组织选派为扶贫“尖刀班”班长，分别到业州镇当阳坝村、花坪镇蔡家村任扶贫村的第一书记。仅用1个月时间，李小英走访了全村194户贫困户。在李小英的协调和帮扶下，蔡家村完成了4.1千米循环路硬化，113口水窖全部验收投入使用，100立方米的集中供水池投入施工，全村7个村民小组电网整改全面施工，以贝母为主导产业的种植面积达20.33公顷。

在业州镇当阳坝村，赵师伟奔波于杭州和建始，考察市场，为村里销售了100多万公斤苹果桃。在村里，赵师伟带领“尖刀班”队员，以加强农村基层组织为核心，以建设新农村为主题，紧扣“产业支撑、文化引领、科学治理”三项重点，成功探索出“精确规划、精心组织、精细实施、精准投入、精深参与”的精准扶贫新模式，取得显著成效。

谢先梅 女，51岁，建始县长梁镇沙坝村支委会纪检委员。曾被评为2019年第一期“恩施楷模”。20年来，她不忘初心，始终把群众的事放在心上，为群众办好事、办实事。在精准扶贫的道路上，她用汗水，甚至生命，谱写着催人奋进的壮歌。为帮助困难群众她跌入两米深沟，身负重伤昏迷18天，命悬一线。醒来后的第一件事竟然是惦念村民的医疗保险费。为了帮助村民硬化出山公路，她发动家人捐资2万元。她从组织村民义务施工，到请专业队伍平整路基，天天都奋战在工地上。

2016年6月，沙坝村遭遇百年一遇特大洪灾，镇内外各方人士，前来支援沙坝抢险救灾工作。她全身心地投入到抗洪抢险的战斗中，夜以继日，忘我工作。谢先梅把自己家变成“大食堂”，让参与抢险救灾的工作人员，饿了有口饭吃，渴了有口水喝。

黄美清 女，47岁，高坪镇“爱心妈妈”志愿服务队创始人，2016年入围中宣部学雷锋志愿服务“四个100”最美志愿者候选人。2015年2月表彰为湖北省妇联系统先进工作者，2016年3月被省妇联表彰为“三八红旗手标兵”、2010年10月被恩施军分区表彰为“扶贫参建先进个人”。

她在做好工作的同时，长达138个月不间断地做志愿者，并组织成立了两支有号召力有影响力的志愿者团队——“爱心妈妈快乐女人俱乐部”和“高坪镇青花女子民兵连”。

由于乡镇文化生活匮乏，2008 年 3 月 18 日，黄美清组织成立“爱心妈妈快乐女人俱乐部”，“爱心妈妈快乐女人俱乐部”从组建开始，排练了《妹娃要过河》《中国功夫扇》《龙船调的故乡》等一系列恩施州民族特色的歌舞，为高坪的文化发展作出了巨大的贡献。

2015 年开始，她带领爱心妈妈团队利用 5 年的业余时间自费收集、传承拯救土家族民间婚俗文化《陪十姊妹》《哭嫁》，曾 2 次亮相 CCTV—7 台《乡约—金建始》；2018 年协助建始县获得“湖北省土家族婚俗文化之乡”称号，高坪镇成为“湖北省土家族陪十姊妹传承基地”。近年来她们发起“和谐乡邻中秋晚会”、协助各村“禁鞭办春晚”、举办高坪镇乡风文明活动、旅游文化发展推广活动不下 150 余场次。“爱心妈妈”志愿者至今达 97 人，组建文化志愿者 35 人，旅游志愿者队伍 72 人，她们从事着关心关爱孤寡老人，留守儿童的志愿者工作，从未间断，这个集体捐款捐物达 60 万余元。

2010 年，黄美清在青里坝调研妇联工作时，了解到高坪有一支红色娘子军——青花民兵连女民兵班”。为传承青花女民兵班“不畏艰险、艰苦奋斗的铁姑娘”精神，将更多年轻有思想的女性团结在妇联周围，她主动与镇武装部长商讨，成立高坪镇女子民兵连。连续 8 年她们在高坪镇、石门河景区义务出勤不少于 30 余场次，通过送戏下乡引导大众娱乐生活走向健康向上的道路。

鲍春喜 男，湖北麻城人，现年 40 岁，建始县高坪镇望坪初级中学校长。2019 年 9 月，被教育部授予“全国优秀教师”称号。

2004 年，湖北省教育厅开始实施“农村教师资助行动计划”，鲍春喜成为首批资教老师，开始在海拔 1000 多米的大山深处安营扎寨。他利用课余时间给老师们进行信息技术培训，并任教语文、历史、英语、音乐、体育、信息技术等课程，担任班主任、教研组长。在他的努力下，大山深处的孩子们第一次体会到了活动课、实践课以及体、音、美等课程的快乐，学校也第一次成功地举办了体育文化艺术节并成为传统，学校老师第一次有了课题研究任务和成果。

2007 年 7 月，鲍春喜被湖北省人事厅、教育厅授予“优秀资教生”荣誉称号。2009 年 7 月，该同志被湖北省人力资源和社会保障厅、湖北省“三支一扶”工作领导小组评为“湖北省优秀‘三支一扶’高校毕业生”。2011 年，鲍春喜作为优秀“资教生”代表，被湖北省教育厅选拔赴英国伦敦进行为期三周的考察学习。回国后，他与一起同行的 95 名农村教师给时任国务院总理温家宝写信，汇报了他们扎根农村学校任教的体会和收获，总理在信上作出重要批示：“来信收读，非常高兴，也深受鼓舞。扎根基层，毕生从教，十分光荣，也会大有作为。”作为一名扎根农村学校任教的大学毕业生，他用实际行动表达了立志从教、扎根基层、服务农村教育事业的理想和决心。2017 年 1 月，他被湖北省人力资源和社会保障厅批准为“湖北省贫困地区专业技术人才奉献岗位人选”。2019 年 9 月，鲍春喜被教育部授予“全国优秀教师”称号。从鄂东到鄂西，从红色大别山到红色武陵山，从一名支教志愿者成为一名光荣的人民教师，鲍春喜，跨越千里、扎根基层、初心不改，在“第二故乡”绽放青春。

苏寿民 男，27 岁，建始县公安局龙坪派出所民警。2017 年被中共建始县委政法委员会评为“全县优秀道路交通安全社会化管理干部”，2018 年被建始县公安局嘉奖。他在自己的岗位不忘初心、牢记使命、尽职尽责、爱岗敬业，为建设美丽龙坪奉献自己的一份力量。面对法律与亲情的抉择，他选择公正执法，不枉不纵；面对困难群众，他展现侠骨柔情，帮助车祸受害者度过生活的难关。身着警服，头顶警徽，明察秋毫，铁骨铮铮。他是铁面无私的执法者，更是甘心为民的孺子牛。

章荣凤　女，43岁，建始县茅田乡锣底村卫生室医生。连续两届被茅田乡党委、政府评为“最美茅田人”。

章荣凤是远近闻名的医生，她的诊所覆盖了周边近10个村，成为覆盖面最广的中心卫生室。对于章荣凤来说，从穿上白大褂的那一天起，这就是她为之奋斗一辈子的事业，二十年乡村行医，她坚守的是传承，是责任，也是爱。

梅宴生　40岁，建始县花坪镇白果坦村村民。2018年被聘为白果坦村生态护林员。他管护的区域，红腹锦鸡等珍贵鸟类和野生动物数量提升很快，责任区内未发生滥伐盗伐林木、乱捕滥猎野生动物等破坏森林资源的情况，更没有发生过森林火灾。2018年，湖北省野生动植物保护协会授予梅宴生“湖北省十佳爱鸟护鸟人”称号，恩施州仅此一人。

焦祖斌　男，48岁，现任建始县人民医院院长助理、中医康复医学科带头人，中华医学会会员，中国针灸学会会员，中华中医药学会综合医院中医药工作委员会委员，中国民族医药学会针刀医学分会常务理事，湖北康复医学会会员，恩施州康复医学会副会长，首届恩施州医学会医学鉴定专家。

刘芳玲　女，54岁，恩施食达好现代农业公司、建始食达好商贸有限公司、建始食达好农产品工贸公司三家公司创始人，现任建始县工商联副主席。刘芳玲在做好企业的同时，心系社会公益，传递着“正能量”。2019年，建始食达好农产品工贸公司获得“湖北省扶贫龙头企业”的称号。

向德全　男，35岁，建始县安捷出租车公司驾驶员。

2019年12月11日下午，乘客向女士乘坐他的出租车，不慎将装有大量现金和个人重要证件的女式背包，落在车上。向德全发现后，立即在公司微信群发图片及联系电话，寻找无果后将包送到公司，拨打110求助，最终联系到了失主，并拒绝报酬。

他诚信营运，遵章守纪，文明服务。从他开始运营出租车，每年都志愿免费接送考生。工作途中，对老弱病残孕者，关爱有加。他认真学习交通法规，执行公司规章制度，提升驾驶技术，书写了运营10年行程90多万千米“零”投诉，“零”事故的个人纪录。

先进单位和个人

先进单位

2019年4月29日，茨泉宾馆被州人民政府评为“十佳旅游饭店”和“十佳旅行社”，12月被湖北省酒店行业协会授予“知名品牌突出贡献企业”。

2019年4月23日，建始县安顺公共汽车有限公司被湖北省工会授予五一劳动奖状。

2019年4月，建始县安捷出租车有限公司被恩施州道路运输管理处评为2019年度全州唯一一家“文明示范出租车企业”。

建始县茅田乡人民调解委员会被七省（区市）司法厅（局）评为“化解边界矛盾纠纷模范人民调解委员会”。

2019年1月30日，县水利局被湖北省爱国卫生运动委员会命名为“湖北省卫生先进单位”。

2019年12月31日，建始县河库长制工作被省河湖长制办公室通报表扬。

2019年12月18日，湖北省人民政府授予建始县教育局“全省民族团结进步先进集体”称号。

2019年5月，建始县实验小学、建始县花坪镇石马小学、建始县龙坪民族小学、建始县长梁镇长梁初级中学、建始县景阳镇清江初级中学、建始县红岩寺镇民族小学、建始县三里乡民族小学、建始县官店镇初级中学、建始县业州镇大堰中学、建始县高坪镇高坪小学10所学校被州生态环境局、州教育局确定为第五批州级绿色学校。

县财政局获2018年度全省财政监督检查工作先进单位。

县财政局获2018年度湖北省财政系统干部教育培训工作突出单位。

县财政局获2018年湖北省卫生先进单位。

红岩寺镇凉水埠村被湖北省绿化委员会、湖北省林业局命名为2019年度湖北省“绿色乡村”。

先进个人

2019年3月李忠南获首届“建始工匠”称号，9月获“荆楚工匠”称号，12月被湖北省烹饪酒店行业协会授予“技艺传承突出贡献人物”称号。

县环卫所环卫工人张代成、范贤兵被表彰为“省级优秀环卫工人”。

县农业农村局胡忠荣在生猪生产调度工作中个人表现突出，农业农村部畜牧兽医局予以表扬。

县司法局朱璇被中共湖北省委宣传部、湖北省司法厅、湖北省普法工作办公室评为湖北省“七五”普法中期先进个人。

县司法局焦金翠被中共恩施州委全面依法治州委员会办公室、中共恩施州委宣传部、恩施州司法局评为恩施州“七五”普法中期先进个人。

县人民法院刘永波被湖北省高级人民法院评为2019年全国两会期间涉诉信访先进个人。

2019年9月，高坪镇望坪初中鲍春喜老师被教育部表彰为“全国优秀教师”。

县粮食局乐艳玲在2019年度湖北省粮食流通统计工作中荣获优秀个人称号。

附 录

2019 年建始县国民经济和社会发展统计公报

2019 年，面对国内外环境的复杂变化和重大风险挑战，在县委、县政府坚强领导下，全县上下坚持以习近平新时代中国特色社会主义思想为指导，全面贯彻落实党中央、国务院及省州各级决策部署，坚持稳中求进工作总基调，按照高质量发展的要求，坚决打好三大攻坚战，扎实做好“六稳”工作，经济运行保持总体平稳、稳中有增、增中提质的良好势头，为全面建成小康社会和“十三五”规划圆满收官打下了坚实基础。

一、综合

综合实力显著增强。初步核算，2019 年，全县完成生产总值 120.48 亿元，按可比价计算，比上年增长 6.8%。其中，第一产业完成增加值 23.18 亿元，增长 3.3%；第二产业完成增加值 24.72 亿元，增长 4.6%；第三产业完成增加值 72.58 亿元，增长 8.8%。按年均常住人口算，全县人均生产总值 28742 元，可比增长 6.3%。

调结构取得新成效。三次产业结构比由上年的 18.8∶21.4∶59.8 调整为 19.3∶20.5∶60.2。在第三产业中，交通运输仓储和邮政业、批发和零售业、住宿和餐饮业、金融业、房地产业、其他服务业增加值分别增长 4.3%、4.5%、10.6%、5.2%、4.5%、13.1%。

市场主体增量提质。全县新登记市场主体 5008 户，其中，新登记私营企业 1099 户，新登记个体工商户 3784 户，新登农民专业合作社 125 户。

就业帮扶力度加大。年末全县城镇新增就业 6402 人，城镇失业人员再就业 796 人，就业困难人员再就业 595 人，城镇登记失业率 2.3%，低于年度控制目标 1.8 个百分点。组织大学生参加实习实训 3879 人，高校毕业生就业 661 人，开展补贴性职业技能培训 13977 人，新增返乡创业 633 人。

脱贫攻坚成效显著。安排资金 3417.9 万元用于发展主导产业和到户产业奖补，谋划主导产业项目 160 个，新发展特色产业 2066.67 公顷，省、州级农业龙头企业分别达到 2 家、18 家。全年实现 25 个贫困村脱贫出列，35963 人稳定脱贫，年度减贫任务完成率 102.27%。

二、农业

全年全县农林牧渔业增加值 24.33 亿元，按可比价格计算，比上年增长 3.7%。

粮食产量基本稳定。全县粮食总产量 20.64 万吨，下降 0.1%，其中夏粮喜获丰收，增长 10.6%；秋粮小幅减产 3%。种植面积 4.904 万公顷，下降 1.4%。

特色经济增长较快。蔬菜及食用菌产量 21.45

万吨，增长3.6%；茶叶831吨，增长16.%；柑、橘、柚、桃、葡萄、雪梨等园林水果2.37万吨，增长38.8%。

畜禽养殖深度调整。受非洲猪瘟疫情等影响，生猪出栏45.66万头，下降25.3%；牛出栏3904头，增长4.9%；羊出栏16.78万只，增长0.7%；家禽出笼177.67万只．增长11.2%；禽蛋产量5409吨，增长14.3%。全年实现牧业产值14.12亿元，增长23.1%。

水产品市场需求加速。全年渔业恢复性快速增长，水产品总产量303吨，较上年增长2倍。

三、工业和建筑业

工业生产稳定增长。年末全县规模以上工业企业达到31家，规模以上工业增加值同比增长5.7%。其中非金属矿物制品业增长8.9%，快于规模以上工业增加值3.2个百分点，占规模以上工业增加值的比重达59.8%。皮革、毛皮、羽毛及其制品和制鞋业，煤炭开采和洗选业，非金属矿物制品业分别拉动规模以上工业增加值增长8.5、6.8、5.1个百分点。全年规模以上工业销售产值增长13.7%，产品销售率93.7%，较上年增加0.8个百分点。

建筑业加快增长。全年全县具有总承包和专业承包资质建筑企业13家，较上年净增2家，完成总产值14.43亿元，增长14.6%。

四、固定资产投资

全县完成固定资产投资（不含农户）增长2.6%，民间投资占固定资产投资的比重43.2%。其中工业技改投资增长147.2%，房地产开发投资下降30.5%。商品房销售面积23.31万平方米，下降4.7%；实现商品房销售额9.67亿元，增长8.8%。

五、国内贸易与对外经济

内需拉动稳实有力。全年实现社会消费品零售总额76.95亿元，增长11.4%。分城乡看，城镇实现零售额55.04亿元，增长11.3%；乡村实现零售额21.91亿元，增长11.4%。其中，限额以上企业（单位）实现消费品零售额4.49亿元，增长25.1%；限额以上批发和零售业销售额6.95亿元，增长17.1%，销售额中零售快于批发5.5个百分点；限额以上住宿和餐饮业营业额5849万元，增长32.7%，其中通过公共网络实现的客房收入增长30.8%。

全年引进省外资金23.58亿元，同比增长14.8%；当年实际利用外资298万美元，自营出口200.6万美元。

六、交通运输、邮电通信和旅游

交通运输稳步发展。年末等级公路里程达到3709.61千米，同比增长27.1%。实有城市公交车8路，公共汽车营运车辆92辆，增长4.6%；实有出租汽车100辆；行政村客车班车通达率100%。年末全县机动车保有量9.22万辆，同比增长11.9%。其中汽车类5.4万辆，摩托车类3.72万辆，农用运输车911辆，挂车98辆。当年新增9819辆，其中小型汽车3371辆，摩托车6309辆，低速车57辆。

邮电业务持续扩大。全年完成邮电业务总量3.48亿元，其中，邮政业务总量5015万元，比上年增长23.5%。年末固定电话用户1.28万户，移动电话用户36.35万户。固定电话、移动电话互联网宽带接入用户普及率分别达到33.8%和75.5%，较上年提高6.8、6.7个百分点。

全年实现旅游综合收入35亿元，增长23%；旅游接待人数503万人次，同比增长19.6%；旅游外汇收入0.97万美元。拥有星级饭店5个，星级饭店客房总数566间。旅游服务配套功能增强，接待能力和服务质量逐步提升，旅游与其他产业加快融合发展。

七、财政和金融

公共财力持续增强。全年全县完成财政总收入12.63亿元，同比增长5.3%。其中，地方一般公共预算收入6.88亿元，增长10%。在地方一般公共预算收入中，税收收入5.14亿元，增长6.8%。地方一般公共预算支出48.7亿元，增长3.1%。全年用于教育、文化体育与传媒、社会保障和就业、卫生健康、城乡社区、节能环保、农林水事务、住房保障等方面的民生支出达到42亿元，增长1.6%，占财政支出的比重86.2%。其中用于教育、卫生、社会保障支出占比44.7%，较上年增加2.7个百分点。

金融市场稳定性增强。年末全县金融机构人民币各项存款余额141.13亿元，比年初增加5173万元。其中，住户存款107亿元，增加14.49亿元，同比增长15.7%；非金融企业存款15.93亿元。金融机构人民币各项贷款余额89亿元，比年初增加9.27亿元，同比增长11.6%。其中，住户贷款44.56亿元，增加2.43亿元，增长5.8%；非金融企业及机关团体贷款44.43亿元，增加6.84亿元，增长18.2%。

八、教育和科学技术

教育事业稳步向好。2019年末全县有各类学校234所（含幼儿园、特校），其中普通中学20所，中等职业技术学校1所，小学144所。现有在校学生63345人，其中普通中学21796人，中等职业技术学校2828人，小学27450人。共有幼儿园68所，在园幼儿11211人。有专任教师4345人，其中普通中学1765人，中职教育189人，小学1848人。学龄儿童入学率100%，九年义务教育完成率100%，初中毕业生升学率99.1%。

科技创新取得新成果。全年新申请专利157件，同比增长12.1%，其中发明专利16件；授权专利89件，其中发明1件。转化专利4件，其中实用型3件；全年新申请商标653件，注册公告507件，新注册有效商标497件。全年实现高新技术产业增加值8041万元，占GDP比重0.67%，较上年提升0.32个百分点。

九、文化和卫生

文化事业焕发新活力。2019年末，全县共有公共图书馆1个，图书总藏量158.75千册；剧场2个；乡镇文化站10个，有线电视用户2.8万户。广播、电视综合人口覆盖率99.82%、99.96%。全县广播村村响建成1个县级中心机房，10个乡镇机房，369个行政村村级广播室，安装音柱600只，喇叭3200只，安装开通6.56万户，开通率96.6%，实现全年安全正常播出。创作《四姐新唱》歌曲一首；开展送文化下乡、送戏曲进校园进乡村50场次、群文辅导墙训60场次，红色革命歌曲创作4首。

医疗网络逐步完备。全县共有医疗卫生机构409家，其中医院3家，乡镇卫生院10个，村级卫生室377个，妇幼保健院1个，疾病预防控制中心1个。全县共有卫生工作人3066人，卫生技术人员2371人，其中执业（助理）医师773人，注册护士1219人；全县共有卫生机构床位3191张，其中医院床位2099张。

十、人口、居民生活和社会保障

年末全县常住人口42.4万人，其中，城镇18.10万人，乡村24.30万人。城镇化率达到42.7%。全年出生人口4332人，出生率为8.21‰；死亡人口3577人，死亡率为6.78‰，人口自然增长率为1.43‰。

居民收入持续增收。全县城镇常住居民人均可支配收入29680元，增长9.02%；农村常住居民人均可支配收入11560元，增长10.76%。

社会保障逐步加强。年末参加养老保险33.44万人，增长1.6%，其中参加城乡居民基本养老保险26.62万人，机关事业单位职工参加基本养老保险1.55万人，企业职工参加基本养老保险5.27万人，城镇离退休人员参加基本养老保险2.4万人。参加城乡居民基本医疗保险46.69万人。参加工伤保险2.7万人。参加生育保险1.25万人。参加失业保险1.17万人。

全年全县城镇居民最低生活保障对象1506人，农村居民最低生活保障人数26982人，国家抚恤、补助各类优抚对象3571人，农村五保户供养对象2644人。社会福利事业不断发展，年末全县社会福利收养单位床位1401张，全年销售社会福利彩票6693万元，筹集社会福利彩票公益金483万元，直接接受社会捐赠629万元。

十一、资源环境和安全生产

生态环境持续优化。全年平均气温16℃，年降雨量963.7毫米，年平均空气湿度为76%。城区空气质量优质天数达到352天，优良率达到97.6%，同比增加3个百分点。全县18个重点集中式饮用水水源地水质达标率为100%；望坪村等3个动态村的空气质量均优于环境空气质量标准二级。

年末森林面积178.13千公顷，森林覆盖率66.99%。完成天保工程人工造林66.67公顷、封山育林266.67公顷。建设生态公益林11.26万公顷，生态公益林补偿惠及建档立卡贫困户10899户、32697人。完成年度坡耕地造林340公顷，石漠化综合治理工程工造林143.34公顷、封山育林740公顷、植被管护492.37公顷，精准灭荒造林75.65公顷。完成县域内国道、省道、县道、乡道、河流及大型沟渠沿线2548千米的多层次、多色彩的生态景观林带；集镇绿化443公顷、村庄绿化14986.67公顷，乡村绿化率达65%；红岩寺镇凉水埠村成功创建“湖北省绿色乡村”。全县森林城市网络功能完善，成功创建湖北省森林城市。省级自然保护区7个。

安全生产总体平稳。全年发放各类安全知识宣传单2.45万份，张贴宣传图画、标语0.23万份；检查煤矿和非煤矿山80矿次，排查整改隐患436处；检查烟花爆竹企业230家，发现并消除隐患78个。全年未发生较大及以上事故，除建筑施工、交通运输领域外，其他工矿商贸等领域未发生生产安全事故。

中共建始县委
关于表扬红旗党支部和先锋共产党员的通报

（2019年6月28日）

今年是中国共产党建党98周年，新中国成立70周年。全县各级党组织和广大党员，认真学习贯彻习近平新时代中国特色社会主义思想和党的十九大精神，在打赢防范化解重大风险、精准脱贫、污染防治“三大攻坚战”和县域经济社会发展中展现了积极作为，充分发挥了基层党组织的战斗堡垒作用和共产党员的先锋模范作用，涌现出了一批政治过硬、攻坚克难、务实有为的先进集体和优秀个人。县委决定，对业州镇杉木村党支部等49个“红旗党支部”，李永彬等223名“先锋共产党员”予以通报表扬。

希望受表彰的先进集体和优秀个人珍惜荣誉，发扬成绩，再接再厉，以更加饱满的政治热情，更加高昂的精神状态，更加务实的工作作风，做出新的更大贡献。

全县各级党组织和广大党员要在以习近平总书记为核心的党中央坚强领导下，增强“四个意识”，坚定“四个自信”，做到“两个维护”，不忘初心、牢记使命，全面落实“守初心、担使命，找差距、抓落实”的总要求，团结和带领广大人民群众，大力弘扬新时代奋斗精神，为实现整县脱贫摘帽建成全面小康目标、实施乡村振兴战略、推动全县高质量发展贡献力量。

建始县红旗党支部和先锋共产党员名单

一、红旗党支部（49个）

（一）业州镇党委（6个）

业州镇杉木村党支部

业州镇雀儿笼村党支部

业州镇猫儿坪村党支部

业州镇马栏溪社区党支部

县民族小学党支部

业州卫生院党支部

（二）长梁镇党委（5个）

长梁镇龙苑社区党支部

长梁镇磨角塘村党支部

长梁镇鹿鸣塘村党支部

长梁镇红石垭社区党支部

长梁镇政府机关党支部

（三）茅田乡党委（3个）

茅田乡雪岩顶村党支部

茅田乡三道岩村党支部

茅田乡中心学校党支部

（四）龙坪乡党委（3个）

龙潭坪初级中学党支部

龙坪乡崔家坪村党支部

龙坪乡野果寨村党支部

（五）高坪镇党委（3个）

高坪镇塘坝子村党支部

高坪镇大店子村党支部

高坪镇中心卫生院党支部

（六）三里乡党委（3个）

三里乡崔家村坊村党支部

三里乡大牌村党支部

三里民族初级中学党支部

（七）红岩寺镇党委（2个）

红岩寺镇凉水埠村党支部

红岩寺镇工商食药畜牧联合党支部

（八）花坪镇党委（4个）

花坪镇李家坪村党支部

花坪镇黄鹤村党支部

花坪镇太平龙村党支部

花坪镇财政所党支部

（九）景阳镇党委（3个）

景阳镇大坝村党支部

景阳镇丁家槽村党支部

景阳镇财政所党支部

（十）官店镇党委（4个）

官店镇双茶村党支部

官店镇磨盘寨村党支部

官店镇灯笼山村党支部

官店镇财政所党支部

（十一）县委直属机关工委（10个）

县委巡察党支部

县人民法院法庭党支部

县总工会党支部

县人民医院行政后勤科党支部

县人民政府扶贫开发办公室党支部

县审计局党支部

县财政局机关党支部

县人力资源和社会保障局机关党支部

县信访局党支部

建始县第一中学第一党支部

（十二）县委“两新”工委（3个）

湖北枸杞珍酒业有限公司党支部

建始县高平国际实验学校党支部

建始县民族医院党支部

二、先锋共产党员（223名）

（一）业州镇党委（24名）

李永彬　业州镇小漂村党支部

孙宗林　业州镇鸡公岭村党支部

杨　龙　业州镇茶园沟村党支部

袁小军　业州镇磨子岩村党支部

潘贤贵　业州镇田家坪村党支部

张兵昌　业州镇奇羊坝村党支部
朱代清　业州镇代陈沟村党支部
梁　俊　业州镇龙门子村党支部
张　钧　业州镇柳树塆村党支部
石开成　业州镇石桥湾村党支部
廖明庆　业州镇风吹坝村党支部
周书炳　业州镇杉木村党支部
孙邦选　业州镇猫儿坪村党支部
石　兰　业州镇船儿岛社区莱茵国际党支部
余梅枝　业州镇二道桥社区头道桥党支部
方豪光　业州镇草子坝社区小金沟小区党支部
舒绪然　业州镇广润社区莲花池党支部
杨丽萍　业州镇政府党政综合办公室党支部
魏友平　业州镇政府党政综合办公室党支部
刘家国　业州镇政府党政综合办公室党支部
盛达金　业州镇政府党政综合办公室党支部
向般太　业州镇中心学校党支部
姚志明　业州镇离退休干部机关老年党支部
黄海波　业州镇离退休干部七里老年党支部

（二）长梁镇党委（21名）

李忠香　长梁镇龙潭村党支部
李　翼　长梁镇双塘村党支部
毛建红　长梁镇广龙村党支部
李爱民　长梁镇桂花村党支部
尹定生　长梁镇桂花村党支部
夏天维　长梁镇金塘村党支部
刘迪春　长梁镇榨茨河村党支部
吴遵路　长梁镇鹿鸣塘村党支部
谢先梅　长梁镇沙坝村党支部
李　洋　长梁镇大锣村党支部
李启飞　长梁镇三块碑村党支部
万承波　长梁镇龙苑社区党支部
黄莉华　长梁镇陇里社区党支部
胡明金　长梁镇陇里社区党支部
向　宇　长梁镇人民政府机关党支部
曾广银　长梁镇人民政府机关党支部
崔华龙　长梁镇派出所党支部
瞿承楚　长梁镇建设环保服务中心党支部
周宏松　长梁镇建设环保服务中心党支部
汤厚清　长梁镇天生离退休干部党支部
黄维登　长梁镇长梁离退休干部党支部

（三）茅田乡党委（14名）

田明奉　茅田乡小茅田村党支部
樊振信　茅田乡兰鸿槽村党支部
樊艳艳　茅田乡阳坡村党支部
王俊松　茅田乡雪岩顶村党支部
段承华　茅田乡张大顶村党支部
王长学　茅田乡小溪河村党支部
阳家振　茅田乡小茅田村党支部
黄友雄　茅田乡朱家包村党支部
徐寿英　茅田乡新场坪村党支部
贺其贵　茅田乡太和街村党支部
孙　利　茅田乡大茅田社区党支部
李　淦　茅田乡政府机关党支部
肖　进　茅田乡派出所党支部
李海星　茅田乡非公战线党支部

（四）龙坪乡党委（14名）

王良恩　龙坪乡崔家坪村党支部
胡成继　龙坪乡黄金淌村党支部
毛圣娇　龙坪乡后湾村党支部
王定双　龙坪乡野果寨村党支部
张绪清　龙坪乡玉兰坪村党支部
黄恩红　龙坪乡新场垭村党支部
陈昌桂　龙坪乡申酉坪村党支部
斯光亚　龙坪乡楂树坪村党支部
田世兵　龙坪乡小垭子村党支部
袁黔进　龙坪乡龙潭坪社区党支部
张发翠　龙坪乡龙潭坪社区党支部
姚燕飞　龙坪乡财政所党支部
周永芳　龙潭坪初级中学党支部
代永美　龙坪乡机关退休干部党支部

（五）高坪镇党委（18名）

唐　瑛　高坪镇青里坝村党支部
郭龙平　高坪镇干沟村党支部
严　华　高坪镇陶家垭村党支部
郑晓华　高坪镇赶场坝村党支部
苏玖山　高坪镇青里坝村党支部
魏宏平　高坪镇麻布溪村党支部
李保实　高坪镇柏杨坪村党支部
黄文英　高坪镇青里坝村党支部
康华友　高坪镇花园村党支部
姜化界　高坪镇望坪社区党支部
焦　伟　高坪镇十字路社区党支部
李东平　高坪镇八角社区党支部
杨玉清　高坪镇政府机关党支部
黄美清　高坪镇财政所党支部
朱茂良　高坪镇高坪初中党支部
左世友　高坪镇教育战线机关党支部
刘焕冬　高坪镇垂管部门联合党支部
郭兴辉　高坪镇政府机关退休党支部

（六）三里乡党委（15名）

刘美荣　三里乡槐坦村党支部
解为年　三里乡枫香树村党支部
王克明　三里乡大洪村党支部
罗应波　三里乡窑场村党支部
何　琼　三里乡香树湾村党支部
崔孝峰　三里乡窑场村党支部
崔显品　三里乡崔家村坊村党支部
万其珍　三里乡大沙河村党支部
胡任远　三里乡政府机关党支部
田秀全　三里乡政府机关党支部
文　青　三里乡政府机关党支部
文金平　三里乡政府机关党支部
张　雄　三里乡政府机关党支部
韩　涛　三里乡派出所党支部
肖桂芳　三里乡老干部党支部

（七）红岩寺镇党委（12名）

刘　锋　红岩寺镇金子墩村党支部
田　涛　红岩寺镇凌家沟村党支部
姚永平　红岩寺镇刘家坪村党支部
叶友平　红岩寺镇红岩村党支部
李傲雪　红岩寺镇涂坪村党支部
毛　锐　红岩寺镇大面坡村党支部
邹伦双　红岩寺镇桃园社区党支部
黄支宇　红岩寺镇政府机关党支部
蒋万贵　红岩寺镇政府机关党支部
余　周　红岩寺镇派出所党支部
吴斌常　红岩寺镇中心学校党支部
易宗文　红岩寺镇机关退休干部党支部

（八）花坪镇党委（20名）

向东风　花坪镇石板溪村党支部
朱以武　花坪镇易家荒村党支部
田　毅　花坪镇田家坝村党支部
赵家斌　花坪镇稻子坦村党支部
陈　刚　花坪镇太平龙村党支部
陈　平　花坪镇隔马坦村党支部
朱信贵　花坪镇太平龙村党支部
刘述兰　花坪镇小西湖村党支部
向礼荣　花坪镇后塘村党支部
刘建勇　花坪镇村坊村党支部
李昌煌　花坪镇李家坪村党支部
谢世燕　花坪镇漆寮村党支部
毛玉堂　花坪镇金盆村党支部
田庆华　花坪镇政府机关党支部
徐友堂　花坪镇政府机关党支部
伍章浩　花坪镇政府机关党支部
张玉石　花坪镇派出所党支部
齐卫华　花坪镇农技安全食药人社联合党支部
胡楚权　花坪镇政府机关老龄党支部
卢茂华　花坪镇政府机关老龄党支部

（九）景阳镇党委（15名）

贺建森　景阳镇廖家坦村党支部

张开碧　景阳镇大坝村党支部
向　彪　景阳镇大坝村党支部
丁丰国　景阳镇团碑村党支部
向先锋　景阳镇白果树村党支部
秦大志　景阳镇偏坦村党支部
向登焕　景阳镇兴隆寺村党支部
阳保如　景阳镇团碑村党支部
周　燕　景阳镇偏坦村党支部
郭俊峰　景阳镇后槽村党支部
黄光仕　景阳镇大树垭村党支部
陈　立　景阳镇五花寨村党支部
羿圣昌　景阳镇政府机关支部
黄　璐　景阳镇派出所党支部
赵家林　景阳镇国土公路安全城建规划移民服务中心联合党支部

（十）官店镇党委（18名）

曾永贵　官店镇双茶村党支部
向朝轩　官店镇灯笼山村党支部
谭立行　官店镇车营村党支部
肖和虎　官店镇长岭村党支部
范荣华　官店镇摩峰村党支部
朱元清　官店镇竹园坝村党支部
史建章　官店镇金家湾村党支部
黄克银　官店镇猪耳河村党支部
黄腊春　官店镇刘家包村党支部
陈　立　官店镇东坪村党支部
尹双武　官店镇战场坝村党支部
黄光社　官店镇小村村党支部
孙　鹏　官店镇磨盘寨村党支部
马宏婷　官店镇党政综合办公室党支部
张贵武　官店镇党政综合办公室党支部
王宗槐　官店镇派出所党支部
陈祥海　官店镇机关离退休老干部党支部
汪应发　官店镇机关离退休老干部党支部

（十一）县委直属机关工委（44名）

吴　超　县委办公室机关党支部
吴克忠　县人民政府办公室机关党支部
覃舜虎　县纪委监委机关第四党支部
房　青　县委宣传部机关党支部
黄皇英　县委统战部党支部
向　鹍　县委政法委机关党支部
革兆慧　县档案馆党支部
马德华　县委党校县行政学校党支部
陈　婕　县人民检察院机关党支部
董竹青　国家税务总局建始县税务局第二分局党支部
毛雪莲　县公共资源交易中心党支部
姚　红　县公路管理局机关党支部
陈艳玲　县发展和改革局机关党支部
黄继波　县退役军人事务局党支部
李宏彪　县森林公安局党支部
余　翔　恩施州生态环境局建始县分局党支部
庞　健　县生态能源局党支部
向贻钰　县环境卫生管理所党支部
黄家祯　县招商服务中心党支部
杨万柏　县科学技术和经济信息化局机关党支部
庞青松　县教育局机关党支部
马红清　县残疾人联合会党支部
刘羽平　县医疗保障局党支部
姚代松　县水利局机关党支部
郭　弥　县文化和旅游局机关党支部
尹祥伟　县畜牧兽医服务中心机关党支部
余礼伟　县融媒体中心党支部
刘东承　湖北店子坪当代红色教育基地培训学校党支部
谭洪波　县中医医院机关党支部
刘　露　县中等职业技术学校教工二党支部
丁才夫　恩施州烟草公司建始县烟叶分公司机关党支部
何建军　县市场监督管理局机关四党支部
贺继美　县政务服务和大数据管理局党支部

牟伦辉 县自然资源和规划局机关第二党支部
杜 鸿 县应急管理局党支部
张 华 县公安局特警党支部
熊德军 湖北建始工业园区管理委员会机关党支部
谭建波 县招商服务中心党支部
龙水源 县民政局机关党支部
罗来玉 县委办公室老年党支部
肖茂坤 县人民政府办公室老年党支部
黄世益 县人大常委会机关老年党支部
胡永铸 县政协老年党支部
李友华 县纪委监委机关老年党支部

（十二）县委“两新”工委（8名）

周 义 恩施晨龙精密制造有限公司党支部
吴 苑 建始县九皇食品和食达好农产品工贸有限公司联合党支部
王小平 世纪童乐幼儿园党支部
潘贤军 建始县虹桥传媒有限公司党支部
李 玮 建始县永昌客运公司党支部
张建卫 建始县通龙天然气有限公司党支部
苏建敏 红岩寺镇双达鞋业非公企业联合党支部

中共建始县委建始县人民政府关于表扬2019年脱贫攻坚优秀集体和个人的通报

（2019年10月16日）

今年以来，全县上下坚持以习近平新时代中国特色社会主义思想为指导，认真贯彻落实党中央重大决策部署和习近平总书记关于扶贫工作重要论述，按照省、州的统一安排，紧紧围绕决战整县脱贫摘帽这一中心目标，下足绣花功夫，聚焦“准实”要求，全力以赴补短板、固底板、强主板，狠抓各项工作落实落地，涌现出一批扎实工作、成绩突出、表现优异、具有明显示范带动作用的脱贫攻坚优秀集体和个人。为进一步激发全县上下广大干部群众齐心协力战贫脱贫的决心和干劲，县委、县政府决定对业州镇杉木村尖刀班等50个尖刀班、黄伟等100名优秀扶贫干部、陈仁桂等99名“脱贫之星”予以通报表扬。

希望受表扬的集体和个人珍惜荣誉，再接再厉，在工作中继续争先创优，争取新的更大成绩。全县各级各部门、广大干部群众要以先进为榜样，不忘初心、牢记使命，进一步坚定决心、强化作风、务实举措，推动脱贫攻坚各项具体工作再上新台阶，为全县如期顺利脱贫摘帽、高质量打赢脱贫攻坚战提供坚强保障。

附件：建始县2019年脱贫攻坚优秀集体和个人名单

一、优秀尖刀班（共50个）

业州镇杉木村尖刀班
业州镇龙门子村尖刀班
业州镇代陈沟村尖刀班
业州镇苏家坪村尖刀班
业州镇秦家园村尖刀班
业州镇磨子岩村尖刀班
长梁镇后三溪村尖刀班
长梁镇邱家台村尖刀班
长梁镇下坝社区尖刀班
长梁镇鹿鸣塘村尖刀班
长梁镇大坦村尖刀班
长梁镇钰洪村尖刀班
长梁镇龙潭村尖刀班

长梁镇杨家坦村尖刀班
茅田乡雪岩顶村尖刀班
茅田乡张大顶村尖刀班
茅田乡刺竹坪村尖刀班
茅田乡青岩村尖刀班
龙坪乡小垭子村尖刀班
龙坪乡新场垭村尖刀班
龙坪乡玉兰坪村尖刀班
龙坪乡楂树坪村尖刀班
三里乡大牌村尖刀班
三里乡窑场村尖刀班
三里乡小洪落村尖刀班
三里乡新桥社区尖刀班
红岩寺镇大面坡村尖刀班
红岩寺镇金子墩村尖刀班
高坪镇花石板村尖刀班
高坪镇八角社区尖刀班
高坪镇陶家垭村尖刀班
高坪镇望坪社区尖刀班
高坪镇麻布溪村尖刀班
花坪镇茨竹沟村尖刀班
花坪镇黑溪坝村尖刀班
花坪镇黄鹤村尖刀班
花坪镇李家坪村尖刀班
花坪镇三岔槽村尖刀班
花坪镇石板溪村尖刀班
花坪镇石马坝村尖刀班
景阳镇高燎村尖刀班
景阳镇后槽村尖刀班
景阳镇龙家坝村尖刀班
景阳镇桐梓沟村尖刀班
官店镇刘家包村尖刀班
官店镇柳木坦村尖刀班
官店镇毛家槽村尖刀班
官店镇双茶村尖刀班
官店镇雅池坝村尖刀班
官店镇长岭村尖刀班

二、优秀扶贫干部（共100名）

1. 业州镇（12名）

黄　伟　州畜牧兽医服务中心驻业州镇代陈沟村尖刀班成员
刘　奎　州财政局驻业州镇苏家坪村尖刀班班长
张　钧　县审计局驻业州镇柳树墒村第一书记、尖刀班班长
向明峰　县委组织部驻业州镇石桥湾村第一书记、尖刀班班长
黄玉鸿　县委组织部驻业州镇雀儿笼村第一书记、尖刀班班长
卢家媛　县供销社驻业州镇茶园沟村尖刀班班长
向诗兵　业州镇林业站驻业州镇岩风洞村尖刀班班长
张兵昌　业州镇农技服务中心驻业州镇奇羊坝村第一书记、尖刀班班长
龙玉才　业州镇柏腊树社区党支部书记、村委会主任
谭绍清　业州镇羊茆头村党支部书记
李代玉　业州镇卫生院驻业州镇红土坪村尖刀班班长
刘孝义　业州镇猫儿坪村党支部书记

2. 长梁镇（18名）

康一全　县机关事务服务中心驻长梁镇邱家台村尖刀班成员
邱代琼　县粮食局驻长梁镇天生桥社区第一书记、尖刀班班长
严　君　县铁矿办驻长梁镇独树子村第一书记、尖刀班班长
毛建红　县工业园区驻长梁镇广龙村第一书记、尖刀班班长
陈宏山　县发改局驻长梁镇榨茨河村第一书记

王嗣鱼 县人民政府办公室驻长梁镇鹿鸣塘村尖刀班班长
朱　玲 县档案馆驻长梁镇三块碑村尖刀班成员
乔明俊 县人大常委会办公室驻长梁镇龙潭村尖刀班成员
田从社 县国投公司驻长梁镇杨家坦村尖刀班班长
李亥祥 长梁镇安全中心驻白云村尖刀班班长
李爱民 长梁镇畜牧中心驻桂花村尖刀班班长
胡家兴 长梁镇环保中心驻金塘村尖刀班班长
吕世杰 长梁镇百股水村党支部书记、村委会主任
刘宏应 长梁镇双河口村党支部书记、村委会主任
张小妹 长梁镇磨角塘村党支部书记、村委会主任
李继初 长梁镇罗家嘴村党支部书记、村委会主任
李源海 长梁镇石盆水村党支部书记、村委会主任
陈焱韩 长梁镇二台子村党支部书记

3. 茅田乡（6名）

郭　慧 县水利局驻茅田乡瓦渣坪村第一书记、尖刀班班长
李　涛 县疾控中心驻茅田乡封竹淌村尖刀班班长
黎飞宏 县公安局驻茅田乡板厂槽村尖刀班成员
向　农 县人大常委会办公室驻茅田乡铁厂村第一书记、尖刀班班长
张　恒 县食品药品监督管理局茅田监管所驻三岔沟村第一书记、尖刀班班长
梁宏平 茅田乡畜牧兽医服务中心驻茅田乡东龙河村第一书记、尖刀班班长

4. 龙坪乡（8名）

陈　彪 县委组织部驻龙坪乡铁厂坝村第一书记、尖刀班班长
柯光伟 县人民法院驻龙坪乡新佛寺村尖刀班成员
夏尚奉 县统计局驻龙坪乡玉兰坪村第一书记、尖刀班成员
张玉和 县市场监督管理局驻龙坪乡彭家淌村第一书记、尖刀班班长
王良恩 龙坪乡司法所驻崔家坪村尖刀班成员
张毓程 龙坪乡人民政府驻大树湾村第一书记、尖刀班班长
黄长才 龙坪乡柳林荒村党支部纪检委员
徐贻平 龙坪乡魏家垭村党支部副书记

5. 三里乡（9名）

张仕来 华电湖北公司驻三里乡大牌村第一书记、尖刀班班长
何　琼 州交通运输局驻三里乡香树湾村第一书记
黄祖成 县财政局驻三里乡洋湖沟村第一书记、尖刀班班长
刘江平 县环卫所驻三里乡崔家村坊村第一书记、尖刀班班长
张鹤林 县民宗局驻三里乡绿荫村第一书记、尖刀班班长
王克明 县安全生产监察大队（三里中队）驻大洪落村第一书记、尖刀班班长
幸建秀 三里乡政府驻杨柳村党支部书记
王传寿 三里乡马坡村党支部书记
周金刚 三里乡干沟村党支部书记

6. 红岩寺镇（3名）

李　凯 县委宣传部驻红岩寺金子墩村尖刀班成员

陈玉柏　红岩寺镇畜牧兽医服务中心驻刘家坪村尖刀班班长
李长春　红岩寺镇涂坪村党支部书记
7. 高坪镇（9 名）
吴国荣　县经管局驻高坪镇石门村尖刀班成员
刘叶茂　县住建局驻高坪镇河落子村尖刀班成员
金必鑫　高坪镇中心卫生院驻石垭子社区第一书记、尖刀班班长
李保实　高坪镇工商所驻柏杨坪村尖刀班班长
韩国兴　高坪镇政府派驻东庄村党支部书记
胡华山　高坪镇望坪社区党支部书记
丁妍婷　高坪镇大店子村党支部书记
董　武　高坪镇九龙潭村党支部书记、村委会主任
黄光双　高坪镇赤沙地村党支部书记
8. 花坪镇（14 名）
刘　宁　县市场监督管理局驻花坪镇石板溪村第一书记、尖刀班班长
杨厚清　人行建始县支行驻花坪镇大洪寨村第一书记
杨春成　县移民局驻花坪镇火田槽村尖刀班班长
黄　辉　县税务局驻花坪镇漆察村第一书记、尖刀班班长
胡振红　县人社局驻花坪镇落水坪村第一书记、尖刀班班长
丁世永　县国资局驻花坪镇大槽村尖刀班班长
程明军　县居保局驻花坪镇唐坪村第一书记、尖刀班班长
周　桦　花坪镇扶贫办主任
翟祥忠　花坪镇政府驻刀背垭村尖刀班班长
刘安波　花坪镇人社中心驻周塘村尖刀班班长
杜芳旭　花坪镇太平龙村党支部书记
向东风　花坪镇石板溪村党支部书记
向东风　花坪镇天鹅村党支部书记、村委会主任
赵家斌　花坪镇稻子坦村党支部书记
9. 景阳镇（8 名）
丁丰国　武昌理工学院驻景阳镇团碑村第一书记
龙九零　县人民政府办公室驻桐梓沟村第一书记、尖刀班班长
郑志飚　县森林公安局刑警大队驻景阳镇兴隆寺村尖刀班成员
黄在位　县公路管理局驻景阳镇大里村第一书记、尖刀班班长
黄宗彪　景阳镇财政所驻尹家村尖刀班班长
孙国宝　景阳镇人社中心驻龙潭槽村第一书记
陈　立　景阳镇五花寨村党支部书记
黄　中　景阳镇大树垭村支部委员
10. 官店镇（13 名）
谭立行　州税务局驻官店镇车营村第一书记
黄　飞　中国联通建始分公司驻官店镇三里荒村尖刀班班长
王绪明　县畜牧兽医服务中心驻官店镇中岭村第一书记
向建华　县税务局驻官店镇黄花坪村第一书记、尖刀班班长
张旭东　县卫生健康局驻官店镇小村村尖刀班成员
朱方慧　县总工会驻官店镇金家湾村尖刀班成员
朱　雷　县委巡察办驻官店镇官店口社区第一书记
吴　雄　县道路运输管理所驻官店镇鱼精坝村第一书记

颜君强　建始县食品药品监督管理局官店监管所驻竹园坝村第一书记、尖刀班班长

向宏益　官店烟草站驻滴水岩村尖刀班班长

曾凡碧　官店镇政府驻白沙村第一书记

孙　传　官店镇磨盘寨村村委会委员

柳茂国　官店镇猪耳河村支部书记、村委会主任

三、脱贫之星（共99名）

1. 业州镇（10名）

陈仁桂　业州镇代陈沟村村民

黄庭轩　业州镇杉木村村民

彭祖奎　业州镇石梯子村村民

李明周　业州镇田家坪村村民

刘克纯　业州镇柳树墒村村民

李美菊　业州镇苏家坪村村民

熊建平　业州镇龙门子村村民

吴　涛　业州镇当阳坝村村民

张大兴　业州镇小漂村村民

余明坤　业州镇杨泗庙村村民

2. 长梁镇（13名）

黄先平　长梁镇天生桥社区居民

李宗应　长梁镇磨角塘村村民

李来伟　长梁镇罗家嘴村村民

解立书　长梁镇松林村村民

张晓军　长梁镇长梁村村民

刘中南　长梁镇金塘村村民

李春权　长梁镇榨茨河村村民

李来兵　长梁镇卸甲坝村村民

胡成英　长梁镇钰洪村村民

陈礼阶　长梁镇三宝村村民

董光青　长梁镇龙潭村村民

周匡杰　长梁镇东门溪村村民

何显政　长梁镇火龙社区居民

3. 茅田乡（7名）

冯长威　茅田乡大茅田社区居民

杨进义　茅田乡木桥村村民

袁超勇　茅田乡梦花岭村村民

李祥伟　茅田乡刺竹坪村村民

尹金芳　茅田乡耍操门村村民

侯著银　茅田乡新场坪村村民

陈家华　茅田乡朱家包村村民

4. 龙坪乡（10名）

周　琼　龙坪乡店子坪村村民

龚　健　龙坪乡花椒园村村民

张　松　龙坪乡彭家淌村村民

张永元　龙坪乡山羊头村村民

陈国伟　龙坪乡龙潭坪社区居民

许万梅　龙坪乡铁厂坝村村民

谭贤华　龙坪乡下棋棚村村民

丰　超　龙坪乡新场垭村村民

李光新　龙坪乡新佛寺村村民

易书远　龙坪乡玉兰坪村村民

5. 三里乡（10名）

张弟龙　三里乡大牌村村民

朱大轩　三里乡白岩村村民

李德杨　三里乡大丰墒村村民

徐紫华　三里乡干沟村村民

刘欣林　三里乡高峰村村民

谭明章　三里乡河坪社区居民

张学文　三里乡香树湾村村民

张申芳　三里乡杨柳村村民

马志敏　三里乡洋湖沟村村民

杨兴宏　三里乡扎鱼口村村民

6. 红岩寺镇（7名）

李爱明　红岩寺镇凉水埠村村民

李宏全　红岩寺镇红岩村村民

李宗爱　红岩寺镇桃园社区居民

刘应轩　红岩寺镇涂坪村村民

舒胜福　红岩寺镇大面坡村村民

姚永伟　红岩寺镇红岩寺社区居民

邹伦琴　红岩寺镇刘家坪村村民

7. 高坪镇（10名）
黄世国　高坪镇八角社区居民
乔申荣　高坪镇把住荒村村民
谭先奎　高坪镇东桩村村民
付光国　高坪镇赶场坝村村民
张周燕　高坪镇河落子村村民
龙本国　高坪镇花石板村村民
谈建琼　高坪镇石门村村民
王春平　高坪镇石垭子社区居民
王　立　高坪镇小水田村村民
周建安　高坪镇小窝坑村村民
8. 花坪镇（10名）
李国军　花坪镇三岔村村民
刘世清　花坪镇隔马坦村村民
刘武权　花坪镇蔡家村村民
谭大宝　花坪镇田家坝村村民
汪凤轩　花坪镇徐家坦村村民
王自华　花坪镇刀背垭村村民
向定锋　花坪镇大洪寨村村民
向宏门　花坪镇后塘村村民
陈晓霞　花坪镇易家荒村民
尹国华　花坪镇崔家河村村民
9. 景阳镇（10名）
黄本贵　景阳镇双寨子村村民
雷福秀　景阳镇郑家坦村村民
李大双　景阳镇社堂村村民
刘承龙　景阳镇硝洞坪村村民
罗作富　景阳镇大天坑村村民
彭成勇　景阳镇孙家坪村村民
宋学龙　景阳镇谢家湾村村民
夏遵现　景阳镇青龙河村村民
向　炎　景阳镇后槽村村民
章先华　景阳镇高燎村村民
10. 官店镇（12名）
曹绪恩　官店镇大庄坪村村民
高润观　官店镇木弓河村村民
胡国才　官店镇车营村村民
刘慎华　官店镇长岭村村民
孟江来　官店镇照京坪村村民
斯书军　官店镇猪耳河村村民
谭德江　官店镇灯笼山村村民
万祥华　官店镇三里荒村村民
王　杰　官店镇石斗坪村村民
吴桂安　官店镇毛家槽村村民
殷武洲　官店镇刘家包村村民
付玉峰　官店镇滴水岩村村民

中共建始县委建始县人民政府
关于建始县县级机构改革实施意见

（2019年2月28日）

《建始县机构改革方案》已报省委、省政府和州委、州政府批准并正式印发。为认真贯彻落实党中央和省委、州委决策部署，确保我县县级机构改革各项任务落到实处，提出如下实施意见。

一、总体要求

以习近平新时代中国特色社会主义思想为指导，全面贯彻党的十九大和十九届二中、三中全会精神及习近平总书记视察湖北重要讲话精神，全面贯彻习近平总书记关于深化党和国家机构改革的重要论述，牢固树立“四个意识”，坚决做到“两个维护”，以加强党的全面领导为统领，以国家治理体系和治理能力现代化为导向，以推进机构改革职能优化协同高效为着力点，改革机构设置，优化职能配置，理顺职责关系，积极构建系统完备、科学规范、运行高效的机构职能体系，为决胜全面建成小康社会，打赢“四大战役”，建设“四个建始”提供坚强有力的体制机制保障。

二、主要任务

（一）调整优化县委机构和职能

1. 建立健全和优化县委对重大工作的领导体制机制

（1）组建县监察委员会。将县监察局的职责，以及县人民检察院查处贪污贿赂、失职渎职和预防职务犯罪等反腐败相关职责整合，组建县监察委员会，同县纪律检查委员会合署办公，履行纪检、监察两项职责，实行一套工作机构、两个机关名称，不再保留县监察局。

（2）组建县委全面依法治县委员会，作为县委议事协调机构。县委全面依法治县委员会办公室设在县司法局。将县委法治建始建设领导小组办公室、县依法治县领导小组办公室的职责交由县委全面依法治县委员会办公室承担。不再保留县委法治建始建设领导小组及其办公室、县依法治县领导小组及其办公室。

（3）组建县委网络安全和信息化委员会，作为县委议事协调机构。县委网络安全和信息化委员会办公室设在县委宣传部，与县互联网信息办公室一个机构两块牌子。县委理论信息中心不再保留县互联网信息办公室牌子。

（4）组建县委财经委员会，作为县委议事协调机构。县委财经委员会办公室设在县委政策研究室。

（5）组建县委外事工作委员会，作为县委议事协调机构。县委外事工作委员会办公室设在县委办公室，与县人民政府外事办公室一个机构两块牌子。将县人民政府办公室的外事管理职责划入县委外事工作委员会办公室（县人民政府外事办公室）。

（6）组建县委军民融合发展委员会，作为县委议事协调机构。县委军民融合发展委员会办公室设在县科学技术和经济信息化局。

（7）组建县委审计委员会，作为县委议事协调机构。县委审计委员会办公室设在县审计局。

（8）将县全面深化改革领导小组改为县委全面深化改革委员会，作为县委议事协调机构。县委全面深化改革委员会办公室设在县委政策研究室。

（9）将县国家安全领导小组改为县委国家安全委员会，作为县委议事协调机构。县委国家安全委员会办公室设在县委办公室。县委政法委员会不再保留县国家安全领导小组办公室牌子。

（10）组建县委教育工作领导小组，作为县委议事协调机构。县委教育工作领导小组秘书组设在县教育局。不再保留设在县教育局的县政府教育督导室。

2. 强化县委职能部门的统一归口协调管理职能

（1）县委办公室统一管理机要保密工作。将县委机要局（县密码管理局、县委信息化工作办公室、县专用通信局）的职责划入县委办公室。县委办公室对外加挂县委机要和保密局（县国家保密局）、县委密码工作领导小组办公室（县国家密码管理局）、县专用通信局牌子。不再保留县委机要局（县密码管理局、县委信息化工作办公室）。

（2）县委组织部统一管理县委机构编制委员会办公室。调整优化县机构编制委员会领导体制，将县机构编制委员会改为县委机构编制委员会，作为县委议事协调机构，统筹负责机构职能编制工作。县委机构编制委员会办公室作为县委机构编制委员会的办事机构，承担县委机构编制委员会日常工作，作为县委工作机关，归口县委组织部管理。县委机构编制委员会办公室不再保留县行政审批制度改革工作领导小组办公室牌子。

（3）县委组织部统一管理公务员工作。将县人力资源和社会保障局（县公务员局）的公务员综合管理职责划入县委组织部。县委组织部对外加挂县公务员局牌子。具人力资源和社会保障局不再保留县公务员局牌子。

（4）县委组织部统一管理老干部工作。将县委老干部局由县委组织部管理的机关调整为在县委组织部挂牌。不再保留单设的县委老干部局。

（5）县委宣传部统一管理新闻出版工作。将县文化体育新闻出版广电局（县版权局）的新闻出版管理职责和有关电影管理职责划入县委宣传部。县委宣传部对外加挂县新闻出版局（县版权局）牌子。县文化体育新闻出版广电局不再保留县版权局牌子。

（6）县委统一战线工作部统一领导县民族宗教事务局。县民族宗教事务局归口县委统一战线工作部领导，仍作为县政府工作部门。

（7）县委统一战线工作部统一管理侨务工作。将县人民政府办公室的侨务管理职责划入县委统一战线工作部。县委统一战线工作部对外加挂县人民政府侨务办公室牌子。

3. 其他调整优化的机构

（1）将县委政研室更名为县委政策研究室，由县委办公室内设机构调整为县委工作机关。

（2）将县信访局由县委办公室、县政府办公室管理的机关调整为县委工作机关。不再保留与县信访局合署办公的县委群众工作部。

（3）县委组织部对外加挂县委非公有制经济组织和社会组织工作委员会牌子。将县委县直机关工作委员会更名为县委直属机关工作委员会，由县委组织部管理的机关调整为在县委组织部挂牌。

（4）县委宣传部对外加挂县委精神文明建设指导委员会办公室、县人民政府新闻办公室牌子。

（5）县委统一战线工作部对外加挂县委台湾工作办公室（县人民政府台湾事务办公室）牌子。不再保留与县委统一战线工作部合署办公的台湾工作办公室（县政府台湾事务办公室）。

（6）优化县委办公室职责。将县档案局（县档案馆）的行政职能划入县委办公室。县委办公室对外加挂县档案局牌子。县档案馆仍作为县委直属事业单位。保留县委落实党风廉政建设党委主体责任领导小组，日常工作由县委办公室承担，不再保留设在县委办公室的县委落实党风廉政建设主体责任办公室。

4. 不再设立的机构

（1）不再设立县社会管理综合治理委员会及其办公室、县维护社会稳定工作领导小组及其办公室，有关职责交由县委政法委员会承担。

（2）不再设立县委防范处理邪教办公室，有关职责交由县委政法委员会、县公安局承担。

5. 保留的机构

保留县委政法委员会、县委巡察工作领导小组办公室，作为县委工作机关。

（二）调整优化县政府机构和职能

1. 新组建或重新组建的机构

（1）组建县科学技术和经济信息化局。将县经济和信息化局（县中小企业发展局）的职责，县商务局的职责，以及县教育局（县科学技术局）的科学技术工作职责整合，组建县科学技术和经济信息化局，作为县政府工作部门。县科学技术和经济信息化局对外加挂县商务局牌子。不再保留县经济和信息化局（县中小企业发展局）。不再保留单设的县商务局。县教育局不再保留县科学技术局牌子。

（2）组建县自然资源和规划局。将县国土

资源局（县地震局）的职责，县发展和改革局的组织编制主体功能区规划职责，县住房和城乡建设局的城乡规划管理、测绘管理职责，县水利水产局的水资源调查和确权登记管理职责，县林业局的森林、湿地等资源调查和确权登记管理职责，以及县畜牧兽医局的草原资源调查和确权登记管理职责整合，组建县自然资源和规划局，作为县政府工作部门。不再保留县国土资源局（县地震局）。

（3）组建县农业农村局。将县委农村工作领导小组办公室的职责，县农业局的职责，县发展和改革局的农业投资项目、县财政局的农业综合开发项目、县国土资源局的农田整治项目、县水利水产局的农田水利建设项目管理职责，县水利水严局的渔业渔政管理职责，以及县畜牧兽医局（县防治重大动物疫病指挥部办公室）的行政职能整合，组建县农业农村局，作为县政府工作部门。保留县委农村工作领导小组，作为县委议事协调机构。县委农村工作领导小组办公室设在县农业农村局。不再保留县农业局。

（4）组建县文化和旅游局。将县文化体育新闻出版广电局的职责，以及县旅游局的行政职能整合，组建县文化和旅游局，作为县政府工作部门。县文化和旅游局对外加挂县广播电视局、县体育局、县文物局牌子。不再保留县文化体育新闻出版广电局。

（5）组建县卫生健康局。将县卫生和计划生育局（县医院管理局）的职责，以及县民政局的老龄工作职责，县安全生产监督管理局的职业安全健康监督管理职责整合，组建县卫生健康局，作为县政府工作部门。县卫生健康局对外加挂县中医药管理局牌子。县民政局代管的县老龄协会改由县卫生健康局代管。不再保留县卫生和计划生育局（县医院管理局）。县民政局不再保留老龄办公室。

（6）组建县退役军人事务局。将县民政局的退役军人优抚安置职责，县人力资源和社会保障局的军官转业安置职责，以及军队有关职责整合，组建县退役军人事务局，作为县政府工作部门，按中央有关改革部署实施。

（7）组建县应急管理局。将县安全生产监督管理局（县煤炭产业办公室）的职责，县人民政府办公室的应急管理职责，县公安局的消防管理职责，县民政局的救灾职责，县国土资源局（县地震局）的地质灾害防治和震灾应急救援职责，县水利水产局（县防汛抗旱指挥部办公室）的水旱灾害防治、县林业局的森林防火、县畜牧兽医局的草原防火相关职责，以及县防汛抗旱指挥部、县森林防火指挥部的职责整合，组建县应急管理局，作为县政府工作部门，按中央有关改革部署实施。县应急管理局对外加挂县地震局牌子。不再保留县安全生产监督管理局（县煤炭产业办公室）。县水利水产局不再保留县防汛抗旱指挥部办公室牌子。

（8）组建县市场监督管理局。将县工商行政管理局的职责，县质量技术监督局的职责，县食品药品监督管理局（县食品药品安全委员会办公室、县酒类流通管理局）的职责，以及县发展和改革局（县物价局）的价格监督检查与反垄断执法职责，县教育局（县科学技术局）的知识产权保护职责，县商务局的经营者集中反垄断执法等职责整合，组建县市场监督管理局，作为县政府工作部门。县市场监督管理局对外加挂县知识产权局牌子。县质监局稽查分局、乡镇工商所、乡镇食品药品监督管理所纳入综合行政执法改革工作统筹考虑。保留县食品药品安全委员会，日常工作由县市场监督管理局承担。不再保留县工商行政管理局、县质量技术监督局、县食品药品监督管理局（县食品药品安全委员会办公室、县酒类流通管理局）。不再保留县工商局登记注册分局、县工商局消费者权益保护分局、县工商局督察队、县工商局稽查分局、县工商局市场主体信用监督管理分局、县价格监督检查分局（县成本调查监审分局），整合调整为县市场监督管理局内设机构。

（9）组建县医疗保障局。将县人力资源和社会保障局的城镇职工和城镇居民基本医疗保险、新型农村合作医疗、生育保险等管理职责，县发展和改革局（县物价局）的药品和医疗服务价格管理职责，县民政局的医疗救助职责整合，组建县医疗保障局，作为县政府工作部门。

（10）组建县政务服务和大数据管理局。将县政务服务中心管理办公室的职责，县公共资源交易管理委员会办公室（县公共资源交易监督管理局）的职责，以及县机构编制委员会办公室（县行政审批制度改革工作领导小组办公室）的行政审批制度改革职责，县人民政府办公室的政务公开、政务信息化管理、电子政务建设管理等职责整合，组建县政务服务和大数据管理局，作为县政府工作部门。县政务服务和大数据管理局对外加挂县公共资源交易监督管理局牌子。不再保留县政务服务中心管理办公室。不再保留单设的县公共资源交易管理委员会办公室（县公共资源交易监督管理局）。

（11）重新组建县司法局。将县司法局的职责，以及县人民政府办公室（县人民政府法制办公室）的法制工作职责整合，重新组建县司法局，作为县政府工作部门。县人民政府办公室不再保留县人民政府法制办公室牌子。

2. 调整优化的机构

（1）以县城市管理局的行政综合执法、行政管理职能为基础，将县城市管理局更名为县城市管理执法局，由县政府直属事业单位调整为县政府工作部门。以县城市管理局的公益职能为基础设立县城市发展服务中心，为县城市管理执法局管理的事业单位，与县城市管理执法局合署办公。不再保留县城市管理局。

（2）将县水利水产局更名为县水利局。将县移民局的行政职能划入县水利局。县水利局对外加挂县河湖长制办公室牌子。

（3）将县扶贫开发办公室更名为县人民政府扶贫开发办公室。县人民政府扶贫开发办公室不再保留县精准扶贫工作作战指挥部办公室牌子。

（4）县人民政府办公室对外加挂县人民政府研究室、县金融领导小组办公室牌子。不再保留县招商局（县硒资源保护与开发局）牌子。不再保留作为内设机构的县政府外事侨务办公室、县政府应急管理办公室。

（5）县财政局对外加挂县人民政府国有资产监督管理局牌子。不再保留县国有资产监督管理局牌子。

（6）优化县发展和改革局职责。将县粮食局的行政职能划入县发展和改革局，县发展和改革局对外加挂县粮食局牌子。不再保留县物价局牌子。

（7）优化县交通运输局职责。将县水利水产局的渔船检验和监督管理职责划入县交通运输局。

（8）优化县审计局职责。将县发展和改革局的重大项目稽察、县财政局（县国有资产监督管理局）的预算执行情况和其他财政收支情况的监督检查、国有企业领导干部经济责任审计和县国有企业监事会的职责划入县审计局。不再保留县国有企业监事会。

（9）优化县林业局职责。将县畜牧兽医局的草原监督管理职责，以及相关部门的自然保护区、风景名胜区、自然遗产、地质公园等管理职责划入县林业局。县林业局仍作为县政府工作部门，由县自然资源和规划局统一管理。

3. 保留的机构

保留县教育局、县民族宗教事务局、县公安局、县民政局、县人力资源和社会保障局、县住房和城乡建设局（县人民防空办公室）、县统计局，作为县政府工作部门。

改革后，共设置党政机构37个，其中县委机构10个（含纪检监察机关1个，工作机关9个），县政府工作部门27个。

（三）深化县人大、政协机构改革和群团组织改革

1. 深化县人大机构改革

加强县人大对预算决算、国有资产管理等的监督职能，健全人大组织制度和工作制度，完善县人大专门委员会设置，更好发挥其职能作用。

2. 深化县政协机构改革

推进人民政协履职能力建设，加强人民政协民主监督，优化政协专门委员会设置，更好发挥其作为专门协商机构的作用。

3. 深化群团组织改革

健全党委统一领导群团工作的制度，推动群团组织增强政治性、先进性、群众性，聚焦突出问题，改革机关设置、优化管理模式、创新运行机制，坚持眼睛向下、面向基层，将力量配备、服务资源向基层倾斜，加强乡镇等基层群团组织建设，更好适应基层和群众需要，切实把党中央对群团工作和群团改革的各项要求落到实处。

（四）深化县委县政府直属事业单位改革和承担行政职能的事业单位改革

按照精干高效原则设置党委政府直属事业单位。承担行政职能的事业单位改革，要纳入县级机构改革统筹推进、同步实施。今后除行政执法机构外，不再保留或新设承担行政职能的事业单位，完全、主要和部分承担行政职能的事业单位都要纳入改革实施范围。改革后保留设置的事业单位，名称不再称“委、办、室、局、处”。

1. 深化县委直属事业单位改革

（1）设立县融媒体中心。将县委宣传部所属的县广播电视台、县新闻中心（《恩施日报社》建始记者站）的职责整合，设立县融媒体中心，作为县委直属事业单位，归口县委宣传部领导。县融媒体中心对外加挂县广播电视台牌子。不再保留县新闻中心（《恩施日报社》建始记者站）。

（2）设立县机关事务服务中心。将县人民政府办公室所属的县机关事务管理局的行政职能回归县人民政府办公室机关。县机关事务管理局剥离行政职能后，与县委县人民政府接待办公室的职责整合，设立县机关事务服务中心，作为县委直属事业单位。不再保留县委县人民政府接待办公室、县机关事务管理局。

（3）县委党校（县行政学校）对外加挂县社会主义学校、县民族干部学校牌子。

（4）优化县档案馆职责。将县委县人民政府史志办公室更名为县史志研究中心，由县委直属事业单位调整为在县档案馆挂牌。

2. 深化县政府直属事业单位改革

（1）设立县招商服务中心，作为县政府直属事业单位。县招商服务中心对外加挂县富硒产业发展中心牌子。将县人民政府办公室〈县招商局（县硒资源保护与开发局）的招商工作、富硒产业发展职责划入县招商服务中心。

（2）将县公共资源交易中心由县人民政府办公室管理的事业单位调整为县政府直属事业单位，接受县政务服务和大数据管理局（县公共资源交易监督管理局）监督管理。县公共资源交易中心对外加挂县政府采购中心牌子。

（3）优化县公共检验检测中心职责。将县质量技术监督局所属的县质量监督技术检测中心的职责划入县公共检验检测中心。县公共检验检测中心仍作为县政府直属事业单位，由县市场监督管理局统一管理。不再保留县质量监督技术检测中心。

（4）县畜牧兽医局（县防治重大动物疫病指挥部办公室）剥离行政职能后，更名为县畜牧兽医服务中心，仍作为县政府直属事业单位，由县农业农村局统一管理。

（5）县旅游局剥离行政职能后，不再作为县政府直属事业单位，调整为县文化和旅游局管理的事业单位，与县文化和旅游局合署办公，机构更名等事项待州委编委批复后另行明确。

（6）县粮食局剥离行政职能后，不再作为县政府直属事业单位，调整为县发展和改革局管理的事业单位，机构更名等事项待州委编委批复后另行明确。

（7）县移民局剥离行政职能后，不再作为县政府直属事业单位，调整为县水利局管理的事业单位，机构更名等事项待州委编委批复后另行明确。

改革后，共设置直属事业单位 8 个，其中县委直属事业单位 4 个，县政府直属事业单位 4 个。

3. 深化部门所属承担行政职能的事业单位改革

部门所属事业单位为承担行政职能事业单位的，要在本次机构改革中将行政职能全部回归机关，在实施部门“三定”规定工作和深化事业单位改革中统筹推进落实。承担行政职能事业单位剥离行政职能后，要与其他职能相近的事业单位进行整合归并，减少事业单位数量，精简事业单位编制，进一步规范管理。其中，已按程序备案为承担行政职能的事业单位，按以下方式推进改革：

（1）将县机构编制委员会办公室所属的县事业单位登记管理局的行政职能回归县委机构编制委员会办公室机关。

（2）将县住房和城乡建设局所属的县城乡规划管理局（县测绘地理信息局）的行政职能划入县自然资源和规划局。县城规划管理局（县测绘地理信息局）剥离行政职能后，调整为县自然资源和规划局管理的事业单位，与县自然资源和规划局合署办公，机构更名等事项待州委编委批复后另行明确。

（五）深化综合行政执法改革

整合组建市场监管、生态环境保护、文化市场、交通运输、农业等领域综合执法队伍，实行统一执法。探索实行更大范围的综合执法，逐步实现一支队伍管执法。继续深入推进城市管理等其他跨领域跨部门综合执法，建立健全综合执法协作联动机制和信息共享机制。要从源头上全面梳理、规范和精简行政处罚、行政强制事项，相对集中行政处罚权、行政强制权，依法推进改革。厘清不同层级政府及其部门的执法职责，除金融监管、环保监测监察等中央明确规定实行垂直管理的机构外，其他均落实好属地监管责任。统筹配置行政执法职能和执法资源．大幅减少执法队伍种类，一个部门设有多支执法队伍的，要整合为一支队伍。全面清理清退临时人员和聘用人员，严禁使用辅助人员执法。锁定执法人员编制底数，暂保持现状不变，待中央统一明确政策后逐步规范。完善执法程序，严格执法责任，加强执法监督，不断提高执法队伍综合素质和执法能力水平。深化综合行政执法改革的具体实施，按中央和省有关部署落实。

三、强化机构编制管理刚性约束

机构编制法定化是深化党和国家机构改革的重要保障。要按照党中央推进机构编制法定化的总体要求，加强党对机构制的集中统一领导，强化机构编制管理刚性约束，进一步规范机构、编制、领导职数管理，增强“三定”规定严肃性和权威性，切实巩固党和国家机构改革成果。

（一）规范机构管理

严格执行机构限额规定，不得在限额外设置党政机构，根除挂牌机构实体化、“事业局”等问题。规范管理合并设立机构、合署办公机构、挂牌机构、议事协调机构、临时机构和派出机构。规范确定机构名称，严格执行机构规格有关规定。精简内设机构设置，进一步推进“大科室制”。

1. 规范县委县政府派出机构设置。除按规定保留的党政派出机构外，其他党政派出机构今后按有关规定逐步调整规范。

2. 清理消化限额外等不规范设置的机构。除政法机构外，不再保留其他党政机关直属行政机构，相关职能回归机关，可在机关设置内设机构。不再设置副科级及以上内设机构，统一规范内设机构规格。精简挂牌机构，确需保留的挂牌机构须按程序报批，且不得实体化运行。其他不规范设置的机构均应按规定清理消化。

（二）规范编制管理

坚持编制总量控制，强化编制总量硬约束，不得擅自增加编制种类，省里下达、明确的各级各类人员编制总量，不得以任何理由、任何形式突破，涉及编制总量的调整必须严格按照规定程序报批。结合机构改革，优化编制资源配置，建立编制管理动态调整机制，加大部门间编制统筹调配力度，打破编制分配之后部门所有、单位所有的模式，进一步优化各单位内部人员力量分布。加大控编减编和消化超编人员力度，加快工作进度，尽快完成消化超编工作任务。坚持和完善用编核准制度，将用编核准作为机关事业单位进入的第一环节，促进编制合理有序使用。进一步完善机构编制实名制管理，实现机关事业单位机构编制实名制管理全覆盖。进一步健全机构编制信息公开制度，除保密单位外，都要按照办事公开要求及时公开机构编制有关信息，接受各方监督。

（三）规范领导职数管理

严格执行领导职务名称、领导职务层次、领导职务数量等有关规走。严禁以任何形式超机构规格核定领导职数、配备领导干部，不得自行设置领导职务名称并配备干部，不得超职数配备领导干部，机构改革中因机构整合暂时超配的领导干部，要采取措施予以消化。严格按照规定标准核定领导职务数量，目前没有明确标准规定的，要从严从紧把握。

（四）加大机构编制违纪违法行为的查处力度

严格执行机构编制管理法律法规和党内法规，坚决查处各类违纪违法行为，严肃追责问责。机构编制事项必须由机构编制部门专项办理，其他任何部门和单位无权决定机构编制事项。严格机构编制管理权限和程序，严禁越权审批。坚决整治通过项目资金分配、考核督查、评比表彰等方式干预下级机构设置、职能配置和编制配备的行为，杜绝条条干预。全面清理规范性文件，废除与党和国家机构改革精神及机构编制管理规定不符，特别是涉及条条干预的条款或内容。完善机构编制同纪检监察机关和组织人事、审计等部门的协作联动机制，形成监督检查合力。

四、实施步骤

按照党中央要求，县级机构改革在 2019 年 3 月底前基本完成。为确保如期完成改革任务，县级机构改革按以下步骤进行。

（一）动员部署（2 月下旬）

召开全县机构改革动员大会，对全县机构改革进行统一部署。坚决贯彻落实习近平总书记关于深化党和国家机构改革的重要论述，深刻认识深化机构改革的重大意义，准确把握机构改革的总体要求和主要任务，进一步强化责任担当，确保机构改革各项任务在建始落实落地，力争 3 月上旬新组建部门挂牌全部完成。

（二）配备部门领导班子（3 月上旬前）

县委组织部及时按程序做好涉及机构改革领导班子的调整配备；集中办理机构改革涉及的县直单位党组织的设立、调整以及更名等事项。

（三）完成转隶组建（3 月中旬）

县政府依法向县人大常委会履行县政府工作部门设置和调整法定备案程序。按照“先立后破、不立不破”和“编随事走、人随编走”的原则，新组建部门和涉及职责、机构、人员编制调整的部门要先转隶、再“三定”。县委机构编制委员会办公室制定部门机构编制职数框架（职责调整、内设机构、人员编制及领导职数等）报县委审定。相关部门根据机构编制职数框架明确的编制划转数，协商划入划出人员，由划入部门负责将转隶材料报县深化机构改革领导小组办公室；

有重大分歧的及时报县深化机构改革领导小组办公室、县委机构编制委员会办公室协调解决。县委组织部、县委机构编制委员会办公室、县人力资源和社会保障局联合审核通过后向划入划出部门印发转隶通知。各部门要按照转隶通知要求在规定时限内转隶到位。转隶过程要做到迅速有序、不留空档，确保工作正常运转、干部队伍稳定。新组建部门要按照做好县级机构改革工作的有关要求，在县深化机构改革领导小组办公室指导下，尽快确定新机构挂牌、文件收发、印章启用、办公地点和办公用房、经费和资产处置、档案移交、政策法规修订等事宜。

（四）制定实施“三定”规定（3月底前）

新组建部门以及其他有关部门在抓好转隶组建工作同时，要精心做好“三定”规定报送工作。各部门按照“三定”规定模板，在机构编制职数框架范围内，研究起草“三定”规定（草案），经县委机构编制委员会办公室审核后按程序报批。县委工作机关的“三定”规定报县委批准，以县委办公室名义印发；县政府工作部门的“三定”规定报县委、县政府批准，以县委办公室、县政府办公室名义印发。“三定”规定印发后，各部门要抓紧细化“三定”规定，尽快按新“三定”规定实施，确保职责、机构、人员规范到位。

（五）同步划转部门所属事业单位

根据部门职责划转情况，按照同步划转的原则，将职责划出部门所属相关事业单位及其人员、编制划转给职责划入部门，相应调整单位名称；划转后职能相同或相近的事业单位，相应整合机构并按一定比例精简编制。

（六）检查验收

“三定”规定印发两个月内，各有关部门要向县深化机构改革领导小组办公室报送机构改革落实情况和总结报告，县委组织专班对机构改革实施情况组织检查验收。

五、组织领导

（一）提高政治站位。机构改革是一场深刻的自我革命，也是对各级干部特别是领导干部的一次重大政治考验。全县广大党员和干部要严守政治纪律和政治规矩，自觉把思想和行动统一到党中央决策部署上来，有组织、有纪律、有步骤地推进机构改革。要坚持讲政治、顾大局、守规矩，积极拥护改革、支持改革、参与改革，正确对待岗位职务调整变化，自觉服从组织安排，履好职、尽好责，保证责任不缺失、工作不断档，切实做到思想不乱、工作不断、队伍不散、干劲不减。

（二）压实工作责任。县委成立了深化机构改革领导小组，负责抓好机构改革的组织领导和统筹协调工作。各部门党委（党组）要把抓改革举措落地作为政治责任，组建领导小组和工作专班，统筹安排好各项改革任务，确保职责、机构、编制和人员等按要求及时调整到位。党委（党组）主要负责人要当好第一责任人，研究解决改革遇到的突出问题、协调解决重大事项、督促改革工作有序推进。

（三）协调配合推进。机构改革是一项复杂的系统工程，各有关部门要加强协调配合，形成合力，确保机构改革有序推进，保障各项工作正常运转。县纪委监委负责对机构改革工作进行监督，对违规违纪行为进行查处问责；县委办公室、县政府办公室负责文件发送、印章使用及悬挂部门名称牌子；县委办公室、县人大常委会民族法制委员会（规范性文件备案审查室）、县司法局牵头负责党内法规制度清理工作和相关法规规章、规范性文件立改废释；县委组织部负责机构改革工作统筹协调及有关部门领导班子调整配备、党组织调整、审核领导干部和党委部门转隶人员身份；县委宣传部负责新闻宣传和舆论引导；县委机构编制委员会办公室负责机构改革方案、县级机构改革实施意见、机构编制职数框架、审核转隶人员编制性质、部门“三定”的政策文件拟订和部门“三定”的审核报批；县财政局、县机关事务服务中心分别负责经费、资产、债权债务、办公用房调配；县人力资源和社会保障局负责审核政府部门转隶人员身份；县审计局负责机构改革有关审计事项；县委组织部（县委老干部局）负责机构改革涉及的离退休干部归属交接和管理服务；县档案馆负责相关部门档案交接。

（四）严明纪律规矩。严格执行机构改革政治纪律、组织纪律、机构编制纪律、干部人事纪律、财经纪律和保密纪律，坚决做到令行禁止。涉及机构变动、职责调整的部门，特别是涉及人员编制划转的部门要服从大局，不讲条件，不打折扣，在规定时限内完成机构和人员交接，确保机构、职责、队伍等按要求及时调整到位。各部门不得以任何理由阻挠和拖延人员转隶工作，不允许搞变通、拖延改革，不允许自行其是、擅自行动。各部门推进机构改革情况和遇到的重大问题要及时向县委请示报告，确保职责调整和日常工作无缝衔接，确保机构改革任务顺利完成。